Entwicklung der Kinderdelinquenz und Folgerungen im Hinblick auf eine Änderung der Strafmündigkeitsgrenze

Würzburger Schriften zur Kriminalwissenschaft

Herausgegeben von Klaus Laubenthal

Band 11

PETER LANG

Frankfurt am Main · Berlin · Bern · Bruxelles · New York · Oxford · Wien

Martina Seeliger

Entwicklung der Kinderdelinquenz und Folgerungen im Hinblick auf eine Änderung der Strafmündigkeitsgrenze

PETER LANG
Europäischer Verlag der Wissenschaften

Bibliografische Information Der Deutschen Bibliothek
Die Deutsche Bibliothek verzeichnet diese Publikation in der Deutschen Nationalbibliografie; detaillierte bibliografische Daten sind im Internet über <http://dnb.ddb.de> abrufbar.

Zugl.: Würzburg, Univ., Diss., 2003

D 20
ISSN 1618-078X
ISBN 3-631-51397-6

www.peterlang.de

Vorwort

Die vorliegende Arbeit wurde im Wintersemester 2002/2003 von der Juristischen Fakultät der Bayerischen Julius-Maximilians-Universität Würzburg als Dissertation angenommen. Es liegt die bis November 2002 veröffentlichte Rechtsprechung, Literatur und Statistik zu Grunde.

Mein herzlicher Dank gilt meinem Doktorvater, Prof. Dr. Klaus Laubenthal, der mich aktiv bei meiner Arbeit unterstützte und sich stets die erforderliche Zeit nahm. Ferner bedanke ich mich bei Dr. Helmut Baier für die hilfreichen Verbesserungsvorschläge und Professor Dr. Frank Zieschang für die zügige Erstellung des Zweitgutachtens.

Dank gebührt auch der Universität Würzburg, welche das Promotionsverfahren mit einem Stipendium finanziell förderte.

Mein besonderer Dank gilt meinen Eltern, die mich in meinen Entscheidungen während des gesamten Studiums bekräftigt haben und mir stets unterstützend zur Seite standen. Meiner Schwester danke ich für ihre Geduld und Unterstützung, insbesondere beim endgültigen Ausdruck der Arbeit.

Würzburg, im Juli 2003 Martina Seeliger

INHALTSVERZEICHNIS

Abkürzungsverzeichnis

Abs.	Absatz
ÄndG	Änderungsgesetz
Alt.	Alternative
Art.	Artikel
bay.	bayerisch (es)
Bd.	Band
b:e	Betrifft: Erziehung. Zeitschrift für Lehrer. Forum für Bildungspolitik und Erziehungswissenschaft
BGB	Bürgerliches Gesetzbuch i.d.F. von 18. August 1896 (RGBl. S. 195) (BGBl. III 400-2)
BGB-E	Entwurf zum Bürgerlichen Gesetzbuch
BGBl.	Bundesgesetzblatt
BKA	Bundeskriminalamt
BR	Bundesrat
BT	Bundestag
BVerfGE	Entscheidung des Bundesverfassungsgerichts
bzw.	beziehungsweise
d.h.	das heißt
Dipl.Soz.	Diplomsoziologin
DVJJ	Deutsche Vereinigung für Jugendgerichte und Jugendgerichtshilfen e.V.
e.V.	eingetragener Verein
ff	fortfolgende
FBI	Federal Bureau of Investigation
FGG	Gesetz über die Angelegenheiten der freiwilligen Gerichtsbarkeit i.d.F. der Bekanntmachung vom 20. Mai 1898 (RGBl. S. 771) BGBl. III/FNA 315-1
FPI	Freiburger Persönlichkeitsinventar
Frankfurt a.M.	Frankfurt am Main
gem.	gemäß
GG	Grundgesetz vom 23. Mai 1949 (BGBl. S. 1)
häuf	häufig
HAZ	Hannoversche Allgemeine Zeitung
Hg.	Herausgeber
i.d.F.	in der Fassung
JArbSchG	Jugendarbeitsschutzgesetz vom 12. April 1976 (BGBl. I S. 965)
JGG	Jugendgerichtsgesetz i.d.F. der Bekanntmachung vom 11. Dezember 1974 (BGBl. I S. 3427)
JHG	Jugendhilfegesetz
JWG	Jugendwohlfahrtsgesetz
JR	Juristische Rundschau

JuS	Juristische Schulung
JZ	Juristenzeitung
k.A.	keine Angabe
KJHG	Kinder- und Jugendhilfegesetz i.d.F. der Bekanntmachung vom 8.
Dezem-	ber 1998 (BGBl. I S. 3546)
LKA	Landeskriminalamt
männl.	männlich
MdB	Mitglied des Bundestages
MschrKrim	Monatsschrift für Kriminologie und Strafrechtsreform
NJW	Neue Juristische Wochenschrift
Nr.	Nummer
NStZ	Neue Zeitschrift für Strafrecht
p.	page
PKS	Polizeiliche Kriminalstatistik
RGBl.	Reichsgesetzblatt
Rn	Randnummer
s.	siehe
S.	Seite
selt	selten
SGB VIII	Sozialgesetzbuch Achtes Buch Kinder- und Jugendhilfe i.d.F. der
Be-	kanntmachung vom 8. Dezember 1998 (BGBl. I S. 3546)
StGB	Strafgesetzbuch i.d.F. der Bekanntmachung vom 13. November
1998	(BGBl. I S. 3322)
StPO	Strafprozessordnung i.d.F. der Bekanntmachung vom 7. April
1987	(BGBl. I S. 1074, ber. S. 1319)
tägl	täglich
TVBZ	Tatverdächtigenbelastungszahl
u.a.	unter anderem
U-Haft	Untersuchungshaft
vgl.	vergleiche
weibl.	weiblich
z.B.	zum Beispiel
zit.	zitiert
ZRP	Zeitschrift für Rechtspolitik

A. Einleitung

„Unsere Jugend ist dem Luxus verfallen. Ihr Benehmen ist schlecht, sie lehnen jede Autorität verächtlich ab, es mangelt ihr an Respekt vor älteren Menschen. Die Kinder von heute sind wahre Tyrannen.“[1] Diese Aussage Sokrates' zeigt, dass man sich bereits vor fast 2.500 Jahren über die nachfolgende Generation sorgte. Im 16. Jahrhundert beklagte Martin Luther, „dass die Jugend jetzt so wild und wüst ist und sich nicht mehr will ziehen lassen. Wie gar wenig fragen sie jetzt nach Eltern, Schulmeistern und Obrigkeit; sie gehen hin im dummen Sinne, sind wüst und unerzogen, wachsen in ihrem Muthwillen auf.“[2]
Heute berichten Medien vielfach von einem besorgniserregenden Anstieg der Kinderkriminalität. Die Täter würden immer jünger und die Delikte schwerwiegender. Im Mittelpunkt stehen allerdings Einzelfälle, anhand derer sie der Bevölkerung die Kriminalitätslage darstellen. Die Selektion erfolgt unter dem Gesichtspunkt einer „Eskalationsneugier“[3]. Bei Berichten über Ereignisse, die als sensationell gelten, steht das Ziel im Vordergrund, die geschehene Kriminalität dem Menschen mehr oder minder realitätsgerecht zu schildern und vor allem nahe zu bringen. Journalisten kombinieren Berichtsnachrichten dabei mit anderen Informationen, wobei sowohl bei den Medienkonsumenten als auch bei den Medienproduzenten wohl ein geringes Interesse an empirischen Befunden besteht. Dies legt die Annahme nahe, dass die tatsächliche Kriminalitätslage nicht unbedingt dem aus den Medien ersichtlichen Bild entspricht.
Um das Ausmaß der Kinderkriminalität zu untersuchen, erscheint es erforderlich, sich zunächst darüber Klarheit zu verschaffen, was man unter Kinderkriminalität versteht bzw. ob man überhaupt von solcher sprechen kann. Neben dem Problem, wer im Hinblick auf Kriminalität als „Kind“ anzusehen ist, stellt sich somit ein weiteres, nämlich das, ob Kinder überhaupt kriminell handeln.
Grundsätzlich meint Kinderkriminalität die „Gesamtheit aller von Kindern begangenen, mit Strafe bedrohten Handlungen“[4]. Kind bedeutet gemäß § 176 I StGB eine Person unter 14 Jahren. Ein formaler Zugang findet sich daneben in § 19 StGB, wonach derjenige als schuldunfähig gilt, der bei Begehung der Tat das Alter von 14 Jahren noch nicht erreicht hat. Aus psychologischer Sicht erweist sich eine dementsprechende Grenzziehung allerdings als widersinnig[5]. Entwicklungspsychologische oder soziologische Gesichtspunkte begründen diese formale Sichtweise jedenfalls nicht. Die moderne Entwicklungspsychologie versteht unter Kindheit vielmehr die Zeit vor der Pubertät, die bei Mädchen durchschnittlich im 11. Lebensjahr, bei Jungen im 13. Lebensjahr einsetzt, wobei neben den geschlechtsspezifischen Unterschieden bedacht werden muss, dass fließende Übergänge bestehen sowie individuelle Sonderentwicklun-

[1] Zit. nach: Pocs u.a. in: Psychologie heute, 1977, S. 37.
[2] Zit. nach: Bracken, 1926, S. 81.
[3] M. Walter in: MschrKrim, 1998, S. 439.
[4] Feest in: Kaiser, Kerner, Sack, Schellhoss, 1993, S. 210.
[5] Pongratz, 2000, S. 18.

gen möglich sind[6]. Zudem bestimmen nicht allein psychische Veränderungen die Kindheit, sondern es erfolgt daneben eine kulturelle Definition[7]. In der westlichen Kultur beispielsweise stellt Kindheit einen Lebensabschnitt dar, in dem ein Kind bestimmte Aufgaben zu erfüllen hat, allerdings von der Verantwortung der Erwachsenen frei bleibt.
Zwischen der gesetzlichen und der psychologischen Sicht ergibt sich somit ein Spannungsfeld. Bei letzterer stellt sich jedoch das Problem, dass es praktisch unmöglich erscheint, die Entwicklung der Kinderkriminalität im Rahmen dieser Sichtweise zu untersuchen, da die Polizeiliche Kriminalstatistik – die einzige Statistik, die „Kriminalität" Minderjähriger überhaupt erfasst – von einer rein formalen Sichtweise ausgeht. Über Kinderkriminalität im erfahrungswissenschaftlichen Sinn existieren dagegen nur Fallstudien.
Um die psychologischen Gesichtspunkte jedoch nicht vollkommen außer acht zu lassen, sollte zumindest eine begriffliche Differenzierung auf die Besonderheiten kindlichen deliktischen Verhaltens, wie beispielsweise entwicklungsbedingte oder motivationale Spezifika, hinweisen. Kriminalität meint gerade nicht einfach die von Menschen verursachte Verletzung fremder Rechtsgüter, sondern eine in einer missbilligenswerten Gesinnung begangene Rechtsverletzung[8]. Kriminalität erfordert demnach eine Missachtung von Grundwerten. Der soziale Sinn der Grundwerte wird dem Menschen jedoch erst im Laufe der Erziehung vermittelt, so dass sich Kinder dessen in der Regel noch nicht bewusst sind. Vielmehr entwickeln sie erst nach und nach die Fähigkeit, die sozialschädliche Bedeutung krimineller Taten von anderen Streichen zu unterscheiden.
Aufgrund dessen verwendet man häufig den Begriff „Kinderdelinquenz". Dieser soll verdeutlichen, dass kindlichen Verhaltensweisen, die den Tatbestand eines Delikts erfüllen, ein anderer Stellenwert zukommt als Straftaten eines Strafmündigen, und keine qualitative Gleichwertigkeit der Gesetzesverstöße durch Kinder, Jugendliche und Erwachsene besteht[9]. Da sich Straftatbestände weitgehend an der Vorstellungs-, Begriffs- und Verhaltenswelt Erwachsener ausrichten, erscheint der im Vergleich zu „Kriminalität" vielschichtigere Begriff „Delinquenz" für Gesetzesverstöße durch Kinder besser geeignet. Auch erfährt der Ausdruck „Delinquenz" gegenüber dem der Kriminalität weniger emotionale Vorbelastungen, wodurch eine Stigmatisierung und das starke, soziale Unwerturteil, das mit dem grundsätzlich negativ assoziierten Begriff der Kriminalität in Verbindung tritt, eher vermieden wird. Im Gegensatz zu dem Begriff „abweichendes" oder „auffälliges" Verhalten weist „Delinquenz" aber dennoch auf den kriminologisch beachtlichen Sachverhalt hin, da nicht alle sozial auffälligen kindlichen Verhaltensweisen als delinquent etikettierbar sind[10]. Unter „abweichendem Verhalten" versteht man in Wissenschaften wie Pädagogik, Psycholo-

---

6 Feest in: Kaiser, Kerner, Sack, Schellhoss, 1993, S. 210.
7 Oerter, Montada, 1995, S. 249.
8 Göppinger, 1997, S. 499.
9 Stutte, Dauner in: MschrKrim, 1978, S. 329.
10 Göppinger, 1997, S. 500.

gie und Soziologie vor allem Verhaltensstörungen, Erziehungsschwierigkeiten oder Verhaltensauffälligkeiten[11]. Generell unterschiedliche Phänomene wie Kriminalität, Verhaltensauffälligkeiten, psychische Störungen und Verwahrlosung erfasst dieser Begriff allesamt.
Der im englischen Sprachraum verwendete Begriff „delinquency" ist gerade nicht mit „Delinquenz" wiederzugeben, wenn auch in der deutschsprachigen Literatur teilweise eine Gleichsetzung erfolgt. Während Kinderdelinquenz ein Verhalten meint, das unter „Kriminalität" fallen würde, sofern Täter ein Erwachsener wäre, umfasst „delinquency" auch Verhaltensweisen, die im weiteren Vorfeld eigentlicher krimineller Aktivität erfolgen. Die Besonderheit dieser Verhaltensweisen liegt darin, dass sie ausschließlich bei Kindern und Jugendlichen aufgrund deren besonderer Situation auftreten können[12]. Es handelt sich vor allem um Erscheinungsformen von Erziehungsschwierigkeiten, Verwahrlosung und Vernachlässigung, wie beispielsweise Schulschwänzen oder Fortlaufen aus dem Elternhaus, die möglicherweise eben Vorstufen der Delinquenz darstellen und auch als „illegal acts" bezeichnet werden[13]. Die angloamerikanische Literatur nennt sie „status offenses", wobei der zentrale Oberbegriff des „delinquent behavior" sie mit umfasst. Der entscheidende Unterschied besteht somit darin, dass „Delinquenz" eine Verletzung von Strafgesetzen bedeutet, während bei „delinquency" eine Verletzung von Schul-, Erziehungs- oder Jugendschutzbestimmungen vorliegt[14].
Gemeinsam ist all diesen Verhaltensweisen, dass sie aufgrund von § 19 StGB, wonach Personen unter 14 Jahren schuldunfähig sind, strafrechtlich keine Bedeutung erlangen. Es stellt sich demnach die Frage, welche Relevanz der Kinderdelinquenz dann zukommt und aus welchen Gründen sie überhaupt näher untersucht werden sollte.

Sowohl Prävention als auch Repression erfordern Kenntnisse über die Ursachen der Kinderdelinquenz. Hierfür erscheint es wiederum notwendig, die Entwicklung der Kinderdelinquenz zu betrachten, um etwaige Änderungen hinsichtlich der Struktur und damit möglicherweise bzgl. der Ursachen festzustellen. Auch erweist sich die Verbreitung delinquenten Verhaltens für jede psychologische und pädagogische Beurteilung als von Gewicht, d.h. sowohl für eine Individualprognose als auch für eine Gruppenprognose[15]. Des weiteren entbrannte eine Diskussion um die Änderung der Strafmündigkeitsgrenze. Eine Stellungnahme hierzu erfordert die Untersuchung der Entwicklung der Kinderdelinquenz, insbesondere der Frage, ob Veränderungen hinsichtlich des Alters der „Täter" und der Struktur der Kinderdelinquenz erfolgten.

---

[11] Flissikowski, Kluge, Schauerhammer, 1980, S. 15.
[12] Shoemaker, 1996, S. 3.
[13] Pongratz, 2000, S. 19; Schneider, 1987, S. 606.
[14] Schneider, 1987, S. 606.
[15] Remschmidt, Merschmann, Walter in: MschrKrim 1975, S. 134.

Um diesbezüglich und im allgemeinen Schlussfolgerungen zu ziehen, erscheint es sinnvoll, die Entwicklung im internationalen Vergleich zu betrachten, da dadurch zudem weitere mögliche Ursachen in Erscheinung treten können. Nur dies ermöglicht effektive Prävention.

B. Hauptteil

I. Rechtsfolgen tatbestandsmäßiger, rechtswidriger Handlungen von Kindern

Die Polizeiliche Kriminalstatistik (PKS) enthält eine Rubrik „Kinderkriminalität". Diese ist darauf zurückzuführen, dass die PKS alle von den Polizeidienststellen bearbeiteten, rechtswidrigen Taten erfasst, d.h. alle durch Anzeigeerstattung, amtliche Entdeckung oder in sonstiger Weise bekannt gewordenen Fälle. Das in § 163 I StPO normierte Legalitätsprinzip verpflichtet die Polizei, jeder Straftat nachzugehen und damit auch derjenigen eines Kindes. Dies besagt aber nichts über etwaige Konsequenzen für das Kind.

Strafrechtlich ergeben sich für einen Strafunmündigen gerade keine Folgen, da materiell rechtlich gemäß § 19 StGB Schuldunfähigkeit vorliegt, was im formellen Sinn ein Prozesshindernis darstellt. § 1 JGG schließt Kinder auch von der Sonderzuständigkeit des Jugendgerichtsgesetzes aus. Aufgrund der fehlenden „Beschuldigtenstellung" im Sinne der §§ 136, 163a StPO nimmt man eine formlose Anhörung des „verdächtigen" Kindes vor, wobei auch Maßnahmen wie Durchsuchung, Untersuchung oder Beschlagnahme erfolgen[16]. Bei Annahme einer „kriminellen Gefährdung" findet eine Mitteilung an das Jugendamt statt[17]. Sobald die Strafunmündigkeit des Tatverdächtigen erkannt wird, ist die Strafanzeige unbearbeitet an die Staatsanwaltschaft weiterzugeben. Die Beamten des Polizeidienstes haben zwar gemäß §163 StPO Straftaten zu erforschen, allerdings handelt es sich hierbei lediglich um eine von dem staatsanwaltschaftlichen Ermittlungsauftrag abgeleitete Ermächtigung. Dieser richtet sich jedoch darauf, „zur Verwirklichung des materiellen Strafrechts festzustellen, ob gegen eine bestimmte Person ein staatlicher Strafanspruch entstanden ist und besteht"[18]. Materiellrechtlich liegt aber gerade Schuldunfähigkeit im Sinne des § 19 StGB vor. Die Strafunmündigkeit erfordert somit die Abgabe der Akte an die Staatsanwaltschaft, die die Verfolgung gegen den Strafunmündigen wegen des Verfahrenshindernisses gemäß § 170 II StPO einstellt. Bei der Polizei verbleibt ein Merkblatt. Nr.2 der sich vornehmlich an die Staatsanwaltschaft wendenden Richtlinie zu § 1 JGG verpflichtet die Staatsanwaltschaft bei Einstellung eines Verfahrens wegen Schuldunfähigkeit zur Prüfung, wer zu benachrichtigen ist und ob ein Einschreiten gegen Aufsichtspflichtige erforderlich erscheint[19]. Dabei erfolgt ein Verweis auf § 109 Abs.1 S.2 JGG bzw. § 70 S.1 JGG, wonach die Jugendgerichtshilfe und in geeigneten Fällen der Vormundschaftsrichter, der Familienrichter und die Schule zu unterrichten sind. Dem Vormundschaftsrichter kommt die Möglichkeit zu, **Erziehungsmaßnahmen nach dem BGB** anzu-

[16] P.-A. Albrecht, 2000, S. 88.
[17] Frehsee in: Zeitschrift für die gesamte Strafrechtswissenschaft, 1988, S. 293.
[18] Frehsee in: Zeitschrift für die gesamte Strafrechtswissenschaft, 1988, S. 305.
[19] Abgedruckt in Ostendorf, Jugendgerichtsgesetz, 2000, Anhang 1.

ordnen[20]. Dieses vormundschaftsgerichtliche Eingreifen kann ein weitgehend formloses Verfahren der freiwilligen Gerichtsbarkeit nach sich ziehen, wobei das Jugendamt zur Ermittlung und Überwachung mitwirkt[21].
Gemäß § 1631 III BGB hat das Familiengericht die Eltern auf Antrag bei der Ausübung der Personensorge in geeigneten Fällen zu unterstützen, wobei gemäß § 50 SGB VIII auch das Jugendamt mit der Ausführung familiengerichtlicher Anordnungen betraut werden kann. Für das Familiengericht ergibt sich somit die Handhabe, Ermahnungen und Verwarnungen auszusprechen, wie beispielsweise zur Bekräftigung elterlicher Umgangsverbote[22]. Des weiteren vermag es das persönliche Erscheinen des Minderjährigen anzuordnen und durch Zwangsgeld (§ 33 FGG) oder Vorführung auch zu erzwingen. § 1631 III BGB umfasst zudem die Unterstützung der Eltern durch das Familiengericht bei der Ermittlung des Kindesaufenthalts.
Bedeutung erlangt in diesem Zusammenhang auch § 1631 b BGB. Dieser lässt eine Unterbringung des Kindes, die mit Freiheitsentziehung verbunden ist, nur mit Genehmigung des Familiengerichts zu, wobei auch hier gemäß § 50 SGB VIII das Jugendamt mitzuwirken hat. § 1631 b BGB soll gewährleisten, dass Eltern ihr Kind nicht in eine geschlossene Einrichtung verbringen, „wenn bei sinnvoller Wahrnehmung des Erziehungsrechts eine Problemlösung auf weniger schwerwiegende Weise erreicht werden kann“[23].
§ 1666 BGB verpflichtet das Familiengericht zudem, im Fall einer Gefährdung des körperlichen, geistigen oder seelischen Wohls des Kindes durch missbräuchliche Ausübung der elterlichen Sorge, durch Vernachlässigung des Kindes, durch unverschuldetes Versagen der Eltern oder durch das Verhalten eines Dritten die Gefahr abzuwenden, wenn die Eltern nicht gewillt oder nicht in der Lage sind, die zur Abwendung der Gefahr erforderlichen Maßnahmen zu treffen. Es besteht demnach die Möglichkeit, beispielsweise das Aufenthaltsbestimmungsrecht als wichtiges Element der Personensorge einzuschränken oder zu entziehen, was in bestimmten Fällen zu einer Trennung des Kindes von seinen Eltern führt[24]. Informationen über die Familie holt ein im Auftrag des Jugendamtes handelnder Sozialpädagoge ein, sofern er Erziehungsmängel vermutet[25]. Beim Jugendamt, an welches die Staatsanwaltschaft den Vorgang weiterleitet, erfolgt zudem eine Eintragung in die Erziehungskartei.

Des weiteren sind **Hilfemaßnahmen nach dem** am 01.01.1991 in Kraft getretenen **Kinder- und Jugendhilfegesetz (KJHG)** durch das Jugendamt möglich. Stammgesetz des KJHG bildet das SGB VIII „Kinder- und Jugendhilfe“.

---

20 Schwind, 2002, S. 60.
21 P.-A. Albrecht, 2000, S. 88.
22 Huber in: Münchner Kommentar, Bd. 8, 2002, § 1631 Rn 44.
23 BT-Drucksache 8/2788 S. 38 zu 3.2.
24 Olzen in: Münchner Kommentar, Bd. 8, 2002, § 1666 Rn 170.
25 Frehsee in: Zeitschrift für die gesamte Strafrechtswissenschaft, 1988, S. 293.

Das duale Hilfesystem des mit Inkrafttreten des KJHG außer Kraft getretenen JWG, d.h. einerseits die Gewährung von Hilfe zur Erziehung nach §§ 5,6 JWG durch das örtliche Jugendamt, andererseits die Gewährung von Freiwilliger Erziehungshilfe und Fürsorgeerziehung durch das Landesjugendamt, wurde beseitigt und es wurden alle Erziehungshilfen bei den örtlichen Trägern zusammengefasst. Ein Grund hierfür lag vor allem darin, dass es in der Praxis nicht gelang, eindeutige Abgrenzungskriterien hinsichtlich der Tatbestandsvoraussetzungen und der Rechtsfolgen der beiden Arten von Hilfen zu entwickeln und zudem insbesondere die Fürsorgeerziehung seit 1980 praktisch bedeutungslos war[26]. Die Fürsorgeerziehung entfiel daher ersatzlos, § 1666 BGB bildet nunmehr die einzige Ermächtigungsgrundlage für Eingriffe in das elterliche Erziehungsrecht, und die bisherige Freiwillige Erziehungshilfe und die Hilfe zur Erziehung gestaltete man zu einem einheitlichen Leistungstypus der Hilfe zur Erziehung[27]. Diese konkretisieren §§ 28 bis 35 SGB VIII durch Regelbeispiele.
Es besteht vor allem die Möglichkeit einer Erziehungsberatung der Eltern gemäß § 28 SGB VIII, die eine Hilfe zur Erziehung darstellt, die Teilnahme der Kinder an sozialer Gruppenarbeit gemäß § 29 SGB VIII, die Bestellung eines Erziehungsbeistands und eines Betreuungshelfers gemäß § 30 SGB VIII, d.h. ein vorrangig am Kind orientiertes Beratungs- und Unterstützungsangebot, das auf Verhaltensänderungen beim Kind einschließlich des Sozial- und Leistungsverhaltens in der Schule abzielt[28], sozialpädagogische Familienhilfe gemäß § 31 SGB VIII, Heimunterbringung oder sonstige betreute Wohnform gemäß § 34 SGB VIII oder intensive sozialpädagogische Einzelbetreuung gemäß § 35 SGB VIII. Diese Hilfen stellen jedoch keine abschließende Aufzählung dar, so dass weitere erfolgen können, sofern dem Wesen nach eine Vergleichbarkeit mit §§ 28-35 SGB VIII vorliegt[29]. Einen Anspruch auf Hilfe bei der Erziehung hat ein Personensorgeberechtigter gemäß § 27 SGB VIII, sofern eine dem Wohl des Kindes entsprechende Erziehung nicht gewährleistet ist und die Hilfe für dessen Entwicklung geeignet und notwendig erscheint. Eine tatbestandsmäßige, rechtswidrige Handlung erweist sich oftmals als Indiz für ein solches Erziehungsdefizit[30]. Der Staatsanwalt sollte die Personensorgeberechtigten und das Kind auf Ansprüche gemäß §§ 27 ff SGB VIII hinweisen.
Neben diesen unmittelbaren Folgen vermag sich eine tatbestandsmäßige, rechtswidrige Handlung eines Kindes zudem **auf ein späteres Verfahren** gegen den mittlerweile Strafmündigen **auswirken**. In einem Jugendstrafverfahren ist die Jugendgerichtshilfe zu Angaben über straftatbestandsbezogene Verfehlungen des Beschuldigten aus der Kindheit verpflichtet. Der Polizei kommt ihrerseits gemäß der Polizeidienstverfügung Nr.382.1 eine diesbezügliche Informationspflicht gegenüber der Jugendgerichtshilfe zu. Teilweise fordern auch Jugend-

---

26 Wiesner, Morsberger, SGB VIII, 2000, Vor § 27 Rn 8, 9.
27 Wiesner, Morsberger, SGB VIII, 2000, Vor § 27 Rn 13, 14, 15.
28 Wiesner, Morsberger, SGB VIII, 2000, § 30 Rn 7.
29 Wiesner, Morsberger, SGB VIII, 2000, Vor § 27 Rn 16.
30 Schwind, 2002, S. 60.

richter über die Staatsanwaltschaft von der Polizei eine unmittelbare Auskunft hinsichtlich etwaiger Verfehlungen als Kind an bzw. fügt die Staatsanwaltschaft der Anklage die Ermittlungsakte über die Kindestaten bei[31].

Eine **zivilrechtliche Haftung** bestand bisher gemäß §§ 828 II 1, 829 BGB unabhängig von der Schuldunfähigkeit iSd § 19 StGB, sofern das Kind das siebente Lebensjahr vollendet hatte und bei der Begehung der schädigenden Handlung die zur Erkenntnis der Verantwortlichkeit erforderliche Einsichtsfähigkeit besaß bzw. die Billigkeit nach den Umständen eine Schadloshaltung erforderte. Seit dem Zweiten Gesetz zur Änderung schadensrechtlicher Vorschriften, welches am 01.08.2002 in Kraft trat, beginnt die Deliktsfähigkeit von Kindern im Bereich des Straßen- und Schienenverkehrs allerdings erst mit der Vollendung des zehnten Lebensjahres[32].
Das Kind wird folglich zwar strafrechtlich nicht belangt, jedoch kann eine tatbestandsmäßige, rechtswidrige Handlung eines Strafunmündigen dennoch zahlreiche Folgen nach sich ziehen.

---

[31] Eisenberg in: JuS, 1983, S. 570; Frehsee in: Zeitschrift für die gesamte Strafrechtswissen schaft, 1988, S. 294; siehe auch Laubenthal, 1993, S. 77 f.
[32] Däubler in: JuS, 2002, S. 625.

II. Entwicklung der Kinderdelinquenz

1. Informationsquellen

Die Analyse der tatsächlichen Entwicklung der Kinderdelinquenz erfordert die Heranziehung verschiedener Informationsquellen sowie deren Vergleich, um sich Fehlerquellen bewusst zu machen. Nur diese Methode ermöglicht es, festzustellen, ob überhaupt eine realitätsgetreue Aussage über die Entwicklung der Kinderdelinquenz getroffen werden kann, und diese gegebenenfalls zumindest annähernd wahrheitsgetreu darzustellen.

a) Medien

Berichte von „Straftaten" von Kindern sind in den Medien keine Seltenheit: „Immer mehr Kinder auf der schiefen Bahn" (Die Welt vom 29.08.1995), „Täter im Land werden immer jünger" (Stuttgarter Zeitung vom 31.07.1996), „Experten schlagen Alarm: Kinder immer brutaler" (Die Welt vom 07.09.1996). Insbesondere liest oder hört man häufig von zunehmender Gewaltkriminalität und wachsender Brutalität schon bei Kindern. Dabei dienen meist Extremfälle als Aufhänger, um die Aufmerksamkeit der Öffentlichkeit zu erregen und ihr den Themenkomplex als möglichst sensationell nahe zu bringen. Die Art und Weise der Berichterstattung erscheint unter dem Gesichtspunkt des größeren Interesses der Öffentlichkeit an spektakulären Fällen als an Statistik-Daten und deren Analyse sicherlich verständlich, jedoch fördert sie nicht die realitätsgetreue Erfassung der Kriminalitätsentwicklung. Auch werden selbst objektive Daten und Nachrichten subjektiv unterschiedlich verarbeitet und ergeben damit verschiedenartige Kriminalitätsbilder[33].
Die Medien können somit zwar dazu beitragen, ein Bild über die Entwicklung der Kinderdelinquenz zu erhalten, wie sie die Öffentlichkeit auffasst. Dies stellt hinsichtlich möglicher Reaktionsformen einen sicherlich nicht unbedeutenden Aspekt dar, da insofern auch das Gerechtigkeitsempfinden der Allgemeinheit eine Rolle spielt und zusätzlich die Kriminalitätsfurcht. Zwar denkt man gewöhnlich bei den Folgen eines Verbrechens zuerst an diejenigen für das Opfer, jedoch ergeben sich auch Konsequenzen für die gesamte Gesellschaft, da die Furcht, selbst Opfer zu werden, steigt, was sich auf den persönlichen Lebensstil auswirken kann[34].
Bei der Analyse der tatsächlichen Entwicklung leisten Medien allerdings keinen ausschlaggebenden Beitrag.

---

[33] M. Walter in: MschrKrim, 1998, S. 436.
[34] Sheley, 1995, S. 16.

b) Statistik

aa) Verwendbare Statistik

Eine Informationsquelle zur Erfassung von Kriminalität bilden Statistiken. Dabei ist jedoch zu berücksichtigen, dass die Staatsanwaltschaft Verfahren gegen Kinder gemäß § 170 II StPO sofort einstellt bzw. ein versehentlich eröffnetes Hauptverfahren nicht zu einem Freispruch führt, sondern sie dieses durch Einstellung beendet. Somit erscheinen strafunmündige Tatverdächtige weder in der Strafverfolgungsstatistik, da diese lediglich die im Hauptverfahren oder Strafbefehlsverfahren rechtskräftig oder sonst abschließend gegen eine bestimmte Person getroffenen gerichtlichen Entscheidungen enthält, noch in der Strafvollzugsstatistik, der Bewährungsstatistik oder der Rückfallstatistik. Letztere erfasst lediglich erneute Verurteilungen.

Die Polizeiliche Kriminalstatistik stellt demnach die einzige Datensammlung dar, die Auskunft über „Straftaten" strafunmündiger Kinder gibt. Diese seit 1953 vom Bundeskriminalamt in Wiesbaden auf der Basis von Daten der einzelnen Landeskriminalämter herausgegebene Statistik, die daneben auch die einzelnen Landeskriminalämter bezogen auf die entsprechenden Bundesländer veröffentlichen, erfasst alle Verbrechen und Vergehen gegen Strafgesetze der Bundesrepublik Deutschland in deren Geltungsbereich mit Ausnahme der Staatsschutzdelikte, der Zoll- und Steuerstraftaten, seit 1963 der Verkehrsvergehen und der Verstöße gegen strafrechtliche Landesgesetze[35]. Gezählt werden die bei der Kriminalpolizei durch Anzeigeerstattung, amtliche Entdeckung oder sonstige Weise bekannt gewordenen Fälle und die hierbei ermittelten Täter oder Tatverdächtigen unter Berücksichtigung des Alters, Geschlechts und der Staatsangehörigkeit.

Die PKS erscheint nach den seit dem 1.1.1971 geltenden und zuletzt zum 1.1.2001 geänderten Richtlinien als „eine Zusammenstellung aller der Polizei bekannt gewordenen strafrechtlichen Sachverhalte unter Beschränkung auf ihre erfassbaren wesentlichen Inhalte. Sie soll damit im Interesse einer wirksamen Kriminalitätsbekämpfung zu einem überschaubaren und möglichst verzerrungsfreien Bild der angezeigten Kriminalität führen."[36] Die PKS bezieht demnach die von strafunmündigen Kindern begangenen Taten ein, wobei man als Begründung unter anderem anbringt, dass die Schuldfrage von der Justiz und nicht von der Polizei zu beantworten sei[37].

Seit dem 01.01.1971 wird die PKS bundeseinheitlich als „Ausgangsstatistik" geführt, d.h. dass sie die bekannt gewordenen Straftaten erst nach Abschluss der polizeilichen Ermittlungen erfasst[38]. Unterschieden wird nach Alter, Nationalität, Geschlecht und einzelnen Deliktsbereichen, was eine differenzierte Analyse

---

[35] Amelang, 1986, S. 1.
[36] PKS Deutschland, 2001, S. 7.
[37] PKS Deutschland, 2001, S. 8.
[38] PKS Deutschland, 2001, S. 8.

ermöglicht. Diese ist erforderlich, da die PKS neben der Beobachtung der Kriminalität vor allem der Erlangung von Erkenntnissen für vorbeugende und verfolgende Verbrechensbekämpfung, organisatorische Entscheidungen, kriminologische Forschung und kriminalpolizeiliche Maßnahmen dienen soll[39].
Die PKS gibt demnach Auskunft über die von der Polizei bearbeiteten Taten von Kindern und damit über die **registrierte** Kinderdelinquenz. Zwar wird teilweise der Einwand einer unzuverlässigen und unvollständigen Erhebungstechnik erhoben[40], jedoch überprüft das Landeskriminalamt die bei ihm eingehenden Daten auf ihre Richtigkeit, bevor es diese an das Bundeskriminalamt zur Erstellung der PKS für die Bundesrepublik Deutschland übermittelt[41]. Zudem achtet das Landeskriminalamt auf die Einhaltung der Erfassungsrichtlinien, so dass die Statistik durchaus ein Spiegelbild der **registrierten** Kriminalität darstellt.

bb) Aussagekraft der PKS

Die PKS dient somit als Informationsquelle hinsichtlich der von Kindern begangenen registrierten Taten. Insbesondere die Presse benutzt sie gerne, um über den Umfang der Kriminalität zu berichten. Die Aussagekraft der Statistik in Bezug auf das tatsächliche Ausmaß der Kinderdelinquenz erscheint jedoch ebenso fraglich wie hinsichtlich der Entwicklung, d.h. der Vergleichbarkeit verschiedener Jahre.

(1) Aussagekraft hinsichtlich des Ausmaßes der Kinderdelinquenz

Eine beträchtliche Einschränkung der Aussagekraft der PKS resultiert aus der Tatsache, dass die Polizei von einem Teil der gesetzeswidrigen Handlungen und Ereignisse keine Kenntnis erlangt. Die registrierte Kriminalität stellt gerade nur den Teil dar, den die formelle Sozialkontrolle erfasst, während die informelle Sozialkontrolle außer Betracht bleibt. Der Umfang des Dunkelfeldes, d.h. der nicht registrierten Straftaten, hängt jedoch von verschiedenen Einflussfaktoren ab, die der Analyse bedürfen, um sich zur Aussagekraft der Kriminalstatistik äußern zu können.
Die PKS enthält vor allem die durch Anzeigeerstattung bekannten Taten. Daraus ergibt sich, dass die gezählten Taten stark von dem **Anzeigeverhalten** der Bevölkerung abhängen. Hinsichtlich des Anzeigeverhaltens gegenüber Kindern sind folgende Gesichtspunkte zu berücksichtigen:

Zum einen erfolgt eine Anzeige grundsätzlich eher bei schweren Rechtsbrüchen mit großem Schaden als bei leichteren Straftaten[42]. Dem Dunkelfeld kommt demnach ein größerer Umfang zu, je leichter das Delikt ausfällt, d.h. im Um-

---

[39] Bay. Landeskriminalamt, 2000, S. 16.
[40] Kaiser, 1996, S. 389.
[41] Bay. Landeskriminalamt, 2000, S. 17.
[42] Elster, Lingemann, 1998, S. 469.

kehrschluss, dass die Realitätsnähe mit der Schwere des Delikts wächst[43]. Kinder begehen aber in der Regel leichte Delikte mit kleinem Schaden, was zu einer geringen Anzeigebereitschaft bei Taten von Kindern führt. Auch verzichten viele aufgrund der Tatsache, dass das Kind „sowieso nicht bestraft wird" oftmals auf eine Anzeige, da sie darin keinen Nutzen sehen. Ein Unterschied besteht nur, wenn ein beträchtlicher Schaden vorliegt und polizeiliche Ermittlungen für ein späteres zivilrechtliches Verfahren erforderlich erscheinen. Andererseits werden Taten von Kindern aufgrund des weniger geschickten Vorgehens in der Regel leichter entdeckt und aufgeklärt als von Jugendlichen und insbesondere Erwachsenen begangene, was Voraussetzungen für eine Anzeige bzw. polizeiliche Registrierung sind. Hinzu kommt, dass Kinder bei bestimmten Delikten als „Risikogruppe" gelten, wie beispielsweise bei Ladendiebstählen, was eine verstärkte Kontrolle und damit auch eine schnellere Entdeckung zur Folge hat. Dennoch ist bei Kindern im allgemeinen von einer besonders niedrigen Anzeigebereitschaft auszugehen.
Allerdings kann die Polizei die Anzeigeerstattung auch beeinflussen. So wurde festgestellt, dass sie Anzeigen wegen Eigentums- und Vermögenskriminalität meist entgegenkommend aufnimmt, während bei Körperverletzungsdelikten im Familien- und Freundeskreis offenbar die Tendenz besteht, die Beteiligten davon abzubringen[44]. Aufgrund dieser Tatsache erscheint es durchaus denkbar, dass die Polizei den Betroffenen Anzeigen gegenüber Kindern auszureden versucht, da sie selbst aufgrund der sofortigen Einstellung des Verfahrens durch die Staatsanwaltschaft keinen Nutzen darin sieht und damit die Arbeitszeit für Tätigkeiten verwenden will, die sie für sinnvoller erachtet.
Ferner finden bei der Anzeige von Kindern Selektionsprozesse statt. Untersuchungen ergaben, dass die Daten registrierter Kinder in Bezug auf die soziale Stellung der Familie, der Familiensituation und der Schulsituation verstärkt Kennzeichen deprivierter Gruppen der Gesellschaft aufweisen, d.h. Merkmale, die möglicherweise aus „gestörten" Familienverhältnissen und besonderen Sozialisationsbedingungen der Kinder resultieren[45]. Zwar lassen die Daten keine Aussagen über die hierzu beitragenden Interaktionsprozesse zu, jedoch gibt es durchaus Anzeichen dafür, dass bei diesen Kindern häufiger Anzeigen erfolgen als bei Kindern anderer sozialer Gruppierungen.

Das Anzeigeverhalten erlangt vor allem auch Bedeutung bei einem **Vergleich der Delinquenz zwischen Stadt und Land**. Aufgrund der größeren Anonymität neigt die Bevölkerung in der Stadt eher dazu, „Straftaten" auch von Kindern anzuzeigen. In ländlichen Gebieten kommt es häufig vor, dass die Eltern des strafunmündigen Täters bekannt sind, so dass dem Bedürfnis des Opfers bzw. gegebenenfalls der Eltern nach Vergeltung Genüge getan wird, indem sie die Eltern

[43] Bundeskriminalamt, 1990, S. 85, 103.
[44] M. Walter, 2001, Rn 204.
[45] Pongratz, Schäfer, Jürgensen, Weiße, 1975, S. 61.

des Delinquenten von dem Vorfall informieren, die den möglicherweise erlittenen Schaden ersetzen. In ländlichen Gebieten geschieht somit noch vermehrt informelle Sozialkontrolle, während in Städten die formelle Sozialkontrolle überwiegt.

In Untersuchungen stellte sich heraus, dass auch ein **Vergleich der Nationalität** der Täter ein unterschiedliches Anzeigeverhalten zu Tage bringt.
Einerseits besteht gegenüber Ausländern offenbar eine größere Anzeigebereitschaft der Deutschen als gegenüber Einheimischen, was wohl vor allem aus Vorurteilen resultiert[46]. So vertreten nicht wenige die Ansicht, Ausländer seien kriminell und bereits die Kinder erziehe man in diesem Sinn. Die Annahme, dass das Vorkommnis keinen „Ausrutscher" darstellte, sondern den „normalen" Gepflogenheiten des Kindes entspricht, erhöht die Bereitschaft zur Anzeige. In diesem Zusammenhang spielt die „Ausländer-Situation" in Deutschland eine nicht zu vernachlässigende Rolle. Die Ansicht, der hohe Ausländeranteil in Deutschland sei mit ursächlich für die hohen Arbeitslosenzahlen, erfährt eine weite Verbreitung. Dies führt dazu, dass Ausländer im allgemeinen eher als unerwünscht gelten und Situationen gesucht werden, die den schlechten Charakter jener bestätigen. Kriminelle Handlungen bieten hierfür Anlass, wobei eine Anzeige noch zu innerer Befriedigung beiträgt und in gewisser Weise Rache bedeutet.
Zudem geht ein Großteil der Bevölkerung davon aus, Ausländer lebten in Deutschland, ohne sich den Lebensunterhalt auf legale Weise zu verdienen. Straftaten von Ausländern stützen diese Sichtweise, und als „Beweis" erfolgt eine Anzeige. Dass es sich um eine „Straftat" eines Kindes handelt, spricht nicht etwa dafür, von dem Weg zur Polizei Abstand zu nehmen, sondern bewirkt bei einem ausländischen Kind eher das Gegenteil, da delinquente Kinder die von Ausländern vermeintlich ausgehende kriminelle Gefährdung besonders zum Ausdruck bringen. Die Annahme, eine anderweitige Klärung sei aufgrund von Kommunikationsproblemen vor allem der Eltern nicht möglich, verstärkt diese Sichtweise noch, so dass man den Vorfall der Polizei überlässt.
Andererseits ist jedoch zu bedenken, dass eine geringe Anzeigebereitschaft von Ausländern gegenüber ihren Landsleuten besteht[47]. Das Zusammengehörigkeitsgefühl und das Bedürfnis nach Zusammenhalt erlangen hierbei Bedeutung. Dies könnte zu einem Ausgleich führen, hängt jedoch davon ab, ob „Straftaten" ausländischer Kinder eher Landsleuten oder Deutschen auffallen, wobei wiederum die Nationalität des Opfers eine Rolle spielt.

Das Anzeigeverhalten der Bevölkerung wirkt sich somit in beträchtlichem Maß auf die in der PKS registrierte Delinquenz aus. Die Tatsache, dass die Statistik dieses nicht berücksichtigt, stellt einen bedeutenden Verzerrungsfaktor dar, dem aufgrund der prinzipiell geringen Neigung zur Anzeigeerstattung gegenüber

---

[46] Loll, 1990, S. 24; Laubenthal, 2002, S. 48.
[47] Loll, 1990, S. 24.

kindlichen Tätern gerade im Bereich der Kinderdelinquenz große Relevanz zukommt[48].

Einfluss haben des weiteren die **Ermittlungskapazitäten** der Polizei. In der PKS erscheinen neben den durch Anzeige die durch amtliche Ermittlung bekannt gewordenen Fälle. Das Dunkelfeld ist demnach umso größer, je geringer die polizeiliche Ermittlungstätigkeit ausfällt. Diese hängt mit deren Organisation zusammen, wobei zum einen die Polizeidichte, zum anderen die Polizeitaktik Bedeutung erlangt. In diesem Zusammenhang liegt die Vermutung nahe, dass die Polizei eine hohe Effizienz dokumentieren will, um unter anderem dem Steuerzahler ihren Nutzen unter Beweis zu stellen. Dies hätte wiederum zur Folge, dass sie ihre Ermittlungstätigkeit auf Vorkommnisse konzentriert, die Gewähr für einen erfolgreichen Abschluss bieten und die im Hinblick auf die Verkäuflichkeit der Nachricht auch die Medien ausführlicher behandeln[49]. Zudem wirkt sich für die Beförderung eines Polizeibeamten vermutlich die Aufklärungsquote der bearbeiteten Fälle aus.
All diese Gesichtspunkte lassen den Schluss zu, dass die Ermittlung von „gewöhnlicher" Kinderdelinquenz nur eine äußerst untergeordnete Rolle spielt.
Allerdings muss berücksichtigt werden, dass diese Gesichtspunkte nur hinsichtlich solcher Delikte von Bedeutung sind, von denen die Polizei allein durch ihre Ermittlungstätigkeit Kenntnis erhält. Dabei geht es in der Regel um „opferlose" Straftaten[50]. Kinder begehen vor allem Warenhausdiebstähle, Sachbeschädigungen und Körperverletzungen. Bei diesen resultiert eine Registrierung jedoch gerade nicht aus selbständiger Ermittlung der Polizei, sondern aus der Anzeige durch das Opfer, wobei in der Regel Kenntnis von dem strafunmündigen Täter besteht, so dass die Erfassung in der PKS keine weitere Aufklärung erfordert. Die Ermittlungskapazität der Polizei beeinflusst somit das Ausmaß der in der PKS widergespiegelten Kinderdelinquenz nur geringfügig.
Bedeutung erlangt aber, dass bei hoher Arbeitsbelastung versucht wird, Anzeigen von vornherein zu vermeiden. So ergab eine Analyse zur Kinderdelinquenz westdeutscher Großstädte, dass Frankfurt mit der höchsten Erwachsenenkriminalität die niedrigste Tatverdächtigenziffer der Kinderkriminalität aufweist[51]. Dies war unter anderem auf eine Absprache zwischen der Frankfurter Polizei und den großen Kaufhäusern zurückzuführen, dass letztere bei Ladendiebstahl durch Strafunmündige zunächst versuchen sollten, einen der Erziehungsberechtigten zu informieren, um dadurch eine Anzeige zu vermeiden. Von ähnlichen Absprachen kann man auch im Jahr 2001 ausgehen, da der Anteil der Kinder an den Tatverdächtigen insgesamt in Frankfurt gerade 2,1 % beträgt[52].

---

48 So auch Schwind, 2002, S. 58, 60; Pongratz, 2000, S. 67.
49 Vgl. auch Amelang, 1986, S. 67.
50 Göppinger, 1997, S. 484.
51 Pfeiffer in: DVJJ, Bericht über die Verhandlungen des 20. Deutschen Jugendgerichtstages, 1987, S. 39.
52 PKS, Deutschland, 2001, S. 94.

Allgemein bleibt festzuhalten, dass die Polizei einen Teil der registrierten Taten nicht aufklärt, so dass auch kein Tatverdächtiger in der PKS erscheint. Im Bereich der von Kindern begangenen „Straftaten" dürfte dies aber nur eine untergeordnete Rolle spielen. Aufgrund der im Vergleich zu anderen Altersgruppen von vornherein niedrigeren Anzeigebereitschaft bei Kindern und zudem der Steuerungsmöglichkeit durch die Polizei besteht bei Kindern somit ein großes Dunkelfeld, das die Aussagekraft der PKS beträchtlich beeinträchtigt.

Unabhängig von dem Dunkelfeld beschränken jedoch weitere Faktoren die Aussagekraft der PKS. Zum einen beruht die PKS auf **Aktenerhebungen**. Diese sind generell mit hohen Fehlerquellen belastet, da sie sowohl von der Zuverlässigkeit abhängen, mit der Täter oder Zeugen ihre Angaben machen, als auch von der Zuverlässigkeit des vernehmenden Polizeibeamten[53].

Zudem wird der Einwand erhoben, die PKS orientiere sich hinsichtlich des Zustandekommens und der ihr zukommenden Aufgabe – wie jede andere Statistik auch – an den **Bedürfnissen der Praxis**[54]. Die PKS dient „der Beobachtung der Kriminalität und einzelner Deliktsarten, des Umfangs und der Zusammensetzung des Tatverdächtigenkreises sowie der Veränderung von Kriminalitätsquoten." Daneben kommt ihr die Aufgabe der „Erlangung von Erkenntnissen für die vorbeugende und verfolgende Verbrechensbekämpfung, organisatorische Planungen und Entscheidungen sowie kriminologisch-soziologische Forschungen und kriminalpolizeiliche Maßnahmen" zu[55]. Dem Bedürfnis der Praxis entspräche es jedoch, das tatsächlich bestehende Ausmaß der Kriminalität aufzuzeigen. Nur so könnte die PKS die ihr beigelegte Aufgabe erfüllen. Allein die Tatsache, dass sich eine Statistik an den Bedürfnissen der Praxis orientiert, führt hinsichtlich der PKS demnach nicht zu einer beschränkten Aussagekraft.

Bedeutung erlangt jedoch, dass die Zahl der tatverdächtigen Kinder, die in der PKS erscheint, nicht unbedingt mit der Häufigkeit, mit der Strafunmündige einer Straftat verdächtig sind, übereinstimmt. Seit dem 1.1.1984 erfolgt eine **„echte Tatverdächtigenzählung"**. Danach enthält die PKS denjenigen, der sich in einem Jahr im selben Bundesland mehrfach hinsichtlich gleichartiger Straftaten als tatverdächtig erweist, nur einmal[56]. Allerdings gilt dies nur, sofern er die Straftaten in demselben Bundesland begeht, da die für die Echttäterzählung erforderlichen Analysen nur auf der Ebene der einzelnen Landeskriminalämter vorgenommen werden[57]. Dementsprechend übersteigt die Zahl der in der PKS erscheinenden Tatverdächtigen die tatsächliche Anzahl der Tatverdächtigen, sofern sich die Straftaten in verschiedenen Bundesländern abspielen.

---

[53] Remschmidt in: Praxis der Kinderpsychologie und –psychiatrie, 1978, S. 32.
[54] Kreuzer in: Zeitschrift für Pädagogik, 1983, S. 51.
[55] PKS Deutschland, 2001, S. 7.
[56] PKS Deutschland, 2001, S. 17.
[57] Amelang, 1986, S. 2.

Allerdings ist dieser Verzerrungsfaktor hinsichtlich der Kinderdelinquenz als relativ gering einzustufen. „Straftaten“ von Kindern ereignen sich meist in der Freizeit zusammen mit Freunden. Da Kinder ihre Freizeit für gewöhnlich am Wohnort verbringen und auch dort ihren Freundeskreis haben, stellt sich das Problem der Tatbegehung in verschiedenen Bundesländern in der Regel nicht. Eine Ausnahme besteht möglicherweise hinsichtlich der an einer Bundeslandgrenze liegenden Städte, jedoch dürfte daraus allein keine relevante Verzerrung der Tatverdächtigenzahl der Kinder folgen.
Bei der Begehung verschiedenartiger Straftaten, d.h. solchen, die die PKS unterschiedlichen Straftatenschlüsseln zuordnet, wird der Tatverdächtige zwar für jede Straftatenart als Tatverdächtiger registriert, jedoch bei der Gesamtzählung der Tatverdächtigen nur einmal[58]. Die Summe der Tatverdächtigen aus den einzelnen Straftatengruppen übertrifft demnach die Gesamtzahl der Tatverdächtigen. Somit stimmt die Gesamtzahl der in der PKS dargestellten Tatverdächtigen mit den wirklich registrierten Tatverdächtigen überein, selbst wenn es sich um verschiedenartige Tatbestände handelt.
Andererseits führt die Echttäterzählung aber dazu, dass die PKS keine Auskunft über die Anzahl der Fälle gibt, in denen ein Kind als tatverdächtig auftritt, d.h. dass die insgesamt von Kindern begangenen Delikte nicht erscheinen, sofern gleichartige „Straftaten“ vorfallen. Für die Gesellschaft erlangt zwar sicherlich einerseits Bedeutung, wie viele Kinder straffällig werden, was beispielsweise für erforderliche und durchführbare präventive oder repressive Maßnahmen relevant ist. Daneben macht die Zahl der tatverdächtigen Kinder auch ein „Gesellschaftsbild“ aus. Diesem Anspruch wird die PKS durch die Echttäterzählung gerecht.
Auf die Frage, bei wie vielen Delikten insgesamt sich Kinder als tatverdächtig erweisen, enthält die PKS dagegen keine Antwort, da sie zwar die insgesamt geschehenen Straftaten nennt, jedoch nicht die Anzahl der von Kindern begangenen Delikte. Eine Aufteilung nach der Altersstruktur erfolgt lediglich im Rahmen der Zahl der Tatverdächtigen. Die von der Gesellschaft empfundene „Bedrohung“ beruht aber auch auf der Häufigkeit von Straftaten. Für das Opfer ist es ohne Belang, ob der Tatverdächtige in dem entsprechenden Jahr in demselben Bundesland schon einmal tatverdächtig war, oder ob er zum ersten Mal eine Straftat durchführt. Die Anzahl der von Kindern begangenen Delikte prägt das Gesellschaftsbild ebenfalls, selbst wenn es sich mehrmals um die gleichen Tatverdächtigen handelt. Es differiert je nachdem, ob Kinder immer wieder derselben Taten oder lediglich einmal einer Tat verdächtig sind.

Des weiteren führt die PKS die **Taten unter den Straftatbeständen, unter denen ermittelt wird**, d.h. dass sie allein die Feststellungen enthält, welche die Polizei auf der ihr zugewiesenen Verfahrensebene trifft. Zur Verdeutlichung folgendes Beispiel[59]: Bricht auf einer öffentlichen Straße ein Bürger zusammen

[58] PKS Deutschland, 2001, S. 17 f.
[59] Göppinger, 1997, S. 485.

und stellt sich bei der ärztlichen Untersuchung eine Kopfverletzung durch einen Schuss heraus, wird die Polizei wegen versuchten Mordes ermitteln und die Anzeige so an die Staatsanwaltschaft abgeben, sofern sie den Fall nicht aufklären kann. Bleibt der Vorfall ungeklärt, so erscheint er in der PKS als versuchter Mord, obwohl möglicherweise nur Fahrlässigkeit oder sogar ein unverschuldetes Versehen vorlag.
Besondere Relevanz erfährt dies hinsichtlich der in der PKS aufgeführten „Straftaten" der Kinder. Sobald Kenntnis von der Strafunmündigkeit des Tatverdächtigen besteht, ist die Strafanzeige unbearbeitet an die Staatsanwaltschaft weiterzugeben, die die Verfolgung gegen den Strafunmündigen wegen des Verfahrenshindernisses gemäß § 170 II StPO einstellt. Es erfolgen demnach keine weiteren Ermittlungen, so dass sich der Vorgang in der PKS so darstellt, wie er sich dem ersten Anschein nach ereignete. Dies führt teilweise dazu, dass die Statistik Verhaltensweisen schwerwiegenderen Straftatbeständen zuordnet, als eigentlich erfüllt waren. Andererseits hätte sich möglicherweise bei weiteren Ermittlungen herausgestellt, dass der Vorfall tatsächlich als schwerwiegender einzustufen war, als es zum Zeitpunkt der Entdeckung aussah.

Ungenauigkeiten resultieren zudem aus der **Einbeziehung von Ausländern**.
Zum einen hält sich eine Vielzahl von Ausländern teilweise legal, wie beispielsweise Touristen, Geschäftsreisende, Grenzpendler, Stationierungsstreitkräfte oder Diplomaten, teilweise auch illegal in Deutschland auf, ohne amtlich gemeldet zu sein. Diese erscheinen somit im Fall der Begehung einer Straftat zwar in der PKS, die Bevölkerungsstatistik enthält sie jedoch nicht. Daraus folgen Verzerrungen bei der Betrachtung der Tatverdächtigen im Verhältnis zur Bevölkerung.
Allerdings kann dies im Rahmen der Kinderdelinquenz vernachlässigt werden. Als nicht gemeldete und sich in Deutschland legal aufhaltende Kinder kommen allein Touristen in Frage. Kinder reisen in der Regel jedoch mit ihren Eltern oder anderen erwachsenen Begleitpersonen. Kinder begehen „Straftaten" aber gewöhnlich in der Gruppe und mit ihren Freunden. Die Delikte von Kindern im Rahmen einer Auslandsreise sind daher vernachlässigbar. Die Zahl der in Deutschland illegal lebenden Kinder erreicht ebenfalls nicht ein Ausmaß, das zu relevanten Ungenauigkeiten der PKS führt. Dies ergibt sich schon daraus, dass eine Familie nur bei Meldung des Kindes auch Kindergeld erhält.

In Bezug auf Ausländer sei aber darauf hingewiesen, dass ein Vergleich der Kriminalitätsbelastung der Deutschen und Nichtdeutschen aufgrund der **unterschiedlichen strukturellen Zusammensetzung** eigentlich nicht möglich ist, da hinsichtlich der gesamten Bevölkerung unterschiedliche Alters-, Geschlechts- und Sozialstrukturen auftreten[60].
Bei Kindern bestehen zwar keine gravierenden Unterschiede in der Alters- und Geschlechtsstruktur, jedoch gehören Familien der ausländischen Kinder zu ei-

---

[60] PKS Deutschland, 2001, S. 107; Loll, 1990, S. 26.

nem größeren Anteil unteren Einkommensschichten an und sind häufiger arbeitslos. Auch leben sie vermehrt in Großstädten. Diese Faktoren erhöhen das Risiko, in Delinquenz zu geraten. Hinzu kommt, dass bestimmte Delikte nur Ausländer begehen können, wie beispielsweise Verstöße gegen § 47 AusländerG, der insbesondere die Einreise bzw. den Aufenthalt ohne Pass oder Aufenthaltsgenehmigung erfasst, was im Rahmen der Kinderdelinquenz aber keine große Rolle spielen dürfte.

Berücksichtigung erfordern letztendlich Faktoren, die zwar nicht zu einer Verzerrung der Kriminalitätszahlen führen, welche die Aussagekraft der PKS aber dennoch beeinträchtigen.
Zum einen gilt das **Prinzip numerischer Häufigkeitszählung**, d.h. „jede im Rahmen eines Ermittlungsvorgangs bekannt gewordene rechtswidrige Handlung (Straftat) ist ohne Rücksicht auf die Zahl der Geschädigten als 1 Fall zu erfassen“[61]. Die Straftaten werden demnach nur gezählt, jedoch nicht gewichtet. Die Schwere der Taten kommt nicht oder nur unvollständig zum Ausdruck. Zwar differenziert die PKS nach unterschiedlichen Delikten, jedoch erscheinen zum Beispiel weder die Zahl der Opfer, noch die Motive und die Art der Ausführung. Gerade bei Kinderdelinquenz erlangt dies jedoch entscheidende Bedeutung, da sie oftmals spielerischem Verhalten entspringt, was dazu führt, dass der Unrechtsgehalt der Tat nicht ohne weiteres mit demjenigen „derselben“ Tat eines Erwachsenen vergleichbar ist.

Auch findet weder eine **Unterscheidung zwischen Täterschaft und Teilnahme** noch **zwischen Vollendung und Versuch** statt. Es existiert zwar eine Tabelle bezogen auf die Anteile der Versuchshandlungen bei den einzelnen Straftatengruppen, jedoch beinhalten die angegebenen Zahlen im übrigen auch Versuche. Der Unrechtsgehalt einer Tat wird aus der PKS damit nicht ersichtlich.

Hinzu kommt, dass sich auch in Tateinheit begangene Straftaten als **ein Fall** darstellen, wobei die PKS die Straftat mit der nach Art und Maß schwersten Strafe erfasst[62]. Tateinheit besteht gemäß § 52 StGB, sofern dieselbe Handlung mehrere Strafgesetze oder dasselbe Strafgesetz mehrmals verletzt. „Dieselbe“ Handlung im Sinne des § 52 StGB liegt unter anderem bei natürlicher Handlungseinheit vor, d.h. bei zeitgleich oder nahezu zeitgleich vorgenommenen Realakten[63]. Mehrere Handlungen enthält die Statistik unabhängig von der ein- oder mehrmaligen Entschlussfassung auch dann als nur einen Fall, sofern bei der Bearbeitung eines Ermittlungsvorgangs weitere rechtswidrige Handlungen desselben Tatverdächtigen bekannt werden, die unter dieselbe Schlüsselzahl fallen,

---

[61] Bundeskriminalamt, 1990, S. 99; PKS Deutschland, 2001, S. 19.
[62] PKS Deutschland, 2001, S. 19.
[63] Samson, Günther in: Systematischer Kommentar zum Strafgesetzbuch, § 52 Rn 4.

wenn ein unmittelbarer zeitlicher und räumlicher Zusammenhang besteht und sie zu Lasten ein und desselben Opfers geschehen[64].
Des weiteren fasst die PKS **Tatbestände zusammen**, die zwar unter strafrechtlichen Gesichtspunkten vergleichbar sind, jedoch kriminologisch gesehen entscheidende Unterschiede aufweisen. So erscheinen beispielsweise Diagramme unter Zusammenfassung von Mord und Totschlag oder hinsichtlich der „Straftaten gegen die persönliche Freiheit". Letzteren werden Menschenraub, Entziehung Minderjähriger, Kinderhandel, Freiheitsberaubung, Nötigung, Bedrohung, erpresserischer Menschenraub und Geiselnahme zugeordnet, wobei der Vergleich von Menschenraub und Nötigung unter kriminologischen Gesichtspunkten äußerst schwer fällt. Ein weiteres Beispiel bildet die Darstellung der Gewaltkriminalität, die Mord, Totschlag, Tötung auf Verlangen, Vergewaltigung, sexuelle Nötigung, Raubdelikte, Körperverletzung mit Todesfolge, gefährliche und schwere Körperverletzung, erpresserischen Menschenraub und Geiselnahme beinhaltet. Diese Delikte unterscheiden sich nicht nur in ihrem Unrechtsgehalt, sondern vor allem auch hinsichtlich der Ursachen und Beweggründe des Täters.

Auch sonstige **kriminologisch bedeutsame Informationen erfasst die PKS nicht**. So fehlen beispielsweise Angaben zu Gruppendelinquenz, was gerade im Bereich der Kinderdelinquenz von Bedeutung wäre. Auch erfolgt lediglich eine Darstellung der von Kindern allgemein verübten Delikte, jedoch kommt nicht zum Ausdruck, welche Straftaten welche Altersgruppen bevorzugt begehen. Als unter kriminologischen Gesichtspunkten praktisch wertlos erweist sich auch die Darstellung der Schäden. Schaden meint den Geldwert (Verkehrswert) des rechtswidrig erlangten Gutes bzw. bei Vermögensdelikten die Wertminderung des Vermögens[65]. Zum einen führt die PKS die Schäden jedoch lediglich bezüglich der einzelnen Straftatengruppen auf, ohne dass eine Unterscheidung hinsichtlich der Altersgruppen geschieht. Zum anderen sind psychische Folgeschäden, die letztlich die Sozialgerichte im Rahmen der Verfahren nach dem Opferentschädigungsgesetz bestimmen, durch die Polizei kurz nach der Tat nicht feststellbar, so dass sie bei der Auflistung der Schäden in der PKS nicht berücksichtigt werden[66]. Daneben bleiben aber auch materielle Schäden außer Betracht, die beispielsweise durch die Zerstörung von Sicherungseinrichtungen entstehen oder bei einem Raub einer Handtasche durch den Verlust des Wohnungsschlüssels bzw. von Ausweispapieren. Zudem findet der Fall, dass der Geschädigte zum Beispiel die gestohlene Sache wieder zurückerhält, keine Beachtung.
Des weiteren beinhaltet die PKS keine Staatsschutzdelikte, keine Verkehrsdelikte, keine Zoll- bzw. Steuerstraftaten und keine Ordnungswidrigkeiten, was im Rahmen der Kinderdelinquenz aber zu vernachlässigen sein dürfte.

---

[64] PKS Deutschland, 2001, S. 19.
[65] PKS Deutschland, 2001, S. 14.
[66] Vgl. auch Göppinger, 1997, S. 486.

Zusammenfassend bleibt festzuhalten, dass die PKS eine Informationsquelle für das Ausmaß der Kinderdelinquenz darstellt, wobei jedoch zahlreiche Fehlerquellen zu berücksichtigen sind. Nicht ohne Grund wurden Kriminalstatistiken als die wahrscheinlich unzuverlässigsten und schwierigsten aller gesellschaftlichen Statistiken bezeichnet[67], was auch heute noch zutreffend erscheint.
Im Rahmen der Kinderdelinquenz erlangt vor allem die grundsätzlich eher geringe Anzeigebereitschaft der Bevölkerung Bedeutung, zudem die Vernachlässigung der Ermittlungstätigkeit der Polizei im Hinblick auf kindliche Täter bei „Engpässen" und zusätzlich die fehlenden kriminologischen Informationen. Dennoch verdeutlichen Ergebnisse der Dunkelfeldforschung, dass den in der PKS erfassten Taten hinsichtlich des Umfangs und der Struktur der Kriminalität zumindest als „Indiz für die Erschließung von Wirklichkeit" Relevanz zukommt[68].
Schlüsse von der sich aus der PKS ergebenden Entwicklung der Kriminalität auf die tatsächliche Entwicklung zu ziehen, erscheint dagegen weitaus problematischer.

(2) Aussagekraft hinsichtlich der Entwicklung der Kinderdelinquenz

Zu den Faktoren, die die Aussagekraft in Bezug auf das Ausmaß der Kinderdelinquenz beeinträchtigen, treten weitere hinsichtlich deren Entwicklung hinzu. Von Bedeutung sind vor allem **Veränderungen der strafrechtlichen Sozialkontrolle**, weshalb sich die Faktoren, die sich auf das Ausmaß der in der PKS dargestellten Delinquenz auswirken, wiederum ändern können, so dass sie auch die Entwicklung betreffen.
Zum einen besteht die Möglichkeit einer **Modifizierung des Anzeigeverhaltens**. Dunkelfeldforschungen ergaben, dass sowohl Umfang als auch Struktur und Bewegung amtlich registrierter Kriminalität von der dem Wandel unterworfenen Grenzziehung zwischen informeller Sozialkontrolle zum Beispiel durch Familie, Schule und Nachbarschaft, und formeller Sozialkontrolle durch Polizei, Staatsanwaltschaft und Gericht abhängen[69]. Das Dunkelfeld könne „fast als direkte Funktion der Anzeigebereitschaft der Bevölkerung definiert werden", wobei individuelle Entscheidungsprozesse über eine Anzeigeerstattung bestimmen, die die Dunkelziffer beeinflussen[70].
Bei Kinderdelinquenz ist davon auszugehen, dass die Toleranz der Gesellschaft nachlässt, sofern „kindliche Rechtsbrecher" häufiger und insbesondere in schwererem Maß auftreten. Ein Opfer einer „Straftat" eines Strafunmündigen erklärt sich bei dem ersten Vorfall möglicherweise bereit, von einer Anzeige abzusehen. Wiederholt sich das Geschehen jedoch, erfolgt eher eine Anzeige, selbst wenn es sich nicht um den selben Täter handelt. Für den Entschluss zur

[67] So Sutherland, Cressey, 1974, S. 25.
[68] Kerner in: Kaiser, Kerner, Sack, Schellhoss, 1993, S. 300.
[69] Bundeskriminalamt, 1990, S. 90.
[70] Pudel in: Schwind, Empirische Kriminalgeographie, 1978, S. 205.

Anzeigeerstattung reicht es möglicherweise schon aus, dass das Opfer von ähnlichen Taten Kenntnis hat. Das bedeutet nicht gleichsam, dass sich eine Änderung im Hinblick auf die Einstellung bezüglich der Erforderlichkeit von Bestrafungen vollzog. Vielmehr änderte sich der Umgang mit Kindern, weshalb eine Ahndung weder durch das Opfer selbst geschieht, wie beispielsweise früher durch die Erteilung einer Ohrfeige, noch durch Information der Erziehungsberechtigten in der Annahme, diese würden das Kind entsprechend bestrafen. Reaktionen auf das Verhalten des Strafunmündigen überlässt man vermehrt staatlichen Stellen, was auch auf eine vor allem in Großstädten zu bemerkende zunehmende Anonymisierung der Gesellschaft zurückzuführen ist. Soziale Kontrollfunktionen werden damit seltener selbst wahrgenommen, sondern an staatliche Instanzen abgegeben.
Die Bedeutung des Anzeigeverhaltens zeigt sich beispielsweise bei einem Vergleich der Tatverdächtigenziffern von 1993 und 1994. Während die Zahl der 8- bis 14jährigen tatverdächtigen Kinder von 1984 bis 1993 nur geringfügig zunahm (+ 3,9 %), wobei die Berechnung seit 1991 sogar Gesamt-Berlin einbezog, erfolgte 1994 plötzlich ein beachtlicher Anstieg (+ 10,5 %), obwohl die Tatverdächtigenbelastungszahl insgesamt erstmals seit sechs Jahren rückläufig war[71]. Die Tatsache, dass die plötzliche Zunahme der tatverdächtigen Kinder zu mehr als der Hälfte auf einem Anstieg beim Ladendiebstahl beruhte, dieses Delikt aber insgesamt eine rückläufige Tatverdächtigenzahl aufwies, lässt vermuten, dass Kaufhausdetektive, deren Anstellung unter anderem von der Entwicklung der Ladendiebstahlszahlen abhängt, vermehrt Kinder beobachteten und gegebenenfalls anzeigten[72].
Einfluss auf die Anzeigebereitschaft hat zudem die Sensibilisierung der Bevölkerung für einen bestimmten Deliktsbereich und damit die Beurteilung der Schutzwürdigkeit eines Rechtsgutes. Daneben können sich Faktoren wie die Erreichbarkeit der polizeilichen Dienststelle, die freundliche bzw. unfreundliche Behandlung und die Länge der Wartezeit auswirken, weshalb diesbezügliche Veränderungen die Anzeigebereitschaft möglicherweise ebenfalls beeinträchtigen, wenn es sich hierbei auch nur um „Nebensächlichkeiten" handelt. Zudem wird die These aufgestellt, mit dem Zivilisationsprozess, d.h. mit der Höherentwicklung der Gesellschaft wachse auch ihre Delinquenzempfindlichkeit[73]. Dies ist wohl dahingehend aufzufassen, dass die Gesellschaft vermehrt Reaktionen auf Delinquenz erwartet, die sich die Betroffenen durch eine Anzeige erhoffen.
Problematisch erscheint aber, eine Aussage darüber zu treffen, ob tatsächlich ein verändertes Anzeigeverhalten vorliegt. Dies gilt vor allem aufgrund der Möglichkeit einer ambivalenten Entwicklung. Zumindest bei bestimmten Delikten liegt die Vermutung nahe, dass ein rückläufiges Anzeigeverhalten infolge Gleichgültigkeit, Resignation und Distanz zu Verfolgungsorganen besteht. Zudem sind Änderungen des Einflussfaktors „Anzeigebereitschaft" empirisch je-

---

[71] PKS Deutschland, 1994, S. 80.
[72] Wetzels, Pfeiffer in: Praxis der Kinderpsychologie und Kinderpsychiatrie, 1997, S. 146.
[73] Elster, Lingemann, 1998, S. 471; Bundeskriminalamt, 1990, S. 105.

denfalls nicht hinreichend belegt und vor allem auch in ihren quantitativen Auswirkungen nicht abschätzbar[74]. Es kann lediglich davon ausgegangen werden, dass bei schweren Delikten, „die sich dem kriminalpolitischen Wandel gegenüber als besonders resistent erwiesen", das Anzeigeverhalten relativ konstant bleibt, während dies bei leichteren Delikten eher nicht der Fall zu sein scheint[75].

Zudem wirken sich Fortschritte in der Kriminaltechnik und vor allem **Veränderungen im Bereich der Ermittlungstätigkeit**, d.h. der Polizeidichte und Polizeitaktik, auf die in der PKS zum Ausdruck kommende Entwicklung aus. So kann ein Rückgang der Erwachsenenkriminalität durchaus dazu führen, dass die Polizei auf Anzeigen gegenüber Kindern aufgeschlossener reagiert, was in der PKS einen Anstieg der Kinderdelinquenz zur Folge hätte.
Die Bedeutung der Intensität staatlicher Ermittlungstätigkeit zeigt sich am Beispiel Hessens. Dort wurde der Entschluss gefasst, verstärkt gegen Schwarzfahrer vorzugehen. Aufgrund dessen verstärkte man 1977 die Kontrolle in öffentlichen Verkehrsmitteln, was einen Anstieg registrierter Vermögensdelikte Jugendlicher, worunter die Leistungserschleichung fällt, nach sich zog[76].
Ein Beispiel für die Auswirkung eines Anstiegs der Kontrolldichte bietet auch der Landkreis Lüchow-Dannenberg. Dort richtete man 1980 wegen vermuteter Anti-Atom-Proteste sieben neue Kriminalkommissariate mit zusammen 46 Kriminalbeamten ein[77]. Die erwarteten Demonstrationen und damit auch die zusätzlichen Einsätze blieben aufgrund der politischen Entscheidung, in Gorleben keine Wiederaufarbeitungsanlage zu erstellen, jedoch aus, was eine Erhöhung der Kontrolldichte und damit einen beträchtlichen Anstieg der Tatverdächtigenzahlen der Kinder mit sich brachte.

Neben diesen Faktoren, die bereits das Ausmaß und damit bei Veränderungen die in der PKS zum Ausdruck kommende Entwicklung beeinflussen, gibt es solche, die sich allein auf die Darstellung der Entwicklung auswirken.
Zum einen erfolgt seit 1971 eine **Erfassung nur bei dem mit der abstrakt schwersten Strafe bedrohten Delikt**, so dass ein Vergleich hinsichtlich der minder schweren Delikte so gut wie unmöglich ist. Allerdings betrifft dies nur eine Zeitreihenanalyse unter Einbeziehung der Daten vor 1971.

Zudem können Daten seit 1983 den zuvor erfassten Angaben aufgrund der **Einführung der Echttäterzählung** nicht sinnvoll gegenüber gestellt werden, da die bis einschließlich 1982 vollzogene Mehrfachzählung ein- und desselben Tatverdächtigen zu deutlich überhöhten Tatverdächtigenzahlen führte.
Im Rahmen der Kinderdelinquenz erscheint die Bedeutung dieses Aspektes aber fraglich. Die Mehrzahl der Kinder wird lediglich einmal straffällig, was grund-

---

[74] Bundeskriminalamt, 1990, S. 105; Kreuzer in: Zeitschrift für Pädagogik, 1983, S. 67.
[75] Bundeskriminalamt, 1990, S. 106.
[76] Bundeskriminalamt, 1982, S. XII.
[77] Wetzels, Pfeiffer in: Praxis der Kinderpsychologie und Kinderpsychiatrie, 1997, S. 145.

sätzlich nur geringe Unterschiede zwischen der Mehrfachzählung und der Echttäterzählung zur Folge hätte. Andererseits enthält die PKS die nur einmal auffälligen Kinder möglicherweise sowieso nicht, da es bei ihnen nicht zur Anzeige kommt, sondern nur bei mehrfach delinquent Auffälligen, so dass sich die Einführung der Echttäterzählung auswirken würde. Betrachtet man jedoch das von Kindern am häufigsten begangene Delikt des Ladendiebstahls, spielt es für einen Detektiv oder Ladeninhaber wohl keine Rolle, dass das Kind „behauptet", die Tat zum ersten Mal verübt zu haben. Eine Anzeige erfolgt damit unabhängig davon, ob der Strafunmündige nur einmal oder bereits mehrfach auffiel. Aufgrund dessen erfasst die PKS insbesondere im Bereich des Ladendiebstahls gerade auch die nur einmal delinquenten Kinder als Tatverdächtige. Da dies für die Mehrzahl der delinquenten Kinder gilt, wirkt sich die Einführung der Echttäterzählung zumindest nicht in dem Maß aus wie bei anderen Altersgruppen.

Des weiteren wurde festgestellt, dass die PKS-Daten in den **neuen Bundesländern** wegen erheblicher Anlaufschwierigkeiten für die Berichtsjahre 1991 und 1992 viel **zu niedrig** ausfielen[78]. Ein zeitlicher Vergleich ist demzufolge erst ab 1993 sinnvoll.

Eine kritische Betrachtung erfordern vor allem auch Steigerungsraten in Prozent. Hierbei sind die **Höhe und die Differenz der absoluten Tatverdächtigenzahlen** zu berücksichtigen. Erschreckend wirkt die Aussage, hinsichtlich der absoluten Zahlen der tatverdächtigen deutschen Kinder liege von 1990 bis 2000 eine Steigerungsrate von 178,1 % vor, bei Erwachsenen dagegen „nur" von 42,3 %. Bei Kindern besteht jedoch eine sehr viel kleinere Ausgangsbasis als bei Erwachsenen, so dass sie schneller eine sehr große Wachstumsrate erreichen. Ein Vergleich der absoluten Zahlen führt zu dem Ergebnis, dass die Steigerung von 1990 bis 2000 bei den erwachsenen Tatverdächtigen das 4,5fache derjenigen der Kinder betrug.
Absoluten Zahlen kommt zwar der Vorteil zu, dass sie, abgesehen von den Verzerrungsfaktoren, das reale Ausmaß der Kriminalität beschreiben, was für die Wahl von Gegenmaßnahmen Bedeutung erlangt. Es stellt sich dabei jedoch das Problem, dass die Beeinflussung des Umfangs und der Struktur der Tatverdächtigen durch die **Größe, die Zusammensetzung und die Entwicklung der Bevölkerung** keine Berücksichtigung findet. So kann ein Anstieg der Tatverdächtigenzahl auch mit einem Bevölkerungsanstieg zusammenhängen. Die Zahl der tatverdächtigen Kinder erhöhte sich beispielsweise zwischen 1992 und 1993 um 27,9 %[79]. Ein Vergleich der Tatverdächtigenbelastungszahl, d.h. der Zahl der ermittelten Tatverdächtigen, errechnet auf 100.000 Einwohner des entsprechenden Bevölkerungsanteils, zeigt dagegen einen Rückgang von 3,7 %. Zu diesen Differenzen gelangt man allerdings nur, wenn man der Berechnung der Steigerungsrate bei den absoluten Zahlen 1993 diejenigen zugrunde legt, die das ge-

78 PKS Deutschland, 2001, S. 9.
79 PKS Deutschland, 2001, S. 74.

samte Bundesgebiet betreffen, da sich die PKS 1992 nur auf die alten Bundesländer und Gesamt-Berlin bezieht. Geht man bei der Berechnung dagegen sowohl 1992 als auch 1993 von den Zahlen aus, die nur die alten Bundesländer einschließlich Gesamt-Berlins berücksichtigen, ergibt sich auch hinsichtlich der absoluten Zahlen ein leichter Rückgang.
Entsprechende Differenzen bei den Bevölkerungszahlen können damit durch die Berechnung von Kriminalitätsquotienten, d.h. die Verwendung von Häufigkeitszahlen (Zahl der bekannt gewordenen Fälle, errechnet auf 100.000 Einwohner) und Tatverdächtigenbelastungszahlen von vornherein ausgeglichen werden. Allerdings stellt sich hinsichtlich der Kriminalitätsquotienten wiederum das Problem der Bezugsgröße, da es sich sowohl bei der Einwohnerzahl als auch bei der Größe der strafmündigen Bevölkerung nicht um exakte, sondern um **fortgeschriebene Bevölkerungszahlen** handelt, so dass lediglich eine Fortrechnung der jeweils letzten Volkszählungen erfolgt[80].

Im Hinblick auf die Bezugsgröße erscheint zudem bedeutsam, dass die Berechnung von Kriminalitätsquotienten und damit die Interpretation der aus der PKS gewonnen absoluten Zahlen vom Interessenstandpunkt abhängt. Zu unterschiedlichen Ergebnissen führen **„bereinigte"** und **„unbereinigte" Häufigkeitszahlen**[81]. Die Untersuchung der Delinquenzentwicklung auf der Basis aller Kinder bis 14 Jahre, d.h. anhand von „unbereinigten" Häufigkeitszahlen, bringt die Gefahr einer statistischen Verzerrung mit sich, da kaum Kinder unter sechs oder sogar erst unter neun Jahren delinquent werden. Die Verwendung „unbereinigter Häufigkeitszahlen" kann einen nur scheinbaren Anstieg der Kinderdelinquenz nach sich ziehen, vor allem sofern die Anzahl der Kinder unter 6 Jahren sinkt und die der über 6 Jahren steigt.
Eine Untersuchung in Berlin in den 70er Jahren ergab zum Beispiel, dass die Delinquenzbelastung im Zeitraum von 1971-1976 unter Bezugnahme auf die Bevölkerungsgruppe aller Kinder von 0-13 Jahren bei den Jungen um 14 %, bei den Mädchen um 52 % stieg, dagegen bezogen auf die Altersgruppe der 9-13jährigen bei den Jungen um 11 % sank, bei den Mädchen nur um 17 % stieg[82]. Während sich die Polizei und auch die Presse in einem solchen Fall der „unbereinigten Häufigkeitszahlen" bedienen, gehen Sozialpädagogen und Sozialarbeiter von „bereinigten Häufigkeitszahlen" aus, indem sie lediglich die 9- bis unter 14jährigen Kinder bzw. allerhöchstens die 6- bis unter 14jährigen zum Vergleich heranziehen. Die PKS berücksichtigt seit 1979 als Bezugsgröße nur noch Kinder ab 8 Jahren[83].

Auswirken können sich ferner **Differenzen zwischen dem tatsächlichen Zeitpunkt des Vorfalls und dem Erscheinen in der Statistik**, da die Straftaten

[80] Bundeskriminalamt, 1990, S. 101.
[81] Quensel, Schelenz in: MschrKrim, 1978, S. 397; Traulsen in: MschrKrim, 1980, S. 49.
[82] Quensel, Schelenz in: MschrKrim, 1978, S. 396.
[83] PKS Deutschland, 1979, S. 7.

nicht immer im selben Jahr begangen, entdeckt und angezeigt werden, so dass die Zahl der für den Berichtszeitraum ausgewiesenen Tatverdächtigen nicht mit der Zahl der im Berichtszeitraum tatsächlich aufgetretenen individuellen Tatverdächtigen übereinstimmt. Allerdings dürfte dieser Gesichtspunkt bei den von Kindern begangenen Delikten zu vernachlässigen sein.

Des weiteren beeinflussen **Änderungen in der Gesetzgebung** die Entwicklung. Fallen ehemals strafbare Verhaltensweisen nicht mehr unter das Strafgesetzbuch, wird bei entsprechenden Verhaltensweisen keine Anzeige mehr erstattet bzw. von der Polizei nicht aufgenommen. Zudem besteht die Möglichkeit, dass bestimmte Verhaltensweisen von anderen Straftatbeständen umfasst sind. Wandlungen in der Rechtsprechung wirken sich in der Regel dagegen nicht auf die PKS aus, sondern spielen vor allem im Rahmen der für die Kinderdelinquenz unbedeutenden Strafverfolgungsstatistik eine Rolle.
Veränderungen hinsichtlich des Erhebungsgegenstands in der Statistik, der Art der Erhebung und der Darstellung erschweren bzw. verzerren dagegen wiederum einen Vergleich.

Im Hinblick auf die in der PKS dargestellte Entwicklung der Kinderdelinquenz bedürfen damit vor allem Veränderungen der strafrechtlichen Sozialkontrolle, wie des Anzeigeverhaltens und der Ermittlungstätigkeit der Polizei, die Höhe der Ausgangszahlen und die Entwicklung der Bevölkerung, insbesondere die Einbeziehung der neuen Bundesländer seit 1993, der Berücksichtigung.
Aufgrund dieser zahlreichen Verzerrungsfaktoren sprechen manche Autoren der Kriminalstatistik teilweise nahezu jegliche Brauchbarkeit als wissenschaftliche Analysehilfe ab: „... sind die Zahlen der polizeilichen Kriminalstatistik das Ergebnis eines selektiven und interpretativen Prozesses. Als Selektionsfilter fungieren dabei die Kontrollinstanzen... . Sie stellen kein exaktes quantitatives Abbild der Kriminalität dar, sondern sind eher ein Tätigkeitsbericht formeller sozialer Kontrolle ...“ [84]. „Die PKS stellt einen Rechenschaftsbericht der Polizei dar, nicht frei von Interessen derer, die am Meldeprozess beteiligt sind.“[85] Zwar wird der PKS teilweise auch gerade als „Tätigkeitsbericht tragender Systeme unserer gesellschaftlichen Ordnung“ eine wichtige Funktion zuerkannt[86], jedoch liegt darin wohl nicht die eigentliche Aufgabe und Funktion einer Kriminalstatistik.
Trotz der vielfältigen Einflussfaktoren ist die Polizeiliche Kriminalstatistik aber zumindest als Indikator der registrierten Kriminalität erforderlich und auch nützlich. Der Aussage, „die Tatverdächtigenzahlen der Polizeilichen Kriminalstatistik für die Einzeljahre spiegeln zwar nicht die richtigen Häufigkeiten der Kriminalität wider, entsprechen aber in etwa der Struktur der Kriminalitätsentwicklung“[87], stimme ich zwar nicht zu, da sich die Faktoren, die die Aussage-

[84] Albrecht, Lamnek, 1979, S. 161.
[85] M. Walter in: DVJJ-Journal, 1996, S. 209.
[86] Amelang, 1986, S. 4.
[87] Loll, 1990, S. 132.

kraft der PKS beeinflussen, dann nicht in ihrem Ausmaß ändern dürften. Dies trifft aber, wie aufgeführt, gerade nicht zu, da insbesondere das Anzeigeverhalten zum Beispiel aufgrund von Sensibilisierung der Bevölkerung für bestimmte Delikte oder auch Altersgruppen nicht konstant bleibt.
Die PKS bietet aber zumindest einen Anhaltspunkt sowohl für das Ausmaß als auch für die Entwicklung der Kriminalität. Für den Bereich der Kinderdelinquenz ergibt sich ihre Notwendigkeit schon daraus, dass sie die einzige Statistik darstellt, die diesbezüglich überhaupt Auskunft gibt. Zudem führt sie im Rahmen der Straftaten alle registrierten Taten auf, d.h. auch die, die nicht aufgeklärt wurden. Vor allem aber zeigt die PKS, in welchen Bereichen „informelle soziale Kontrollen durch die Familie, die Nachbarschaft, die Betriebe usw. als inadäquat und ineffektiv empfunden werden, wodurch sich Opfer, Informanten und Anzeigeerstatter beschwert fühlen und was sie strafrechtlich verfolgt wissen wollen. Insoweit würde sowohl der Bereich erfasst, der als vorrangiges soziales Problem empfunden und definiert wird, als auch jenes Feld, auf dem staatliche Reaktionen mit den grundlegenden Problemen von Gleichheit und Zweckmäßigkeit, von Humanität und Gerechtigkeit konfrontiert werden. Diese Informationen erlauben es ferner zu prüfen, ob die quantitative Entwicklung auch in qualitativer Hinsicht als besorgniserregend oder alarmierend erscheint, entsprechende Bewertungen in der veröffentlichten Meinung also gerechtfertigt sind.“[88]

Von Bedeutung bleibt aber in jedem Fall eine kritische Würdigung der PKS, d.h. die Berücksichtigung der aufgezeigten Faktoren bei der Analyse, um die Angaben in der PKS dadurch zu „bereinigen“. Auch kann die registrierte Kriminalität nicht isoliert von sozialer Kontrolle gesehen werden[89]. Erst gesellschaftliche Definition und Bewertung und insbesondere die Instanzen sozialer Kontrolle schreiben einem Verhalten die Eigenschaft als „kriminell“ bzw. „delinquent“ zu. Dies erlangt gerade bei Kinderdelinquenz Relevanz, da bestimmte Verhaltensweisen bei einem Erwachsenen als „kriminell“ gelten, bei Kindern dagegen nicht.

Ein realitätsgetreues Bild von Ausmaß und Entwicklung der Kinderdelinquenz erfordert zudem die Ergänzung der aus der Analyse der PKS gewonnenen Informationen durch die Heranziehung weiterer Quellen.

---

[88] Heinz in: Rabe, 1984, S. 65.
[89] Bundeskriminalamt, 1990, S. 89.

c) Dunkelfeldforschung

Informationen über nicht registrierte Straftaten bieten Dunkelfeldforschungen.

aa) Begriff des Dunkelfeldes und der Dunkelfeldforschung

Der ursprüngliche Begriff „Dunkelziffer" geht auf den japanischen Staatsanwalt Oba zurück, der in seiner deutschsprachigen Dissertation davon sprach, dass der „Statistiker eine solche Ziffer von Vorkommnissen, welche nicht ans Licht kommen, sondern im Dunkeln bleiben, die Dunkelziffer („dark number") im Gegensatz zur Lichtziffer („light number")" nennt[90]. Aus „Dunkelziffer" wurde später „Dunkelzahl", da zum einen „Ziffer" eine unrichtige Übersetzung des Begriffs „number" sei und es richtiger „Zahl" heißen müsse[91], zum anderen mit dem Begriff „Ziffer" der Eindruck der Genauigkeit erweckt werde, die aber nicht bestehe[92].
Überlegungen zum Umfang der Dunkelziffer stellte E.Ferri bereits Ende des 19. Jahrhunderts an, indem er zwischen der „criminalita reale", dem wirklich begangenen Delikt, und der „criminalita apparente", der den Behörden bekannt gewordenen Kriminalität unterschied[93]. Heute spricht man meist von Dunkelfeld.
Zu unterscheiden sind zwei Arten von Dunkelfeldern, zum einen der Anteil der unentdeckten Täter aus der Gesamtheit der Täter, zum anderen der Anteil der nicht bekannten Delinquenz an der Gesamtdelinquenz[94]. Die PKS enthält sowohl die Anzahl der registrierten Tatverdächtigen als auch die der bekannt gewordenen Straftaten, so dass beide Arten von Dunkelfeldern für eine Analyse und Interpretation der PKS Bedeutung erlangen.
Die Dunkelfeldforschung, die einen Teilbereich der empirischen Kriminologie darstellt, untersucht die tatsächliche Delinquenz unabhängig von entsprechender Kenntnis der Strafverfolgungsbehörden und geht auf kriminalsoziologische Fragestellungen und Denkanstöße zurück[95]. Die erste Befragung zur Häufigkeit verübter, aber nicht bekannt gewordener Delikte führte Porterfield durch[96]. Mehrere hundert College-Studenten sollten dabei angeben, ob sie die auf einem Fragebogen in Kurzform wiedergegebenen Straftaten schon einmal begangen haben. Diese verglich er dann mit den Angaben von Insassen eines Jugendgefängnisses. In Deutschland fanden die ersten Untersuchungen nach amerikanischem und skandinavischem Vorbild in den 60er Jahren des 20. Jahrhunderts statt.

---

90 Oba, 1908, S. 28.
91 So Wehner, 1957, S. 498.
92 So Hentig H., Die unbekannte Straftat, Berlin, 1964, zit. nach: Amelang, 1986, S. 104.
93 Ferri E., Das Verbrechen als soziale Erscheinung, Leipzig, 1896, S. 137, zit. nach: Pongratz, 2000, S. 60.
94 Remschmidt, Merschmann, Walter in: MschrKrim, 1975, S. 133.
95 Kreuzer in: Zeitschrift für Pädagogik, 1983, S. 56.
96 Porterfield A.L. in: American Journal of Sociology, 1943, 49, S. 199 – 208.

Wann die erste Dunkelfeldforschung zu Kinderdelinquenz erfolgte, war leider nicht herauszufinden. Zwar gibt es seit Ende der 60er Jahre des 20. Jahrhunderts Schüleruntersuchungen, wie beispielsweise die von Amelang und Rodel, die Berufsschüler unter anderem zu unentdeckt begangenen Straftaten in den letzten fünf Jahren befragten, wobei das Durchschnittsalter der Probanden aber 18,9 Jahre betrug, so dass sich die Untersuchung auf Straftaten im Durchschnittsalter von 13,9 bis 18,9 Jahre bezog[97]. 1973 führten Brusten und Hurrelmann eine Studie durch, die abweichendes Verhalten von 13-17jährigen Schülern betraf[98]. Auch die Schülerbefragungen von S. und E. Quensel[99] wandten sich an jugendliche Gymnasiasten und an Lehrlinge der Berufsschule und richteten sich damit nicht an Kinder. 1974 wurden allerdings 483 Berufsschüler und Gymnasiasten anhand eines Fragebogens hinsichtlich der polizeilich nicht registrierten Delinquenz **vor** dem 14.Lebensjahr befragt[100]. Ob dies tatsächlich die erste Dunkelfelduntersuchung zur Kinderdelinquenz in Deutschland darstellt, bleibt fraglich.

bb) Ziele der Dunkelfeldforschung

Dunkelfeldforschung strebt als vorrangige Ziele die Ergänzung und Korrektur der kriminalstatistischen Befunde an, d.h. die Gewinnung von Erkenntnissen hinsichtlich des tatsächlichen Ausmaßes der Delinquenz einer bestimmten Population. Zudem will sie Strukturen sowohl von entdeckter als auch von verborgener Delinquenz und für die Verfolgung ausschlaggebende Einflussfaktoren herausarbeiten. Auch erhofft man sich, „Klischeevorstellungen einer kategorialen Unterscheidung zwischen normtreuen Bürgern und ganz anders gearteten Straftätern abzubauen“ [101]. Des weiteren geht Dunkelfeldforschung davon aus, dass sie Rückschlüsse auf Entstehungsbedingungen delinquenten Verhaltens ermögliche und damit nicht nur zur Prävention, sondern daneben zur Theorienbildung in der Kriminologie beitrage[102]. Dies sei gerade bei Kindern möglich, da zu einem späteren Zeitpunkt „mit einem komplexeren Bedingungsgefüge und der Wirksamkeit zahlreicher sekundärer Determinanten“ gerechnet werden müsse.

Die Gewinnung von Erkenntnissen zur Entstehung abweichenden Verhaltens durch Erhebungen zum Dunkelfeld erscheint mir schon aufgrund dessen möglich, dass Veränderungen hinsichtlich des Ausmaßes und der Struktur der begangenen Delikte sowie bezüglich der Täter auch Hinweise auf veränderte Entstehungsbedingungen geben. Dunkelfeldforschung dient damit nicht allein der

---

97 Amelang, Rodel in: Psychologische Rundschau, 1970, S. 175.
98 Brusten, Hurrelmann, 1973.
99 Quensel in: Kölner Zeitschrift für Soziologie und Sozialpädagogik, 1970, S. 75ff; Quensel in: MschrKrim, 1971, S. 236ff.
100 Remschmidt, Merschmann, Walter in: MschrKrim, 1975, S. 133.
101 Kreuzer in: Zeitschrift für Pädagogik, 1983, S. 56.
102 Remschmidt, Merschmann, Walter in: MschrKrim, 1975, S. 133.

Gewinnung von Erkenntnissen hinsichtlich des Ausmaßes bzw. der Entwicklung der Delinquenz in Form von „Größenordnungen", sondern darüber hinaus beispielsweise auch bezüglich Änderungen der Struktur. Sie kann folglich einen Beitrag dazu leisten, ein umfassenderes Bild von Delinquenz zu vermitteln als die reine Analyse von Kriminalstatistiken.
Gerade im Bereich der Kinderdelinquenz kommt ihr entscheidende Bedeutung zu, da hier ein besonders großes Dunkelfeld besteht und sich Veränderungen des Anzeigeverhaltens und der Ermittlungskapazitäten der Polizei in besonders starkem Maße auswirken. Zudem existiert keine Möglichkeit, verschiedene Statistiken miteinander zu vergleichen, da ausschließlich die PKS Kinderdelinquenz erfasst. Diese erlangt zwar unter strafrechtlichen Gesichtspunkten keine Relevanz, jedoch erhalten die mit der Dunkelfeldforschung erstrebten genaueren Erkenntnisse über die Verbreitung delinquenten Verhaltens von Kindern neben der Prävention auch im Rahmen psychologischer und pädagogischer Beurteilungen Gewicht[103].

cc) Arten von Dunkelfeldforschungen

Der Dunkelfeldforschung stehen verschiedene Methoden zur Verfügung. Zum einen ergibt sich die Möglichkeit von **Schätzungen**. Eine erste Arbeit, der die Methode der Erfahrungsschätzung zugrunde lag, wurde bereits 1941 veröffentlicht, wobei man Experten des Polizeidienstes nach einer Einschätzung des tatsächlichen Umfangs der Kriminalität befragte[104].
Daneben existieren **experimentelle Untersuchungen**[105]. Im Rahmen einer 1973 durchgeführten Studie begingen zwei „Diebe" gezielt 40 Ladendiebstähle, was zu einer Einschätzung des Risikos der Entdeckung bei einem Ladendiebstahl führen sollte[106]. Insgesamt finden sich aber nur sehr wenig derartige Studien.
Als weitere Untersuchungsmethode kommt die **Beobachtung** in Frage. Diese zielt nicht nur auf Informationen zur Häufigkeit eines bestimmten Delikts ab, sondern darüber hinaus auf solche bezüglich der individuellen Begehungsweise.
Die am meisten angewandte Methode stellt jedoch die **Befragung** dar. Hierbei ist zum einen nach der Art der Erhebung zu differenzieren, d.h. der Durchführung eines Interviews oder der Verwendung von Fragebögen, wobei letzteres aufgrund der größeren Genauigkeit und der Möglichkeit einer methodischen Auswertung in der Regel bevorzugt wird. Zum anderen unterscheidet man nach der befragten Person, wobei vor allem Täterbefragungen, auch „self-report-studies" genannt, und Opferbefragungen in Betracht kommen.

---

[103] So Remschmidt, Merschmann, Walter in: MschrKrim, 1975, S. 134, die aber von „exakten" Angaben ausgehen.
[104] Meyer K., Die unbestraften Verbrecher, Kriminologische Abhandlungen, 47, 1941, zit. nach: Pongratz, 2000, S. 61.
[105] Pongratz, 2000, S. 62.
[106] Blankenburg in: Friedrichs, 1973, S. 120.

Im Rahmen einer Täterbefragung werden Personen um Auskunft zu begangenen, aber nicht entdeckten Delikten in einem bestimmten Zeitraum gebeten[107]. Das bedeutet, dass nicht jeder Befragte auch tatsächlich „Täter" sein muss. Die Opferbefragung erfolgt durch eine Zufallsstichprobe von Personen, die Auskunft über das Opferwerden in einem bestimmten Zeitraum geben sollen.
Daneben besteht die Möglichkeit der Befragung von Informanten oder Experten, wobei vor allem letztere keine große Rolle einnimmt, was wohl insbesondere darauf zurückzuführen ist, dass diese ihren Thesen meist ebenfalls Statistiken zugrundelegen, weshalb daraus keine weitergehenden Erkenntnisse resultieren.

dd) Nachteile der Dunkelfeldforschung

Die einzelnen Methoden der Dunkelfeldforschung bringen unterschiedliche Schwierigkeiten mit sich. Bei den Schätzungen tritt das Problem der Ungenauigkeit und zudem der fehlenden empirischen Überprüfbarkeit auf. Im Rahmen der Dunkelfeldforschung erlangen sie daher praktisch keine Bedeutung. Experimentelle Untersuchungen haben den Nachteil, dass sie nur bei leichten Delikten durchgeführt werden können und zudem eine vergleichbare Wiederholung, d.h. unter sich entsprechenden Bedingungen, mit äußersten Schwierigkeiten behaftet ist. Bei der Beobachtung ergibt sich das Problem, dass Straftaten geschehen müssen, womit sich die Anwendung praktisch auf Kaufhausdiebstähle beschränkt, die regelmäßig vorkommen[108].

Die Durchführung von Befragungen unterliegt zum einen Schwierigkeiten, die mit der Art der befragten Person zusammenhängen, zum anderen entstehen Probleme unabhängig von der Befragung von Tätern oder Opfern.
Eine Befragung hängt generell von der **Kooperationsbereitschaft der zu befragenden Personen ab.** Auch kann nicht sicher gestellt werden, ob die Betroffenen **ehrliche und sachlich richtige Antworten** geben, was nicht nur die Bereitschaft, sondern auch die Fähigkeit hierzu erfordert. Bei der Befragung von Tätern ist diesbezüglich grundsätzlich eher davon auszugehen, dass diese begangene Delikte nicht nennen oder die Art der Begehung verharmlosen, da sie sie selbst oftmals nicht als derart „schlimm" empfinden oder zum Teil verdrängen. Jüngere Probanden bringen dagegen eher die Gefahr von Übertreibungen mit sich, sofern sie die Tat zugeben. Es besteht somit das Problem von absichtlichen und unbewussten Verfälschungen. Letztere spielen vor allem dann eine Rolle, wenn sich beispielsweise eine Untersuchung von Kinderdelinquenz an Personen richtet, deren Kindheit schon längere Zeit zurückliegt, so dass sie sich nicht mehr exakt erinnern können. Möglicherweise beging der Befragte die entsprechende Straftat zwar auch tatsächlich, jedoch eventuell nicht in dem betroffenen Zeitraum, was man als „telescoping" bezeichnet.

---

[107] Pongratz, 2000, S. 62.
[108] Pongratz, 2000, S. 62.

Befragt man Kinder selbst, verkennen diese vielleicht die Ernsthaftigkeit der Untersuchung. Zudem führt die Angst vor Folgen zu Verfälschungen, wobei auch entsprechende Erklärungen sie sicher nicht völlig ausräumen. Die Kinder internalisieren zwar möglicherweise, dass sie strafrechtlich auch später wegen ihrer Taten als Kinder nicht belangt werden können, jedoch befürchten sie anderweitige Konsequenzen – zum Beispiel durch Information der Erziehungsberechtigten. Zudem mögen Kinder bestimmte Verhaltensweisen als normal und keineswegs als delinquent ansehen.
Hinsichtlich der erforderlichen Kooperationsbereitschaft und der Gefahr von Verfälschungen zeigen Opfer zwar eine größere Bereitschaft zu vollständigen Angaben, jedoch neigen diese zu Übertreibungen, da man selbst Erlebtes häufig schlimmer empfindet, als es für einen Außenstehenden oder den Täter wirkt[109].
Im Rahmen der Befragung von Informanten erfolgen zwar in der Regel keine bewusst wahrheitswidrigen Aussagen, jedoch fehlt es aufgrund der mangelnden unmittelbaren Beziehung zur Tat an Vollständigkeit.
Bei allen befragten Personen ist davon auszugehen, dass sie nicht alle Fragen gleichermaßen verstehen und unterschiedliche Sachverhalte unter ein und dieselbe Fragestellung subsumieren, selbst wenn diese keine juristische Formulierung aufweist. Wie sich auch bei der von mir durchgeführten Befragung von Lehrern zeigte, kommen unterschiedliche Interpretationen vor. Verhaltensweisen, die die Gesellschaft als „normal" bezeichnet, sahen die Probanden nicht als Delinquenz an und gaben sie damit nicht an, obwohl, wie sich durch konkretes Nachfassen herausstellte, eine Situation exakt zur Thematik passte. Beispielsweise reichten hinsichtlich der Frage, wie oft in einem Schuljahr absichtliche körperliche Gewalt gegen Mitschüler ohne Verletzung vorkommt, die Antworten an derselben Schule von null bis 5 000, bezüglich der Frage nach Beleidigungen gegen Mitschüler sogar von 2 bis 10 000.
Problematisch erscheint in diesem Zusammenhang vor allem, dass eine Kontrolle oder Einschätzung der Interpretation praktisch unmöglich ist.

Eine weitere Schwierigkeit liegt darin, dass sich die Befragung an eine **große Anzahl von Personen** der zu untersuchenden Bevölkerungsgruppe richten muss, was sehr viel Aufwand erfordert, da ansonsten kaum eine Repräsentativität der Befragten für die Gesamtheit der Bevölkerung bzw. des betroffenen Bevölkerungsteils besteht. Die Befragung einer spezifischen sozialen Gruppe kann jedenfalls nicht ohne weiteres auf eine altersgleiche Gesamtpopulation übertragen werden[110]. Täterbefragungen richteten sich allerdings überwiegend an leicht erreichbare Zielpopulationen, wie beispielsweise Schüler, Studenten oder Strafanstaltsinsassen, dagegen bislang nur selten an einen repräsentativen Querschnitt der Bevölkerung oder auch nur einer bestimmten Altersgruppe[111]. Generell bevorzugen die Untersuchungen Stichproben junger Menschen, da man bei diesen

---

[109] Pongratz, 2000, S. 63.
[110] Kreuzer in: Zeitschrift für Pädagogik, 1983, S. 56.
[111] Bundeskriminalamt, 1990, S. 86.

auf geringere Vorbehalte stößt und sie eine größere Aussagebereitschaft zeigen[112].

Kritik an Dunkelfeldstudien wird zum Teil auch insofern ausgeübt, als sie die **Häufigkeit der Straftaten nur unzureichend berücksichtigen**, da sie lediglich die Prozentsätze derjenigen, die in ihrem Leben einmal eine Straftat begangen hatten, verglichen, jedoch die Häufigkeit der Begehung außer acht ließen[113].

Da die Dunkelfeldforschung vor allem der Ergänzung und Korrektur der Kriminalstatistiken dient, erlangt zudem die **Vergleichsmöglichkeit** Relevanz. Dabei stellt sich jedoch wiederum das Problem, dass in Befragungen und der Statistik unterschiedliche Subsumtionen der Geschehnisse in die vorhandenen Kategorien stattfinden, also die Delikte nicht gleichermaßen verstanden werden. Auch ist zu berücksichtigen, dass für Statistiken die Lokalisierung der Tat insbesondere nach einer präzisen Tatzeit erfolgt, während Dunkelfelduntersuchungen nur nach dem „ob" fragen, was den Vergleich verzerren vermag[114].
Im Hinblick auf die Vergleichsmöglichkeit mit Kriminalstatistiken nimmt ein Großteil der Literatur an, dass sich Befragungen zur Häufigkeit erlittener Straftaten, d.h. Opferbefragungen, besser eignen als Befragungen hinsichtlich begangener Straftaten[115]. Den Grund hierfür sehen sie in dem nahezu identischen Ansatz oder Ausgangspunkt insofern, als in beiden Fällen die erfahrene Schädigung die Grundlage für die Befragung bzw. Anzeige bildet. Hinzu kommt eine niedrigere Hemmschwelle hinsichtlich der Aussagen zu den Delikten, da keine Schuld- oder Schamgefühle bestehen und keine Furcht, sie für die Begehung der Tat doch zur Rechenschaft zu ziehen. Letzteres spielt bei Befragungen von kindlichen Tätern vor allem dann eine Rolle, wenn sie sich nicht an Personen mit bereits abgeschlossener Kindheit richten, sondern an Kinder selbst. Schuld- und Schamgefühle bei Opfern fehlen allerdings wohl nicht generell, da sich Opfer auch oftmals mit schuldig fühlen, jedoch dürfte der Mangel an Schuld- und Schamgefühlen bei Opfern von „Kinderdelikten" durchaus vorliegen. Häufig verschwiegen werden Sexual- und Betrugsdelikte, bei denen sich die Opfer der Straftat nicht bewusst sind, oder Straftaten, bei denen Täter und Opfer einverständlich zusammenwirken bzw. das Opfer selbst Interesse zeigt. Kindliche Täter stellen bei all diesen Delikten jedoch die Ausnahme dar. Auch der identische Ausgangspunkt erscheint mir gerade im Bereich der Kinderdelinquenz von Relevanz, da ein beträchtlicher Unterschied darin liegt, dass eine Täterbefragung das Kind als Täter befragt, die PKS dagegen auf in der Regel von Erwachsenen getätigten Anzeigen beruht bzw. auf der Ermittlung von Polizeibeamten.

---

112 Kreuzer in: Zeitschrift für Pädagogik, 1983, S. 56.
113 Loll, 1990, S. 140.
114 Amelang, 1986, S. 102.
115 Amelang, 1986, S. 102.

Opferbefragungen gewährleisten damit auch im Bereich der Kinderdelinquenz eine bessere Vergleichsmöglichkeit mit der PKS als Täterbefragungen. Die Befragung von Opfern hat zudem einen weiteren Vorteil, indem sie die Vermutung zulässt, die Ergebnisse entsprächen in der Regel mit zunehmender Deliktschwere stärker der Realität, da Opfer die Tat aufgrund des Ausnahmecharakters und des oftmals mit dem schwereren Delikt verbundenen höheren Schadens genauer in Erinnerung behalten. Bei Täterbefragungen ist dagegen einerseits anzunehmen, Tätern rücke die Tatsache, dass es sich um eine Straftat handelt und sie diese begingen, bei schwereren Delikten aufgrund der größeren psychologischen Schuldbelastung eher ins Bewusstsein, womit auch hier ein realitätsgetreueres Bild bei schwereren Delikten vorläge. Andererseits wurde aber festgestellt, dass die Bereitschaft zu einigermaßen wahrheitsgetreuen Angaben bei Tätern nur bei leichten und einem Teil der mittel-schweren Delikte besteht[116]. Opferbefragungen bringen jedoch als spezifischen Nachteil mit sich, dass eine effiziente Durchführung bei Delikten, die kein Opfer oder personales Opfer haben, welche Opfer nur selten bemerken oder ihnen als solche nicht bewusst sind oder bei denen Opfer eigene Beiträge leisten oder Interessen zeigen, nicht möglich ist[117]. Allerdings spielt dies im Rahmen der Untersuchung von Kinderdelinquenz nur eine untergeordnete Rolle. Die von Kindern in der Regel begangenen „Straftaten" wie vor allem Diebstahl, Sachbeschädigung, Brandstiftung beziehen sich grundsätzlich auf ein Opfer, das diese Taten auch bewusst wahrnimmt. Lediglich im Bereich von innerfamiliären Delikten erscheinen Ausnahmen denkbar. Damit eignen sich Opferbefragungen im Bereich der Kinderdelinquenz generell besser als Täterbefragungen.

Bei der Befragung von Informanten stellt sich das spezifische Problem der „Mehrfachmeldungen", da möglicherweise mehrere Informanten das Verhalten eines Täters berichten.

Insgesamt gesehen bleibt festzuhalten, dass auch die Dunkelfeldbefragungen keine gesicherten Erkenntnisse hinsichtlich der tatsächlichen Delinquenz liefern, wobei die Hauptschwierigkeit darin besteht, das Ausmaß der absichtlichen und unbewussten Verfälschungen zu beurteilen. Auch kann meines Erachtens keine Aussage über die größere Realitätsnähe von Dunkelfelduntersuchungen bei schwereren oder bei leichteren Delikten getroffen werden. Zwar geben die Befragten leichtere Delikte eher zu als schwerere, jedoch geraten erstere auch schneller in Vergessenheit. Opfer verschweigen bestimmte schwere Delikte insbesondere aufgrund von Scham. Zudem kommt eine Opferbefragung möglicherweise nicht mehr in Betracht, wie beispielsweise bei Körperverletzung mit Todesfolge, Totschlag, Mord und anderen Delikte mit Todesfolge. Der Ausnahmecharakter der gravierendsten Straftaten bringt das Problem mit sich, Personen in aussagekräftiger Anzahl befragen zu können.

---

[116] Pfeiffer in: DVJJ-Journal, 1996, S. 217.
[117] Kreuzer in: Recht der Jugend und des Bildungswesens, 1975, S. 230.

Zur Beurteilung des Ausmaßes der absichtlichen und unbewussten Verfälschungen existieren allerdings verschiedene Methoden, um die gefundenen Ergebnisse zumindest abzusichern, wie eine Kontrolle durch Lügen-Items, durch Streuungsvergleiche bei Messwiederholungen und durch die Durchführung von Re- und Paralleltests[118]. Auch ergaben Untersuchungen, dass Ergebnisverfälschungen durch „Erinnerungsmängel", d.h. unbewusste Verfälschungen, vernachlässigbar klein sind[119].

Eine Heranziehung der Dunkelfeldforschung als einzige Quelle zur Untersuchung von Delinquenz erscheint damit zwar nicht sinnvoll, jedoch erlangt sie als Ergänzung durchaus Bedeutung[120]. Sie dient der Kontrolle der kriminalstatistischen Daten insbesondere hinsichtlich deren Tendenz und Richtung. Allerdings hält sich die Dunkelfeldforschung bzgl. der Kinderdelinquenz sehr in Grenzen. So wurde 1997 zwar mit einer umfassenden repräsentativen Dunkelfeldforschung begonnen[121], jedoch bezog sich diese nur auf Jugendliche. Auch diverse Schülerbefragungen richteten sich, wie bereits erwähnt, vor allem an Schüler der Mittelstufe und somit an Jugendliche. Eine neuere repräsentative Untersuchung zum Dunkelfeld von Kinderdelinquenz stellt die 1997 von Pongratz durchgeführte Befragung von Lehrern an Grundschulen in Unterfranken dar.

Aufgrund ihrer geringen Anzahl sind Dunkelfeldforschungen zur Untersuchung der Kinderdelinquenz nur sehr begrenzt nutzbar, vor allem da aus Untersuchungen an Jugendlichen, Heranwachsenden oder Erwachsenen keine Rückschlüsse auf das Dunkelfeld der Kinderdelinquenz gezogen werden können.

---

118 Remschmidt in: Praxis der Kinderpsychologie und –psychiatrie, 1978, S. 32.
119 Remschmidt, Merschmann, Walter in: MschrKrim, 1975, S. 141.
120 So auch: Bundeskriminalamt, 1990, S. 88; Kreuzer in: Recht der Jugend und des Bildungswesens, 1975, S. 229.
121 Pfeiffer, Delzer, Enzmann, Wetzels, 1998, S. 52.

2. Darstellung der Entwicklung anhand von Statistiken

a) Verbreitung in Deutschland im Jahre 2001 nach der PKS

Die neueste verfügbare PKS betrifft das Berichtsjahr 2001. Bevor man die Entwicklung der Kinderdelinquenz näher untersucht, erscheint es sinnvoll, die Situation im Jahr 2001 ausführlich darzustellen, um im Anschluss daran Gleichförmigkeiten oder Veränderungen aufzuzeigen.

aa) Allgemeine Verbreitung

Im Jahr 2001 wurden im Bundesgebiet insgesamt 6 363 865 Straftaten und 2 280 611 Tatverdächtige erfasst[122]. Tatverdächtige Kinder registrierte man 143 045, d.h. 6,3 % der Tatverdächtigen waren unter 14 Jahre[123]. Im Vergleich hierzu wurden 298 983 Jugendliche einer Tat verdächtigt, d.h. 13,1 %, und 246 713 Heranwachsende, was 10,8 % der Tatverdächtigen insgesamt ausmacht. Diese Zahlen sagen aber insofern wenig aus, als es sich um absolute Zahlen handelt, d.h. die Zahl der Kinder, Jugendlichen und Heranwachsenden in der Bevölkerung bleibt unberücksichtigt. Da mir leider nur Bevölkerungszahlen zum Stand vom 31.12.2000 zur Verfügung stehen, kann ich im Folgenden nur auf diese Bezug nehmen. Insgesamt lebten zu diesem Zeitpunkt in der Bundesrepublik 11 841 487 Personen unter 14 Jahren[124]. Kinder machen demnach bei insgesamt 82 259 540 Personen in Deutschland 14,4 % der Bevölkerung aus.
Des weiteren bedeutet dies, dass 1,2 % der Kinder tatverdächtig waren. Geht man dagegen lediglich von den 6- bis unter 14jährigen aus, betrug der Anteil bei 7 123 903 sechs- bis unter 14jährigen in Deutschland 2,0 %. Von den 3 658 699 Jugendlichen in Deutschland erschienen dagegen 8,2 % als tatverdächtig. Bei den 2 852 894 Heranwachsenden ergibt sich ein Anteil von 8,6 %, bei den Erwachsenen von 2,5 % (1 591 870 Tatverdächtige, 63 906 460 Personen über 21 Jahre).

Als aufschlussreich stellen sich auch die Tatverdächtigenbelastungszahlen dar, d.h. die Zahl der ermittelten Tatverdächtigen, errechnet auf 100 000 Einwohner des entsprechenden Bevölkerungsanteils, wobei Kinder unter 8 Jahren außen vor bleiben. Bei den deutschen Kindern ergibt sich für das Jahr 2001 eine Tatverdächtigenbelastungszahl von 2 292, bei den Jugendlichen dagegen von 7 416, bei den Heranwachsenden von 7 440 und bei den Erwachsenen von 1 980[125].
Unterteilt man die tatverdächtigen Kinder nach Altersgruppen, waren bei den Kindern bis unter 6 Jahre 1 866 als tatverdächtig registriert, bei den 6- bis unter

---

[122] PKS Deutschland, 2001, S.23, S. 72.
[123] Vgl. PKS Deutschland, 2001, S. 72.
[124] Tabelle „A1 Personen insgesamt zum 31.12.2000", persönlich erhalten vom Statistischen Bundesamt Wiesbaden.
[125] PKS Deutschland, 2001, S. 97.

8jährigen 4 610, bei den 8- bis unter 10jährigen 14 083, bei den 10- bis unter 12jährigen 35 384 und bei den 12- bis unter 14jährigen 87 102[126]. Demnach hatten 60,9 % der tatverdächtigen Kinder ein Alter von 12 oder 13 Jahren und 85,6 % von 10 bis 13 Jahren. Die unter 10jährigen nehmen damit nur einen Anteil von 14,4 % ein, diejenigen unter 8 Jahren sogar nur von 4,5 %.
Auch hinsichtlich der Tatverdächtigenbelastungszahlen der einzelnen Altersgruppen zeigen sich deutliche Differenzen, wobei die folgenden Angaben nur deutsche Tatverdächtige betreffen. Während die 8- bis unter 10jährigen nur eine Tatverdächtigenbelastungszahl von 718 aufweisen, beträgt diese bei den 10- bis unter 12jährigen bereits 1 684 und bei den 12- bis 14jährigen sogar 4 260[127]. Vergleicht man die Tatverdächtigenbelastungszahl der 10- bis unter 12jährigen mit der der 12- bis unter 14jährigen, ergibt sich eine Steigerungsrate von 153,0 %. Bei einer Gegenüberstellung der Tatverdächtigenbelastungszahl der 12- bis unter 14jährigen und der der 14- bis unter 16jährigen und damit von Jugendlichen, kommt man bei einer Tatverdächtigenbelastungszahl von 7 227 „nur" zu einer Steigerungsrate von 69,6 %.

Altersstruktur der Tatverdächtigen und entsprechende Tatverdächtigenbelastungszahlen

Altersgruppe	Tatverdächtige	Tatverdächtigenbelastungszahl (deutsche Kinder)
Kinder	**143 045**	**2 292 (ab 8 Jahre)**
bis unter 6	1 866	/
6 bis unter 8	4 610	/
8 bis unter 10	14 083	718
10 bis unter 12	35 384	1 684
12 bis unter 14	87 102	4 260
Jugendliche	**298 983**	**7 416**
14 bis unter 16	142 870	7 227
16 bis unter 18	156 113	7 608
Heranwachsende	**246 713**	**7 440**
Erwachsene	**1 591 870**	**1 980**

bb) Differenzierung nach Geschlecht

Beträchtliche Unterschiede fallen zwischen den Geschlechtern auf. Von den insgesamt 143 045 als tatverdächtig registrierten Kindern waren 102 647 und somit 71,8 % männlich[128].
Eine Differenzierung nach einzelnen Altersgruppen zeigt folgende Unterschiede. Bei den bis unter 6jährigen hatten 1 386, d.h. 74,3 %, männliches Geschlecht, bei den 6- bis unter 8jährigen 3 577 und damit 77,6 % und bei den 8- bis unter

[126] PKS Deutschland, 2001, S. 72.
[127] PKS Deutschland, 2001, S. 97.
[128] PKS Deutschland, 2001, S. 72.

10jährigen sogar 11 092, was 78,8 % ausmacht. Bei den 10- bis unter 12jährigen waren dagegen „nur" 26 602 männlich, d.h. 75,2 %, und bei den 12- bis unter 14jährigen „lediglich" 59 990 und damit 68,9 %.
Diesbezüglich sei aber angemerkt, dass bei den Jugendlichen, Heranwachsenden und Erwachsenen im Vergleich zu den Kindern insgesamt noch größere Differenzen existieren. Während bei den Jugendlichen 75,3 % der Tatverdächtigen männlich sind und bei den Erwachsenen 76,9 %, haben bei den Heranwachsenden sogar 80,9 % das männliche Geschlecht. Damit ergibt sich für die Tatverdächtigen insgesamt ein Anteil der männlichen Tatverdächtigen von 76,8 %.

Betrachtet man die Tatverdächtigenbelastungszahlen, wobei sich diese wiederum nur auf deutsche Tatverdächtige beziehen, weisen die männlichen Kinder ab 8 Jahren eine Tatverdächtigenbelastungszahl von 3 177 auf, die weiblichen dagegen nur von 1 359[129]. Während die 8- bis unter 10jährigen männlichen Kinder eine Tatverdächtigenbelastungszahl von 1 110 erreichen, beträgt die der weiblichen lediglich 306. Die Tatverdächtigenbelastungszahl der 10- bis unter 12jährigen Jungen liegt bei 2 469, die der Mädchen bei 858. Die 12- bis unter 14jährigen männlichen Kinder kommen zu einer Tatverdächtigenbelastungszahl von 5 667, die weiblichen von 2 774. Demnach ist die Tatverdächtigenbelastungszahl bei den männlichen 12- bis unter 14jährigen „nur" 2,0 mal so groß wie bei den weiblichen, bei den 10- bis unter 12jährigen immerhin 2,9 mal und bei den 8- bis unter 10jährigen, liegt sie sogar 3,6 mal so hoch.

Interessant erscheinen auch die Anteile der Tatverdächtigen an der männlichen bzw. weiblichen Bevölkerung. Bei 6 077 210 männlichen Kindern in Deutschland ergibt sich ein Anteil der als tatverdächtig registrierten männlichen Kinder von 1,7 %[130]. Stellt man dagegen lediglich auf die 6- bis unter 14jährigen ab, waren von 3 656 208 männlichen 6- bis unter 14jährigen in Deutschland 2,8 % als tatverdächtige Kinder männlichen Geschlechts erfasst.
Die 40 398 in der PKS erwähnten weiblichen Kinder machen bei 5 764 277 weiblichen Kindern in Deutschland einen Anteil von nur 0,7 % aus. Nimmt man auch hier lediglich auf die 6- bis unter 14jährigen Bezug, kommt man zu 1,2 % als tatverdächtig registrierten Kindern weiblichen Geschlechts bei 3 467 695 weiblichen 6- bis unter 14jährigen in Deutschland.
Ein Vergleich der einzelnen Altersgruppen zeigt, dass die PKS lediglich 0,4 % der männlichen und 0,1 % der weiblichen 6- bis unter 8jährigen als tatverdächtig erfasste. Bei den 8- bis unter 10jährigen waren es 1,3 % der männlichen und 0,4 % der weiblichen Population, bei den 10- bis unter 12jährigen 2,7 % bzw. 0,9 % und bei den 12- bis unter 14jährigen 6,1 % bzw. 2,9 %.

---

[129] PKS Deutschland, 2001, S. 97.
[130] Auch die folgenden Angaben aus Tabelle „A1 Personen insgesamt zum 31.12.2000", persönlich erhalten vom Statistischen Bundesamt Wiesbaden; PKS Deutschland, 2001, S. 72.

Alters- und Geschlechtsstruktur der Tatverdächtigen; Tatverdächtigenbelastungszahlen der Deutschen

Altersgruppe	Tatverdächtige				Tatverdächtigenbelastungszahl	
	Männlich		Weiblich		Männlich	Weiblich
	Anzahl	In %	Anzahl	In %		
Kinder	**102 647**	**71,8**	**40 398**	**28,2**	**3 177 (ab 8 J.)**	**1 359 (ab 8 J.)**
bis unter 6	1 386	74,3	480	25,7	/	/
6 bis unter 8	3 577	77,6	1 033	22,4	/	/
8 bis unter 10	11 092	78,8	2 991	21,2	1 110	306
10 bis unter 12	26 602	75,2	8 782	24,8	2 469	858
12 bis unter 14	59 990	68,9	27 112	31,1	5 667	2 774
Jugendliche	**225 061**	**75,3**	**73 922**	**24,7**	**10 761**	**3 903**
14 bis unter 16	102 038	71,4	40 832	28,6	9 967	4 349
16 bis unter 18	123 023	78,8	33 090	21,2	11 566	3 449
Heranwachsende	**199 523**	**80,9**	**47 190**	**19,1**	**11 777**	**2 909**
Erwachsene	**1 224 402**	**76,9**	**367 468**	**23,1**	**3 162**	**908**

cc) Differenzierung nach deutschen und nichtdeutschen Tatverdächtigen

Von Bedeutung erscheint auch eine Differenzierung nach deutschen und nichtdeutschen Tatverdächtigen. Die 2 280 611 insgesamt registrierten Tatverdächtigen teilen sich in 1 712 227 deutsche und 568 384 nichtdeutsche[131], d.h. 75,1 % der Tatverdächtigen besitzen die deutsche Staatsangehörigkeit.

Ein Vergleich der deutschen und nichtdeutschen Tatverdächtigen unter Berücksichtigung der Altersstruktur führt zu dem Ergebnis, dass der Prozentanteil der deutschen Tatverdächtigen an den Tatverdächtigen der entsprechenden Altersgruppe insgesamt bei den Kindern am höchsten ist. Bei diesen ergeben 24 769 nichtdeutsche und 118 276 deutsche Verdächtige[132], dass 82,7 % der tatverdächtigen Kinder Deutsche waren. Von den 298 983 tatverdächtigen Jugendlichen hatten immerhin 245 746 deutsche Staatsangehörigkeit, so dass sie einen Anteil von 82,2 % einnehmen. Bei den Heranwachsenden besteht bei 188 227 Deutschen und 58 486 Nichtdeutschen ein Anteil von 76,3 % und bei den Erwachsenen bei 1 159 979 deutschen Tatverdächtigen von insgesamt 1 591 871 nur einer von 72,9 %.

Das Verhältnis differiert bei den Kindern allerdings je nach Altersgruppe. Während bei den 8- bis unter 10jährigen 10 845 deutsche und 3 238 nichtdeutsche Tatverdächtige registriert wurden, spalten sich die 10- bis unter 12jährigen in 28 768 deutsche und 6 616 nichtdeutsche und die 12- bis unter 14jährigen in 73 936 deutsche und 13 166 nichtdeutsche Tatverdächtige[133]. Bei der jüngsten verglichenen Altersgruppe machen die deutschen Tatverdächtigen demnach 77,0 % der Tatverdächtigen dieser Altersgruppe aus, bei der mittleren 81,3 % und bei der ältesten sogar 84,9 %. Dies verwundert auf den ersten Blick, da der

[131] PKS Deutschland, 2001, S. 24.
[132] PKS Deutschland, 2001, S. 73.
[133] Vgl. PKS Deutschland, 2001, S. 72, 97.

Anteil der deutschen Tatverdächtigen bei den Jugendlichen unter demjenigen bei den Kindern insgesamt liegt, so dass eine gegenläufige Entwicklung hinsichtlich der einzelnen Altersgruppen bei den Kindern zu erwarten wäre. Allerdings nehmen die deutschen Tatverdächtigen bei den 14- bis unter 16jährigen Jugendlichen auch noch einen Anteil von 84,5 % ein[134]. Erst bei den 16- bis unter 18jährigen sinkt dieser dann auf 80,1 %.

Hinsichtlich der Geschlechtsverteilung bestehen keine gravierenden Auffälligkeiten gegenüber der bei den Tatverdächtigen insgesamt zu beobachtenden. Von den tatverdächtigen Kindern waren insgesamt 71,8 % männlich, von den deutschen tatverdächtigen Kindern 84 435 und somit 71,4 % bzw. von den nichtdeutschen 18 212 und demnach 73,5 %[135].

Altersstruktur der deutschen und nichtdeutschen Tatverdächtigen

Altersgruppe	**Deutsche Tatverdächtige**		**Nichtdeutsche Tatverdächtige**	
Kinder	**118 276**		**24 769**	
	männlich: 84 435	weiblich: 33 841	männlich: 18 212	weiblich: 6 557
8 bis unter 10	10 845		3 238	
10 bis unter 12	28 768		6 616	
12 bis unter 14	73 936		13 166	
Jugendliche	**245 746**		**53 237**	
Heranwachsende	**188 227**		**58 486**	
Erwachsene	**1 159 979**		**431 892**	

Interessant stellt sich ein Vergleich der Altersgruppen hinsichtlich des Prozentanteils der deutschen Tatverdächtigen der jeweiligen Altersgruppe an den deutschen Tatverdächtigen insgesamt und dem der nichtdeutschen an den nichtdeutschen Tatverdächtigen insgesamt dar. Dabei weisen Kinder wie auch Jugendliche und Heranwachsende an den deutschen Tatverdächtigen einen höheren Prozentanteil auf als an den nichtdeutschen. Während von den insgesamt 1 712 228 deutschen Tatverdächtigen 6,9 % Kinder waren, haben von 568 384 nichtdeutschen Tatverdächtigen nur 4,4 % ein Alter von unter 14 Jahre[136]. Jugendliches Alter erreichen von den deutschen Tatverdächtigen 14,4 % und von den nichtdeutschen 9,4 %. Bei den Heranwachsenden nähern sich die Werte einander an: 11,0 % der deutschen und 10,3 % der nichtdeutschen Tatverdächtigen sind 18

---

[134] Vgl. PKS Deutschland, 2001, S. 72, 97.
[135] PKS Deutschland, 2001, S. 73.
[136] PKS Deutschland, 2001, S. 73.

bis unter 21 Jahre. Hinsichtlich der Erwachsenen zeigt sich dagegen ein anderes Bild. Während sich bei den deutschen Tatverdächtigen ein Anteil von 67,7 % ergibt, liegt dieser bei den nichtdeutschen bei 76,0 %. Von den registrierten Tatverdächtigen nehmen somit bei den Nichtdeutschen die minderjährigen Tatverdächtigen einen geringeren Prozentanteil ein als bei den Deutschen, im Gegenzug die Erwachsenen (über 21jährigen) einen größeren.

Altersstruktur der deutschen und nichtdeutschen Tatverdächtigen

Altersgruppe	Deutsche Tatverdächtige		Nichtdeutsche Tatverdächtige	
	insgesamt	Verteilung in %	insgesamt	Verteilung in %
Tatverdächtige insgesamt	1 712 228	100,0	568 384	100,0
Kinder	118 276	6,9	24 769	4,4
Jugendliche	245 746	14,4	53 237	9,4
Heranwachsende	188 227	11,0	58 486	10,3
Erwachsene	1 159 979	67,7	431 892	76,0

Aufschlussreich wären auch hier Tatverdächtigenbelastungszahlen. In der PKS erscheinen jedoch nur Tatverdächtigenbelastungszahlen der deutschen tatverdächtigen Kinder[137]. Genauere Informationen zu nichtdeutschen Tatverdächtigen enthalten wiederum keine gesonderten Ausführungen zu Kindern[138]. Auch aus der Bevölkerungsstatistik ist nicht ersichtlich, wie viele nichtdeutsche Kinder in Deutschland leben. Aufgrund dessen sind Aussagen über den Anteil der tatverdächtigen nichtdeutschen Kinder an den nichtdeutschen Kindern insgesamt nicht möglich.

Von Bedeutung erscheinen schließlich die Unterschiede in den vorwiegend registrierten Straftaten. Während man im Jahr 2001 22 921 deutsche Kinder bei Sachbeschädigungen und 14 498 bei Körperverletzungen erfasste, treten nur 2 615 nichtdeutsche Kinder bei Sachbeschädigungen, aber 3 942 bei Körperverletzungen auf[139]. Bei den deutschen Strafunmündigen nimmt die Sachbeschädigung damit einen Anteil von 19,4 % ein, die Körperverletzung einen von 12,3 %. Bei den Nichtdeutschen beläuft sich der Anteil der Sachbeschädigung dagegen nur auf 10,6 %, der der Körperverletzung dafür auf 15,9 %. Die nichtdeutschen Kinder neigen damit eher zu körperlicher Gewalt als die deutschen Kinder.

---

137 Vgl. PKS Deutschland, 2001, S. 97.
138 Vgl. PKS Deutschland, 2001, S. 107 ff.
139 PKS Deutschland, 2001, S. 75.

dd) Differenzierung nach räumlicher Verteilung

Aufgrund der weit verbreiteten Ansicht, Kriminalität trete in Großstädten in besonderem Ausmaß auf, soll im folgenden untersucht werden, ob die PKS dies bestätigt und ob entsprechendes auch für Kinderdelinquenz gilt.
Die PKS unterscheidet vier Gemeindegrößenklassen, und zwar Gemeinden unter 20 000 Einwohner, Städte von 20 000 bis unter 100 000 Einwohner, Großstädte von 100 000 bis unter 500 000 Einwohner und Großstädte ab 500 000 Einwohner[140]. Auf den ersten Blick wirkt es verwunderlich, dass im Jahr 2001 auf Städte von 20 000 bis unter 100 000 Einwohner 1 676 486 Straftaten entfielen, auf Gemeinden unter 20 000 Einwohner immerhin 1 590 637, auf Großstädte von 100 000 bis unter 500 000 Einwohner dagegen „nur" 1 370 368 und auf Großstädte ab 500 000 Einwohner 1 678 816[141]. Das bedeutet, dass 26,4 % der Straftaten in Großstädten ab 500 000 Einwohner erfasst wurden, 26,3 % in Städten von 20 000 bis unter 100 000 Einwohner, immerhin 25,0 % in Gemeinden unter 20 000 Einwohner und 21,5 % in Großstädten von 100 000 bis unter 500 000 Einwohner. Allerdings liegt keine gleichmäßige Verteilung der Einwohner vor. Während 42,5 % der Einwohner in Deutschland in Gemeinden unter 20 000 Einwohnern leben, entfällt auf Städte von 20 000 bis unter 100 000 Einwohner ein Anteil von 26,8 %, auf Großstädte von 100 000 bis unter 500 000 Einwohner von 16,3 % und auf Großstädte ab 500 000 Einwohner von nur 14,4 %. Gemeinden unter 20 000 Einwohner zählen daher mit 34 981 497 mit Abstand auch die meisten Einwohner.
Aufschluss geben folglich nur die Häufigkeitszahlen, d.h. die erfassten Fälle pro 100 000 Einwohner. Großstädte ab 500 000 Einwohner weisen eine Häufigkeitszahl von 14 198 auf, in Großstädten von 100 000 bis unter 500 000 Einwohnern beträgt diese 10 251, in Städten von 20 000 bis unter 100 000 Einwohnern 7 591 und in Gemeinden unter 20 000 Einwohnern nur 4 547.

---

[140] Vgl. PKS Deutschland, 2001, S. 45.
[141] PKS Deutschland, 2001, S. 45.

Bevölkerung und registrierte Straftaten nach Gemeindegrößenklassen

Gemeindegrößenklassen (Einwohner)	Einwohner am 01.01.2001		Registrierte Fälle 2001		Häufigkeitszahl
	Anzahl	In %	Anzahl	In %	
Großstädte ab 500 000	11 824 012	14,4	1 678 816	26,4	**14 198**
Großstädte von 100 000 bis unter 500 000	13 367 680	16,3	1 370 368	21,5	**10 251**
Städte von 20 000 bis unter 100 000	22 086 351	26,8	1 676 486	26,3	**7 591**
Gemeinden unter 20 000	34 981 497	42,5	1 590 637	25,0	**4 547**
Unbekannt			47 558	0,7	
Insgesamt	82 259 540	100,0	6 363 865	100,0	**7 736**

Entsprechende Angaben enthält die PKS allerdings nur bezogen auf die Gesamtkriminalität. Eine Aufgliederung nach Altersgruppen erfolgt für die räumliche Verteilung nicht.

Auch die Tatortverteilung nach einzelnen Straftaten bezieht sich in der PKS nur auf die insgesamt erfassten Fälle. Dennoch soll im folgenden eine kurze Erläuterung erfolgen.

Ins Auge fällt diesbezüglich, dass 44,6 % der insgesamt erfassten Straftaten gegen die Umwelt und 42,0 % der Brandstiftungsdelikte in Gemeinden bis 20 000 Einwohner registriert wurden[142]. Einen hohen Anteil in diesen Gemeinden nehmen zudem mit 40,1 % Fälle der Verletzung der Unterhaltspflicht und mit 38,5 % Straftaten gegen das Waffengesetz und gegen das Kriegswaffenkontrollgesetz ein. In Großstädten ab 500 000 Einwohnern besteht dagegen vor allem ein hoher Anteil an Wettbewerbs-, Korruptions- und Amtsdelikten (42,3 %). In den Gemeinden bis 20 000 Einwohnern kommt dieser Straftatgruppe dagegen der zweitgeringste Anteil verglichen mit den anderen Delikten zu. Vermehrt in Großstädten ab 500 000 Einwohnern sind zudem mit 39,3 % Raubdelikte, mit 32,4 % Betrug und mit 32,0 % Widerstand gegen die Staatsgewalt und Straftaten gegen die öffentliche Ordnung zu finden.

[142] PKS Deutschland, 2001, S. 46.

Tatortverteilung bei einzelnen Straftatengruppen

Straftaten(gruppen)	**Erfasste Fälle**	**Tatortverteilung nach Gemeindegrößenklassen in %**				
		Bis 20 000 Einwohner 42,4*	20 000 < 100 000 26,8*	100 000< 500 000 16,4*	500 000 und mehr 14,4*	unbekannt
Straftaten insgesamt	6 363 865	25,0	26,3	21,5	26,4	0,7
Straftaten gegen die Umwelt (StGB)	30 950	**44,6**	22,1	14,5	**18,7**	0,2
Brandstiftung und Herbeiführen einer Brandgefahr	26 122	**42,0**	27,3	14,5	16,2	0,0
Verletzung der Unterhaltspflicht	16 394	**40,1**	30,1	16,4	13,3	0,1
Straftaten gegen das Waffengesetz und gegen das Kriegswaffenkontrollgesetz	21 937	**38,5**	24,8	15,5	20,7	0,6
Wettbewerbs-, Korruptions-, und Amtsdelikte	7 394	**16,7**	22,2	18,4	**42,3**	0,4
Raubdelikte	57 108	13,3	23,6	23,6	**39,3**	0,1
Betrug	793 403	20,6	21,4	22,9	**32,4**	2,7
Widerstand gegen die Staatsgewalt und Straftaten gegen die öffentliche Ordnung	122 598	23,6	23,8	20,3	**32,0**	0,2

* prozentualer Anteil dieser Gemeindegrößenklassen an der Wohnbevölkerung am 01.01.2001

Da sich die Bevölkerung allerdings nicht gleichmäßig auf die unterschiedlichen Gemeindegrößenklassen verteilt, erscheint es auch hier sinnvoll, die Häufigkeitszahlen der einzelnen Delikte heranzuziehen. Bei der Mehrzahl der Straftaten wächst die Häufigkeit der registrierten Fälle, bezogen auf jeweils 100 000 Einwohner, mit der Einwohnerzahl der Gemeindegrößenklasse[143]. Dies gilt insbesondere für Aggressions-, Diebstahls-, Vermögens- und Rauschgiftdelikte. Ausnahmen stellen Brandstiftung und Herbeiführen einer Brandgefahr, Straftaten gegen die Umwelt und Verletzungen der Unterhaltspflicht dar, bei denen die verschieden großen Städte keine gravierenden Unterschiede erkennen lassen.

Häufigkeitszahlen (erfasste Fälle pro 100 000 Einwohner) der vier Tatortgruppen

Straftaten(gruppen)	**Häufigkeitszahlen (Fälle pro 100 000 Einwohner)**				
	insgesamt	Bis 20 000 Einwohner	20 000 < 100 000	100 000< 500 000	500 000 und mehr
Straftaten insgesamt	7 736	4 547	7 591	10 251	14 198
Gefährliche und schwere Körperverletzung	146	87	142	197	273
(Vorsätzliche leichte) Körperverletzung	335	233	331	411	558
Raubdelikte	69	22	61	101	190
Diebstahl ohne erschwerende Umstände	1 794	913	1 852	2 573	3 354
Diebstahl unter erschwerenden Umständen	1 819	1 014	1 890	2 443	3 352
Betrug	965	468	769	1 360	2 175
Sachbeschädigung	875	595	875	1 166	1 314
Rauschgiftdelikte	300	187	301	393	518
Brandstiftung und Herbeiführen einer Brandgefahr	32	31	32	28	36
Straftaten gegen die Umwelt (StGB)	38	40	31	33	49
Verletzung der Unterhaltspflicht	20	19	22	20	18

Zwar gibt die PKS keine Auskunft über Kinderdelinquenz bezogen auf die Gemeindegrößenklassen, jedoch über die Anteile der Kinder an den Tatverdächtigen insgesamt in den einzelnen Großstädten. Ein besonders hoher Anteil der Kinder fällt in Halle, Krefeld, Rostock und Wuppertal auf[144]. Die höchsten Raten erreichten Halle, wo man von 11 372 Tatverdächtigen 918 Kinder registrierte und damit einen Anteil von 8,1 %, und Wuppertal, wo von 11 020 Tatverdächtigen 897 und demnach ebenfalls 8,1 % Kinder erfasst wurden. Heranwachsend waren in Halle allerdings 13,1 % und jugendlich sogar 17,3 %. In Wuppertal fällt auf die Heranwachsenden ein Anteil von 10,0 % und auf Jugendliche von 14,1 %. In Krefeld ergaben sich bei insgesamt 8 151 Tatverdächtigen 641 und somit 7,9 % Kinder, wobei bei 10,1 % Heranwachsenden und 13,4 % Jugendlichen zu diesen Altersgruppen ein mit Wuppertal vergleichbarer Unterschied besteht. Ein Anteil von 7,9 % liegt auch in Rostock vor, wo man insgesamt 7 176 Tatverdächtige registrierte und hiervon 566 Kinder. Die Differenzen zu den Jugendlichen, deren Anteil 17,3 % beträgt, und den Heranwachsenden, die 12,5 % ausmachen, fallen hier wieder beträchtlicher aus.

Überraschen mögen die Städte, in denen die Kinder den kleinsten Anteil an den insgesamt registrierten Tatverdächtigen einnehmen. Mit Abstand der geringste Prozentanteil von Kindern zeigt sich in Frankfurt a.M. Von insgesamt 32 241 Tatverdächtigen hatten 691 das Alter von 14 Jahren noch nicht erreicht und damit lediglich 2,1 %. Danach folgt Chemnitz mit 489 Kindern und demnach 3,6 % bei 13 493 Tatverdächtigen und Düsseldorf, wo von 21 204 Tatverdächtigen 765 Kinder und damit ebenfalls 3,6 % registriert wurden.

---

[143] Vgl. PKS Deutschland, 2001, S. 47.
[144] Vgl. auch für die folgenden Angaben PKS Deutschland, 2001, S. 94.

Ein Wert von unter 4 % ergibt sich mit 3,9 % nur noch in München mit 48 314 Tatverdächtigen, darunter 1 866 Kindern.

Altersstruktur der Tatverdächtigen in Großstädten ab 200 000 Einwohner

Stadt	**Tatverdächtige**								
	Insgesamt	**Kinder**		**Jugendliche**		**Heranwachsende**		**Erwachsene**	
	100 %	Anzahl	in %	Anzahl	in %	Anzahl	in %	Anzahl	in %
Halle	11 372	918	**8,1**	1 966	17,3	1 489	13,1	6 999	61,5
Wuppertal	11 020	897	**8,1**	1 549	14,1	1 101	10,0	7 473	67,8
Krefeld	8 151	641	**7,9**	1 094	13,4	826	10,1	5 590	68,6
Rostock	7 176	566	**7,9**	1 245	17,3	898	12,5	4 467	62,2
Frankfurt a.M.	32 241	691	**2,1**	2 341	7,3	2 883	8,9	26 326	81,7
Chemnitz	13 493	489	**3,6**	2 190	16,2	2 055	15,2	8 759	64,9
Düsseldorf	21 204	765	**3,6**	2 179	10,3	2 215	10,4	16 045	75,7
München	48 314	1 866	**3,9**	4 824	10,0	4 856	10,1	36 768	76,1

Zu ganz anderen Werten gelangt man allerdings bei einer Trennung der deutschen und nichtdeutschen Tatverdächtigen, d.h. bei Betrachtung des Anteils der Kinder an den deutschen Tatverdächtigen insgesamt und an den nichtdeutschen Tatverdächtigen in den einzelnen Städten.

Bei den deutschen Tatverdächtigen liegt der Anteil der Kinder in Frankfurt a.M. bei 2,9 %, bei den nichtdeutschen sogar nur bei 1,7 %[145]. Während Frankfurt a.M. mit einem Anteil der Kinder an den Tatverdächtigen insgesamt in Höhe von 2,9 % bei den deutschen Tatverdächtigen allerdings den geringsten Wert einnimmt, womit in allen anderen Orten ein höherer Anteil der deutschen Kinder besteht, zeigen andere Städte noch viel geringere Anteile der Kinder bei den nichtdeutschen Tatverdächtigen. So machen bei den nichtdeutschen Tatverdächtigen Kinder in Chemnitz gerade 0,6 % der Tatverdächtigen insgesamt aus. In Dresden beträgt der Anteil der Kinder 0,8 %, in Leipzig 1,0 %, in Rostock 1,1 % und in Magdeburg 1,2 %. Die Kinder erreichen bei den deutschen Tatverdächtigen in diesen Städten, mit Ausnahme von Chemnitz, dagegen eher höhere Anteile als in anderen Kommunen. So entfällt in Dresden auf Kinder ein Anteil von 8,2 %, in Rostock sogar von 8,6 %, was – verglichen mit den anderen Städten – den zweithöchsten Anteil bedeutet. In Magdeburg ergibt sich ein Anteil der Kinder an den deutschen Tatverdächtigen von 8,0 %, in Leipzig von 6,3 % und in Chemnitz von 4,2 %.

Während hinsichtlich der deutschen Tatverdächtigen die höchsten Anteile der Kinder in Halle mit 8,7 %, in Rostock mit 8,6 % und in Dresden und Krefeld mit 8,2 % bestehen, sind dies hinsichtlich der nichtdeutschen Tatverdächtigen Wuppertal mit 8,3 %, Gelsenkirchen mit 7,8 % und Oberhausen mit 7,7 %.

[145] PKS Deutschland, 2001, S. 95, 96.

Es bleibt somit festzuhalten, dass in einigen Großstädten der neuen Bundesländer besonders hohe Tatverdächtigenanteile deutscher Kinder und besonders niedrige nichtdeutscher Kinder auftreten.

Altersstruktur der Deutschen und Nichtdeutschen in den Großstädten ab 200 000 Einwohner und in den Landeshauptstädten

Stadt	Nichtdeutsche Tatverdächtige			Deutsche Tatverdächtige		
	Insgesamt	Kinder		Insgesamt	Kinder	
	100 %	Anzahl	in %	100 %	Anzahl	in %
Chemnitz	2 155	13	**0,6**	11 338	476	4,2
Dresden	2 332	18	**0,8**	14 679	1 199	8,2
Leipzig	2 861	30	**1,0**	17 413	1 102	6,3
Rostock	648	7	**1,1**	6 528	559	8,6
Magdeburg	1 688	20	**1,2**	11 395	916	8,0
Frankfurt	19 976	339	**1,7**	12 265	352	2,9
Halle	1 330	41	3,1	10 042	877	**8,7**
Rostock	648	7	1,1	6 528	559	**8,6**
Dresden	2 332	18	0,8	14 679	1 199	**8,2**
Krefeld	1 738	118	6,8	6 413	523	**8,2**
Wuppertal	2 831	234	**8,3**	8 189	663	8,1
Gelsenkirchen	2 269	178	**7,8**	6 269	433	6,9
Oberhausen	2 001	154	**7,7**	5 849	359	6,1

Beträchtliche Differenzen zwischen den Großstädten ab 200 000 Einwohnern zeigen sich vor allem auch in Bezug auf den Anteil der Nichtdeutschen an den Tatverdächtigen der jeweiligen Altersklasse insgesamt. In Frankfurt a.M. hatten 49,1 % der tatverdächtigen Kinder keine deutsche Staatsangehörigkeit[146]. Im Vergleich zu den anderen Altersgruppen fällt der Nichtdeutschen-Anteil allerdings noch am geringsten aus. Nichtdeutsche tatverdächtige Jugendliche gab es in Frankfurt a.M. sogar 54,6 %, Heranwachsende 59,6 % und Erwachsene 63,2 %. Einen hohen Anteil nichtdeutscher tatverdächtiger Kinder weist zudem Stuttgart mit 40,6 % auf. Im Unterschied zu Frankfurt a.M. bestehen aber nur geringfügige Differenzen zu den anderen Altersgruppen. Von den Jugendlichen waren 40,4 % Nichtdeutsche, von den Heranwachsenden 44,9 % und von den Erwachsenen 45,5 %.
Einen Anteil Nichtdeutscher von über 35 % erreichen bei den Kindern noch Köln mit 37,2 % und München mit 37,1 %.

Bemerkenswert erscheinen insbesondere die Differenzen zu den Städten mit den niedrigsten Nichtdeutschen-Anteilen. In Rostock waren nur 1,2 % der tatverdächtigen Kinder Nichtdeutsche[147]. Bei den anderen Altersgruppen treten hier ebenfalls relativ geringe Werte auf, namentlich 3,6 % bei den Jugendlichen,

[146] PKS Deutschland, 2001, S. 84.
[147] PKS Deutschland, 2001, S. 84.

6,7 % bei den Heranwachsenden und 12,0 % bei den Erwachsenen. Auch in Dresden liegt der Anteil Nichtdeutscher an den tatverdächtigen Kindern mit 1,5 % noch unter 2 %. Allerdings ergeben sich hier für die anderen Altersgruppen mit 5,6 % bei den Jugendlichen, 10,6 % bei den Heranwachsenden und 17,2 % bei den Erwachsenen etwas höhere Werte. In Magdeburg kommen die nichtdeutschen tatverdächtigen Kinder auf einen Anteil von 2,1 %, in Schwerin von 2,2 %, in Chemnitz und Leipzig von 2,7 % und in Erfurt von 3,1 %. In den alten Bundesländern zeigt sich der niedrigste Anteil Nichtdeutscher an den tatverdächtigen Kindern mit 11,7 % in Kiel.

Nichtdeutsche Tatverdächtige und ihre Anteile an den Tatverdächtigen insgesamt der jeweiligen Altersklasse in Großstädten ab 200 000 Einwohner bzw. in Landeshauptstädten

Stadt	**Nichtdeutsche Tatverdächtige**									
	Insgesamt		**Kinder**		**Jugendliche**		**Heranwachsende**		**Erwachsene**	
	Anzahl	in %	Anzahl	in %	Anzahl	in %	Anzahl	in %	Anzahl	in %
Frankfurt	19 976	62,0	339	**49,1**	1 278	54,6	1 719	59,6	16 640	63,2
Stuttgart	9 772	44,7	451	**40,6**	929	40,4	1 110	44,9	7 282	45,5
Köln	13 467	38,1	653	**37,2**	1 376	33,6	1 488	39,1	9 950	38,8
München	21 353	44,2	693	**37,1**	1 958	40,6	2 181	44,9	16 521	44,9
Rostock	648	9,0	7	**1,2**	45	3,6	60	6,7	536	12,0
Dresden	2 332	13,7	18	**1,5**	136	5,6	199	10,6	1 979	17,2
Magdeburg	1 688	12,9	20	**2,1**	101	5,4	183	12,4	1 384	15,7
Schwerin	406	7,5	9	**2,2**	27	3,1	42	5,5	328	9,7
Chemnitz	2 155	16,0	13	**2,7**	145	6,6	233	11,3	1 764	20,1
Leipzig	2 861	14,1	30	**2,7**	137	5,6	230	10,5	2 464	17,0
Erfurt	960	9,4	16	**3,1**	85	5,7	97	6,9	762	11,1

Interessant sind hinsichtlich der räumlichen Verteilung letztendlich noch die Tatverdächtigenbelastungszahlen der deutschen Kinder in den einzelnen Bundesländern. Die höchste Tatverdächtigenbelastungszahl bei Kindern weist Sachsen-Anhalt mit 4 103 auf, gefolgt von Berlin mit 3 778 und Mecklenburg-Vorpommern mit 3 574[148]. In diesen Bundesländern existieren ferner insgesamt gesehen die höchsten Tatverdächtigenbelastungszahlen, wenn auch in anderer Reihenfolge.

Hessen registrierte mit 1 354 den geringsten Anteil tatverdächtiger Kinder bezogen auf 100 000 Einwohner ihrer Altersgruppe. Geringe Tatverdächtigenbelastungszahlen der Kinder treten zudem in Bayern (1 711) und im Saarland (1 824) auf. Diesbezüglich bestehen geringfügige Unterschiede zu den Tatverdächtigenbelastungszahlen insgesamt insofern, als Baden-Württemberg noch eine niedrigere Tatverdächtigenbelastungszahl aufweist als das Saarland und Bayern.

Vergleicht man die Tatverdächtigenbelastungszahlen der Kinder mit denen der anderen Altersgruppen, lassen sich auch bei den einzelnen Altersgruppen hinsichtlich der Verteilung in den einzelnen Bundesländern keine gravierenden Dif-

[148] PKS Deutschland, 2001, S. 101.

ferenzen feststellen. Ein Unterschied fällt lediglich insofern auf, als sich in Bremen bei den Jugendlichen, Heranwachsenden und Erwachsenen höhere Tatverdächtigenbelastungszahlen als in Mecklenburg-Vorpommern dartun, und diese Stadt bei den Jugendlichen und Erwachsenen an dritter Stelle steht. Bei den Kindern beträgt die Tatverdächtigenbelastungszahl in Hamburg 2 812 und liegt aber außer hinter den Werten für Sachsen-Anhalt, Berlin und Mecklenburg-Vorpommern auch hinter denjenigen von Sachsen, Brandenburg, Bremen und Thüringen.

Tatverdächtigenbelastungszahl Deutscher nach Bundesländern

Land	**Tatverdächtigenbelastungszahl**	
	Insgesamt ab 8 Jahre	**Kinder ab 8 Jahre**
Baden-Württemberg	1 907	1 883
Bayern	2 154	**1 711**
Berlin	4 135	**3 778**
Brandenburg	3 086	3 031
Bremen	3 282	2 999
Hamburg	3 209	2 812
Hessen	1 759	**1 354**
Mecklenburg-Vorpommern	3 298	**3 574**
Niedersachsen	2 498	2 209
Nordrhein-Westfalen	2 298	2 254
Rheinland-Pfalz	2 461	2 035
Saarland	2 111	**1 824**
Sachsen	2 725	3 103
Sachsen-Anhalt	3 508	**4 103**
Schleswig-Holstein	2 667	2 140
Thüringen	2 768	2 966
Bundesgebiet insgesamt	2 461	2 292
Alte Länder mit Berlin	2 333	2 068

ee) Differenzierung nach Straftatengruppen

Gerade im Bereich der Kinderdelinquenz spielt eine Differenzierung nach Straftatengruppen eine bedeutende Rolle, da die Gesetzesverstöße von Kindern, von einigen wenigen Ausnahmen abgesehen, nur ganz bestimmte Delikte betreffen.

Da vor allem die Presse häufig von zunehmender Gewaltkriminalität und wachsender Brutalität schon bei Kindern berichtet, wäre daran zu denken, die Delinquenz von Kindern in Gewalt- und Eigentumsdelinquenz einzuteilen. Unter Gewaltkriminalität fallen jedoch Mord, Totschlag und Tötung auf Verlangen, Vergewaltigung und sexuelle Nötigung (§§ 177 Abs.2,3 und Abs.4, 178 StGB), Raub, räuberische Erpressung und räuberischer Angriff auf Kraftfahrer, Körperverletzung mit Todesfolge, gefährliche und schwere Körperverletzung, erpresserischer Menschenraub, Geiselnahme und Angriffe auf den Luft- und Seever-

kehr[149]. Auch hier zeigt sich wieder, dass die Presse häufig Extremfälle als Aufhänger benutzt und deren singulären Charakter nicht zum Ausdruck bringt. Bei den der Gewaltkriminalität zuzuordnenden Straftaten stellen Kinder als Täter gerade die Ausnahme dar. Die von Kindern begangenen leichten Körperverletzungen und Sachbeschädigungen umfasst der Terminus Gewaltkriminalität dagegen nicht. Auch wenn bei Verwendung des Begriffs „Gewaltdelikte" diese Differenzierung oftmals nicht berücksichtigt wird, soll sich die Untersuchung im folgenden auf die Verbreitung der einzelnen in Betracht kommenden Straftaten beziehen, um Missverständnisse zu vermeiden.
Im Bereich der Eigentumsdelinquenz erscheint es ebenfalls sinnvoller, an den konkreten Delikten anzusetzen, selbst wenn jene den einfachen Diebstahl umfasst, bei denen kindliche Täter – im Gegensatz zu den der Gewaltkriminalität zuzuordnenden Delikten – keine Ausnahme bilden.

(1) Diebstahl, §§ 242 ff StGB

Unter Diebstahl versteht man die Wegnahme einer fremden beweglichen Sache in der Absicht, sie sich oder einem Dritten rechtswidrig zuzueignen.
In der PKS dominiert bei Kindern der Ladendiebstahl. Dieser erfasst alle Diebstahlsfälle von ausgelegten Waren durch Kunden während der Geschäftszeit[150]. Von insgesamt 143 045 tatverdächtigen Kindern wurden im Jahr 2001 69 099 bei Ladendiebstählen registriert[151]. Demnach beträgt der Anteil der bei Ladendiebstahl tatverdächtigen Kinder an den insgesamt erfassten Kindern 48,3 %. Der Diebstahl ohne erschwerende Umstände liegt mit 82 235 diesbezüglichen kindlichen Tatverdächtigen sogar bei einem Anteil von 57,5 %[152]. „Schwerer" Diebstahl trat dagegen lediglich 11 242 mal auf, so dass er einen Anteil von 7,9 % an den insgesamt verübten Delikten einnimmt.
Noch größere Unterschiede ergeben sich bei den weiblichen tatverdächtigen Kindern. Während nach der PKS 72,4 % der tatverdächtigen Mädchen Diebstahl ohne erschwerende Umstände begingen, macht der Diebstahl unter erschwerenden Umständen nur 3,7 % aus.
Vergleicht man dies mit der Verteilung bezogen auf alle Altersklassen, zeigen sich grundlegende Unterschiede. Der Ladendiebstahl erreicht im Bereich der allgemein registrierten Tatverdächtigen nur einen Anteil von 19,9 % (453 665 entsprechende Tatverdächtige)[153]. Allerdings entfallen auf den Diebstahl insgesamt immerhin 32,3 % sämtlicher Tatverdächtiger[154]. Das beruht, anders als die Diebstahlsdelinquenz bei Kindern, jedoch nicht fast ausschließlich auf Laden-

149 PKS Deutschland, 2001, S. 15.
150 PKS Deutschland, 2001, S. 13.
151 PKS Deutschland, 2001, S. 75.
152 PKS Deutschland, 2001, S. 88.
153 PKS Deutschland, 2001, S. 83.
154 PKS Deutschland, 2001, S. 86.

diebstählen, sondern zudem auf Diebstählen von und aus Kraftwagen, Wohnungseinbruchsdiebstählen und Taschendiebstählen.

Interessant erscheint diesbezüglich auch, dass 13,5 % der Tatverdächtigen beim Diebstahl **ohne** erschwerende Umstände unter 14 Jahre alt sind.[155] Hinsichtlich des Diebstahls **unter** erschwerenden Umständen nehmen Kinder einen Anteil von 8,8 % ein. Ein Vergleich mit anderen Altersgruppen ergibt bei Kindern und Erwachsenen einen geringeren Anteil an den Tatverdächtigen beim Diebstahl unter erschwerenden Umständen als beim Diebstahl ohne erschwerende Umstände. Bei Jugendlichen, Heranwachsenden und Jungerwachsenen (21 bis unter 25 Jahre) fällt dagegen das Gegenteil auf.

Beträchtliche Unterschiede bestehen allerdings zwischen den Geschlechtern. Während sich die 13,5 % Kinder unter den Tatverdächtigen beim Diebstahl ohne erschwerende Umstände aus 8,7 % männlichen und 4,8 % weiblichen zusammensetzen, teilen sich die 8,8 % beim „schweren“ Diebstahl in 7,6 % männliche und nur 1,2 % weibliche tatverdächtige Kinder auf. Da die männlichen erwachsenen Tatverdächtigen einen Anteil von 38,4 % am „einfachen“, aber 42,3 % am „schweren“ Diebstahl erreichen, stellen Kinder beim männlichen Geschlecht die einzige Altersgruppe dar, deren Anteil beim Diebstahl ohne erschwerende Umstände über demjenigen beim Diebstahl unter erschwerenden Umständen liegt.

Auch die Tatverdächtigenbelastungszahlen zeigen bei Kindern eine dominierende Rolle des Diebstahls und insbesondere des Ladendiebstahls in Bezug auf die insgesamt begangenen Straftaten, vor allem im Vergleich zu anderen Altersgruppen.

[155] PKS Deutschland, 2001, S. 86.

Vergleich der Belastung deutscher Tatverdächtiger bei den einzelnen Straftaten(gruppen)[156]

	Kinder		Jugendliche		Heranw.		Erwachsene		Jungerwachs.	
	Alte Länder	Neue Länder	Alte Länder	Neue Länder	Alte Länder	Neue Länder	Alte Länder	Neue Länder	Alte Länder	Neue Länder
Straftaten insgesamt	**2 068**	**3 320**	**7 016**	**8 751**	**7 138**	**8 467**	**1 911**	**2 293**	**5 287**	**6 217**
Diebstahl insgesamt	1 331	2 026	3 187	4 254	1 938	3 066	487	715	1 257	1 863
Ladendiebstahl	1 039	1 513	1 874	2 414	847	1 332	330	463	616	772
Diebstahl ohne erschwerende Umstände	1 232	1 771	2 704	3 372	1 543	2 244	441	616	1 035	1 342
Diebstahl unter erschwerenden Umständen	143	359	727	1 333	590	1 196	64	123	334	694

Wie die Tabelle verdeutlicht, treten entscheidende Unterschiede vor allem im Vergleich zu den Jungerwachsenen auf. Während die Tatverdächtigenbelastungszahl der Jungerwachsenen bei den insgesamt begangenen Straftaten ungefähr doppelt so groß ist wie bei den Kindern, beträgt sie beim Ladendiebstahl etwa die Hälfte. Die Tatverdächtigenbelastungszahl der Erwachsenen bezogen auf die Straftaten insgesamt nähert sich zumindest in den alten Ländern derjenigen der Kinder an, in Bezug auf den Ladendiebstahl erreicht sie dagegen nicht mal ein Drittel von der der Kinder. Bei den Heranwachsenden ergeben sich hinsichtlich des Ladendiebstahls etwas geringere Werte als bei den Kindern, jedoch besteht eine fast drei mal so hohe Belastung der Tatverdächtigen bei den Straftaten insgesamt. Der Ladendiebstahl nimmt somit auch unter Heranziehung der Tatverdächtigenbelastungszahlen im Vergleich zu anderen Altersgruppen bei den Kindern eine überaus dominierende Rolle ein.
Dies erweist sich auch bei einer Betrachtung der Geschlechter getrennt voneinander, was nachstehende Tabellen zeigen. Hinsichtlich des Diebstahls insgesamt fällt auf, dass die Tatverdächtigenbelastungszahl der männlichen Tatverdächtigen wie auch die der deutschen Tatverdächtigen insgesamt nur bei den Erwachsenen deutlich unter derjenigen der Kinder liegt. Bei den weiblichen Tatverdächtigen beträgt sie dagegen sowohl bei den Erwachsenen als auch bei den Jungerwachsenen deutlich weniger als die der Kinder und die der Heranwachsenden ist mit der der Kinder vergleichbar.

[156] PKS Deutschland, 2001, S. 102.

Vergleich der Belastung männlicher **deutscher Tatverdächtiger bei den einzelnen Straftaten(gruppen)**[157]

	Kinder		**Jugendliche**		**Heranw.**		**Erwachsene**		**Jungerwachs.**	
	Alte Länder	Neue Länder	Alte Länder	Neue Länder	Alte Länder	Neue Länder	Alte Länder	Neue Länder	Alte Länder	Neue Länder
Straftaten insgesamt	**2 861**	**4 630**	**10 066**	**13 070**	**11 293**	**13 377**	**3 042**	**3 695**	**8 372**	**9 622**
Diebstahl insgesamt	1 699	2 606	4 131	6 015	2 912	4 814	680	1 058	1 901	2 873
Ladendiebstahl	1 228	1 777	1 940	2 883	1 057	1 824	419	612	826	1 054
Diebstahl ohne erschwerende Umstände	1 531	2 181	3 274	4 445	2 194	3 339	596	873	1 500	1 960
Diebstahl unter erschwerenden Umständen	245	610	1 298	2 392	1 076	2 156	118	233	607	1 218

Vergleich der Belastung weiblicher **deutscher Tatverdächtiger bei den einzelnen Straftaten(gruppen)**[158]

	Kinder		**Jugendliche**		**Heranw.**		**Erwachsene**		**Jungerwachs.**	
	Alte Länder	Neue Länder	Alte Länder	Neue Länder	Alte Länder	Neue Länder	Alte Länder	Neue Länder	Alte Länder	Neue Länder
Straftaten insgesamt	**1 234**	**1 939**	**3 813**	**4 202**	**2 858**	**3 088**	**886**	**1 011**	**2 169**	**2 261**
Diebstahl insgesamt	943	1 414	2 196	2 399	935	1 149	312	401	606	689
Ladendiebstahl	841	1 235	1 804	1 920	631	792	249	327	403	446
Diebstahl ohne erschwerende Umstände	916	1 338	2 106	2 243	872	1 045	301	382	565	623
Diebstahl unter erschwerenden Umständen	36	95	127	218	89	143	14	21	57	84

Neben dem Ladendiebstahl kommt bei Kindern vor allem Fahrraddiebstahl Relevanz zu.
Die PKS enthält diesbezüglich keine gesonderten Angaben. 1996 ging man davon aus, dass es beim Fahrraddiebstahl mit einem Anteil von 12,4 % mehr kind-

[157] PKS Deutschland, 2001, S. 103.
[158] PKS Deutschland, 2001, S. 104.

liche Täter gebe als bei jedem anderen Delikt[159]. Nach der PKS erreicht der Anteil der tatverdächtigen Kinder bei der Brandstiftung und dem Herbeiführen einer Brandgefahr im Jahr 2001 allerdings 22,7 %[160]. Berücksichtigenswert erscheint aber, dass insgesamt gerade 13 781 Fälle der Brandstiftung und des Herbeiführens einer Brandgefahr erfasst wurden. Beim Fahrraddiebstahl ist von einer weit größeren Zahl auszugehen, so dass der Anteil von 12,4 % absolut gesehen sogar mehr Täter bedeuten könnte. Der Fahrraddiebstahl spielt im Bereich der Kinderdelinquenz aber mit Sicherheit eine beträchtliche Rolle.

(2) Körperverletzung, §§ 223 ff StGB

Aufgrund verschiedener Pressemitteilungen über immer gewalttätigere Kinder soll im folgenden untersucht werden, ob zumindest Körperverletzungsdelikte in der PKS einen beträchtlichen Teil der von Kindern begangenen Taten ausmachen. Unter Körperverletzung versteht man die körperliche Misshandlung oder Gesundheitsschädigung eines anderen, § 223 Abs.1 StGB.
Im Jahr 2001 wurden 18 440 tatverdächtige Kinder bei Körperverletzungen registriert, so dass sie an den insgesamt registrierten Kindern einen Anteil von 12,9 % einnehmen[161]. Dabei bestehen zwischen gefährlicher, schwerer und leichter Körperverletzung bei weitem nicht so gravierende Unterschiede wie zwischen Diebstahl mit erschwerenden Umständen und solchem ohne erschwerende Umstände. Während die PKS 9 950 kindliche Täter bei leichter Körperverletzung erfasst, liegt ihre Anzahl bezogen auf die gefährliche und schwere Körperverletzung immerhin bei 8 733[162], wobei auffällt, dass sich gerade bei den Mädchen keine bedeutenden Differenzen zeigen. Diese erschienen bei 1 805 leichten und 1 585 schweren Körperverletzungen als tatverdächtig.

Interessant ist der Anteil der bei Körperverletzungen registrierten Kinder an den insgesamt bei diesem Delikt Tatverdächtigen. Von den 136 459 bei schwerer Körperverletzung erfassten Personen, waren 6,4 % Kinder, von den 241 418 Tätern einer leichten Form des Delikts dagegen nur 4,1 %[163]. Das bedeutet, dass zwar mehr Kinder bei leichten Körperverletzungen auftraten, dass sie an den insgesamt registrierten Tatverdächtigen bei den gefährlichen aber einen höheren Anteil erreichen. Ein Vergleich mit anderen Altersgruppen ergibt, dass lediglich bei den Erwachsenen ein größerer Anteil an den leichten Körperverletzungen besteht als an den schweren.

Die Tatverdächtigenbelastungszahlen zeigen bedeutende Unterschiede zwischen den alten und den neuen Bundesländern. Während die Tatverdächtigenbelas-

[159] Kaiser, 1996, S. 822.
[160] PKS Deutschland, 2001, S. 86.
[161] PKS Deutschland, 2001, S. 75.
[162] PKS Deutschland, 2001, S. 88.
[163] PKS Deutschland, 2001, S. 86.

tungszahl der Kinder in den alten Bundesländern bei der gefährlichen und schweren Körperverletzung 128, bei der leichten Körperverletzung 136 beträgt, liegt sie in den neuen Bundesländern bei ersterer bei 149, bei letzterer dagegen bei 252[164]. Die Unterschiede zwischen den Bundesländern entsprechen bei der leichten Körperverletzung damit eher denen der Tatverdächtigenbelastungszahlen der Straftaten insgesamt, die bei den Kindern in den alten Bundesländern mit 2 068, in den neuen Bundesländern dagegen mit 3 320 anzugeben sind.
Eine Betrachtung der anderen Altersgruppen kommt bei den Jugendlichen und Heranwachsenden zu ebenfalls relativ geringen Unterschieden der Tatverdächtigenbelastungszahlen in den alten Bundesländern zwischen leichter und schwerer Körperverletzung, in den neuen zu größeren. Bei den Erwachsenen und Jungerwachsenen treten dagegen sowohl in den alten als auch in den neuen Bundesländern Differenzen zwischen den „verschiedenen" Körperverletzungen auf.

Vergleich der Tatverdächtigenbelastung Deutscher nach Altersgruppen bei der Körperverletzung

Straftaten (gruppen)	**Tatverdächtigenbelastungszahl* Deutscher**									
	Kinder 8 < 14 Jahre		Jugendliche 14 < 18 Jahre		Her.wachsende 18 < 21 Jahre		Erwachsene > = 21 Jahre		Jungerwachsene 21 < 25 Jahre	
	Alte Länder	Neue Länder	Alte Länder	Neue Länder	Alte Länder	Neue Länder	Alte Länder	Neue Länder	Alte Länder	Neue Länder
Straftaten insgesamt	2 068	3 320	7 016	8 751	7 138	8 467	1 911	2 293	5 287	6 217
Gefährliche und schwere Körperverletzung	128	149	664	713	664	750	96	90	397	468
(Vorsätzliche leichte) Körperverletzung	136	252	687	942	716	992	235	267	574	796

*Tatverdächtige pro 100 000 Einwohner der jeweiligen Altersgruppe

Anders stellt sich die Lage unter Berücksichtigung des Geschlechts dar. Die Belastung männlicher deutscher tatverdächtiger Kinder ist sowohl in den alten als auch in den neuen Bundesländern bei leichter Körperverletzung größer als bei schwerer, selbst wenn die Unterschiede in den neuen Bundesländern gravierender ausfallen. Ähnlich sieht die Lage bei der Belastung männlicher heranwachsender, erwachsener und jungerwachsener Tatverdächtiger aus. Die Jugendlichen weisen dagegen zwar in den neuen Bundesländern eine größere Belastung bei leichter Körperverletzung auf, jedoch liegt die Belastung in den alten Bundesländern in dieser Altersgruppe bei gefährlicher und schwerer Körperverletzung etwas über derjenigen bei leichter.
Bei den weiblichen deutschen Tatverdächtigen ergibt sich dagegen für alle Altersgruppen in den alten und neuen Bundesländern eine größere Belastung hin-

---

164 PKS Deutschland, 2001, S. 102.

sichtlich der leichten Körperverletzung, wenn auch bei den Kindern in den alten Bundesländern keine bedeutenden Differenzen zwischen leichter und schwerer Körperverletzung erkennbar sind. Zudem fällt auf, dass Kinder, Jugendliche und Heranwachsende bei der Körperverletzung insgesamt in den neuen Bundesländern eine größere Belastung zeigen als in den alten. Jungerwachsene und Erwachsene weisen dagegen in den alten Bundesländern eine größere Belastung auf.

Vergleich der Belastung männlicher **deutscher Tatverdächtiger bei den einzelnen Straftaten(gruppen)**[165]

	Kinder		**Jugendliche**		**Heranw.**		**Erwachsene**		**Jungerwachs.**	
	Alte Länder	Neue Länder	Alte Länder	Neue Länder	Alte Länder	Neue Länder	Alte Länder	Neue Länder	Alte Länder	Neue Länder
Straftaten insgesamt	**2 861**	**4 630**	**10 066**	**13 070**	**11 293**	**13 377**	**3 042**	**3 695**	**8 372**	**9 622**
Gefährliche und schwere Körperverletzung	200	235	1 083	1 176	1 206	1 330	175	169	716	821
(Vorsätzliche leichte) Körperverletzung	213	409	1 054	1 530	1 224	1 704	424	498	993	1 368

Vergleich der Belastung weiblicher **deutscher Tatverdächtiger bei den einzelnen Straftaten(gruppen)**[166]

	Kinder		**Jugendliche**		**Heranw.**		**Erwachsene**		**Jungerwachs.**	
	Alte Länder	Neue Länder	Alte Länder	Neue Länder	Alte Länder	Neue Länder	Alte Länder	Neue Länder	Alte Länder	Neue Länder
Straftaten insgesamt	**1 234**	**1 939**	**3 813**	**4 202**	**2 858**	**3 088**	**886**	**1 011**	**2 169**	**2 261**
Gefährliche und schwere Körperverletzung	52	59	224	227	107	115	26	18	73	58
(Vorsätzliche leichte) Körperverletzung	56	86	302	324	193	212	65	57	150	131

Ein Vergleich dieser Daten mit denen des Diebstahls offenbart beträchtliche Unterschiede vor allem insofern, als dem Diebstahl bei den weiblichen tatverdächtigen Kindern im Verhältnis zu den gesamten Straftaten größere Bedeutung zukommt als bei den männlichen, d.h. der Diebstahl nimmt bei den Mädchen einen höheren Anteil an den Straftaten insgesamt ein als bei den Jungen (vgl. Tabellen S. 61, 62). Die Belastung sowohl mit der leichten als auch mit der

[165] PKS Deutschland, 2001, S. 103.
[166] PKS Deutschland, 2001, S. 104.

schweren Körperverletzung ist dagegen bei den weiblichen kindlichen Tatverdächtigen geringer zu veranschlagen als bei den männlichen (vgl. Tabellen S. 65). Dies gilt für die alten und neuen Bundesländer. Die Jungen begehen zwar auch beträchtlich mehr Diebstahls- als Körperverletzungsdelikte, jedoch entstehen bei den Mädchen noch gravierendere Unterschiede[167].

Wie bereits dargestellt ist die gefährliche und schwere Körperverletzung zwar der Gewaltkriminalität zuzuordnen, jedoch ereignen sich Gewaltdelikte im allgemeinen bei Kindern nur äußerst selten, wobei sich bei etwaiger Begehung meist Familienmitglieder oder Freunde als Opfer herausstellen[168]. Eine Rolle spielt in diesem Zusammenhang auch der heute oftmals verwendete Begriff des „Mobbing". Körperlich kann Mobbing durch Schlagen, Stoßen, Treten, Kneifen oder Festhalten erfolgen[169]. Speziell bei Schülern versteht man darunter, „dass er/sie Gewalt ausgesetzt ist, indem er/sie wiederholt oder über eine längere Zeit den negativen Handlungen eines oder mehrerer Schüler(innen) ausgeliefert ist"[170]. Subsumiert man diese Beschreibung unter Straftatbestände, wird davon neben Nötigung im Sinne des § 240 StGB auch Körperverletzung umfasst. Allerdings fällt ein Kampf oder Streit von zwei Schülern, die körperlich oder seelisch etwa gleich stark sind, nicht unter Mobbing, da ein Ungleichgewicht der Kräfte vorliegen muss[171]. Gerade Kinder begehen Körperverletzungsdelikte an Schwächeren, da als Opfer häufig Klassenkameraden in Betracht kommen, deren Kräfte sie einschätzen können. Ein Großteil der Körperverletzungen stellt somit „Mobbing" dar.

Festzuhalten bleibt, dass gerade schwere, gefährliche Körperverletzungen bei Kindern jedenfalls in der PKS nicht zu den am häufigsten begangenen Delikten gehören.

(3) Sachbeschädigung, § 303 StGB

Unter Sachbeschädigung versteht man die rechtswidrige Beschädigung oder Zerstörung fremder Sachen. In der Regel bringt man sie mit Kinderdelinquenz nicht in unmittelbaren Zusammenhang. Dies dürfte eher bei Jugendlichen der Fall sein, bei denen beispielsweise an Zerkratzen von parkenden Autos, Grafitti oder allgemeines „Randalieren" gedacht wird. Sachbeschädigungen kommen nach der PKS jedoch auch bei Kindern vor.
Im Jahr 2001 wurden von insgesamt 143 045 tatverdächtigen Kindern 25 536 bei Sachbeschädigungen registriert, was einen Anteil von 17,9 % ausmacht[172].

---

[167] vgl. PKS Deutschland, 2001, S. 88.
[168] Schneider in: Jura, 1991, S. 346.
[169] Weiß, 2000, S. 13.
[170] Hanewinkel, Knaak, 1997, S. 13.
[171] Weiß, 2000, S. 14.
[172] Vgl. PKS Deutschland, 2001, S. 75.

Erstaunen mag, dass diese Taten damit im Rahmen der Kinderdelinquenz einen größeren Stellenwert einnehmen als Körperverletzungsdelikte (12,9 %).
Von den insgesamt 174 608 erfassten Tatverdächtigen bei Sachbeschädigungen hatten also 14,7 % ein Alter von unter 14 Jahre[173]. Der Anteil der Kinder an den Sachbeschädigungen übertrifft damit den an den insgesamt begangenen Körperverletzungen und auch den an den Diebstählen. Ein besonders großer Unterschied besteht dabei zwischen den Geschlechtern. Während auf die weiblichen Kinder nur ein Anteil von 2,0 % fällt, erscheinen unter den Tatverdächtigen bei der Sachbeschädigung immerhin 12,7 % männliche Kinder. Dieser Wert nähert sich sogar stark dem der männlichen Heranwachsenden, der bei 12,9 % liegt. Jungerwachsene waren dagegen nur mit 8,5 % bei Sachbeschädigungen tatverdächtig.

Jungen und Mädchen divergieren auch bedeutend hinsichtlich des Anteils der bei Sachbeschädigungen Tatverdächtigen an denen bezogen auf die Straftaten insgesamt. Während die PKS 21,5 % der insgesamt bei Straftaten verdächtigen männlichen Kinder bei Sachbeschädigungen registriert, erfasst sie bei den weiblichen lediglich 8,5 %[174]. Allerdings lässt sich sowohl bei den Jungen als auch bei den Mädchen die Sachbeschädigung als das am zweithäufigsten begangene Delikt von allen Straftaten einordnen. Mehr Tatverdächtige traten lediglich beim Diebstahl ohne erschwerende Umstände auf. Vergleicht man dies mit den Jugendlichen, stellt man fest, dass die Sachbeschädigung bei den männlichen Jugendlichen mit 19,7 % der Straftaten insgesamt zwar ebenfalls an zweiter Stelle steht, bei den weiblichen Jugendlichen dagegen neben dem Diebstahl ohne erschwerende Umstände auch der Betrug, vorsätzliche leichte Körperverletzung und Rauschgiftdelikte einen größeren, gefährliche oder schwere Körperverletzung einen fast gleichen Stellenwert einnehmen.

Interessant erscheinen ferner die Tatverdächtigenbelastungszahlen der Deutschen, bei denen deutliche Unterschiede zwischen den alten und den neuen Bundesländern vorzufinden sind. Während die Tatverdächtigenbelastungszahl der Kinder in den alten Bundesländern 352 beträgt, weisen die neuen Bundesländer einen Wert von 804 auf[175]. Damit liegt sie jeweils nur unter der beim Diebstahl insgesamt. Die Tatverdächtigenbelastungszahl der Kinder bei der Sachbeschädigung erreicht zwar in den alten und den neuen Bundesländern jeweils nicht die der Jugendlichen und Heranwachsenden, jedoch übersteigt sie die der Erwachsenen. Zudem übertrifft die der Kinder in den neuen Bundesländern die der Heranwachsenden in den alten Bundesländern.
Auffälligkeiten ergeben sich auch im Vergleich zu den Jungerwachsenen. Während diese bei der Körperverletzung in den alten und neuen Bundesländern jeweils höhere Tatverdächtigenbelastungszahlen erreichen als die Kinder, ist beim

173 Vgl. PKS Deutschland, 2001, S. 86.
174 PKS Deutschland, 2001, S. 88.
175 PKS Deutschland, 2001, S. 102.

Diebstahl das Gegenteil der Fall. Bei der Sachbeschädigung divergieren die Bundesländer dagegen. In den alten Bundesländern liegt die Tatverdächtigenbelastungszahl der Jungerwachsenen über der der Kinder, in den neuen übersteigt diejenige der Kinder die der Jungerwachsenen.

Vergleich der Tatverdächtigenbelastung Deutscher nach Altersgruppen bei der Sachbeschädigung

Straftaten (gruppen)	Tatverdächtigenbelastungszahl* Deutscher									
	Kinder 8 < 14 Jahre		Jugendliche 14 < 18 Jahre		Her.wachsende 18 < 21 Jahre		Erwachsene > = 21 Jahre		Jungerwachsene 21 < 25 Jahre	
	Alte Länder	Neue Länder	Alte Länder	Neue Länder	Alte Länder	Neue Länder	Alte Länder	Neue Länder	Alte Länder	Neue Länder
Sachbeschädigung	352	804	1 145	2 104	726	1 354	100	170	373	692
Straftaten insgesamt	2 068	3 320	7 016	8 751	7 138	8 467	1 911	2 293	5 287	6 217

*Tatverdächtige pro 100 000 Einwohner der jeweiligen Altersgruppe

Neben dem bereits angesprochenen unterschiedlichen Anteil der Sachbeschädigung an den insgesamt begangenen Delikten bei männlichen und weiblichen Tatverdächtigen, treten Differenzen bei einer Trennung zwischen alten und neuen Bundesländern auf. Die Tatverdächtigenbelastungszahl der männlichen Kinder beträgt in den alten Bundesländern 597, in den neuen Bundesländern 1 339[176]. Im Verhältnis zu den Straftaten insgesamt nimmt die Sachbeschädigung damit in den alten Bundesländern einen Anteil von 20,9 % ein, in den neuen aber von 28,9 %.
Die Tatverdächtigenbelastungszahl der weiblichen Kinder liegt in den alten Bundesländern bei 95, in den neuen bei 240. Bezogen auf die Straftaten insgesamt bedeutet dies in den alten Bundesländern einen Anteil von 7,7 %, in den neuen Bundesländern von 12,4 %. Im Gegensatz zur Körperverletzung und zum Diebstahl insgesamt, denen in den alten Bundesländern im Vergleich zu allen Straftaten einen stärkere Rolle zukommt als in den neuen Bundesländern, erlangt die Sachbeschädigung in den neuen Bundesländern bei beiden Geschlechtern größere Relevanz.

Übereinstimmungen mit dem Diebstahl ergeben sich bei einem Vergleich mit den anderen Altersgruppen. Hinsichtlich der männlichen Tatverdächtigenbelastungszahlen fällt auf, dass die der Kinder wie auch beim Diebstahl nicht die der Jugendlichen, Heranwachsenden und Jungerwachsenen (zumindest in den alten Bundesländern) erreichen, die der Erwachsenen aber weit übertreffen.
Die Tatverdächtigenbelastungszahlen der weiblichen Kinder gleichen denen des Diebstahls insofern, als sie sowohl in den alten als auch in den neuen Bundesländern unter denen der Jugendlichen und über denen der Erwachsenen und Jungerwachsenen liegen. Die Heranwachsenden weisen beim Diebstahl insge-

[176] PKS Deutschland, 2001, S. 103.

samt geringere Tatverdächtigenbelastungszahlen auf als Kinder, dagegen besteht bei der Sachbeschädigung in den alten Bundesländern eine minimal höhere Tatverdächtigenbelastung der 18- bis 21jährigen als der Kinder.

Vergleich der Tatverdächtigenbelastung männlicher **Deutscher nach Altersgruppen**

Straftaten (gruppen)	**Tatverdächtigenbelastungszahl* männlicher Deutscher**									
	Kinder 8 < 14 Jahre		Jugendliche 14 < 18 Jahre		Her.wachsende 18 < 21 Jahre		Erwachsene > = 21 Jahre		Jungerwachsene 21 < 25 Jahre	
	Alte Länder	Neue Länder	Alte Länder	Neue Länder	Alte Länder	Neue Länder	Alte Länder	Neue Länder	Alte Länder	Neue Länder
Sachbeschädigung	597	1 339	2 039	3 705	1 336	2 422	181	315	679	1 193
Diebstahl insgesamt	1 699	2 606	4 131	6 015	2 912	4 814	680	1 058	1 901	2 873
Gefährl., schwere Körperverletzung	200	235	1 083	1 176	1 206	1 330	175	169	716	821
(Vorsätzl., leichte) Körperverletzung	213	409	1 054	1 530	1 224	1 704	424	498	993	1 368
Straftaten insgesamt	2 861	4 630	10 066	13 070	11 293	13 377	3 042	3 695	8 372	9 622

*Tatverdächtige pro 100 000 Einwohner der jeweiligen Altersgruppe

Vergleich der Tatverdächtigenbelastung weiblicher **Deutscher nach Altersgruppen**

Straftaten (gruppen)	**Tatverdächtigenbelastungszahl* weiblicher Deutscher**									
	Kinder 8 < 14 Jahre		Jugendliche 14 < 18 Jahre		Her.wachsende 18 < 21 Jahre		Erwachsene > = 21 Jahre		Jungerwachsene 21 < 25 Jahre	
	Alte Länder	Neue Länder	Alte Länder	Neue Länder	Alte Länder	Neue Länder	Alte Länder	Neue Länder	Alte Länder	Neue Länder
Sachbeschädigung	95	240	208	418	97	184	27	38	65	110
Diebstahl insgesamt	943	1 414	2 196	2 399	935	1 149	312	401	606	689
Gefährl., schwere Körperverletzung	52	59	224	227	107	115	26	18	73	58
(Vorsätzl., leichte) Körperverletzung	56	86	302	324	193	212	65	57	150	131
Straftaten insgesamt	1 234	1 939	3 813	4 202	2 858	3 088	886	1 011	2 169	2 261

*Tatverdächtige pro 100 000 Einwohner der jeweiligen Altersgruppe

Festzuhalten bleibt, dass vor allem in den neuen Bundesländern die Sachbeschädigung im Vergleich zu anderen Delikten nach der PKS eine bemerkenswerte Rolle spielt.

(4) Brandstiftung und Herbeiführen einer Brandgefahr, §§ 306 ff StGB

Die PKS fasst die Delikte der Brandstiftung, d.h. das Inbrandsetzen oder die durch Brandlegung bewirkte komplette oder teilweise Zerstörung von Tatobjekten, und das Herbeiführen einer Brandgefahr zusammen.
Kindern kommt bei der Brandstiftung im Vergleich zu anderen Delikten die größte Bedeutung zu. Von den 13 781 insgesamt bei Brandstiftungen registrierten Tatverdächtigen waren 22,7 % strafunmündig[177]. Jugendliche erreichen dagegen nur einen Anteil von 14,0 % und Heranwachsende sogar nur von 6,6 %. Betrachtet man Mädchen und Jungen getrennt voneinander, ergibt sich nur für letztere der größte Anteil bei der Brandstiftung im Vergleich zu anderen Delikten. Weibliche Kinder spielen mit 3,0 % zwar ebenfalls eine bedeutende Rolle, jedoch liegt ihr Anteil mit 4,8 % beim Diebstahl ohne erschwerende Umstände noch über dem bei der Brandstiftung.

Ein Vergleich der Relevanz der einzelnen Delikte im Bereich der Kinderdelinquenz führt für die Brandstiftung zu einer eher untergeordneten Rolle. Von den 102 647 insgesamt registrierten männlichen tatverdächtigen Kindern wurden nur 2 712, folglich 2,6 % bei Brandstiftungsdelikten erfasst und damit weniger als bei Diebstahl ohne erschwerende Umstände, Sachbeschädigung, Diebstahl unter erschwerenden Umständen, vorsätzlicher leichter Körperverletzung, gefährlicher, schwerer Körperverletzung, Widerstand gegen die Staatsgewalt und Straftaten gegen die öffentliche Ordnung und als bei Raubdelikten[178].
Noch unbedeutender im Verhältnis zu anderen Delikten stellt sich die Brandstiftung bei den weiblichen tatverdächtigen Kindern dar. Von 40 398 insgesamt tatverdächtigen Mädchen sollen 411 und somit 1,0 % Brandstiftungen verübt haben. Mehr weibliche Kinder treten bei Diebstahl ohne erschwerende Umstände, Sachbeschädigung, vorsätzlicher, leichter Körperverletzung, gefährlicher und schwerer Körperverletzung, Diebstahl unter erschwerenden Umständen, Widerstand gegen die Staatsgewalt und Straftaten gegen die öffentliche Ordnung, Betrug, Beleidigung sowie bei Straftaten gegen die persönliche Freiheit auf. Unter den Jugendlichen nehmen die wegen Brandstiftungen Verdächtigen allerdings sogar nur einen Anteil von 0,7 % bei den männlichen und 0,3 % bei den weiblichen ein[179].

Die Tatverdächtigenbelastungszahlen zeigen ebenfalls, dass die Brandstiftung bei Kindern insbesondere in den neuen Bundesländern eine größere Rolle spielt als bei anderen Altersgruppen. Die Tatverdächtigenbelastungszahl beträgt bei den 8- bis unter 14jährigen in den alten Bundesländern 40 und übertrifft damit

[177] Vgl. PKS Deutschland, 2001, S. 86.
[178] Vgl. PKS Deutschland, 2001, S. 88.
[179] Vgl. PKS Deutschland, 2001, S. 88.

die der Heranwachsenden, Erwachsenen und Jungerwachsenen[180]. Zu den Werten der Jugendlichen besteht bei einer Tatverdächtigenbelastungszahl von 45 kein gravierender Unterschied. In den neuen Bundesländern weisen die Kinder mit 98 sogar die höchste Tatverdächtigenbelastungszahl im Vergleich zu den anderen Altersgruppen auf.

Vergleich der Tatverdächtigenbelastung Deutscher nach Altersgruppen bei der Brandstiftung und dem Herbeiführen einer Brandgefahr

Straftaten (gruppen)	Tatverdächtigenbelastungszahl* Deutscher									
	Kinder 8 < 14 Jahre		Jugendliche 14 < 18 Jahre		Her.wachsende 18 < 21 Jahre		Erwachsene > = 21 Jahre		Jungerwachsene 21 < 25 Jahre	
	Alte Länder	Neue Länder	Alte Länder	Neue Länder	Alte Länder	Neue Länder	Alte Länder	Neue Länder	Alte Länder	Neue Länder
Brandstiftung und Herbeiführen einer Brandgefahr	40	98	45	85	27	54	11	16	21	35
Straftaten insgesamt	2 068	3 320	7 016	8 751	7 138	8 467	1 911	2 293	5 287	6 217

*Tatverdächtige pro 100 000 Einwohner der jeweiligen Altersgruppe

Auch bei den männlichen Tatverdächtigen ergibt sich bei einer Tatverdächtigenbelastungszahl von 68 in den alten Bundesländern eine höhere Belastung der Kinder als der Heranwachsenden, Jungerwachsenen und Erwachsenen[181]. Die Tatverdächtigenbelastungszahl der Jugendlichen liegt mit 76 etwas darüber. In den neuen Bundesländern erreichen die männlichen Kinder mit einem Wert von 164 die – verglichen mit den anderen Altersgruppen – höchste Tatverdächtigenbelastungszahl.

Hinsichtlich der Belastung weiblicher Tatverdächtiger sind in den alten Bundesländern nur geringe Unterschiede zwischen den Altersgruppen vorzufinden, wobei die der Jugendlichen etwas höher ist als die der Kinder[182]. In den neuen Bundesländern übertrifft auch die Tatverdächtigenbelastungszahl der weiblichen Kinder die der anderen Altersgruppen, jedoch bleibt sie mit einem Wert von 28 deutlich hinter dem Wert der männlichen Kinder zurück.

---

[180] Vgl. PKS Deutschland, 2001, S. 102.
[181] PKS Deutschland, 2001, S. 103.
[182] PKS Deutschland, 2001, S. 104.

Vergleich der Belastung männlicher und weiblicher deutscher Tatverdächtiger bei der Brandstiftung und dem Herbeiführen einer Brandgefahr

Geschlecht	Tatverdächtigenbelastungszahl* Deutscher									
	Kinder 8 < 14 Jahre		Jugendliche 14 < 18 Jahre		Her.wachsende 18 < 21 Jahre		Erwachsene >= 21 Jahre		Jungerwachsene 21 < 25 Jahre	
	Alte Länder	Neue Länder	Alte Länder	Neue Länder	Alte Länder	Neue Länder	Alte Länder	Neue Länder	Alte Länder	Neue Länder
Männliche Deutsche	68	164	76	149	45	94	17	27	34	60
Weibliche Deutsche	11	28	13	18	8	10	6	6	9	7

*Tatverdächtige pro 100 000 Einwohner der jeweiligen Altersgruppe

Kinder spielen folglich im Bereich der Brandstiftung – verglichen mit den anderen Altersgruppen – zwar eine größere Rolle als bei anderen Delikten, jedoch kommt der Brandstiftung im Rahmen der Kinderdelinquenz keine außerordentliche Bedeutung zu.

(5) Raubdelikte

Ähnlich wie bei der Brandstiftung und dem Herbeiführen einer Brandgefahr verhält es sich mit Raubdelikten, worunter Raub, räuberische Erpressung und räuberischer Angriff auf Kraftfahrer fallen (§§ 249-252, 255, 316 a StGB), die jeweils Gewaltanwendung oder Drohungen mit gegenwärtiger Gefahr für Leib oder Leben erfordern.
Unter den Tatverdächtigen insgesamt nehmen strafunmündige Tatverdächtige mit 8,5 % einen größeren Anteil ein als bei vielen anderen Delikten[183]. Anteilsmäßig mehr Kinder erscheinen nur bei Brandstiftung, Sachbeschädigung, Diebstahl ohne und unter erschwerenden Umständen.
Auffallend sind hierbei aber die Differenzen zwischen Mädchen und Jungen. Während von den Tatverdächtigen insgesamt 7,4 % männliche Kinder unter 14 Jahren waren, entfällt auf die weiblichen Kinder nur ein Anteil von 1,1 %[184]. Raubdelikte stehen damit bei den Mädchen anteilsmäßig an sechster, bei den Jungen an fünfter Stelle.
Etwas anders stellt sich die Bedeutung der Raubdelikte bei den Kindern im Vergleich zu anderen Delikten dar. Von den männlichen tatverdächtigen Kindern wurden 2 789 und damit 2,7 % bei Raubdelikten registriert[185]. Mehr Kinder erfasste man bei Diebstahl ohne erschwerende Umstände, Sachbeschädigung, Diebstahl unter erschwerenden Umständen, vorsätzlicher leichter Körperverletzung, bei gefährlicher und schwerer Körperverletzung und bei Widerstand gegen die Staatsgewalt und Straftaten gegen die öffentliche Ordnung.

183 PKS Deutschland, 2001, S. 86.
184 PKS Deutschland, 2001, S. 86.
185 PKS Deutschland, 2001, S. 88.

Bei den weiblichen tatverdächtigen Kindern traten lediglich 424 und folglich 1,0 % bei Raubdelikten auf. Zusätzlich zu den Delikten, denen auch bei Jungen eine größere Bedeutung zukommt, sind es bei Mädchen noch Betrug, Beleidigung und Straftaten gegen die persönliche Freiheit. Allerdings wurden auch nur 4,5 % der männlichen und 1,7 % der weiblichen tatverdächtigen Jugendlichen bei Raubdelikten registriert, so dass zwischen diesen Altersgruppen keine gravierenden Unterschiede bestehen.

Eine Besonderheit ergibt sich für die Raubdelikte insofern, als die alten und neuen Bundesländer hinsichtlich der Belastung deutscher tatverdächtiger Kinder praktisch nicht divergieren. Während die alten Bundesländer eine Tatverdächtigenbelastungszahl von 40 aufweisen, beträgt sie in den neuen Bundesländern 47[186]. Bei den anderen Altersgruppen übersteigen die Tatverdächtigenbelastungszahlen der neuen Bundesländern die der alten deutlicher. Dies gilt selbst für die geringer belasteten Erwachsenen. Alles in allem bleiben die Tatverdächtigenbelastungszahlen im Vergleich zu anderen Delikten aber relativ niedrig. Bei den Kindern liegen sie in den alten Bundesländern gerade bei 1,9 % der Tatverdächtigenbelastungszahlen bezüglich der Straftaten insgesamt, in den neuen Bundesländern sogar nur bei 1,4 %.

Vergleich der Tatverdächtigenbelastung Deutscher nach Altersgruppen bei Raubdelikten

Straftaten (gruppen)	Tatverdächtigenbelastungszahl* Deutscher									
	Kinder 8 < 14 Jahre		Jugendliche 14 < 18 Jahre		Her.wachsende 18 < 21 Jahre		Erwachsene > = 21 Jahre		Jungerwachsene 21 < 25 Jahre	
	Alte Länder	Neue Länder	Alte Länder	Neue Länder	Alte Länder	Neue Länder	Alte Länder	Neue Länder	Alte Länder	Neue Länder
Raubdelikte	40	47	229	276	186	305	17	25	91	178
Straftaten insgesamt	2 068	3 320	7 016	8 751	7 138	8 467	1 911	2 293	5 287	6 217

*Tatverdächtige pro 100 000 Einwohner der jeweiligen Altersgruppe

Ähnlich wie die Belastung deutscher Tatverdächtiger insgesamt stellt sich die der männlichen dar. Die Belastung der männlichen Kinder fällt mit einer Tatverdächtigenbelastungszahl von 66 in den alten und 73 in den neuen Bundesländern zwar höher aus als die der Kinder insgesamt, jedoch fehlen ebenfalls besondere Differenzen zwischen den Bundesländern[187]. Bei den anderen Altersgruppen bestehen dagegen wiederum Unterschiede, wobei sich in den neuen Bundesländern eine höhere Belastung zeigt als in den alten.
Bei den männlichen tatverdächtigen Kindern beträgt die Tatverdächtigenbelastungszahl in den alten Bundesländern 2,3 % von derjenigen der Straftaten insgesamt, in den neuen 1,6 %. Die Tatverdächtigenbelastungszahlen der weiblichen

186 PKS Deutschland, 2001, S. 102.
187 PKS Deutschland, 2001, S. 103.

deutschen Kinder liegen mit einem Wert von 12 bzw.19 unter denen der männlichen[188].

Auffallend sind zudem die im Vergleich zu den männlichen Tatverdächtigen geringeren Differenzen zwischen den Altersgruppen. Insbesondere zu den Jungerwachsenen ergeben sich nur geringfügige Unterschiede (Tatverdächtigenbelastung von 14 bzw. 24). Die höchsten Werte weisen Jugendliche auf, wobei diese mit 60 bzw. 82 ebenfalls verhältnismäßig gering ausfallen.

Vergleich der Belastung männlicher und weiblicher deutscher Tatverdächtiger bei Raubdelikten

Geschlecht	Tatverdächtigenbelastungszahl* Deutscher									
	Kinder 8 < 14 Jahre		Jugendliche 14 < 18 Jahre		Her.wachsende 18 < 21 Jahre		Erwachsene > = 21 Jahre		Jungerwachsene 21 < 25 Jahre	
	Alte Länder	Neue Länder	Alte Länder	Neue Länder	Alte Länder	Neue Länder	Alte Länder	Neue Länder	Alte Länder	Neue Länder
Männliche Deutsche	66	73	391	461	341	542	32	49	167	310
Weibliche Deutsche	12	19	60	82	27	45	3	4	14	24

*Tatverdächtige pro 100 000 Einwohner der jeweiligen Altersgruppe

Ähnlich wie bei der Brandstiftung lässt sich daher festhalten, dass Raubdelikte sowohl hinsichtlich der absoluten Tatverdächtigenzahlen als auch hinsichtlich der Belastung der Tatverdächtigen bei den Kindern im Vergleich zu anderen Delikten nur eine untergeordnete Rolle spielen.

Im Gegensatz hierzu kommt Kindern und vor allem männlichen Kindern bei den Raubdelikten im Vergleich zu anderen Delikten anteilsmäßig an den Tatverdächtigen insgesamt aber durchaus Bedeutung zu.

(6) Sonstige Straftatengruppen

Vergleicht man die Anteile der einzelnen Altersgruppen an den Tatverdächtigen insgesamt, treten vor allem Rauschgiftdelikte hervor. Während von den Tatverdächtigen nur 0,9 % ein Alter von unter 14 Jahren hatten, wurden bereits 17,0 % Jugendliche, 25,5 % Heranwachsende und 22,4 % Jungerwachsene registriert[189]. Ähnlich verhält es sich bei der Straftatgruppe der Begünstigung, Strafvereitelung, Hehlerei und Geldwäsche. Hier nahmen Jugendliche einen Anteil an den Tatverdächtigen insgesamt von 16,7 % ein, Heranwachsende von 14,3 % und Jungerwachsene von 13,3 %, dagegen waren nur 3,7 % Kinder. Entsprechende Unterschiede ergeben sich auch beim Widerstand gegen die Staatsgewalt und Straftaten gegen die öffentliche Ordnung. Bei dieser Straftatgruppe erscheinen 14,8 % Jugendliche, 14,0 % Heranwachsende und 12,6 % Jungerwachsene als

[188] Vgl. PKS Deutschland, 2001, S. 104.
[189] PKS Deutschland, 2001, S. 86.

tatverdächtig, dagegen nur 3,8 % Kinder. Bei Straftaten gegen das Waffengesetz und gegen das Kriegswaffenkontrollgesetz fällt auf Jugendliche mit 15,4 %, Heranwachsende mit 14,5 % und Jungerwachsene mit 11,8 % ebenfalls ein deutlich größerer Anteil an den Tatverdächtigen insgesamt als auf Kinder mit lediglich 3,7 %. Deutliche Differenzen bestehen schließlich bei der Gruppe der Vergewaltigung und sexuellen Nötigung. Hier wurden 9,8 % Jugendliche, 10,2 % Heranwachsende und 12,8 % Jungerwachsene als tatverdächtig erfasst, dagegen nur 1,6 % Kinder.

Altersstruktur der Tatverdächtigen bei einzelnen Straftatengruppen

Straftaten(gruppen)	**Tatverdächtige**										
	Insgesamt 100 %	**Kinder** unter 14 Anteil in %		**Jugendl.** 14 < 18 Anteil in %		**Heranw.** 18 < 21 Anteil in %		**Erwachs.** > = 21 Anteil in %		**Jungerw.** 21 < 25 Anteil in %	
		m	**w**	**m**	**w**	**m**	**w**	**m**	**w**	**m**	**w**
Rauschgiftdelikte	202 281	0,7	0,2	14,5	2,5	22,6	2,9	50,0	6,6	20,1	2,3
Begünstigung, Strafvereitelung, Hehlerei und Geldwäsche	28 446	2,9	0,8	13,9	2,8	11,8	2,5	53,5	11,9	11,1	2,2
Widerstand gegen die Staatsgewalt und Straftaten gg. die öff. Ordnung	108 322	2,8	1,0	12,1	2,7	12,1	1,9	56,3	11,0	11,0	1,6
Straftaten gg. das WaffenG und gg. das KriegswaffenkontrollG	21 235	3,6	0,1	15,0	0,4	14,0	0,5	62,3	4,2	11,4	0,4
Vergewaltigung und sexuelle Nötigung	6 300	1,5	0,1	9,6	0,2	10,1	0,1	77,7	0,7	12,8	0,0
Straftaten insgesamt	2 280 611	4,5	1,8	9,9	3,2	8,7	2,1	53,7	16,1	9,1	2,2

Betrachtet man die einzelnen Straftatengruppen hinsichtlich der Anzahl der tatverdächtigen Kinder, stellt man fest, dass bestimmten Delikten bei Kindern so gut wie gar keine Bedeutung zukommt, während sie bei Jugendlichen zum Teil bereits eine Rolle spielen. Weder bei den Kindern noch bei den Jugendlichen von Relevanz sind Wettbewerbs-, Korruptions- und Amtsdelikte sowie Verletzungen der Unterhaltspflicht[190]. Auch Veruntreuungen können als relativ unbedeutend eingestuft werden. Während bei Mord und Totschlag Kinder nur sehr selten als tatverdächtig auftreten, erfolgt eine Registrierung Jugendlicher bereits häufiger. Auch Straftaten gegen strafrechtliche Nebengesetze auf dem Wirtschaftssektor spielen bei Kindern im Gegensatz zu Jugendlichen keine Rolle, sofern man die absoluten Zahlen vergleicht. Daneben fallen Straftatengruppen auf, die sich sowohl bei weiblichen Kindern als auch bei weiblichen Jugendli-

[190] Vgl. PKS Deutschland, 2001, S. 88.

chen als unbedeutend erweisen, wohingegen männliche Kinder und Jugendliche durchaus erfasst werden. Hierzu zählen Vergewaltigung und sexuelle Nötigung, ferner Straftaten gegen das Waffengesetz und gegen das Kriegswaffenkontrollgesetz, wobei insbesondere weibliche Kinder nur sehr selten als tatverdächtig in Erscheinung treten.

Tatverdächtige Kinder und Jugendliche nach Straftatengruppen

Straftaten(gruppen)	Kinder				Jugendliche			
	Männlich		Weiblich		Männlich		Weiblich	
	Anzahl	in %	Anzahl	in %	Anzahl	in %	Anzahl	in %
Wettbewerbs, Korruptions- und Amtsdelikte	0	0,0	0	0,0	8	0,0	4	0,0
Verletzung der Unterhaltspflicht	0	0,0	0	0,0	23	0,0	1	0,0
Veruntreuungen	8	0,0	1	0,0	39	0,0	24	0,0
Mord und Totschlag	10	0,0	0	0,0	157	0,1	21	0,0
Straftaten gegen strafr. Nebengesetze auf dem Wirtschaftssektor	34	0,0	7	0,0	540	0,2	35	0,0
Vergewaltigung und sexuelle Nötigung	92	0,1	4	0,0	602	0,3	15	0,0
Straftaten gegen das WaffenG und gegen das KriegswaffenkontrollG	765	0,7	18	0,0	3 181	1,4	90	0,1
Straftaten insgesamt	102 647	100,0	40 398	100,0	225 061	100,0	73 922	100,0

Grundlegend anderes ergibt sich auch nicht bei Betrachtung der Tatverdächtigenbelastungszahlen der alten und neuen Bundesländer. Ein Unterschied besteht lediglich insofern, als sich die Tatverdächtigenbelastung bei Mord und Totschlag und bei Straftaten gegen strafrechtliche Nebengesetze auf dem Wirtschaftssektor bei weiblichen Jugendlichen wie auch bei weiblichen Kindern als sehr gering darstellt, während die absoluten Zahlen diesbezüglich gewisse Unterschiede zeigen[191].

[191] Vgl. PKS Deutschland, 2001, S. 102, 103, 104.

Tatverdächtigenbelastungszahlen deutscher Kinder und Jugendlicher insgesamt; Tatverdächtigenbelastungszahlen männlicher und weiblicher deutscher Kinder und Jugendlicher

Straftaten(gruppen)	TVBZ Deutscher				TVBZ männl. Deutscher				TVBZ weibl. Deutscher			
	Kinder		Jugendliche		Kinder		Jugendliche		Kinder		Jugendliche	
	Alte Länder	Neue Länder	Alte Länder	Neue Länder	Alte Länder	Neue Länder	Alte Länder	Neue Länder	Alte Länder	Neue Länder	Alte Länder	Neue Länder
Wettbewerbs, Korruptions- und Amtsdelikte	0	0	0	0	0	0	0	0	0	0	0	0
Verletzung der Unterhaltspflicht	0	0	1	1	0	0	1	1	0	0	0	0
Veruntreuungen	0	0	1	2	0	0	2	3	0	0	1	1
Mord und Totschlag	0	0	3	6	0	0	5	10	0	0	1	2
Straftaten gegen strafr. Neben-gesetze auf dem Wirtschaftssektor	1	0	16	11	1	1	29	20	0	0	2	1
Vergewaltigung und sexuelle Nötigung	1	1	16	11	3	1	30	20	0	0	1	1
Straftaten gegen das WaffenG und gegen das Kriegswaffenkontrollg	14	7	95	52	27	14	181	98	1	0	5	5
Straftaten insgesamt	2 068	3 320	7 016	8 751	2 861	4 630	10 066	13 070	1 234	1 939	3 813	4 202

Zusammenfassend bleibt festzuhalten, dass das Spektrum der von Kindern begangenen Straftatengruppen ein bedeutend kleineres Ausmaß einnimmt als das der anderen Altersgruppen, wobei auch zu Jugendlichen bereits enorme Differenzen auftreten. Die mit Abstand größte Zahl tatverdächtiger Kinder wurde beim Diebstahl registriert. Bemerkenswert ist, dass bei allen Straftaten auffallende Unterschiede zwischen der Bedeutung des Delikts im Rahmen der insgesamt erfassten Kinder und der Relevanz der Kinder im Vergleich zu anderen Altersgruppen bei dem entsprechenden Delikt bestehen.

b) Analyse der dargestellten Verbreitung

aa) Allgemeine Verbreitung

Wie bereits erwähnt, sagt die Anzahl der als tatverdächtig registrierten Kinder ohne Bezugnahme auf Bevölkerungszahlen nicht nur bei Betrachtung der Entwicklung, sondern auch im Rahmen der Untersuchung der Verbreitung in einem Jahr wenig aus. Relevanz erhält sie allenfalls für die Quantifizierung der Gefahr, Opfer der Straftat eines Kindes zu werden.
Unter Berücksichtigung der Bevölkerungszahlen kommt man zu dem Ergebnis, dass 6,3 % der Tatverdächtigen unter 14 Jahre waren, die Kinder aber 14,4 % der Bevölkerung ausmachen (vgl. S. 44). Der Anteil der Kinder an den Tatverdächtigen ist somit nicht einmal halb so groß wie ihr Anteil an der gesamten Bevölkerung. Allerdings besteht im Gegensatz zu den Tatverdächtigenzahlen bei den Bevölkerungszahlen, mit Ausnahme einiger nicht berücksichtigter Ausländer, kein Dunkelfeld.

Erfasst die PKS lediglich 1,2 % der in Deutschland lebenden Kinder als tatverdächtig, könnte diese Tatsache vorschnell zu der Annahme führen, dass nur wenige Kinder delinquent würden und die Kinderdelinquenz somit praktisch keine Relevanz erlange. Hierzu verleitet vor allem auch ein Vergleich mit den Jugendlichen und Heranwachsenden, bei denen sich Werte von 8,2 % bzw. 8,6 % ergeben. Wie im Zusammenhang mit der Aussagekraft der PKS hinsichtlich der Entwicklung der Kinderdelinquenz (vgl. S. 32) bereits erläutert, erweist es sich jedoch als bedeutsam, allerhöchstens auf 6- bis unter 14jährige Kinder Bezug zu nehmen, wodurch der Anteil immerhin 2,0 % beträgt. Ein Vergleich dieses Werts mit dem der Erwachsenen, der bei 2,5 % liegt, regt zum Nachdenken an. Wieso sollte man von einer nur unbedeutenden Rolle der Kinderdelinquenz ausgehen, während hinsichtlich der Erwachsenenkriminalität wohl kaum jemand von einer „vernachlässigbar kleinen Zahl an Kriminellen" spricht? Allerdings hinkt dieser Vergleich ebenfalls. Zu dem Ergebnis, dass 2,5 % der Erwachsenen als Tatverdächtige registriert wurden, führt die Bezugnahme auf alle Erwachsenen. Stützt man sich aber bei Kindern nur auf 6- bis unter 14jährige, erscheint es sinnvoll, bei den Erwachsenen die Altersgruppe, bei denen sich generell nur ein geringer Prozentsatz als tatverdächtig herausstellt, ebenfalls nicht in die Berechnung einzubeziehen.
Bei den mindestens 60jährigen erfasste die PKS 136 785 Personen, was bedeutet, dass gerade einmal 0,7 % der ab 60jährigen Bevölkerung tatverdächtig wurden[192]. Lässt man diese Altersgruppe daher außen vor, ergibt sich ein Anteil von 3,3 % tatverdächtiger Erwachsener. Betrachtet man sogar nur die bis 50jährigen, da der Anteil der 50jährigen und älteren Tatverdächtigen an der mindestens

---

192 Vgl. PKS Deutschland, 2001, S. 72, Tabelle „A1 Personen insgesamt zum 31.12.2000", persönlich erhalten vom Statistischen Bundesamt Wiesbaden.

50jährigen Bevölkerung auch nur 1,1 % beträgt, kommt man zu dem Ergebnis, dass immerhin 3,7 % der Erwachsenen tatverdächtig waren[193]. Zieht man diesen Wert zum Vergleich heran, könnte man noch eher von einer „unbedeutenden Rolle der Kinderdelinquenz" sprechen, wenn auch keine zum Anteil der Jugendlichen und Heranwachsenden vergleichbare Differenz besteht.
Bisher beschränkte sich die Aussage jedoch darauf, dass 2,0 % der 6- bis unter 14jährigen Kinder in Deutschland und 3,3 % der Erwachsenen bis 60 Jahre in der PKS als tatverdächtig erschienen. Wie im Rahmen der Aussagekraft der PKS hinsichtlich des Ausmaßes der Kinderdelinquenz bereits erörtert (vgl. S. 20), fällt das Dunkelfeld im Bereich der Kinderdelinquenz aber weitaus größer aus als bei der Erwachsenenkriminalität. Aufgrund dessen wurden wohl weit über 2,0 % der 6- bis unter 14jährigen Kinder delinquent, wenn auch bezüglich des tatsächlichen Werts keine Aussage möglich ist.
Im Ergebnis bleibt somit festzuhalten, dass man selbst bei dem nach dem ersten Anschein sehr geringen Anteil von 1,2 % der Kinder, die als tatverdächtig auftraten, nicht von unbedeutender und womöglich zu vernachlässigender Kinderdelinquenz ausgehen kann. Sie stellt sich in jedem Fall als mit der Relevanz der Erwachsenenkriminalität vergleichbar dar.

Zu der Feststellung, dass die Bedeutung der Kinderdelinquenz der der Kriminalität der Erwachsenen in etwa entspricht, gelangt man auf den ersten Blick auch bereits allein anhand der Tatverdächtigenbelastungszahlen. Während diese bei den Kindern ab 8 Jahren 2 292 beträgt, liegt die Belastung der Erwachsenen bei 1 980. Dieser Vergleich hinkt jedoch wiederum daran, dass die Tatverdächtigenbelastungszahl der Kinder die unter 8jährigen nicht einbezieht, die der Erwachsenen dagegen auf alle Personen ab 21 Jahren und damit auch auf über 60jährige Bezug nimmt. Die Tatverdächtigenbelastungszahl der 21- bis unter 25jährigen übersteigt mit 5 480 dagegen deutlich die der Kinder, die der 25- bis unter 30jährigen (3 574) ebenfalls[194]. Eine vergleichbare Belastung der Kinder besteht jedoch mit derjenigen der 30- bis unter 40jährigen (2 624) und der der 40- bis unter 50jährigen (2 203). Die 50- bis unter 60jährigen (1 627) und die 60jährigen und älteren (664) weisen dagegen weit geringere Tatverdächtigenbelastungszahlen auf. Die Belastung der 12- bis unter 14jährigen erreicht sogar einen Wert von 4 260.
Aus alldem folgt, dass die Tatverdächtigenbelastungszahlen insgesamt zwar prinzipiell keine Grundlage für eine Aussage über die Vergleichbarkeit der Bedeutung der Kinderdelinquenz mit der der Erwachsenenkriminalität bieten, dass aber den Tatverdächtigenbelastungszahlen der einzelnen Altersgruppen, die eine vergleichbare Relevanz zeigen, durchaus Aussagekraft zukommt. Die Kinderdelinquenz nimmt in jedem Fall keine unbedeutende Rolle ein.

---

[193] Vgl. PKS Deutschland, 2001, S. 72, Tabelle „A1 Personen insgesamt zum 31.12.2000", persönlich erhalten vom Statistischen Bundesamt Wiesbaden.
[194] PKS Deutschland, 2001, S. 97.

bb) Differenzierung nach Geschlecht

Eine getrennt von einander vorgenommene Betrachtung der Geschlechter ergibt, dass 71,8 % der als tatverdächtig registrierten Kinder männlichen Geschlechts waren. Dieser Wert bleibt allerdings noch hinter dem des Anteils der männlichen Tatverdächtigen an den insgesamt registrierten Tatverdächtigen zurück, der bei 76,8 % liegt. Die größte Differenz zwischen männlichen und weiblichen Tatverdächtigen erreichen die Heranwachsenden mit einem Verhältnis von 80,9 % zu 19,1 %.
Erstaunen mag, dass bei den 12- bis unter 14jährigen „nur" 68, 9 % der Tatverdächtigen männlich sind und damit weniger als bei den tatverdächtigen Kindern insgesamt, während der entsprechende Anteil der männlichen Jugendlichen 75,3 % beträgt. Es wäre somit zu erwarten, dass der Anteil der männlichen Kinder mit zunehmendem Alter der Kinder wächst. Die Angabe von 75,3 % bezieht sich zwar auf die Jugendlichen insgesamt und folgt daher auch aus einem höheren Wert bei den älteren Jugendlichen, der sich dem der Heranwachsenden annähert. Dennoch überrascht, dass die männlichen Kinder bei den 8- bis unter 10jährigen den höchsten Wert aufweisen, dieser mit zunehmendem Alter dann sinkt und erst bei den Jugendlichen wieder steigt. Zurückzuführen ist dies wohl vor allem darauf, dass mit der Pubertät Probleme entstehen, die zu delinquentem Verhalten führen können. Bei den Mädchen, die sich bereits mit 12 oder 13 Jahren in der Pubertät befinden, wurden 18 330 mehr tatverdächtige 12- bis unter 14jährige als 10- bis unter 12jährige registriert, aber „nur" 13 720 mehr 14- bis unter 16jährige. Bei den Jungen, bei denen die Pubertät später einsetzt, erschienen dagegen „nur" 33 388 mehr 12- bis unter 14jährige als 10- bis unter 12jährige, aber 42 048 mehr 14- bis unter 16jährige. Die Verschiebung der Anteile ergibt sich daher aus den unterschiedlichen Altersstufen bei Jungen und Mädchen, in denen die Delinquenz stark zunimmt.

Unabhängig vom Alter zeigen die Geschlechter aber beträchtliche Differenzen hinsichtlich der Zahl der Tatverdächtigen. Diese minimieren sich auch nicht unter Heranziehung der Tatverdächtigenbelastungszahlen. Die der männlichen Kinder insgesamt beträgt das 2,3fache von derjenigen der weiblichen Kinder. Bei einem Vergleich der Unterschiede zwischen den einzelnen Altersgruppen stellt sich heraus, dass jene mit zunehmendem Alter verhältnismäßig geringer werden, weil die Tatverdächtigenbelastung der männlichen 8- bis unter 10jährigen 3,6 mal so groß ist wie die der weiblichen, die der männlichen 12- bis unter 14jährigen dagegen „nur" 2,0 mal so groß (vgl. S. 46). Betrachtet man allerdings die absoluten Unterschiede der Tatverdächtigenbelastungszahlen, kommt man zum gegenteiligen Ergebnis.

Bedeutung erlangt vor allem, dass sich bei den 8- bis unter 10jährigen männlichen Kindern nur 1,3 % als tatverdächtig erweisen, während aber bereits 6,1 % der 12- bis unter 14jährigen registriert waren. Relevant ist zudem, dass der Anteil der weiblichen Tatverdächtigen an der entsprechenden Bevölkerungsgruppe zwar bei einem Vergleich derselben Altersgruppe generell unter dem der männlichen liegt, gleichwohl aber beispielsweise 2,9 % der 12- bis unter 14jährigen weiblichen Kinder, dagegen nur 2,7 % der 10- bis unter 12jährigen männlichen Kinder in der PKS erfasst wurden. Insgesamt verdeutlicht die PKS allerdings in jedem Fall eine weit größere Delinquenzbelastung der Jungen als der Mädchen.

Es stellt sich aber die Frage, ob die **Berücksichtigung des Dunkelfeldes** zu einem anderen Ergebnis führt. Untersuchungen ergaben, dass der Differenz zwischen der männlichen und der weiblichen Delinquenzbelastung im Dunkelfeld zwar nicht das Ausmaß zukommt wie im Hellfeld, Mädchen aber auch im Dunkelfeld als weit weniger delinquent erscheinen als Jungen[195].
Treten im Hellfeld noch größere Unterschiede auf als im Dunkelfeld, dürfte diese Tatsache zum einen darauf zurückzuführen sein, dass Mädchen in der Regel leichtere „Straftaten" begehen als Jungen. Dies verdeutlicht ein Vergleich von gefährlicher, schwerer Körperverletzung mit leichter Körperverletzung. Während der Anteil der männlichen Kinder an den Tatverdächtigen insgesamt bei der gefährlichen, schweren Körperverletzung 5,2 % beträgt, liegt der der weiblichen Kinder bei 1,2 %[196]. Bei der leichten Körperverletzung besteht dagegen nur eine Differenz von 2,7 Prozentpunkten. Noch augenscheinlicher wird dies beim Diebstahl. Männliche Kinder nehmen beim Diebstahl ohne erschwerende Umstände einen Anteil von 8,7 % ein, weibliche immerhin von 4,8 %. Beim Diebstahl unter erschwerenden Umständen fällt der Anteil der Jungen noch in Höhe von 7,6 % aus, der der Mädchen nur von 1,2 %. Da bei leichteren Straftaten eher von einer Anzeige abgesehen wird, verbleibt die Delinquenz der Mädchen insgesamt gesehen häufiger im Dunkelfeld.
Zum anderen üben sie andere „Straftaten" aus mit zumindest auf den ersten Blick geringeren bzw. nicht so offensichtlichen Schäden. Bei männlichen Kindern enden Streitereien oftmals in einer Schlägerei, woraus dann nicht selten Verletzungen und damit für jedermann sichtbare Folgen resultieren. Dies verleitet zu einer Anzeige beispielsweise wegen Körperverletzung.
Mädchen streiten dagegen auf andere Art. Tätliche Auseinandersetzungen mit sichtbaren körperlichen Verletzungen stellen eher die Ausnahme dar. Vielmehr ereignen sich „verbale Attacken" mit der Folge, dass Verletzungen und damit offensichtliche Schäden fehlen. Zwar können vor allem häufige Auseinandersetzungen mit dem gleichen Opfer zu psychischen Beeinträchtigungen führen, jedoch erkennt diese ein Beobachter nicht unmittelbar, so dass es in der Regel auch nicht zu einer Anzeige kommt. Körperliche Schäden nimmt man dagegen unmittelbar wahr, wobei eine Beobachtung der Tat aufgrund der direkten Sichtbarkeit noch nicht einmal erforderlich ist. Gerade den Eltern des Opfers entgehen Verletzungen nicht, so dass diese den Täter möglicherweise anzeigen. Die von mir durchgeführte Befragung von Lehrern ergab zwar, dass Eltern eines Op-

---

[195] Elster, Lingemann, 1998, S. 469.
[196] PKS Deutschland, 2001, S. 86.

fers die Tat nur selten der Schule mitteilen, was vermuten lässt, dass sie noch seltener Anzeige erstatten. Allerdings erscheint letzteres bei schweren physischen Schäden durchaus denkbar.
Selbst auf schwere psychische Schäden folgt dagegen in der Regel keine Anzeige, da sie häufig erst zu einem Zeitpunkt zum Ausdruck kommen, zu dem die Möglichkeit, sie einer konkreten Tat zuzuordnen, nicht mehr besteht. Von einzelnen Beleidigungen erfahren Eltern beispielsweise nur, wenn das kindliche Opfer davon erzählt, was häufig aufgrund von Angst oder eigenen Schuldgefühlen nicht geschieht. Deshalb muss angenommen werden, dass die PKS die vorwiegend von Mädchen begangenen gezielten Beleidigungen praktisch überhaupt nicht enthält.
Ob Dunkelfelduntersuchungen diese erfassen können, ist äußerst fraglich. Bei der Befragung von Kindern stellt sich das Problem, dass sie zwar einerseits wissen, wie sie ihr Opfer mit gezielten Bemerkungen verletzen können, und somit bewusst beleidigen, dass sie dies andererseits aber als „normalen Umgangston" und damit nicht als Beleidigung ansehen. Dies bestätigte auch eine von mir durchgeführte Befragung von Lehrern (siehe unten S. 110). Bei der Frage der Anzahl der in einem Schuljahr vorkommenden Beleidigungen gaben einige Lehrer Werte von unter 10 an. Auf konkretes Nachfragen anhand von Beispielen erhielt ich zur Antwort, dass bestimmte beleidigende Formulierungen zum normalen Umgangston gehörten und sie sie deshalb nicht aufführten. Wenn selbst Lehrer eine derartige Sichtweise vertreten, beurteilen Kinder dies im Rahmen einer Täterbefragung wohl kaum anders. Bei einer Opferbefragung wäre zwar noch eher daran zu denken; jedoch muss man davon ausgehen, dass Kinder auch vor sich selbst nicht als „empfindlich" gelten wollen und somit die Opfer Beleidigungen ebenfalls als normal ansehen. Hinzu kommt, dass Kinder hinsichtlich dieses Delikts in der Regel sowohl Täter als auch Opfer sind, was eine solche Sichtweise noch verstärkt.
Die Befragung von Personen zu ihrer Kindheit, die diese schon abgeschlossen haben, bringt das Problem mit sich, dass Delikte mit nicht sichtbaren Schäden schneller in Vergessenheit geraten und zudem die Häufigkeit Bedeutung erlangen würde, die aber wohl kaum in Erinnerung blieb.

Im Ergebnis ist daher festzuhalten, dass weder die PKS noch Dunkelfeldbefragungen das Ausmaß der Delinquenz der Kinder weiblichen Geschlechts erfassen. Dies erklärt auch die Tatsache, derzufolge nach der PKS wie auch nach Dunkelfelduntersuchungen die delinquenzbelasteten Mädchen fast ausschließlich bei Diebstahl als tatverdächtig erscheinen. Hierbei erfolgt eine Anzeige aufgrund der offensichtlichen Schäden bei beiden Geschlechtern gleichermaßen.
Das bedeutet meiner Ansicht nach jedoch nicht, dass in Wirklichkeit eine vergleichbare Delinquenzbelastung besteht. Betrachtet man die Tatverdächtigen von beispielsweise Diebstahl, Unterschlagung, Sachbeschädigung, Brandstiftung oder Urkundenfälschung, bei denen Jungen und Mädchen gleichermaßen als Täter in Frage kommen und die zu gleichartigen Schäden und damit zu ver-

gleichbarer Anzeigebereitschaft führen, ergibt sich auch hier ein bedeutend größerer Anteil der männlichen Tatverdächtigen an den Tatverdächtigen insgesamt. Die Gesamtzahl der delinquenten Mädchen sollte somit aufgrund der teilweise größeren Nachsicht mit Mädchen etwas höher angesiedelt werden, als sie die PKS zum Ausdruck bringt. Das gilt ferner wegen der praktisch nicht erfassten Beleidigungsdelikte als auch im Hinblick auf die durch Dunkelfelduntersuchungen gewonnenen Ergebnisse. Die tatsächlichen Werte divergieren demnach zwar nicht in dem Maß wie die in der PKS enthaltenen und sind daher zu relativieren, jedoch ändert dies nichts an der Tatsache, dass Kinderdelinquenz auch unter Berücksichtigung des Dunkelfeldes unter Jungen weiter verbreitet ist als unter Mädchen.

Interesse wecken jedoch insbesondere die Ursachen hierfür. Zum einen geht man davon aus, dass Mädchen auch heute trotz des Wandels der Frauenrolle noch stärker „in Rückzugsstrukturen der Familie" leben[197]. Das habe das Bestehen eingeschränkter sozialer Handlungsräume zur Folge, was wiederum zu geringeren sozialen Kontakten führe, wodurch Mädchen weniger Gelegenheiten zur Begehung von Straftaten vorfänden.
Diese These erscheint mir anzweifelbar. Betrachtet man die Zeitpunkte und äußeren Begebenheiten, zu und bei denen Kinder delinquent werden, kommen entsprechende Situationen bei beiden Geschlechtern gleichermaßen vor. Kinder begehen „Straftaten" in der Regel aus Spielsituationen heraus, d.h. mit ihren Spielkameraden zusammen, oder aus Langeweile. Meines Wissens verbringen Jungen aber nicht mehr Zeit mit ihren Spielkameraden und Mädchen mehr Zeit allein mit ihrer Familie zuhause. Soziale Kontakte zum Beispiel durch Sportvereine ergeben sich ebenfalls in gleicher Weise. Ein beträchtlicher Teil der Ladendiebstähle geschieht zudem in „Wartezeiten", beispielsweise beim Warten auf den Bus nach der Schule. Mädchen besuchen aber ebenso weiterführende Schulen und damit solche, die sich oftmals nicht an ihrem Wohnort befinden, wie Jungen. Das Problem der Überbrückung von Wartezeiten stellt sich damit gleichermaßen.
Meiner Ansicht nach haben Jungen zwar tatsächlich mehr Gelegenheiten zu Straftaten, jedoch nicht, weil Mädchen verstärkt „in Rückzugsstrukturen der Familie" leben. Der Grund hierfür liegt vielmehr in den unterschiedlichen Interessen der Geschlechter und dem damit verbundenen „Spielort". Jungen bevorzugen es in der Regel, Fußball zu spielen oder mit Spielkameraden draußen „herumzustreunen". Jüngere Mädchen beschäftigen sich mit Barbies oder Puppen, ältere treffen sich auch gerne nur „zum Tratschen und Kichern". Demnach leben Mädchen zwar nicht in den „Rückzugsstrukturen der Familie", jedoch bringen die von ihnen bevorzugten Freizeitbeschäftigungen den Aufenthalt im Elternhaus oder in dem einer Freundin mit sich. Gelegenheiten zur Begehung von Straftaten bieten sich dort aber nicht so zahlreich wie beim „Herumstreu-

---

197 Elster, Lingemann, 1998, S. 473.

nen". Zudem fühlen sich Jungen im Gegensatz zu den Mädchen eher unbeobachtet.

In diesem Zusammenhang steht auch die wesentlich stärkere Kontrolle durch die Eltern bei Mädchen[198]. Meines Erachtens ergibt sich dies zum einen zwangsläufig aus den verschiedenartigen Freizeitbeschäftigungen. Selbst wenn Eltern keine bewusste Kontrolle ausüben, reicht die bloße Anwesenheit im selben Haus aus bzw. der Gedanke, sie könnten jederzeit zurückkommen, um zumindest Kontrolle zu empfinden. Zum anderen besteht gegenüber Mädchen, wenn auch unbewusst, generell das Gefühl, sie bräuchten mehr Schutz. So geht ein Junge beispielsweise nach der Musikschule oder dem Sporttraining eher alleine nach hause als ein Mädchen, das häufig abgeholt wird. Die Eltern kontrollieren Töchter somit, wenn auch unbewusst. Dadurch entfallen für das Mädchen wiederum Gelegenheiten zur Begehung von Straftaten.

In Betracht zu ziehen ist jedoch, ob, abgesehen von letzterem Aspekt des „Schutzbedürftigkeitsgefühls", durch die vermehrte Beschäftigung der Jungen mit Computern eine Angleichung erfolgte. Selbst wenn Freunde zusammen am Computer spielen, findet dies in einem Elternhaus statt mit der Folge des Fehlens von Gelegenheiten zur Begehung von Straftaten und der zumindest unbewussten Kontrolle durch die Eltern. Das unterschiedliche Freizeitverhalten und die stärkere Kontrolle kann man somit nicht mehr generell zur Erklärung der unterschiedlichen Delinquenzbelastung heranziehen.

Als Ursache für die geringere Delinquenzbelastung der Kinder weiblichen Geschlechts wird des weiteren die These aufgestellt, die sozial definierten Geschlechtsrollen führten zu einem Selbstbild des Mädchens, das mit Delinquenz, insbesondere mit Gewaltdelinquenz unvereinbar sei[199]. Zur Feststellung, ob dieser Aspekt einen Ansatzpunkt bietet, muss man sich darüber Klarheit verschaffen, welcher Art die sozial definierten Geschlechtsrollen, aus denen heraus das Selbstbild entsteht, sind und wie sie dem Kind zugetragen werden.

Eine sozial definierte Geschlechtsrolle bedeutet, dass die Gesellschaft eine bestimmte Vorstellung von der Rolle einer Frau und bereits eines Mädchens hat. Die Eltern des Kindes müssten diese Vorstellung teilen und sie dem Kind anerziehen, um ihren eigenen Erwartungen und denen der Gesellschaft Rechnung zu tragen. Das Kind würde die Geschlechtsrolle annehmen und daraus das entsprechende Selbstbild entwickeln.

Fraglich erscheint zum einen, ob die sozial definierten Geschlechtsrollen noch derart aussehen, dass das entsprechende Selbstbild eines Jungen mit Delinquenz vereinbar ist, das eines Mädchens dagegen nicht, und zum anderen, ob die sozial definierten Geschlechtsrollen überhaupt zu einem entsprechenden Selbstbild führen.

---

[198] So auch Elster, Lingemann, 1998, S. 473.

[199] Siegel Larry, Senna Joseph, Juvenile Delinquency, San Francisco, 1997, S. 245 ff, zit. nach: Elster, Lingemann, 1998, S. 473.

Hinsichtlich Gewaltdelinquenz bedeutet eine mit Delinquenz vereinbare Geschlechtsrolle, dass beispielsweise körperliche Auseinandersetzungen der Normalität entsprechen. Dies trifft bei männlichen Kindern durchaus noch zu. Findet eine Schlägerei zwischen Jungen statt, erregt diese, so lange sie nicht über ein bestimmtes Maß hinaus geht, kein besonderes Aufsehen. Jungen als „Raufbolde" sehen die meisten Menschen als vollkommen normal an. Eine Schlägerei zwischen Mädchen empfinden Beobachter dagegen mit Sicherheit als ungewöhnlich. Allein die Tatsache, dass sich etwas als „normal" oder eben als „ungewöhnlich" darstellt, zeigt: Die Gesellschaft schreibt den Geschlechtern entsprechende Rollen zu. Die Geschlechtsrollen sind damit auch heute noch derart definiert, dass Gewaltdelinquenz mit der Rolle eines Jungen vereinbar erscheint, mit der eines Mädchens dagegen nicht.
Im Hinblick auf andere Delikte gilt dies dagegen nicht ohne weiteres. Das von Kindern am häufigsten begangene Delikt des Diebstahls wird bei Jungen und Mädchen gleichermaßen als Unrecht angesehen, so dass das Geschlecht hinsichtlich der Vereinbarkeit der Geschlechtsrolle mit Diebstahl keinen Unterschied macht. Allerdings sollte sich die Betrachtung diesbezüglich nicht an jedem einzelnen Delikt ausrichten, sondern an der Delinquenz insgesamt. Pauschal kann man durchaus sagen, dass delinquente Mädchen in der Bevölkerung auf noch mehr Unverständnis stoßen als delinquente Jungen. Folglich werden Geschlechtsrollen zumindest noch auf eine Weise definiert, derzufolge Delinquenz mit der Rolle eines Jungen eher vereinbar ist als mit der eines Mädchen.
Fraglich bleibt demnach noch, ob bzw. wie man die sozial definierten Rollen den Kindern verinnerlicht. Bedeutung erlangt hier vor allem die Erziehung der Eltern. In der Regel bestärkt ein Vater seinen Sohn eher darin, seine Kräfte zu messen, als eine Tochter. Bereits hier beginnt Gewalt, wenn auch rein spielerisch. Gewaltdelinquenz unter Kindern entsteht häufig gerade aus rein spielerischen Situationen, wobei oftmals der Zeitpunkt der Überschreitung der Grenze des reinen Spiels nicht mal klar ist. „Raufereien" unter Brüdern gelten als normal, unter Schwestern dagegen nicht. Zwar erfolgen nicht selten „Kämpfe" zwischen Bruder und Schwester, jedoch überträgt sich das bei der Schwester nicht auf Freundinnen, da diese im Gegensatz zu den Freunden des Bruders kaum alle an Gewalt „gewöhnt" sind. Hinzu kommt, dass Eltern einem Jungen oftmals mehr zutrauen, was seine körperlichen Fähigkeiten anbelangt, als einem Mädchen. Von daher unterstützen sie diesen eher darin, seine eigenen Kräfte in Situationen zu testen, die sie bei Mädchen bereits als Gefahr betrachten. Jungen erhalten daher größere Möglichkeiten, zu lernen, ihre Kräfte einzuschätzen und sie auch einzusetzen. Die sozial definierten Rollen werden den Kindern folglich anerzogen.

Beachtung verdient allerdings die Tatsache, dass die Zahl der alleinerziehenden Mütter steigt, woraus eine andere Erziehung und damit ein anderes Selbstbild folgen könnte. Eine Mutter animiert ihren Sohn wohl generell seltener zum „Kräfte messen" als ein Vater. Allerdings hält sie ihn auch nicht in der Weise davon ab wie eine Tochter. Die Erziehung der Kinder geschieht zwar grundsätzlich durch die Eltern, jedoch sammeln sie auch anderweitig Erfahrungen. So kommt es bereits im Kindergarten zu „Raufereien", bei denen der Sohn einer alleinerziehenden Mutter nicht ausgeschlossen wird. Dieser wendet das Erlernte dann bei dem Bruder, evtl. auch der Schwester oder bei Freunden an, wobei ihn seine Mutter in der Regel zumindest nicht in dem Maß abhält wie eine Tochter. Auch der Aspekt, dass Eltern einem Jungen mehr zutrauen, entfällt nicht bei Alleinerziehenden. Zwar sind Mütter oftmals ängstlicher als Väter, jedoch schätzen sie kräftemäßig einen Sohn stärker ein, wodurch dieser die Möglichkeit hat, seine Grenzen zu testen. Die Erziehung nur durch eine Mutter führt demnach nicht zu einem grundlegend unterschiedlichen Selbstbild.

Im Ergebnis bleibt festzuhalten, dass aus den sozial definierten Geschlechtsrollen in der Regel tatsächlich unterschiedliche Selbstbilder resultieren. Zwar gilt das nicht für jedes Delikt, jedoch erscheint im allgemeinen Delinquenz mit dem Selbstbild eines Mädchen weniger vereinbar als mit dem eines Jungen.
Diese Gesichtspunkte, die unterschiedlichen Vorlieben bei der Freizeitbeschäftigung und das „Beschützen" des Mädchens vor allem in der Kindheit, stellen somit die hauptsächlichen Ansatzpunkte für die unterschiedliche Delinquenzbelastung dar.

cc) Differenzierung nach deutschen und nichtdeutschen Tatverdächtigen

Besitzen 75,1 % der Tatverdächtigen insgesamt die deutsche Staatsangehörigkeit, kommt dem ebenso wenig Aussagekraft zu, wie der Tatsache, dass der höchste Prozentanteil der deutschen Tatverdächtigen an den Tatverdächtigen der entsprechenden Altersgruppe bei den Kindern auftritt, da die Verteilung der deutschen und nichtdeutschen Bevölkerung keine Berücksichtigung findet.

Fraglich ist, ob es sich für eine Schlussfolgerung eignet, wenn 6,9 % der deutschen Tatverdächtigen Kinder waren, aber nur 4,4 % der nichtdeutschen. Ein Vergleich mit anderen Altersgruppen ergibt eine unterschiedliche Zusammensetzung der Tatverdächtigen hinsichtlich ihrer Altersstruktur bei Deutschen und Nichtdeutschen. Dies könnte zum einen darauf zurückzuführen sein, dass die Bevölkerung in ihrer Altersstruktur divergiert, also von den in Deutschland lebenden Nichtdeutschen verhältnismäßig mehr Personen ein Alter von über 21 Jahren haben als bei den Deutschen und im Gegenzug weniger Ausländer minderjährig sind. Entsprechende Angaben enthält die Bevölkerungsstatistik jedoch nicht, weshalb man diesbezüglich keine Aussage treffen kann.
Möglicherweise werden aber die in Deutschland lebenden nichtdeutschen Kinder und Jugendlichen im Verhältnis seltener delinquent als die deutschen. Kindliche und jugendliche Nichtdeutsche haben aufgrund der Sprachschwierigkeiten und anderen Kulturen und damit Gewohnheiten meist weniger Kontakt zu Gleichaltrigen. Da Kinderdelinquenz in der Regel nur in Form von Gruppende-

linquenz vorkommt, neigen diese Kinder auch seltener zu delinquentem Verhalten. Allerdings suchen nichtdeutsche Kinder aufgrund der Gemeinsamkeiten infolge der vergleichbaren Situation häufig den Kontakt zu anderen nichtdeutschen Kindern. Trotzdem besteht in der Regel ein stärkerer Zusammenhalt in der Familie. Zudem fühlen sich nichtdeutsche Kinder der Familie verbundener als Gleichaltrigen, da die Familie ein Stück der verlassenen Heimat verkörpert. Die Annahme, dass bei ausländischen Kindern die Einbezogenheit in und die Kontrolle durch den Familienverband noch dominiert[200], dürfte auch heute noch zutreffen.
Es ist somit davon auszugehen, dass nichtdeutsche Kinder mehr Zeit mit der Familie verbringen als deutsche Kinder und sie weniger soziale Kontakte zu Gleichaltrigen knüpfen, weshalb sich weniger Gelegenheiten zur Begehung von Straftaten ergeben und sie auch im stärkeren Maß der Kontrolle der Familie unterliegen.

Die Theorien, die zur Erklärung der höheren Delinquenzbelastung junger Ausländer herangezogen werden, wie beispielsweise die Theorie der geminderten Zugangschancen, die insbesondere auf fehlende Schulabschlüsse von Ausländern Bezug nimmt, oder die Kulturkonflikttheorie gelten für Kinder noch nicht bzw. zumindest noch nicht in dem Maß wie für Jugendliche und Ältere. Auch aufgrund dessen erscheint die Annahme einer höheren Delinquenzbelastung junger Ausländer[201] auf Kinder nicht übertragbar. Bei den erwachsenen Nichtdeutschen führt oft ihre als ausweglos empfundene Situation zu Kriminalität. Der fehlende soziale Kontakt wirkt sich hier eher entgegengesetzt aus, wobei zudem eine Rolle spielt, dass Erwachsene Straftaten häufig allein begehen.

Festzuhalten bleibt damit, dass die unterschiedliche Altersverteilung der Tatverdächtigen zwar möglicherweise aus einer entsprechenden Zusammensetzung der Bevölkerung resultiert, in jedem Fall aber auch unterschiedliche soziale und familiäre Gegebenheiten der Deutschen und Nichtdeutschen Bedeutung erlangen.
Festgestellt wurde des weiteren: Unter den nichtdeutschen Intensivtätern ragt die Gruppe der Kinder am stärksten heraus[202]. Demnach erweist sich der Anteil der Kinder an den nichtdeutschen Tatverdächtigen im Verhältnis zu dem bei den deutschen Tatverdächtigen zwar als geringer, andererseits gibt es aber mehr nichtdeutsche kindliche Intensivtäter als solche anderer Altersgruppen.

Hinsichtlich der Frage, ob bei ausländischen Kindern eine stärkere Delinquenzbelastung vorliegt als bei deutschen, stellt sich das Problem, dass die PKS keine entsprechenden Tatverdächtigenbelastungszahlen enthält und zudem keine spe-

---

[200] Albrecht, Pfeiffer, Zapka in: MschrKrim, 1978, S. 276.
[201] So Schneider in: Jura 1991, S. 348; Elster, Lingemann, 1998, S. 474.
[202] Kaiser, 1996, S. 491.

ziellen repräsentativen Dunkelfeldforschungen durchgeführt wurden, womit diesbezüglich keine Aussage möglich ist[203].

dd) Differenzierung nach räumlicher Verteilung

Die Anzahl der registrierten Fälle in den jeweiligen Gemeindegrößenklassen bietet aufgrund der unterschiedlichen Verteilung der Bevölkerung wenig Aufschluss, um festzustellen, ob sich die Kriminalitätsbelastung je nach Stadtgröße unterscheidet. Die Häufigkeitszahlen stützen allerdings die Vermutung, dass die Kriminalitätsbelastung mit Zunahme der Einwohnerzahl steigt. Hierbei handelt es sich allerdings wiederum nur um die registrierte Kriminalität, so dass die Häufigkeitszahlen auch auf divergierender Ermittlungstätigkeit der Polizei oder unterschiedlichem Anzeigeverhalten der Bevölkerung beruhen könnten.
Eine verhältnismäßig stärkere Ermittlungstätigkeit in Großstädten scheint jedoch nicht zu bestehen. Hierfür wäre vor allem eine größere Ermittlungskapazität erforderlich. Die Anteile der Kinder an den Tatverdächtigen insgesamt zeigen aber, dass eine solche gerade nicht besteht. Die Städte mit den niedrigsten Kinder-Anteilen stellen mit Ausnahme von Chemnitz Großstädte über 500 000 Einwohner dar[204]. Dies legt die Vermutung nahe, dass sich die Polizei in diesen Städten auf die Aufklärung von Straftaten strafmündiger Tatverdächtiger konzentriert, da sie gerade nicht die Möglichkeit hat, sich mit allen Straftaten gleichermaßen zu befassen. Von größerer Ermittlungskapazität in Großstädten kann daher nicht ausgegangen werden.
Auch das Anzeigeverhalten erweist sich nicht als ausschlaggebender Faktor für die unterschiedlichen Häufigkeitszahlen. Man könnte zwar daran denken, dass auf eine Anzeige verzichtet und der Weg der informellen Sozialkontrolle gewählt wird, sofern das Opfer den Täter oder – im Fall von minderjährigen Tätern – die Eltern kennt. Unterschiede ergeben sich insofern aber allenfalls zwischen sehr kleinen Gemeinden und größeren Städten. In den Städten ab 20 000 Einwohnern bestehen zwar auch Differenzen hinsichtlich der Anonymität, jedoch nicht in dem Ausmaß, dass sie sich in besonderem Maß auf die Häufigkeitszahlen auswirken. Zudem sind der Bevölkerung die geringen Ermittlungskapazitäten der Polizei in größeren Städten wohl durchaus bewusst. Gerade bei kleineren Schäden verzichten die Betroffenen daher in Großstädten eher auf eine Anzeige, da sie keinen Nutzen darin sehen.
Demzufolge ist anzunehmen, dass die Häufigkeitszahlen nicht auf divergierender Ermittlungstätigkeit der Polizei und unterschiedlichem Anzeigeverhalten der Bevölkerung beruhen, sondern die Kriminalität mit der Einwohnerzahl tatsächlich steigt.

---

[203] Elster, Lingemann, 1998, S. 474.
[204] Vgl. PKS Deutschland, 2000, S. 94.

Fraglich erscheint allerdings, ob dies auch für Kinderdelinquenz gilt. Die Anteile der strafunmündigen Tatverdächtigen an den Tatverdächtigen insgesamt könnten aufgrund der niedrigen Zahlen in Städten ab 500 000 Einwohnern zu dem Schluss führen, dass die Zunahme der Kriminalität mit der Einwohnerzahl bei Kindern keine Entsprechung findet. Allerdings treten in diesen Städten allgemein mehr Tatverdächtige auf, weshalb die niedrigen Anteile nicht gleichsam weniger delinquente Kinder bedeuten. Zudem muss, wie bereits erwähnt, davon ausgegangen werden, dass die im Vergleich zu anderen Altersgruppen verhältnismäßig geringe Anzahl an registrierten Kindern in der PKS nicht der Realität entspricht, sondern aus der auf andere Altersgruppen konzentrierten Ermittlungstätigkeit der Polizei resultiert.
Aufgrund dessen ist anzunehmen: Steigen mit Zunahme der Einwohnerzahl die Häufigkeitszahlen an, trifft dies auch auf Kinderdelinquenz zu.
Hierfür kommen verschiedene Gründe in Betracht. Nach einer für Kriminalität insgesamt vertretenen Ansicht spielt für die höhere Belastung urbaner Gebiete vor allem die Häufung materieller Objekte eine Rolle, da dadurch Voraussetzungen für Straftaten in Form der „differentiellen Gelegenheiten" geschaffen würden[205]. Dem ist für Differenzen zwischen urbanen und eher ländlichen Gebieten sicher zuzustimmen. Allerdings existiert in Städten von 20 000 Einwohnern zwar insgesamt ein wohl geringeres Warenangebot als in Großstädten, jedoch dürfte dies auf die Kinderdelinquenz keine Auswirkungen haben. Kinder halten sich auch in Großstädten nur in begrenzten Gebieten auf, in denen für Kinder ein mit dem der kleineren Städte vergleichbares Warenangebot besteht, so dass sich nicht mehr Gelegenheiten zur Begehung von Straftaten ergeben als in kleineren Städten.
Die Häufung materieller Objekte erlangt demnach Bedeutung für eine Differenzierung zwischen „Stadt" und „Land", jedoch vor allem im Hinblick auf Kinderdelinquenz nicht zwischen Städten von 20 000 Einwohnern und Großstädten. Festgestellt wurden jedoch negative Auswirkungen und „Begleiteffekte" von hoher Bevölkerungsdichte[206]. Beispielhaft hierfür sind eingeschränkte Freiheitsräume für Kinder in Großstädten[207].

Auf Kinderdelinquenz nicht übertragbar erscheint dagegen folgende Erklärung für die höhere Belastung in Großstädten: „Viele sind nicht deshalb Verbrecher geworden, weil sie Großstädter sind, sondern sie sind Großstädter geworden, weil sie Verbrecher sind."[208] Diese Aussage meint, dass eine Großstadt keine Kriminellen produziert, sondern sie vielmehr anzieht. Auf Kinderdelinquenz trifft dies jedoch nicht zu, da sich Kinder selbst nicht für einen bestimmten Wohnort entscheiden.

---

205 Amelang, 1986, S. 16.
206 Amelang, 1986, S. 17.
207 Kluge, von Randow, 1979, S. 34.
208 Exner, 1949, S. 239.

Die lediglich auf die Tatverdächtigen insgesamt bezogene Tatortverteilung bei den einzelnen Delikten kann ebenfalls nicht auf Kinderdelinquenz übertragen werden. Auffallend waren hier vor allem Straftaten gegen die Umwelt, Verletzung der Unterhaltspflicht, Straftaten gegen das Waffengesetz und gegen das Kriegswaffenkontrollgesetz, Wettbewerbs-, Korruptions- und Amtsdelikte, Raubdelikte, Betrug und Widerstand gegen die Staatsgewalt und Straftaten gegen die öffentliche Ordnung. Dabei handelt es sich jedoch um Delikte, die Kinder praktisch nicht begehen, so dass auch keine Aussage über die Tatortverteilung möglich ist.
Etwas anderes gilt lediglich für die Brandstiftung und das Herbeiführen einer Brandgefahr, da diese auch bei Kindern eine Rolle spielen. Weil bei 22,7 % der Brandstiftungen Kinder als tatverdächtig registriert sind[209], beeinflussen die Strafunmündigen zumindest teilweise auch die Tatortverteilung der Brandstiftungen insgesamt.
Eine Aussage darüber, ob die für die Tatverdächtigen insgesamt registrierte Tatortverteilung tatsächlich derjenigen bei Kindern entspricht, würde allerdings eine Erläuterung der Umstände und Ursachen der Brandstiftungen erfordern, was an dieser Stelle jedoch zu weit führte[210].

Bei den Häufigkeitszahlen fallen hinsichtlich der räumlichen Verteilung dagegen Straftatgruppen auf, die auch im Rahmen der Kinderdelinquenz Bedeutung erlangen, wie insbesondere Körperverletzung, Diebstahl und Sachbeschädigung. Ob die Verteilung tatsächlich auf Kinderdelinquenz zutrifft, wäre auch hier nur unter Erörterung der Umstände möglich, worauf aus oben genannten Gründen verzichtet wird. Allerdings treten dem ersten Anschein nach keine besonderen Gründe hervor, die für eine divergierende Verteilung sprechen.

Interessant stellen sich die Anteile der deutschen und nichtdeutschen Kinder an den jeweiligen Tatverdächtigen insgesamt in den einzelnen Städten dar. Hierbei fällt auf, dass in einigen Großstädten der neuen Bundesländer besonders niedrige Tatverdächtigenanteile nichtdeutscher Kinder bestehen[211]. Da keine Tatverdächtigenbelastungszahlen für nichtdeutsche Kinder existieren, können nur Vermutungen angestellt werden.
Die niedrigen Anteile könnten zum einen darauf zurückzuführen sein, dass die nichtdeutschen Kinder dort im Verhältnis zu den anderen Altersgruppen und verglichen mit anderen Städten tatsächlich seltener delinquent werden. Wahrscheinlicher ist jedoch eine geringere Anzahl an dort lebenden nichtdeutschen Kindern. Diese Vermutung liegt nahe, da ein Vergleich mit den anderen Altersgruppen zeigt, dass auch der Anteil Jugendlicher und Heranwachsender unter den Tatverdächtigen in diesen Städten den in anderen Orten gegebenen nicht

[209] Vgl. PKS Deutschland, 2001, S. 86.
[210] Vgl. aber S. 102 f.
[211] Vgl. PKS Deutschland, 2001, S. 96.

erreicht. Gründe, warum die in den neuen Bundesländern lebenden nichtdeutschen Kinder, Jugendlichen und Heranwachsenden weniger Straftaten begehen sollten als die in den alten Bundesländern, sind gerade nicht ersichtlich.
Vergleicht man die Tatverdächtigen insgesamt, stellt man in den neuen Bundesländern generell höhere Täterraten fest. Betrachtet man dagegen die Opferraten, ergeben sich für die neuen Bundesländer niedrigere Zahlen, die auch durch Dunkelfelduntersuchungen bestätigt werden und damit nicht auf wesentlich unterschiedlichem Anzeigeverhalten beruhen[212]. Die Differenzen resultieren zum einen daraus, dass in den neuen Bundesländern Täter häufiger in Gruppen agieren, was ebenfalls Dunkelfeldbefunde verdeutlichen[213]. Da Kinder „Straftaten" aber generell mit anderen gemeinsam ausüben, dürfte das bei dieser Altersgruppe keine Auswirkungen haben. Zum anderen besteht die Möglichkeit, dass Täter in den neuen Bundesländern vermehrt gleichartige Delikte begehen, womit sie aufgrund der Echttäterzählung nur einmal in der PKS erscheinen, obwohl mehrere Opfer registriert werden.

Der Analyse bedürfen schließlich die Ursachen für die unterschiedlich hohen Tatverdächtigenbelastungszahlen der Kinder in den einzelnen Bundesländern.
Die niedrige Tatverdächtigenbelastungszahl in Hessen könnte darauf zurückzuführen sein, dass sich nach der PKS vor allem in Frankfurt nur verhältnismäßig wenige Kinder als delinquent erweisen. Dem steht jedoch die ebenfalls sehr niedrige Tatverdächtigenbelastungszahl bezogen auf alle Altersgruppen in Hessen entgegen. Eine weitere Möglichkeit wäre die Auswirkung unterschiedlicher Gemeindegrößenklassen, wenn sich in Bundesländern mit hohen Tatverdächtigenbelastungszahlen mehr Großstädte über 500 000 Einwohner, in denjenigen mit niedrigen Tatverdächtigenbelastungszahlen dagegen vor allem kleinere Städte finden.
Hohe Tatverdächtigenbelastungszahlen weisen Sachsen-Anhalt, Berlin und Mecklenburg-Vorpommern auf. Die Tatsache, dass sich in Großstädten mit über 500 000 Einwohnern grundsätzlich die höchsten Tatverdächtigenbelastungszahlen ergeben, erklärt somit die hohe Kriminalitätsbelastung Berlins. Anders stellt sich die Lage in Sachsen-Anhalt dar. In diesem Bundesland findet sich keine Stadt mit über 500 000 Einwohnern. Es existieren zwar 2 Städte mit über 200 000 Einwohnern, jedoch vor allem Gemeinden mit zwischen 200 und 2000 Einwohnern[214]. Ähnlich verhält es sich in Mecklenburg-Vorpommern. Die je nach Gemeindegrößenklasse unterschiedliche Kriminalitätsbelastung dient daher nicht als Erklärung der hohen Tatverdächtigenbelastungszahlen. Zudem werden, wie erläutert, in Großstädten oftmals verhältnismäßig wenig Kinder als tatverdächtig registriert. In Sachsen-Anhalt, Berlin und Mecklenburg-Vorpommern besteht aber sowohl hinsichtlich aller Altersgruppen als auch nur bezogen auf

[212] Pfeiffer, Delzer, Enzmann, Wetzels, 1998, S. 104.
[213] So zumindest für Jugendliche: Pfeiffer, Delzer, Enzmann, Wetzels, 1998, S. 104.
[214] Statistisches Jahrbuch, 2001, S. 57.

Kinder die höchste Tatverdächtigenbelastung, weshalb die Verteilung der Gemeindegrößenklasse nicht ursächlich sein kann.
Möglich wäre, dass ein Großteil der Gemeinden zwar nur zwischen 200 und 2 000 Einwohner hat, es sich aber größtenteils um urbanisierte Gemeinden aus industriellen Ballungsräumen oder solche im Umkreis von größeren Städten handelt. Dies erscheint jedoch insofern äußerst fraglich, als in Sachsen-Anhalt nur zwei Städte mit über 200 000 Einwohnern und eine mit zwischen 50 000 und 100 000 Einwohnern existieren.

Schwierigkeiten bereitet auch die Erklärung der niedrigen Tatverdächtigenbelastungszahlen in Hessen, Bayern und im Saarland. Die Großstädte Frankfurt und München lassen im Vergleich zu anderen Bundesländern, wie vor allem Rheinland-Pfalz oder Brandenburg mit einer größten Stadt von unter 200 000 Einwohner, zumindest in Hessen und Bayern höhere Tatverdächtigenbelastungszahlen erwarten. Man könnte daher in anderen Bundesländern eine bessere Ermittlungstätigkeit der Polizei vermuten. Dagegen spricht jedoch, dass Bayern die höchste Aufklärungsquote ausweist und einige Bundesländer jedenfalls noch niedrigere Aufklärungsquoten zu verzeichnen haben als Brandenburg und Hessen[215]. Zudem bestimmt der jeweilige Anteil des schwer aufklärbaren Diebstahls insgesamt an der Gesamtzahl der Straftaten die Höhe der Aufklärungsquote mit[216], so dass sie nicht ohne weiteres ein „Abbild" der Ermitt-lung darstellt. Daher müssen die niedrigeren Tatverdächtigenbelastungszahlen auf anderen Faktoren beruhen, wobei insbesondere eine weiterreichende Prävention und verstärkte informelle Sozialkontrolle in Betracht kommen.

---

[215] PKS Deutschland, 2001, S. 66.
[216] PKS Deutschland, 2001, S. 66.

Gemeinden nach Gemeindegrößenklassen und Ländern[217]

Bundes-land	Unter 100 Ein-woh-ner	100 bis 200	200 bis 500	500 bis 1000	1000 bis 2000	2000 bis 3000	3000 bis 5000	5000 bis 10 000	10 000 bis 20 000	20 000 bis 50 000	50 000 bis 100 000	100 000 bis 200 000	200 000 bis 500 000	500 000 und mehr
	Zahl der Gemeinden													
Deutsch-land	226	792	2 680	2 592	2 307	1 202	1 295	1 288	853	493	106	44	27	12
Früheres Bundes-gebiet	174	341	998	1291	1549	864	925	1057	740	408	95	39	20	12
Neue Länder und Ost-Berlin	52	451	1 682	1 238	758	338	370	231	113	85	11	5	7	-
Baden-Württem-berg	-	6	30	50	112	167	231	269	152	71	14	5	3	1
Bayern	-	1	1	135	607	369	411	316	152	46	10	5	2	1
Berlin	-	-	-	-	-	-	-	-	-	-	-	-	-	1
Branden-burg	27	232	602	284	139	50	45	47	28	21	2	2	-	-
Bremen	-	-	-	-	-	-	-	-	-	-	-	1	-	1
Hamburg	-	-	-	-	-	-	-	-	-	-	-	-	-	1
Hessen	-	-	-	1	8	23	72	151	114	45	7	3	1	1
Mecklen-burg-Vor-pommern	-	62	379	319	123	38	40	22	17	5	3	1	1	-
Nieder-sachsen	1	-	23	218	267	111	86	125	113	69	11	6	1	1
Nordrhein-Westfalen	-	-	-	-	-	-	3	55	125	138	45	14	11	5
Rheinland-Pfalz	127	243	646	584	367	131	78	84	25	13	4	4	-	-
Saarland	-	-	-	-	-	-	-	12	27	11	1	1	-	-
Sachsen	-	-	-	6	113	113	138	104	42	22	3	1	3	-
Sachsen-Anhalt	8	83	409	378	231	76	43	24	14	20	1	-	2	-
Schleswig-Holstein	46	91	298	303	188	63	44	45	32	15	3	-	2	-
Thüringen	17	74	292	251	152	61	104	34	12	17	2	1	1	-

[217] Statistisches Jahrbuch, 2001, S. 56, 57 (Stand vom 31.12.1999).

ee) Differenzierung nach Straftatengruppen

Sowohl weibliche als auch männliche Kinder erscheinen in der PKS am häufigsten beim **Diebstahl** als tatverdächtig, wobei der Ladendiebstahl dominiert. Hierfür ergeben sich verschiedene Gründe.
Zum einen begehen Kinder „Straftaten" häufig aus Langeweile. Sowohl in „Wartezeiten" als auch an langweiligen Nachmittagen kommen sie auf die Idee, durch Kaufhäuser zu schlendern und dabei Sachen mitgehen zu lassen. Eine Planung und nähere Überlegungen erfordert der Ladendiebstahl nicht, so dass er spontan erfolgen kann. Kinder beschließen somit aus Langeweile, in Kaufhäuser zu gehen, um zu stehlen. Daneben besteht die Möglichkeit, dass Kinder sich langweilen und deshalb Kaufhäuser aufsuchen. Den Entschluss, einen Diebstahl auszuüben, fassen sie erst bei Wahrnehmung der Gelegenheit im Kaufhaus.
Bei ersterem, d.h. sofern Kinder Kaufhäuser betreten mit dem Zweck, zu stehlen, begehen sie die Tat in der Regel gemeinschaftlich mit anderen, wobei auch „Gruppenzwang" und „Mutproben" eine Rolle spielen. Aus diesem Grund ordnet man den Ladendiebstahl der „Wohl-standskriminalität" zu, worunter Diebstahlskriminalität ohne offenkundige Not zu verstehen ist, d.h. beispielsweise Begehung „aus Sport" [218]. Wird der Entschluss zum Diebstahl dagegen erst im Kaufhaus gefasst, erlangt insbesondere das verlockende Warenangebot Bedeutung. In der heutigen Konsumgesellschaft akzeptieren Kinder andere nur oder zumindest eher, wenn sie bestimmte Dinge besitzen bzw. können sie allein durch materielle Werte das Interesse anderer gewinnen. Dies und die provokative Verkaufsstrategie verleiten Kinder zum Diebstahl.
Die Tatsache, dass Ladendiebstahl die von Kindern am häufigsten begangene „Straftat" darstellt, resultiert somit aus der vergleichsweise leichten Begehung ohne größere Vorbereitung, dem Geltungsbedürfnis der Kinder und den zahlreichen Gelegenheiten.

Bedeutung kommt bei Kindern zudem dem Fahrraddiebstahl zu, der mit dem Kraftfahrzeug-Diebstahl anderer Altersgruppen vergleichbar erscheint. Das Fahrrad hat für ein Kind denselben Prestigewert wie ein Moped für Jugendliche oder ein Auto für Heranwachsende und gilt damit als „Status-Symbol"[219]. Auch hier wirkt sich somit das Geltungsbedürfnis der Kinder aus.

Dunkelfelduntersuchungen bezogen auf Jugendliche ergaben, dass der Diebstahl und insbesondere der Ladendiebstahl bei der tatsächlichen Jungenddelinquenz ebenfalls im Vordergrund steht[220], was bedeutet, dass keine andere Straftatgruppe gesondert im Dunkelfeld bleibt, da andernfalls diese im Bereich der tatsächlichen Delinquenz dominieren würde. Da schwerlich davon auszugehen ist, dass

---

[218] Lempp in: Die Psychologie des 20. Jahrhunderts, Band XIV, 1981, S. 475; Arbeitsgemeinschaft für Jugendhilfe, 1978, S. 189.
[219] So auch: Kaiser, 1996, S. 822; Kreuzer in: Zeitschrift für Pädagogik, 1983, S. 53.
[220] Vgl. Kreuzer in: Zeitschrift für Pädagogik, 1983, S. 57.

bei Kindern ein anderes Delikt verstärkt nicht ins Hellfeld gelangt, wird auch unter Berücksichtigung der nicht erfassten Fälle der Diebstahl und vor allem der Ladendiebstahl bei der Kinderdelinquenz die am meisten begangene Straftat sein. Zudem zeigen Befragungen, dass jeder zweite „Ladendieb" schon unter oder mit 13 Jahren mit Ladendiebstahl begann und ihn am häufigsten im Alter der Strafunmündigkeit ausübte[221]. Auch gibt es Schätzungen, die von einem Dunkelfeld von 95 - 99 % ausgehen[222].

Der Diebstahl insgesamt erlangt bei Strafunmündigen vor allem auch deshalb die herausragende Bedeutung[223], da Kinder wegen fehlender Gelegenheiten und Fähigkeiten für bestimmte andere Straftaten geringere Möglichkeiten zur Begehung anderer Delikte haben. Zudem nimmt man an, dass es sich bei dem Verstehen des Eigentumsbegriffs um eine soziale Fähigkeit handelt, die das Kind erst im Laufe seiner psychischen Entwicklung und sozialen Integration lernt[224]. Dies ist wohl nicht in der Hinsicht zu verstehen, dass das strafunmündige Kind noch nicht weiß, dass die Waren im Kaufhaus im Eigentum eines anderen stehen. Bei einem 10jährigen Kind beispielsweise wird eine entsprechende Kenntnis durchaus vorhanden sein. Erlernen muss es vielmehr erst die Fähigkeit, auf Dinge im Eigentum anderer zu verzichten, und insbesondere eine Wertschätzung. Letzteres soll heißen, dass Kinder möglicherweise einen Vergleich derart anstellen, dass das Fehlen einer geringwertigen Sache bei der Vielzahl der Waren im Kaufhaus keine Bedeutung für den Eigentümer hat und sie somit den prinzipiellen Wert des Eigentums verkennen.

Festzuhalten bleibt, dass die Dominanz des Diebstahls unter den „Straftaten" Strafunmündiger in der PKS der Realität entspricht und vor allem im Zusammenhang mit der Konsumgesellschaft und den allgemeinen Besonderheiten kindlicher Delinquenz steht.

Davon zu unterscheiden sind jedoch die Fälle, in denen ausländische „Bosse" Kinder bewusst als Taschendiebe einsetzen, wie sich aus folgender Zeitungsmeldung ergibt[225]:

„Etwa 100 als Taschendiebe ausgebildete Kinder aus Rumänien sind seit Sommer 1996 in Nordrhein-Westfalen auf Diebestouren geschickt worden. 25 rumänische „Bosse" blieben dabei im Hintergrund und kassierten ab. Das berichtete die Kölner Polizei. Kinder, die nicht „spurten", wurden misshandelt – ein Kind starb dabei. Die Kinder seien zwar Täter gewesen, aber in erster Linie Opfer der Erwachsenen, sagte ein Polizeisprecher.

[221] Kreuzer in: Zeitschrift für Pädagogik, 1983, S. 57.
[222] Schwind, 2002, S. 60
[223] So auch: Lempp in: Die Psychologie des 20. Jahrhunderts, Band XIV, 1981, S. 474.
[224] Lempp in: Die Psychologie des 20. Jahrhunderts, Band XIV, 1981, S. 474.
[225] HAZ vom 25.März 1998 zit. nach: Schwind, 2002, S. 59.

Nach ihren Angaben mussten die Kinder im Alter von 8 bis 13 Jahren eine tägliche Beute von 2.000 bis 3.000 Mark abliefern. Als Höchstbeute an einem Tag nannte ein Mädchen 17 000 Mark. Die Kölner Polizei geht davon aus, dass ein Kind am Tag bis zu 25 erfolgreiche Taschendiebstähle beging und so im Monat über 100 000 Mark erbeuten konnte."

Wie auch von der Polizei erwähnt, stellen in diesem Fall Erwachsene die eigentlichen Täter dar. Kriminologisch gesehen, sind derartige Diebstähle keinesfalls mit denen vergleichbar, die Kinder aus eigenem Antrieb begehen. Da Diebstähle „ausgebildeter" Taschendiebe von der Struktur der gewöhnlichen Kinderdelinquenz vollkommen abweichen, soll es hier bei der Erwähnung, dass nicht alle Diebstähle den oben genannten Motiven entspringen, belassen werden.

Während die Vermutung nahe liegt, dass der reale Stellenwert des Diebstahls den Vorstellungen der Gesellschaft entspricht, wird wohl der Anteil der bei **Körperverletzungen** tatverdächtigen Kinder auf mehr als 12,9 % der insgesamt registrierten Kinder geschätzt. Dies resultiert vor allem aus regelmäßigen Pressemitteilungen über gewalttätige Kinder und zudem daraus, dass die Gesellschaft „Gewalttaten" unter Kindern beobachten kann. Ein Anteil von 12,9 % stimmt allerdings wohl auch nicht mit der Realität überein, da bei Körperverletzungen gerade bei Kindern ein großes Dunkelfeld besteht. Es stellt sich hier zwar nicht wie beim Diebstahl das Problem, dass das Opfer die Tat zumindest zum Tatzeitpunkt nicht bemerkt, jedoch führen andere Faktoren zur fehlenden Anzeigeerstattung.

Während als Opfer eines Ladendiebstahls und damit eines Großteils der von Kindern begangenen Diebstähle in der Regel Erwachsene in Frage kommen, richten sich Körperverletzungen von Strafunmündigen meist gegen Gleichaltrige. Anzeigen durch das Opfer selbst erfolgen daher nur beim Diebstahl. Zu denken wäre bei Körperverletzungen zwar an eine Anzeige durch die Eltern oder einen Beobachter, jedoch allenfalls bei größeren sichtbaren Schäden. Zudem geschehen Körperverletzungen häufig im Rahmen von „Schlägereien", so dass die Opfer gleichzeitig als Täter auftreten. Auch dies spricht gegen eine Anzeige.

Des weiteren führt ein Diebstahl grundsätzlich zu einem fassbaren Schaden. Der Tatbestand der Körperverletzung setzt zwar eine körperliche Misshandlung voraus, d.h. die Beeinträchtigung des körperlichen Wohlbefindens eines anderen ohne dessen Willen in mehr als bloß unerheblicher Weise[226], oder eine Gesundheitsschädigung, die vorliegt, sofern sich der Gesundheitszustand eines anderen Menschen für eine gewisse Zeit und nicht ganz unerheblich verschlechtert hat[227]. Für eine nicht unerhebliche Beeinträchtigung genügt aber beispielsweise bereits etwas Blutverlust[228]. Auch eine Ohrfeige kann als körperliche Misshandlung

[226] Horn in: Systematischer Kommentar zum Strafgesetzbuch, § 223 Rn 4.
[227] Horn in: Systematischer Kommentar zum Strafgesetzbuch, § 223 Rn 18.
[228] Horn in: Systematischer Kommentar zum Strafgesetzbuch, § 223 Rn 6.

gelten, so dass die Körperverletzung keinen später noch sichtbaren Schaden erfordert. Ohne messbaren Schaden wird aber eher selten Anzeige erstattet.
Die verhältnismäßig geringen Differenzen zwischen den erfassten Tatverdächtigen bei leichter und bei schwerer, gefährlicher Körperverletzung, die vor allem auch bei den Mädchen auftreten, lassen ebenfalls vermuten, dass es insbesondere bei leichter Körperverletzung oftmals nicht zu einer Anzeige kommt, weshalb hier von einem großen Dunkelfeld auszugehen ist.
Waren nur 4,1 % der insgesamt bei der leichten Körperverletzung erfassten Tatverdächtigen Kinder, führt diese Tatsache ebenfalls zu der Annahme, dass man bei Strafunmündigen im Vergleich zu anderen Altersgruppen bei leichten Körperverletzungen häufiger auf eine Anzeige verzichtet.

Hinsichtlich der Belastung der tatverdächtigen Kinder fallen zum einen die nur geringen Unterschiede zwischen leichter und schwerer Körperverletzung in den alten Bundesländern im Gegensatz zu den neuen Bundesländern auf, zum anderen die beträchtlichen Differenzen zwischen den alten und den neuen Bundesländern bei der leichten Körperverletzung, die sich dagegen bei der schweren nicht ergeben. Da die unterschiedliche Belastung zwischen den Bundesländern bei der leichten Körperverletzung im Verhältnis in etwa der für die Straftaten insgesamt entspricht, erscheinen vor allem die geringen Differenzen bei der schweren Körperverletzung verwunderlich. Diese stehen wiederum in Zusammenhang mit den vergleichbaren Tatverdächtigenbelastungszahlen von leichter und gefährlicher Körperverletzung in den alten Bundesländern bzw. mit den divergierenden Werten in den neuen Bundesländern.
Naheliegen würde eine im Unterschied zu anderen Straftaten tatsächlich entsprechend gleiche Belastung. Allerdings ist kein Grund ersichtlich, warum die tatsächliche Belastung bei der schweren Körperverletzung im Hinblick auf die Divergenzen zwischen den Bundesländern von denen der Straftaten insgesamt abweichen sollte.
Möglich wäre aber ein vergleichbares Anzeigeverhalten in den alten und neuen Bundesländern im Gegensatz zu anderen Straftaten und insbesondere zur leichten Körperverletzung, so dass in den alten Bundesländern eine größere Anzeigebereitschaft bei gefährlicher Körperverletzung als bei leichter bestünde. Andererseits könnte die Belastung in den neuen Bundesländern auch tatsächlich größer sein, jedoch die Anzeigebereitschaft geringer.

Worauf die Besonderheit letztlich beruht, kann nicht abschließend geklärt werden. Wahrscheinlich erscheint jedoch, dass die Bevölkerung in den alten Bundesländern bei schwerer Körperverletzung schneller Anzeige erstattet als bei anderen Delikten, da sonst kaum die geringen Differenzen zwischen der Belastung bei leichter und bei schwerer Körperverletzung in diesen Bundesländern zu erklären wären. Das tatsächliche Auftreten vergleichbar vieler leichter und schwerer Körperverletzungen ist kaum anzunehmen.

Einen Ausschlag hierfür geben möglicherweise die zahlreichen Medienberichte über gewalttätige Kinder, die das Anzeigeverhalten beeinflussen und dazu führen, dass die Bevölkerung der alten Bundesländer bei Gewaltdelikten im Gegensatz zu anderen Straftaten auch gegenüber Kindern kein Nachsehen hat. Die unterschiedlich hohe Belastung von Erwachsenen bei leichter und schwerer Körperverletzung auch in den alten Bundesländern unterstützt die Vermutung. Bei dieser Altersgruppe wie bei den Jungerwachsenen besteht auch bei der leichten Körperverletzung nur eine äußerst geringe Bereitschaft zur Nachsicht, weshalb das Anzeigeverhalten bei dieser Altersgruppe bezüglich leichter und schwerer Körperverletzung eher vergleichbar ist. Zudem ergeben sich gerade bei den weiblichen Kindern nur geringe Unterschiede in den alten Bundesländern zwischen der Belastung bei leichter und schwerer Körperverletzung. Dies dürfte nicht der Realität entsprechen, sondern lässt ebenfalls vermuten, es komme bei ersterer seltener zu einer Anzeige.

Erstaunen mag die Tatsache, dass sich als Opfer der insgesamt gesehen nur selten begangenen Gewaltdelikte von Kindern meist Familienmitglieder oder Freunde herausstellen[229]. Erschreckend wirken aber vor allem die Motive, die diesen Taten häufig zugrunde liegen. Als Ursachen kommen insbesondere zwischenmenschliche Spannungen und Versagungen in Betracht, die die Kinder über einen langen Zeitraum hin ertragen mussten. Liebe und Zuneigung wurde ihnen verwehrt, dagegen erfuhren sie körperliche und seelische Vernachlässigung und Misshandlung sowie eine nur unzureichende Betreuung durch die Eltern.

Gewaltdelikte von Kindern sollten – auch wenn sie nur relativ selten geschehen – nicht nur wegen dieser Ursachen keineswegs verharmlost werden.
Zwar handelt es sich bei 99 % kindlicher Gewalttaten um Raubtaten oder Fälle der gefährlichen bzw. schweren Körperverletzung, weshalb nicht unbedingt eine besondere Schädigung der Opfers vorliegen muss[230]. So führt beispielsweise nicht jede Benutzung eines Werkzeugs durch ein Kind (§ 224 Abs.1 Nr.2 StGB) zu einer erheblichen Verletzung. Bedeutung erlangt aber, dass entsprechende Straftaten überwiegend mehrere Delinquenten gemeinsam begehen[231]. Dies wirkt sich zwar auf den ersten Blick nicht auf die Tatverdächtigenzahlen der PKS aus, weil die PKS für das entsprechende Delikt jeden der Täter mitzählt, jedoch erweisen sich gemeinschaftlich begangene Straftaten kriminologisch gesehen als schwerwiegender. Zum einen besteht eine größere Wiederholungsgefahr, da es in der Regel ausreicht, wenn einer der Täter eine erneute Tat anstrebt, wobei sich die anderen dann häufig mitziehen lassen. Dies hat wiederum zur Folge, dass die PKS die Täter aufgrund der Echttäterzählung nur einmal zählt,

---

229 Schneider in: Jura, 1991, S. 346.
230 Hefendehl in: JZ, 2000, S. 601.
231 Landeskriminalamt, Baden-Württemberg, 1999 in: Weiß, 2000, S. 10.

sofern es sich, was oftmals der Fall sein wird, um „dieselbe“ Straftat handelt. Zum anderen erfolgen meist gravierendere Beeinträchtigungen von Rechtsgütern, d.h. Straftaten mehrerer ziehen häufig größere Schäden nach sich, wobei neben den materiellen Schäden auch die von den Opfern empfundene stärkere Bedrohung zu berücksichtigen ist. In diesem Zusammenhang muss auch bedacht werden, dass minderjährige Opfer insbesondere bei mehreren Tätern aus Angst vor Repressalien oftmals keine Anzeige erstatten, weshalb auch bei Gewaltdelikten ein beträchtliches Dunkelfeld existiert.
Beängstigend wirkt zusätzlich die Bewertung von Gewalt als legitime Erscheinung. So stellte das LKA fest: „Bei der Bearbeitung von Gewalttaten Minderjähriger wird erkennbar, dass die Anwendung von Gewalt zur Durchsetzung eigener Interessen zunehmend von vielen Kindern und Jugendlichen als völlig legitimes Mittel angesehen wird. Die Hemmschwelle, gewaltsam Konflikte auszutragen, scheint weiter gesunken zu sein.“[232]

Festzuhalten bleibt daher, dass bei Kindern Körperverletzungen insgesamt gesehen nach der PKS im Gegensatz zu anderen Straftaten zwar relativ selten vorkommen, wobei allerdings ein großes Dunkelfeld besteht. Die Tatverdächtigenzahlen bei Gewaltdelikten, denen unter anderem gefährliche, schwere Körperverletzung zuzuordnen ist, liegen besonders niedrig, jedoch sollte dies keinesfalls zu einer Verharmlosung der Gewaltkriminalität von Kindern führen.

Nicht zu unterschätzen sind auch **Sachbeschädigungen**. Der Anteil der bei Sachbeschädigungen registrierten Kinder an den insgesamt erfassten Kindern übertrifft zwar bereits den bei den Körperverletzungen, jedoch muss selbst hier noch von einem beträchtlichen Dunkelfeld ausgegangen werden. Dieses beruht allerdings nicht wie bei der Körperverletzung vor allem auf fehlender Anzeigeerstattung durch die Opfer, sondern auf nicht erfolgter Aufklärung. Anders als bei Gewaltdelikten kann die Tat „heimlich“ geschehen. Sie erfordert also kein Gegen-übertreten von Täter und Opfer, was die Aufklärung erschwert. Zwar fehlt Kindern teilweise noch die Geschicklichkeit, Straftaten zu verbergen, jedoch erscheint es bei Sachbeschädigungen durchaus möglich, ohne größeren Aufwand einer Entdeckung zu entgehen. Aufgrund dessen ist auch bei Kindern ein großes Dunkelfeld anzunehmen.
Die Gründe für die Begehung von Sachbeschädigungen entsprechen zum Teil denen des Diebstahls. Zum einen bieten sich zahlreiche Gelegenheiten, gerade auch an „langweiligen Nachmittagen“, zum anderen bedürfen Sachbeschädigungen keiner ausgiebigen Planung und Vorbereitung.

Waren immerhin 14,7 % der bei Sachbeschädigungen Tatverdächtigen Kinder, lässt sich diese Tatsache wohl damit erklären, dass Kinder mit Straftaten im Gegensatz zu anderen Altersgruppen nicht unbedingt konkrete Ziele im Auge ha-

[232] Landeskriminalamt, Baden-Württemberg, 1999 in: Weiß, 2000, S. 10.

ben, sondern sie häufig Langeweile und „Tatendrang“ in ihrer Freizeit entspringen.
Hiermit in Zusammenhang stehen auch die beträchtlichen Differenzen zwischen den Geschlechtern sowohl hinsichtlich des Anteils an den insgesamt bei Sachbeschädigungen Tatverdächtigen, der bei Kindern männlichen Geschlechts 12,7 % und bei Kindern weiblichen Geschlechts 2,0 % beträgt, als auch im Hinblick auf die bei Sachbeschädigungen tatverdächtigen Kinder im Vergleich zu den anderen „Straftaten“, denn 21,5 % der männlichen tatverdächtigen Kinder sind bei Sachbeschädigungen tatverdächtig, aber nur 8,5 % der weiblichen.
Eine Rolle spielen hier vor allem das bereits erläuterte unterschiedliche Freizeitverhalten, die damit verbundenen Gelegenheiten und zusätzlich die in der Regel größere Aggressivität von Jungen.
Die bei der Sachbeschädigung höheren Tatverdächtigenbelastungszahlen von Kindern im Vergleich zu Erwachsenen beruhen auf der Tatsache, dass Erwachsene Risiko und Nutzen stärker gegeneinander abwägen. Kinder denken vor allem an den „Spaß“, verfolgen aber nicht notwendig weitergehende Ziele. Zudem begehen Kinder „Straftaten“ im Gegensatz zu Erwachsenen oft spontan und unüberlegt, was typisch für Sachbeschädigungen ist. Erwachsenen kommt es vor allem auf materiellen Gewinn an, der bei Sachbeschädigungen gerade ausbleibt.

Erwähnt sei auch, dass Sachbeschädigung die am häufigsten vorkommende Art von Vandalismus darstellt. Hierunter versteht man eine „vorsätzliche, zerstörerische, schädigende Handlung, die sinn- und zwecklos, nihilistisch und irrational erscheint oder deren Motiv von der Gesellschaft im Verhältnis zum angerichteten Schaden als trivial und absurd (uneinfühlbar) angesehen wird, die für den Täter jedoch durchaus Sinn haben kann“[233]. Unter Vandalismus fällt neben dem Beschädigen und Zerstören von Sachen der Angriff auf und die körperliche und seelische Verletzung von Menschen wie auch das scheinbar sinnlose Quälen und Töten von Tieren.
Das Problem bei Sachbeschädigungen besteht demnach vor allem darin, dass die Motivation für das Verhalten oftmals nicht nachvollziehbar ist, was sowohl die Prävention als auch eine angemessene Repression erschwert.

Am erstaunlichsten von den näher untersuchten „Straftaten“ der Kinder wirken wohl die Angaben in der PKS zur **Brandstiftung bzw. dem Herbeiführen einer Brandgefahr**, insbesondere die Tatsache, dass Kindern bei dieser Straftatgruppe die bedeutendste Rolle unter den Altersgruppen im Vergleich zu anderen Delikten zukommt, obwohl von den insgesamt tatverdächtigen Kindern nur wenige bei Brandstiftungsdelikten erscheinen (vgl. S. 70). Allerdings erlangt die Brandstiftung bei Kindern größere Bedeutung als bei anderen Altersgruppen, was vor allem die höheren Tatverdächtigenbelastungszahlen der Kinder zeigen.

[233] Schneider, 1987, S. 621.

Zum einen resultiert dies aus der von Feuer ausgehenden Faszination[234]. Zwar erreicht Feuer auch bei anderen Altersgruppen eine entsprechende Wirkung, jedoch sind sich diese eher der Gefahren bewusst. Während die Faszination Kinder „überwältigt“, bedenken ältere die mit dem Feuer verbundenen Risiken. Hinzu kommt, dass Kinder das Spiel mit dem Feuer suchen, d.h. Spaß am „zündeln“ haben, und sie das verbotene Spiel mit dem Feuer reizt. Den Gefahren, die Feuer generell mit sich bringt, sind sie aber oft nicht gewachsen, was zu einer Brandgefahr oder sogar einem Inbrandsetzen führt.

Diese Ursachen für Brandstiftungen stellen bei Kindern allerdings nichts Außergewöhnliches dar. Kindliche Brandstifter weichen im Gegensatz zu kindlichen Tätern anderer Straftaten in keiner Hinsicht von der Normalität ab[235]. Sie weisen weder besondere Persönlichkeitszüge auf, noch erfuhren sie von Personen ihres sozialen Nahraums negative Beeinflussung. Sie sind vielmehr psychisch gesund. Aufgrund dessen erweisen sich Brandstiftungen von Kindern in der Regel nicht als Signale krimineller Neigungen, sondern entspringen meist „phasentypischen Seinsbefindlichkeiten und Aktivitäten der Altersstufe“[236]. Diese Feststellung wurde zwar bereits 1978 getroffen, jedoch dürfte heute nichts anderes gelten, was sich auch daraus ergibt, dass normalerweise keine Rückfälligkeit auftritt. Zeigen Kinder bei Brandlegung oft Reaktionen wie Flucht, Angst, Reue und Schuldgefühle, weist dies ebenfalls darauf hin, dass es sich um Unbesonnenheits- und Impulsverhalten handelt[237].
Teilweise hält man allerdings eine intellektuelle Minderbegabung für mitursächlich[238]. Das vorausschauende Denk- und Urteilsvermögen der Kinder und die Fähigkeit zur Abschätzung der Gefahr und zur Steuerung von Triebimpulsen sei nur begrenzt vorhanden. Diesbezüglich ist aber wohl zwischen den Altersstufen zu unterscheiden, so dass die Annahme limitierter Fähigkeiten bei älteren kindlichen Brandstiftern zutreffen mag, bei noch sehr jungen dagegen nicht, da Kinder vor allem in Spielsituationen Gefahren generell erst ab einem gewissen Alter abschätzen können.

Nach alldem erscheinen Brandlegungen durch Kinder nicht als ein im engeren Sinn kriminalistisches Phänomen. Brandstiftungen bedeuten dennoch insbesondere aufgrund der meist damit verbundenen beträchtlichen Schäden und zudem unter pädagogischen Gesichtspunkten ein nicht zu vernachlässigendes Problem.

Betrachtet man die **Raubdelikte** näher, fällt vor allem der erheblich niedrigere Anteil der weiblichen Kinder als der männlichen an den Tatverdächtigen insgesamt auf (vgl. S. 72). Zwar stellen Raubdelikte Vermögensstraftaten dar, jedoch

---

[234] Elster, Lingemann, 1998, S. 472; Schneider, 1987, S. 613.
[235] Dauner, 1980, S. 41.
[236] Stutte, Dauner in: MschrKrim, 1978, S. 328.
[237] So auch: Stutte, Dauner in: MschrKrim, 1978, S. 334.
[238] Stutte, Dauner in: MschrKrim, 1978, S. 332.

sind sie kriminologisch gesehen aufgrund der Gewaltausübung oder zumindest Drohung mit gegenwärtiger Gefahr für Leib oder Leben mit Körperverletzungen vergleichbar. Da diese bei Mädchen eine bedeutend geringere Rolle spielen als bei Jungen, überrascht es nicht, dass sich die Anteile bei den Raubdelikten ebenfalls erheblich unterscheiden.
Wie die im Vergleich zu anderen Delikten verhältnismäßig niedrigen Tatverdächtigenbelastungszahlen zeigen, handelt es sich insgesamt, wie bei den Gewaltdelikten generell, um keine typische „Straftat" von Kindern. Hinzu kommt, dass die von Kindern verursachten Schäden bei Raubdelikten gering sind. So lagen sie 1996 zu 51,6 % unter 25,- DM[239]. Bei Jugendlichen entstanden bereits zu 46,6 % Schäden von über 100,- DM, bei Heranwachsenden sogar zu 63,4 %[240].
Die Analyse einer Längsschnittstudie ergab, dass insbesondere schwere Gewaltkriminalität in Form von Tötungsdelikten, Vergewaltigung und Raub nicht nur im Kindes-, sondern auch im Jugend- und Heranwachsendenalter immer noch eine Ausnahme darstellt[241]. Begehen 8- bis unter 14jährige aber Gewaltdelikte, erfolgen zu 99 % Raubtaten oder Fälle der gefährlichen bzw. schweren Körperverletzung[242]. Anzunehmen ist aber, dass fast alle Strafunmündigen, die eine Raubtat ausüben, vorher schon andere Straftaten begangen haben, wobei vor allem Diebstahl und Körperverletzung in Frage kommen.
Obwohl Strafunmündige nur selten als Tatverdächtige in Erscheinung treten, sollte diese Tatsache jedenfalls, wie im Rahmen der Analyse der Körperverletzung erläutert (vgl. S. 100), aufgrund der Besonderheiten der Gewaltdelikte nicht zu einer Verharmlosung der Raubdelikte führen.

Ein Vergleich der Altersgruppen bei **anderen Straftatengruppen** zeigt, dass bestimmte Delikte bei Kindern nur geringe Bedeutung erlangen, bei Jugendlichen und älteren dagegen durchaus eine Rolle spielen. Dies beruht zum einen auf den fehlenden Gelegenheiten und Fähigkeiten der Kinder zu diesen Straftaten. Zum anderen hängt es mit den Motiven zusammen, aus denen heraus Kinder delinquent werden. Sofern sich für einen Strafunmündigen überhaupt eine Gelegenheit bietet, sind bestimmte Delikte in der Regel nicht spontan durchführbar, sondern bedürfen der Vorbereitung und Planung. Kinder planen Straftaten aber nicht lange, sondern begehen sie unverzüglich, insbesondere zum „Zeitvertreib".
Aufgrund dessen haben entsprechende Delikte bei Kindern keine Bedeutung.
Dies führt auch dazu, dass das Spektrum der von Kindern begangenen Straftatengruppen insgesamt von bedeutend kleinerem Ausmaß ist als das der anderen Altersgruppen.

---

239 Pfeiffer, Wetzels in: DVJJ-Journal, 1997, S. 348.
240 Pfeiffer, Wetzels in: DVJJ-Journal, 1997, S. 348.
241 H.-J. Albrecht in: Bundesministerium der Justiz, 3.Kölner Symposium, 1995, S. 171.
242 Hefendehl in: JZ, 2000, S. 601; Pfeiffer, Delzer, Enzmann, Wetzels, 1998, S. 12.

ff) Differenzierung nach Bevölkerungsschichten

Die PKS enthält keine Angaben zur Delinquenz unter Berücksichtigung der verschiedenen sozialen Schichten. Wohl vor allem deshalb gehen die Ansichten zu der Frage, ob die Delinquenzbelastung in den verschiedenen sozialen Schichten voneinander abweicht, weit auseinander.
Einigkeit besteht insofern, als in allen Bevölkerungsschichten Delinquenz und auch Kinderdelinquenz vorkommt[243]. Des weiteren wird im allgemeinen davon ausgegangen, bei Tätern der Unterschicht erfolgten häufiger Anzeigen[244]. Den Grund hierfür sieht man in der härteren und unnachsichtigeren Einstellung der Unterschicht zur Delinquenz und zudem in der Tatsache, dass diese nicht im selben Maß über Selbsterziehungsmöglichkeiten verfügt wie höhere soziale Schichten[245]. Allerdings erklärt dies lediglich eine verstärkte Anzeigebereitschaft durch Unterschichtangehörige. Das würde wiederum bedeuten, dass auch die Opfer der Unterschicht angehören, da in der Regel der direkt Betroffene Anzeige erstattet bzw. bei kindlichen Opfern die Eltern. Somit bedarf es zuallererst der Klärung, ob sich Straftaten generell gegen Personen derselben Schicht richten.

Wie bereits dargestellt, kommt im Rahmen der Kinderdelinquenz Ladendiebstählen eine bedeutende Rolle zu. Opfer ist in diesem Fall der Ladeninhaber, der keinesfalls derselben Schicht zuzuordnen sein muss. Die These über die unnachsichtigere Einstellung zur Delinquenz und die geringeren Selbsterziehungsmöglichkeiten greift hier folglich nicht. Das Opfer entscheidet sich grundsätzlich bereits für oder gegen eine Anzeige, bevor es Kenntnisse über die Schichtzugehörigkeit erlangt.
Die von Kindern begangenen Körperverletzungen richten sich normalerweise gegen andere Kinder, insbesondere Schulkameraden. Diese gehören ebenfalls nicht unbedingt der selben Schicht an, womit sich die Einstellung zur Delinquenz und die Erziehungsmöglichkeiten auch hier nicht auswirken. Dennoch erscheint es denkbar, dass für die Eltern des Opfers, die regelmäßig über eine Anzeige entscheiden, die Schichtzugehörigkeit der Familie des Täters eine Rolle spielt. Häufig geht es um den Ersatz eines möglicherweise entstandenen Schadens. Hierfür würden viele mit Eltern eines Täters beispielsweise aus der Mittelschicht eher das Gespräch suchen als mit solchen aus der Unterschicht.

Im Rahmen der Kinderdelinquenz beruht eine erhöhte Anzeigebereitschaft bei Unterschichtangehörigen somit nicht auf einer härteren und unnachsichtigeren Einstellung der Unterschicht zur Delinquenz und der Tatsache, dass diese nicht im selben Maß über Selbsterziehungsmöglichkeiten verfügt wie höhere soziale

---

[243] Elster, Lingemann, 1998, S. 470; Schneider in: Jura, 1991, S. 344.
[244] Elster, Lingemann, 1998, S. 470; Kluge, von Randow, 1979, S. 23; Schneider in: Jura, 1991, S. 344; Lamnek in: Schüler-Springorum, 1983, S. 35.
[245] Elster, Lingemann, 1998, S. 470.

Schichten, da die Opfer häufig nicht aus derselben Schicht kommen. Allerdings muss dennoch angenommen werden, für Opfer aus anderen sozialen Schichten erlange die Schichtzugehörigkeit des Täters Bedeutung.

Ob aber tatsächlich ein schichtspezifisches Ausmaß der Kinderdelinquenz besteht, d.h. unabhängig von der Anzeigeerstattung, ist äußerst umstritten. Teilweise geht man davon aus, Kinder der sozial und wirtschaftlich niedrigeren Bevölkerungsschicht begingen zahlreichere und vor allem schwerere Straftaten, was auch Studien bestätigen[246]. Andererseits denkt man, dass Kinder aus den unteren Sozialschichten zwar hinsichtlich der polizeilich registrierten Delinquenz überwiegen, tatsächlich aber keine Überrepräsentation der Kinder der unteren sozialen Schichten besteht, wofür es ebenfalls verdeutlichende Dunkelfeldforschungen gibt[247].
In den USA wurde bezogen auf Jugendliche festgestellt, dass sich Jugendliche der Unterschicht zu „Begegnungen" mit der Polizei seltener äußerten und zudem zu höheren Werten auf den „Lügenskalen" tendierten als Jugendliche der Mittelschicht, was zu einer Überzeichnung der Delinquenz der Mittelschicht führt[248].

Aufgrund dieser unterschiedlichen Befunde erscheint es hilfreich, sich darüber Klarheit zu verschaffen, ob bzw. wie ein Zusammenhang erklärt werden könnte. Zum einen existiert ein Zusammenhang zwischen geringem Schulerfolg und Delinquenzverhalten[249]. Kinder aus unteren sozialen Schichten haben häufig größere sprachliche Schwierigkeiten, die sich auf Schulleistungen auswirken. Zudem benötigt das Kind insbesondere in den ersten Klassen die Hilfe der Eltern. Gerade eingeschulte Kinder sind in der Regel noch nicht in der Lage, die nötige Disziplin bei Hausaufgaben aufzubringen, so dass sie der Aufforderung und Kontrolle bedürfen. Auch besteht in der Schule nicht die Möglichkeit, auf Verständnisschwierigkeiten jedes einzelnen Kindes einzugehen, zumal der Lehrkörper von diesen oft gar keine Kenntnis hat, was oftmals Nachhilfe zu hause notwendig macht. Dies erfordert neben der Tatsache, dass die häusliche Mithilfe den Eltern bekannt ist und sie hierzu die Fähigkeit besitzen, vor allem auch Zeit. Gerade an letzterer fehlt es bei niedrigeren sozialen Schichten aber meist, da beide Elternteile aufgrund ihrer finanziellen Lage arbeiten müssen, und auch kein anderer die Aufgabe übernimmt, mit dem Kind zu üben. Eine Rolle spielt zudem, dass kindlicher Ehrgeiz durch Bestätigung und Lob geweckt wird. Daran mangelt es aber wiederum, sofern die Kenntnisse und Fortschritte des Kindes an den Eltern „vorüber gehen". Die Kinder fallen demgemäss leistungs-

---

246 Holtfreter in: Recht der Jugend und des Bildungswesens, 1974, S. 339; Schneider in: Jura, 1991, S. 344; Pongratz, Schäfer, Jürgensen, Weiße, 1975, S. 61; Remschmidt in: Praxis der Kinderpsychologie und Kinderpsychiatrie, 1978, S. 31; Walter, Merschmann, Höhner in: MschrKrim, 1975, S. 344.
247 Feest in: Kaiser, Kerner, Sack, Schellhoss, 1993, S. 212.
248 Loll, 1990, S. 132.
249 Kluge, von Randow, 1979, S. 50.

mäßig zurück, was wiederum zur Folge hat, dass sie versuchen, den Problemen durch „Schuleschwänzen“ zu entgehen. Dadurch verschlechtern sich die Leistungen noch weiter, wodurch die Kinder in einen „Teufelskreis“ gelangen. Da sie in der Schule keine Erfolge erleben, streben sie „Augenblicksbefriedigungen“ an, die sie durch delinquente Verhaltensweisen erreichen[250].

Des weiteren geht man davon aus, dass in der Schule neben die negativen sozialpsychologischen Faktoren Selektionsprozesse treten, welche die Kinder in „delinquente Rollen“ drängen[251]. Zwischen der „unterschichtspezifischen familiären Sozialisation und der weitgehend mittelschichtspezifischen schulischen Sozialisation“ bestehe eine Diskrepanz, die zu Stigmatisierungsprozessen durch die Lehrpersonen führe, woraus „delinquente Selbstbilder“ der Schüler resultieren würden und möglicherweise die Übernahme delinquenter Rollen[252]. Eine „mittelschichtspezifische schulische Sozialisation“ bedeutet, dass in der Schule „abstrakt leistungsbestimmte Wert- und Verhaltensstandards“ gelten, die die in der unterschichtspezifischen familiären Sozialisation entwickelten Bedürfnisstrukturen aber nicht befriedigen[253]. Vereinfacht gesagt, ist das Sanktions- und Belohnungssystem der Schule Kindern aus niedrigeren sozialen Schichten besonders fremd. Die Diskrepanz zwischen den unterschiedlichen Sozialisationen hat eine Entfremdung dieser Kinder von ihrer Familie zur Folge, sofern sie sich mit den schulischen Wert- und Verhaltensstandards identifizieren. Die sich widersprechenden Erwartungen, die nicht erfüllt werden können, führten dann dazu, dass die Schüler durch „auffälliges“ oder „abweichendes“ Verhalten versuchten, die Aufmerksamkeit der Lehrer und Mitschüler auf sich zu ziehen[254]. Meines Erachtens erscheint es äußerst fraglich, ob diese Anfang der 1970er Jahre aufgestellte These der unterschiedlichen Sozialisation heute noch zutrifft. Die gesamte Gesellschaft und damit die Erziehung wurde „lernorientierter“, was bedeuten soll, dass auch in den unteren sozialen Schichten leistungsbestimmte Wert- und Verhaltensstandards gelten. Diese beeinflussen die Erziehung wohl in allen Schichten, wenn auch in unterschiedlicher Ausprägung und Relevanz.

Die Schulprobleme der Kinder aus niedrigeren Schichten sind meiner Ansicht nach daher in erster Linie auf fehlende Zeit und nicht vorhandene Fähigkeiten zum Erkennen der Notwendigkeit und der Durchführung der häuslichen Mithilfe zurückzuführen. Die delinquenzfördernden Faktoren, die im Rahmen der Schule Bedeutung erlangen können, wie sprachliche Schwierigkeiten, mangelnde häusliche Hilfe, Misserfolge und Niederlagen in der Schule, „Schuleschwänzen“ und

---

[250] Matthes in: Jugendschutz, 1973, S. 174.
[251] Kluge, von Randow, 1979, S. 51.
[252] Brusten, Hurrelmann, 1973, S. 160.
[253] Brusten, Hurrelmann, 1973, S. 21.
[254] Brusten, Hurrelmann, 1973, S. 21.

fehlender Ansporn zur Leistung[255], treten bei Kindern aus unteren sozialen Schichten gerade vermehrt auf.

Als weitere Ursache für die häufigere Verübung zumal schwererer Delikte durch Unterschichtkinder erweisen sich falsche Erziehungspraktiken, wie beispielsweise die Anwendung körperlicher Strafen[256]. Hinzu kommt, dass es Unterschichtfamilien aufgrund ihrer geringeren sozioökonomischen Mittel oft an sozialen Bindungen mangelt und keine Ausrichtung auf sozialkonforme Werte erfolgt. Vor allem setzen Eltern bei der Erziehung in geringerem Ausmaß Argumentation und Überzeugungskraft ein, so dass die Kinder nicht gelernt haben, Konflikte sozialkonform zu lösen. Gerade letzteres spielt meiner Ansicht nach eine große Rolle, da dies wiederum mit nicht ausreichend vorhandener Zeit in Zusammenhang steht. Körperliche Sanktionen erfordern weniger Zeit, in der Regel auch weniger „Nerven“ und scheinen das Problem schneller zu „lösen“ als Argumentation. Gerade bei Zeitmangel wird der scheinbar schnellste Weg gewählt, wodurch für die Kinder keine Möglichkeit besteht, andere Arten der Problembewältigung zu erlernen. Hinzu kommt insbesondere, dass „schnelle Lösungen“ für diese Kinder als normal und in Ordnung gelten, da sie es selbst nicht anders erfuhren. Ähnliches bestätigt auch eine Studie hinsichtlich Risikofaktoren für Gewalt an Schulen, die ergab, dass ein restriktiver Erziehungsstil der Eltern, der vor allem in einfachen sozialen Schichten Anwendung findet, einen dominierenden Faktor sowohl für psychische als auch für physische Gewalt darstellt[257]. Dieser Erziehungsstil äußert sich auch in Bezug auf den Medienkonsum. So wurde festgestellt, dass Kinder in einfachen sozialen Schichten häufiger Video- und Fernsehgeräte besitzen und man vor allem Konflikte bzgl. des Konsumverhaltens verstärkt mit „restriktiven“ Verboten löst[258]. Gerade der restriktive Umgang mit Konflikten erweist sich aber als gewaltbegünstigend.

Daneben bestimmen gewisse Familienkonstellationen – die wiederum von sozialen Bedingungen abhängen – die Entwicklung der Unterschichtkinder mit[259]. Die Herkunft aus der Unterschicht und die Erziehung in zerrütteten Familienverhältnissen wirkt sich auf die psychische Gesamtverfassung aus, wobei eine beeinträchtigte psychische Verfassung für Delinquente gerade charakteristisch ist.
Fraglich bleibt allerdings, ob sich entsprechende Faktoren tatsächlich schon im Kindesalter bemerkbar machen oder ob sie nicht die Entwicklung beeinflussen und Auswirkungen auf das spätere Verhalten haben. Letzteres liegt nahe, da ein breites empirisches Forschungsmaterial die These stützt, „dass Jugendkriminalität in ihren schweren und dauerhaften Formen in der Unterschicht lokalisiert

[255] Kluge, von Randow, 1979, S. 52.
[256] Elster, Lingemann, 1998, S. 480.
[257] Meier, Tillmann in: Praxis der Kinderpsychologie und Kinderpsychiatrie, 2000, S. 42.
[258] Meier, Tillmann in: Praxis der Kinderpsychologie und Kinderpsychiatrie, 2000, S. 43.
[259] Deimling, Lenzen, 1974, S. 69.

ist"[260], dass aber Sozialisationsprozesse von Unterschichtkindern auch anders verlaufen können[261]. Demnach beziehen sich Untersuchungen wohl nur auf die Einflüsse bestimmter Familienkonstellationen auf die Entwicklung der Unterschichtkinder und die spätere Kriminalität.
Ein Zusammenhang zwischen unterer sozialer Schicht, geringem Schulerfolg und Delinquenzverhalten und zudem zwischen schichtspezifischen Erziehungspraktiken und Delinquenz erscheint aber in jedem Fall plausibel.

Einigkeit besteht insofern, als bei Mehrfachtätern die untersten Sozialschichten deutlich überwiegen[262]. Zudem wird von grundsätzlich deliktspezifischen Unterschieden ausgegangen[263], wobei sich aber die Frage stellt, ob dies auch auf Kinderdelinquenz zutrifft. Aufgrund des entscheidenden Faktors der Erziehung ist jedoch anzunehmen, dass Unterschichtkinder gerade zu Gewaltdelikten neigen, weshalb jene diesbezüglich höher belastet sein könnten. Im Bereich der Eigentumsdelikte wäre ebenfalls an eine solche Erklärung zu denken, da Kindern aus niedrigeren sozialen Schichten häufiger die nötigen Mittel fehlen, um sich ihre Wünsche zu erfüllen. Darüber, ob Armut Delinquenz fördert, existiert zwar keine Einigkeit, Relevanz erlangen jedoch in jedem Fall Disparitäten[264]. So ergaben Studien, dass die Kriminalitätsraten mit zunehmenden ökonomischen Disparitäten in Städten oder Stadtteilen stiegen[265]. Auch Kinder sind sich entsprechender Unterschiede bewusst. Allerdings spielt bei ihnen im Bereich der Eigentumsdelikte vor allem Diebstahl eine Rolle, den sie in der Regel aber spontan und aus Langeweile bzw. „Abenteuerlust" begehen. Der „Beute" kommt nur eine untergeordnete Bedeutung zu. Aufgrund dieser vor allem im Vergleich zu Erwachsenenkriminalität andersartigen Motivation ist bei Eigentumsdelikten nicht pauschal von einer Überrepräsentation der Unterschichtkinder auszugehen.
Im Ergebnis bleibt festzuhalten, dass aufgrund der in einigen Bereichen divergierenden Ergebnisse der Studien keine exakte Aussage über die Bedeutung der sozialen Schichtzugehörigkeit getroffen werden kann. Meines Erachtens scheint jedoch – wie zahlreiche Untersuchungen bestätigen – kindliche Delinquenz in unteren sozialen Schichten weiter verbreitet zu sein[266]. Die extremen Schicht-Unterschiede, die sich aus den offiziellen Statistiken ergeben, entsprechen aber wohl nicht der Wirklichkeit, sondern beruhen vor allem auf der erhöhten Anzeigebereitschaft bei Tätern der niedrigeren sozialen Schichten.

---

260 Moser T., Jugendkriminalität und Gesellschaftsstruktur, Frankfurt, 1971, S. 346, zit. nach: Deimling, Lenzen, 1974, S. 69.
261 Deimling, Lenzen, 1974, S. 69.
262 Remschmidt in: Praxis der Kinderpsychologie und Kinderpsychiatrie, 1978, S. 31; Pongratz, Schäfer, Jürgensen, Weiße, 1975, S. 61.
263 Loll, 1990, S. 41.
264 So auch: Loll, 1990, S. 40; Pfeiffer in: DVJJ-Journal, 1996, S. 225.
265 Williams, Drake in: The Sociological Quarterly, 1980, S. 563.
266 So auch: Loll, 1990, S. 132; Kreuzer in: Zeitschrift für Pädagogik, 1983, S. 59; Walter, Merschmann, Höhner in: MschrKrim, 1975, S. 341.

c) Folgerungen aus den Ergebnissen einer Lehrerbefragung

Um einen Einblick in die Delinquenz von Kindern an Schulen, insbesondere im Hinblick auf das Dunkelfeld der Kinderdelinquenz, zu erhalten, erschien es mir sinnvoll, eine Befragung von Lehrern an Grundschulen und an weiterführenden Schulen, betreffend die Klassenstufen 5 und 6 durchzuführen. Zu diesem Zweck erstellte ich einen Fragebogen, der die Häufigkeit bestimmter sozial abweichender Verhaltensweisen betraf, die Art der Wahrnehmung des entsprechenden Verhaltens und letztendlich Allgemeines zu der befragten Person und der unterrichteten Klasse. Im einzelnen wurden Angaben erbeten, wie oft Beleidigung, Körperverletzung, Diebstahl, Sachbeschädigung, Bedrohung / Nötigung / Erpressung, Raub / Räuberische Erpressung, „Urkunden"fälschung, Brandstiftung und Handel mit Betäubungsmitteln in der Schule pro Schuljahr in einer bestimmten Klasse vorkommen, wobei eine nähere Erläuterung der genannten Straftatbestände erfolgte. Die Frage nach der Wahrnehmung des abweichenden Verhaltens betraf sowohl die Art der Wahrnehmung in Bezug auf eigene Beobachtung, Mitteilung durch das Opfer, den Täter, deren Mitschüler, andere Lehrer, Eltern des Opfers, des Täters oder deren Mitschüler, als auch den Zeitpunkt der Wahrnehmung unter Differenzierung nach den Kriterien „unmittelbar zum Zeitpunkt der Tat", „am nächsten Tag" oder „erst später". Die allgemeinen Fragen belangten das Geschlecht der befragten Person an, die Anzahl der aktiven Dienstjahre, das Alter der Kinder in der Klasse, die Größe der momentanen Klasse, die Anzahl der Ausländer, der hyperaktiven Kinder und das Tätergeschlecht.
Der verwendete Fragebogen findet sich im Anhang.

Die Untersuchung diente nicht als repräsentative Studie zur Delinquenz an Schulen. Vielmehr sollte sie Aufschluss über den Nutzen von Dunkelfelduntersuchungen geben und zum anderen über die (subjektive) Sichtweise von Lehrern bezüglich Kinderdelinquenz. Daneben erschien mir interessant, ob sich bereits anhand einiger Stichproben Unterschiede zwischen den Schulen zeigen. Aufgrund dessen wählte ich Schulen aus, die differenzierte Ergebnisse erwarten ließen. Darunter fielen beispielsweise eine Grundschule mit nur je einer Klasse pro Jahrgangsstufe in einem kleinen Dorf in Niedersachsen, zum anderen Grund- und Hauptschulen mit mehreren Klassen pro Jahrgangsstufe in Städten bzw. Stadtrandgemeinden, Grundschulen mit hohem Ausländeranteil, etwa in Gelsenkirchen (279.798 Einwohner, Nordrhein-Westfalen), Gymnasien in Iserlohn (102.211 Einwohner, Nordrhein-Westfalen) und in Duisburg (513.550 Einwohner, Nordrhein-Westfalen) sowie Sonderschulen.
Die Fragebögen ließ ich mit einer Erläuterung meines Anliegens dem Direktor der jeweiligen Schule zukommen, der sie an die Klassenlehrer der betroffenen Jahrgangsstufen verteilte.

Wie den beispielhaft im Anhang angeführten Tabellen zu entnehmen ist[267], ergaben sich wider Erwarten zwar – teilweise beträchtliche – Unterschiede zwischen den Antworten der einzelnen Lehrer innerhalb einer Schule, jedoch waren insgesamt gesehen keine Differenzen zwischen den Schulen festzustellen. So kamen beispielsweise Angaben von unter 10 Beleidigungen gegenüber Mitschülern pro Schuljahr bei vielen Schulen vor, andererseits von anderen Lehrern in denselben Schulen sehr hohe Zahlen (bis 10 000). Überraschend war, dass „Körperverletzungen", worunter auch bewusste körperliche Gewalt ohne Verletzung fiel, nach Ansicht der Lehrer generell selten geschehen. Auch Diebstahl und Sachbeschädigung treten nach den Antworten nur vereinzelt auf. Praktisch überhaupt keine Bedeutung erlangen Bedrohung, Raub, Brandstiftung und Handel mit Betäubungsmitteln. Nicht einmal im Hinblick auf „Urkunden"fälschungen, was das Fälschen einer Unterschrift bei Entschuldigungen, Verweisen oder Probearbeiten meinte, zeigte sich ein Unterschied zwischen Grundschulen und Gymnasien. In einigen Klassen kommt diesen bereits in der Grundschule Relevanz zu, dafür gibt es auch nicht wenige Klassen in Gymnasien, wo entsprechende Verhaltensweisen überhaupt nicht registriert wurden.
Insgesamt lässt sich festhalten: Nach den Angaben der Lehrer existiert Kinderdelinquenz in Schulen praktisch nicht. Zudem fiel auf, dass die Pädagogen im Fall von Vorkommnissen „Entschuldigungen" hinzufügten. Gab ein Lehrer beispielsweise eine große Zahl von Beleidigungen an, erfolgte der Zusatz, dies gehöre zum normalen Umgangston und sei nicht als Delinquenz zu werten. Bei einem Diebstahl wurde betont, es habe sich aber nur um eine geringwertige Sache gehandelt.
Die Ergebnisse erstaunen umso mehr, wenn man davon ausgeht, dass noch nie so viele Schüler mit Angst in die Schule gingen, „nicht nur weil sie Angst vor einer Prüfung haben, sondern weil sie Gewalttätigkeiten von Mitschülern befürchten, weil sie einem Erpressungsversuch aus dem Weg gehen wollen oder weil sie einen unangenehmen Gruppendruck nicht mehr ertragen können. Es gibt Schulen, wo bereits mehr als die Hälfte der Schüler „bewaffnet" in die Schule kommt, mit dem Vorwand, man könne sich nur gewaltsam wehren."[268]
Im Hinblick auf die Wahrnehmung des abweichenden Verhaltens ergab sich bei der Befragung, dass der Lehrer ein Vorkommnis entweder selbst beobachtete oder, noch häufiger, dass es durch eine Mitteilung des Opfers oder anderer Mitschüler bekannt wurde.
Die Zahl der Ausländer in einer Klasse wirkte sich in keiner Hinsicht aus.

Insgesamt lassen sich aus der Untersuchung demnach keine weiteren Erkenntnisse in Bezug auf die Verbreitung der Kinderdelinquenz gewinnen, jedoch folgende Klarheiten, denen ebenfalls Bedeutung zukommt. Zum einen zeigte sich

[267] Für Schulen, bei denen höchstens zwei Lehrer den Fragebogen ausfüllten, wurde aufgrund mangelnder Vergleichbarkeit und damit praktisch nicht vorhandener Aussagekraft keine Tabelle erstellt.
[268] Weiß, 2000, S. 8.

die Schwierigkeit der Gewinnung von Feststellungen bezüglich des Dunkelfeldes. Die beträchtlich voneinander abweichenden Ergebnisse der einzelnen Lehrer an derselben Schule verdeutlichen, dass Befragungen sehr stark von der subjektiven Wahrnehmung abhängen und die gestellten Fragen eine unterschiedliche Interpretation erfahren.
Zum anderen legt die Studie aber die Sichtweise der Lehrer dar. Da kaum vorstellbar ist, dass tatsächlich keine Kinderdelinquenz an Schulen existiert, kommen verschiedene Ansätze in Betracht. Möglicherweise hatten Lehrer zwar Kenntnis von Taten, wollten sie jedoch nicht nennen, nahmen also absichtlich Verfälschungen vor. Ein diesbezügliches Motiv könnte darin liegen, die Schule „in ein gutes Licht zu rücken" oder die eigene Kompetenz im Hinblick auf den Umgang mit Kindern nicht in Frage zu stellen, da die Angaben die Klasse betrafen, in der der Lehrer als Klassenlehrer fungierte. Diese Erklärung dürfte jedoch eher nicht zutreffen, weil in der Befragung die Anonymität der Schule ausdrücklich zugesichert wurde, und man meines Wissens zumindest an den meisten Schulen auch darauf achtete, dass die Fragebögen nicht von anderen Lehrkräften einsehbar waren.
Wahrscheinlicher sind deshalb unbewusste Verfälschungen. Nach Untersuchungen ist Lehrern die Bedeutung des Begriffs der Kinderkriminalität sowie der Delinquenz zwar aus der Medienberichterstattung bewusst. Gleichwohl subsumieren sie das beobachtete Verhalten in der Schule aber nicht unter den Terminus[269]. Um dem aus dem Weg zu gehen, erschien die Frage nach einzelnen Verhaltensweisen hilfreich. Jedoch zeigte sich, dass unbewusste Verfälschungen auch bei detaillierten Fragestellungen auftreten. Die einzelnen sozial abweichenden Verhaltensweisen der Kinder werden als „normal" angesehen, wodurch sie schnell in Vergessenheit geraten oder davon ausgegangen wurde, entsprechendes Verhalten sei nicht relevant, „da es sich dabei ja um kein kriminelles Verhalten handelt", selbst wenn ein entsprechender Sachverhalt exakt zu der Frage passte.
Gerade diese Sichtweise stellt sich aber als problematisch dar. Sieht man ein Verhalten nicht als „kriminell" oder zumindest als sozial abweichend an, sondern als normal, ergeben sich keine Gründe, Maßnahmen gegen entsprechende Handlungsweisen zu ergreifen oder sich überhaupt Gedanken darüber zu machen. Zudem überträgt sich die daraus resultierende Gleichgültigkeit auf die Kinder, weshalb sie ihre „Methoden" ebenfalls als üblich einstufen, wodurch mit Sicherheit keine positiven Veränderungen erfolgen. Dass das Verhalten aber nicht unbedingt auf der jeweiligen Stufe stehen bleibt, sondern beispielsweise aus „Rangeleien" bewusst aggressives Verhalten werden kann, liegt auf der Hand.
Die Befragung führte demnach zwar zu keinen weiteren Erkenntnissen über das Verhalten der Kinder in der Schule, jedoch lässt sie Folgerungen dergestalt zu, dass Lehrer sozial abweichendes Verhalten von Kindern als normal und nicht als

---

[269] Pongratz, 2000, S. 107.

„kriminell“ ansehen und die Gewinnung von Einsichten in das Dunkelfeld äußerst schwierig ist. Damit müssen auch Dunkelfelduntersuchungen, insbesondere sofern es sich um keine tatsächlich repräsentativen handelt, mit Skepsis betrachtet werden.

d) Entwicklung in Deutschland

aa) Allgemeine Entwicklung

„Immer mehr Kinder auf der schiefen Bahn"[270], „Täter im Land werden immer jünger"[271], „Experten schlagen Alarm: Kinder immer brutaler"[272], diese und ähnliche Zitate erscheinen immer häufiger in den Medien. Die folgende Untersuchung bezieht sich auf die Fragen, ob die Delinquenz von Kindern tatsächlich zunahm, Täter „immer jünger werden" und Kinderdelinquenz „immer schlimmer wird".

Im Jahr 1998 wurden im Bundesgebiet insgesamt 6 456 996 Straftaten erfasst, im Jahr 1999 dagegen 6 302 316 [273]. Demnach lag ein Rückgang um 2,4 % vor, von 1999 auf 2000 (6 264 723 Straftaten) um 0,6 %. Im Jahr 2001 stiegen die Straftaten jedoch wieder auf 6 363 865 Fälle an und damit um 1,6 %[274]. Tatverdächtige registrierte man 1999 2 263 140 und damit 2,4 % weniger als 1998 (2 319 895), allerdings im Jahr 2000 2 286 372 und folglich 1,0 % mehr[275]. Im Jahr 2001 traten 2 280 611 Tatverdächtige auf, was eine Abnahme um 0,3 % bedeutet[276].
Bei dieser Betrachtungsweise stellt sich jedoch das Problem, dass sich der Vergleich nur auf sehr kurze Zeiträume bezieht. Da vorübergehende Schwankungen bestehen können, die aber keine tatsächlichen Entwicklungstendenzen wiedergeben, ist es sinnvoller, längere Zeiträume gegenüberzustellen. Zu denken wäre an einen 10-Jahres-Abschnitt, jedoch ergibt sich bei diesem die Schwierigkeit der Einbeziehung der neuen Bundesländer. Zwar betrifft die PKS seit 1991 die Bundesrepublik Deutschland inklusive der neuen Bundesländer, jedoch geht das Bundeskriminalamt davon aus, dass die Erfassung von Fällen für die Statistik in den neuen Bundesländern erst seit 1993 in einer vergleichbaren Art und Weise erfolgt wie im Westen[277]. Vorher fielen die PKS-Daten für die neuen Bundesländer wegen beträchtlicher Anlaufschwierigkeiten dagegen viel zu niedrig aus. Aussagekräftig erscheint daher die Entwicklung seit 1993.

Im Jahr 1993 wurden im Bundesgebiet insgesamt 6 750 613 Straftaten erfasst und 2 051 775 Tatverdächtige[278]. Demnach trat hinsichtlich der erfassten Fälle zwischen 1993 und 2001 ein Rückgang von 5,7 % ein, bei den Tatverdächtigen

---

[270] Die Welt vom 29.08.1995.
[271] Stuttgarter Zeitung vom 31.07.1996.
[272] Die Welt vom 07.09.1996.
[273] PKS Deutschland, 1999, S. 25.
[274] PKS Deutschland, 2001, S. 23.
[275] PKS Deutschland, 1998, 1999, 2000, jeweils S. 72.
[276] PKS Deutschland, 2001, S. 24.
[277] PKS Deutschland, 1993, S. 14.
[278] PKS Deutschland, 1993, S. 14, 71.

dagegen ein Anstieg von 11,2 %. Dies lässt sich lediglich damit erklären, dass Täter zunehmend in Gruppen agieren, so dass bei einer Straftat und folglich einem „Fall“ mehrere Täter erscheinen.
Tatverdächtige Kinder registrierte man 1993 88 276, d.h. 4,3 % der Tatverdächtigen hatten ein Alter von unter 14 Jahren[279]. 1999 waren bei 150 626 tatverdächtigen Kindern 6,7 % aller Tatverdächtigen strafunmündig und 2000 bei 145 834 6,4 %[280]. Im Jahr 2001 nahmen Kinder mit 143 045 Registrierungen einen Anteil von 6,3 % ein[281]. Von 1993 bis 1999 liegt damit eine Zunahme der als tatverdächtig erfassten Kinder von 70,6 % vor, von 1999 bis 2000 dagegen ein Rückgang von 3,2 % und 2001 von 1,9 %. Im Zeitraum von 1993 bis 2001 besteht ein Anstieg von 62,0 %.
Diese Werte stellen deutlich das Erfordernis dar, die Entwicklung sowohl in einem kurzen als auch über einen längeren Zeitraum hinweg zu betrachten, da so feststellbar ist, ob generelle Schwankungen auftreten oder sich eine stetige Tendenz zeigt. Aufgrund dessen erstreckt sich im folgenden der Vergleich sowohl auf 1999 und 2000 als auch auf 1993.

Eine Gegenüberstellung mit den Bevölkerungszahlen ergibt, dass 1993 in der Bundesrepublik 12 448 647 Personen unter 14 Jahre lebten, so dass Kinder 15,3 % der Bevölkerung ausmachten[282]. 1999 erschienen 11 995 156 Strafunmündige und damit 14,6 %, 2000 11 841 487 und folglich 14,4 %[283]. Der Anteil der Kinder an der Bevölkerung sank somit seit 1993, der an den Tatverdächtigen stieg dagegen bis 1999. Im Jahr 2000 erwiesen sich allerdings nur noch 6,4 % der Tatverdächtigen als strafunmündig und damit weniger als 1999, und 2001 sogar lediglich 6,3 %.
Die Bevölkerungszahlen zeigen des weiteren, dass 1993 nur 0,7 % der Kinder tatverdächtig waren, jedoch 1999 1,3 % und 2000 1,2 %. Geht man dagegen lediglich von den 6- bis unter 14jährigen aus, betrug der Anteil 1993 bei 7 171 346 sechs- bis unter 14jährigen in Deutschland 1,2 %, 1999 2,1 % (7 264 738 sechs- bis unter 14jährige) und 2000 2,0 % (7 123 903 sechs- bis unter 14jährige). Der Anteil der tatverdächtigen Kinder vergrößerte sich damit bis 1999, liegt aber auch im Jahr 2001 nur bei 1,2 % bzw. 2,0 % (vgl. S. 44).
Eine Unterteilung der Kinder nach Altersgruppen führt zu dem Ergebnis, dass 1993 56,1 % der tatverdächtigen Kinder ein Alter von 12 oder 13 Jahren hatten, 1999 58,3 % und 2000 59,3 %[284]. 10 bis 13 Jahre waren 1993 81,9 %, im Jahr 1999 84,3 und 2000 84,8 %. Die unter 10jährigen nehmen damit 1993 einen Anteil von 18,1 % ein, 1999 nur einen solchen von 15,7 % und 2000 von 15,2 %, die unter 8 Jahren sogar nur von 6,3 % im Jahr 1993 und 4,7 % im Jahr

279 PKS Deutschland, 1993, S. 71.
280 PKS Deutschland, 1999, 2000, jeweils S. 72.
281 PKS Deutschland, 2001, S. 72.
282 Vgl. Statistisches Jahrbuch, 1995, S. 60.
283 Vgl. Statistisches Jahrbuch, 2000, 2001, jeweils S. 58.
284 Vgl. PKS Deutschland, 1993, S. 71; PKS Deutschland, 1999, 2000, jeweils S. 72.

1999 bzw. 4,7 % im Jahr 2000. Der Anteil der 10- bis 13jährigen an den tatverdächtigen Kindern erhöhte sich folglich seit 1993, der der unter 10jährigen verringerte sich dagegen (vgl. auch S. 45).
Damit bestätigt die PKS die These, die Täter würden immer jünger, nicht. Allein eine steigende Kinderkriminalität rechtfertigt eine solche Annahme gerade nicht. Erforderlich ist vielmehr eine Verschiebung der Kriminalitätsbelastung zwischen den Altersgruppen, die sich aus der PKS, wie dargestellt, nicht ergibt[285]. Auch die Bundesregierung kommt in ihrem am 11.07.2001 vorgelegten Sicherheitsbericht zu dem Ergebnis, dass der Anstieg der Delinquenzbelastung der Kinder bundesweit für die älteren Kinder stärker ausgeprägt ist als für die jüngeren[286].

Altersstruktur der Tatverdächtigen

Altersgruppe	**Tatverdächtige 1993**	**Tatverdächtige 1999**	**Tatverdächtige 2000**	**Tatverdächtige 2001**
Kinder	**88 276**	**150 626**	**145 834**	**143 045**
Bis unter 6	1 746	1 698	1 664	1 866
6 bis unter 8	3 826	5 342	5 130	4 610
8 bis unter 10	10 417	16 533	15 436	14 083
10 bis unter 12	22 755	39 301	37 191	35 384
12 bis unter 14	49 532	87 752	86 413	87 102
Jugendliche	**207 944**	**296 781**	**294 467**	**298 983**
14 bis unter 16	93 252	140 446	139 495	142 870
16 bis unter 18	114 692	156 335	154 972	156 113
Heranwachsende	**208 040**	**240 109**	**247 586**	**246 713**
Erwachsene	**1 547 515**	**1 575 624**	**1 598 485**	**1 591 870**
Tatverdächtige insgesamt	**2 051 775**	**2 263 140**	**2 286 372**	**2 280 611**

Verteilung in % nach Altersgruppen

Altersgruppe	Verteilung in % **1993**	**Verteilung in % 1999**	**Verteilung in % 2000**	**Verteilung in % 2001**
Kinder	**4,3**	**6,7**	**6,4**	**6,3**
Bis unter 6	0,1	0,1	0,1	0,1
6 bis unter 8	0,2	0,2	0,2	0,2
8 bis unter 10	0,5	0,7	0,7	0,6
10 bis unter 12	1,1	1,7	1,6	1,6
12 bis unter 14	2,4	3,9	3,8	3,8
Jugendliche	**10,1**	**13,1**	**12,9**	**13,1**
14 bis unter 16	4,5	6,2	6,1	6,3
16 bis unter 18	5,6	6,9	6,8	6,8
Heranwachsende	**10,1**	**10,6**	**10,8**	**10,8**
Erwachsene	**75,4**	**69,6**	**69,9**	**69,8**
Tatverdächtige insgesamt	**100,0**	**100,0**	**100,0**	**100,0**

285 So auch Traulsen in: MschrKrim, 1997, S. 440.
286 Bundesministerium des Innern, Erster Periodischer Sicherheitsbericht, S. 518 aus: http://www.bmi.bund.de/dokumente/Artikel/ix_49371.htm.

Ein Vergleich der Tatverdächtigenbelastungszahlen ergibt, dass sie bei den deutschen Kindern von 1993 bis 1998 anwuchs, dann leicht zurückging und 2001 sich wieder etwas erhöhte. Während sie 1993 bei 1 325 lag, stieg sie bis 1998 auf 2 417 an und damit um 82,4 %. Im Jahr 1999 betrug der Wert 2 341, 2000 nur noch 2 274, aber 2001 2 292, so dass insgesamt von 1993 bis 2001 ein Anstieg von 73,0 % eintrat[287]. Bei allen anderen Altersgruppen vergrößerte sich die Tatverdächtigenbelastungszahl ebenfalls bis 1998 stetig, fiel von 1998 auf 1999 ab, erhöhte sich aber sowohl im Jahr 2000 als auch 2001 wieder, mit Ausnahme der Heranwachsenden, bei denen 2001 ein Rückgang zu verzeichnen ist.
Die deutlichen Differenzen zwischen den einzelnen Altersgruppen bei den Kindern blieben in den Jahren 1999, 2000 und 2001 in etwa gleich. Während die 8- bis unter 10jährigen Deutschen 1999 eine Tatverdächtigenbelastungszahl von 751 und 2000 von 727 aufwiesen, belief sich die der 10- bis unter 12jährigen auf 1 847 (1999) bzw. 1 756 (2000) und die der 12- bis unter 14jährigen im Jahr 1999 auf 4 479 und 2000 auf 4 273[288]. Die Belastung verringerte sich folglich bei allen Altersgruppen. Für das Jahr 1993 enthält die PKS entsprechende Kriminalitätsbelastungszahlen lediglich bezogen auf alle Tatverdächtigen, d.h. sowohl deutsche als auch nichtdeutsche. Auch hier zeigen sich beträchtliche Unterschiede zwischen den Altersgruppen. Die Kriminalitätsbelastungszahl der 8- bis unter 10jährigen liegt bei 600, die der 10- bis unter 12jährigen beträgt 1 272 und die der 12- bis unter 14jährigen 2 829[289]. Ein direkter Vergleich mit den anderen Jahren erscheint aufgrund der unterschiedlichen Bezugsgruppe allerdings nicht sinnvoll. Die PKS von 1999, 2000 und 2001 beinhaltet weder Tatverdächtigenbelastungszahlen der Nichtdeutschen noch der Deutschen und Nichtdeutschen zusammen.

Tatverdächtigenbelastungszahlen der Altersgruppen

Altersgruppe	**TVBZ (insgesamt) 1993**	**TVBZ (Deutsche) 1999**	**TVBZ (Deutsche) 2000**	**TVBZ (Deutsche) 2001**
Kinder	**1 568**	**2 341**	**2 274**	**2 292**
8 bis unter 10	600	751	727	718
10 bis unter 12	1 272	1 847	1 756	1 684
12 bis unter 14	2 829	4 479	4 273	4 260
Jugendliche	**6 279**	**7 226**	**7 258**	**7 416**
14 bis unter 16	5 563	7 155	7 147	7 227
16 bis unter 18	7 013	7 295	7 366	7 608
Heranwachsende	**7 836**	**7 243**	**7 476**	**7 440**
Erwachsene	**2 472**	**1 932**	**1 975**	**1 980**
Tatverdächtige insgesamt ab 8 Jahre	2 771	2 399	2 444	2 461

287 PKS Deutschland, 2001, S. 99.
288 PKS Deutschland, 1999, 2000, jeweils S. 97.
289 PKS Deutschland, 1993, S. 73.

Festzuhalten bleibt, dass im Vergleich zu 1993 eine beträchtlich höhere Zahl an Kindern als tatverdächtig registriert wurde, während sich aber seit 1998 (152 774 tatverdächtige Kinder[290]) wieder ein leichter Rückgang abzeichnet. Der Anteil der tatverdächtigen Kinder an den in Deutschland lebenden Kindern stieg von 1993 bis 1999, sank im Jahr 2000 und 2001 jedoch jeweils etwas. Die Tatverdächtigenbelastung der deutschen Kinder verstärkte sich von 1993 bis 1998, ging 1999 und 2000 zurück, erweist sich im Jahr 2001 allerdings wieder als erhöht.

bb) Differenzierung nach Geschlecht

Beträchtliche Unterschiede zwischen den Geschlechtern fielen auch in früheren Jahren auf.
Von den 1993 insgesamt 88 276 als tatverdächtig registrierten Kindern waren 67 368 männlich und somit 76,3 %[291]. 1999 nahmen 105 168 männliche Tatverdächtige bei 150 626 erfassten Kindern insgesamt einen Anteil von 69,8 % ein, 2000 103 497 Kinder männlichen Geschlechts einen solchen von 71,0 % (145 834 insgesamt)[292]. Im Jahr 2001 erscheinen von 143 045 als tatverdächtig registrierten Kindern 102 647 und somit 71,8 % männliche Kinder[293], so dass sich der Anteil der weiblichen Kinder zwar von 1993 bis 1999 erhöhte, jedoch sowohl im Jahr 2000 als auch im Jahr 2001 leicht verringerte.
Für die Kriminalität bezogen auf alle Altersgruppen gilt, dass sich der Anteil der weiblichen Tatverdächtigen an den Tatverdächtigen insgesamt bis 1998 vergrößerte, danach allerdings relativ konstant blieb. Rechnet man aber den Ladendiebstahl heraus, wird seit 1993 ein stetiger Anstieg des Tatverdächtigen-Anteils von Mädchen und Frauen erkennbar[294]. Demnach beruht die Abnahme des Anteils der weiblichen Tatverdächtigen auf dem Rückgang des Ladendiebstahls. Da seit 1998 auch weniger Kinder beim Ladendiebstahl registriert werden und, wie sich aus den Angaben zum Diebstahl ohne erschwerende Umstände ergibt, gerade auch weniger Mädchen (vgl. S. 132 ff), dürften diese Feststellungen auf Kinder ebenfalls zutreffen.
Ähnliches zeigt sich bei den einzelnen Altersgruppen mit folgenden Differenzen: Bei den bis unter 6jährigen waren 1993 78,8 % männlich, 1999 73,1 % und 2000 74,6 %[295]. Im Jahr 2001 betrug der Anteil 74,3 %[296]. Die 6- bis unter 8jährigen männlichen Geschlechts machten 1993 einen Anteil von 79,2 % aus, 1999 von 76,8 %, 2000 von 77,2 % und 2001 von 77,6 %. Bei den 8- bis unter

[290] PKS Deutschland, 1998, S. 72.
[291] PKS Deutschland, 1993, S. 71.
[292] PKS Deutschland, 1999, 2000, jeweils S. 72.
[293] PKS Deutschland, 2001, S. 72.
[294] http://www.bmi.bund.de/Annex/de 20088/Polizeiliche Kriminalstatistik als PDF-Download.pdf.
[295] PKS Deutschland, 1993, S. 71; PKS Deutschland, 1999, 2000, jeweils S. 72.
[296] PKS Deutschland, 2001, S. 72.

10jährigen hatten 1993 79,1 % männliches Geschlecht, 1999 77,4 %, 2000 78,3 % und 2001 78,8 %, bei den 10- bis unter 12jährigen 1993 77,7 %, 1999 72,7 %, 2000 74,1 % und 2001 75,2 % und bei den 12- bis unter 14jährigen 1993 74,8 %, 1999 66,6 %, 2000 67,9 % und 2001 68,9 %. Es ergeben sich demnach keine gravierenden Differenzen zwischen den Jahren. Auffallend ist lediglich, dass der Anteil der männlichen Kinder seit dem Jahr 2000 generell wieder leicht anwuchs.
Die Unterschiede zwischen dem Anteil der Jungen und dem der Mädchen erweisen sich auch in diesen Jahren bei den Jugendlichen, Heranwachsenden und Erwachsenen im Vergleich zu denen der Kinder als von noch größerem Ausmaß.

Vergleicht man die Veränderungen der Tatverdächtigen-Anzahl, zeigt sich bei den männlichen registrierten Kindern ein Anstieg zwischen 1993 und 2001 von 52,4 %, bei den weiblichen von 93,2 %. Zwischen 1993 und 1999 lag sogar ein Zuwachs von 56,1 % bei den Jungen und 117,4 % bei den Mädchen vor. Die Delinquenz der Mädchen stieg demnach beträchtlicher als die der Jungen. Zu berücksichtigen sind aber die viel niedrigeren Ausgangszahlen bei den Kindern weiblichen Geschlechts, so dass sich bereits aus diesem Grund höhere Steigerungsraten in Prozent ergeben. Im Hinblick auf die weibliche Jugenddelinquenz, die nicht nur schneller wächst als die männliche, sondern sich zudem in ihrer Struktur etwas mehr der männlichen angleicht, geht man davon aus, dass dies nicht auf die zunehmende Gleichberechtigung der Frau, sondern auf den tatsächlichen Wandel der Frauenrolle in der Gesellschaft zurückzuführen ist[297]. Allerdings bezieht sich diese Feststellung auf die Entwicklung seit den 1970er Jahren. Ob entsprechendes auch für den Anstieg der letzten Jahre und zudem für Kinderdelinquenz gilt, erscheint zwar fraglich, aber durchaus denkbar. Insbesondere kann angenommen werden, dass Mädchen immer mehr Freiräume erhalten, wodurch sich vermehrt Gelegenheiten zur Begehung von „Straftaten“ bieten.

[297] Schneider in: Jura, 1991, S. 347.

Alters- und Geschlechtsstruktur der Tatverdächtigen (Anzahl)

Altersgruppe	1993		1999		2000		2001	
	männlich	weiblich	männlich	weiblich	männlich	weiblich	männlich	weiblich
Kinder	**67 368**	**20 908**	**105 168**	**45 458**	**103 497**	**42 337**	**102 647**	**40 398**
Bis unter 6	1 375	371	1 241	457	1 242	422	1 386	480
6 bis unter 8	3 029	797	4 104	1 238	3 962	1 168	3 577	1 033
8 bis unter 10	8 241	2 176	12 791	3 742	12 088	3 348	11 092	2 991
10 bis unter 12	17 686	5 069	28 556	10 745	27 558	9 633	26 602	8 782
12 bis unter 14	37 037	12 495	58 476	29 276	58 647	27 766	59 990	27 112
Jugendliche	**164 454**	**43 490**	**222 007**	**74 774**	**220 328**	**74 139**	**225 061**	**73 922**
14 bis unter 16	71 456	21 796	99 293	41 153	98 773	40 722	102 038	40 832
16 bis unter 18	92 998	21 694	122 714	33 621	121 555	33 417	123 023	33 090
Heranwachs.	**173 917**	**34 123**	**195 649**	**44 460**	**200 835**	**46 751**	**199 523**	**47 190**
Erwachsene	**1 206 619**	**340 896**	**1 212 500**	**363 124**	**1 232 740**	**365 745**	**1 224 402**	**367 468**
Tatverdächtige insgesamt ab 8 Jahre	**1 612 358**	**439 417**	**1 735 324**	**527 816**	**1 757 400**	**528 972**	**1 751 633**	**528 978**

Alters- und Geschlechtsstruktur (Verteilung in %)

Altersgruppe	1993		1999		2000		2001	
	männlich	weiblich	männlich	weiblich	Männlich	weiblich	männlich	weiblich
Kinder	**76,3**	**23,7**	**69,8**	**30,2**	71,0	**29,0**	**71,8**	**28,2**
Bis unter 6	78,8	21,2	73,1	26,9	74,6	25,4	74,3	25,7
6 bis unter 8	79,2	20,8	76,8	23,2	77,2	22,8	77,6	22,4
8 bis unter 10	79,1	20,9	77,4	22,6	78,3	21,7	78,8	21,2
10 bis unter 12	77,7	22,3	72,7	27,3	74,1	25,9	75,2	24,8
12 bis unter 14	74,8	25,2	66,6	33,4	67,9	32,1	68,9	31,1
Jugendliche	**79,1**	**20,9**	**74,8**	**25,2**	**74,8**	**25,2**	**75,3**	**24,7**
14 bis unter 16	76,6	23,4	70,7	29,3	70,8	29,2	71,4	28,6
16 bis unter 18	81,1	18,9	78,5	21,5	78,4	21,6	78,8	21,2
Heranwachs.	**83,6**	**16,4**	**81,5**	**18,5**	**81,1**	**18,9**	**80,9**	**19,1**
Erwachsene	**78,0**	**22,0**	**77,0**	**23,0**	77,1	**22,9**	**76,9**	**23,1**
Tatverdächtige insgesamt ab 8 Jahre	**78,6**	**21,4**	**76,7**	**23,3**	**76,9**	**23,1**	**76,8**	**23,2**

Betrachtet man die Tatverdächtigenbelastungszahlen, wobei sich diese, abgesehen vom Jahr 1993, nur auf Deutsche beziehen, besteht bei den männlichen Kindern ab 8 Jahren 1993 eine Tatverdächtigenbelastungszahl von 2 327, 1999 von 3 147 und 2000 von 3 112, bei den weiblichen dagegen 1993 nur von 768, 1999 von 1 493 und 2000 von 1 392[298]. Die Belastung verstärkte sich somit sowohl bei den männlichen als auch bei den weiblichen Kindern von 1993 bis 1998, von 1998 bis 2000 verringerte sie sich. Im Jahr 2001 übertrifft die Tatverdächtigenbelastungszahl allerdings jeweils die des Jahres 2000.
Ein Vergleich der einzelnen Altersgruppen ergibt, dass die Tatverdächtigenbelastungszahl der männlichen 12- bis unter 14jährigen 1993 „nur“ 2,8 mal so hoch war wie die der weiblichen, die der 10- bis unter 12jährigen immerhin 3,3 mal und die der 8- bis unter 10jährigen sogar 3,6 mal so hoch. 1999 betrug

[298] PKS Deutschland, 1993, S. 73; PKS Deutschland, 1999, 2000, jeweils S. 97.

die Belastung der männlichen Tatverdächtigen 1,8 bzw. 2,5 bzw. 3,3 mal so viel wie die der weiblichen. 2000 fiel die Tatverdächtigenbelastungszahl bei den 12- bis unter 14jährigen 1,9 mal so hoch aus wie bei den weiblichen, bei den 10- bis unter 12jährigen 2,7 mal und bei den 8- bis unter 10jährigen 3,5 mal so hoch, so dass 1999 und 2000 die Differenzen im Verhältnis auch mit dem Jahr 2001 vergleichbar sind. 1993 bestanden jeweils größere Unterschiede bei den einzelnen Altersgruppen.

Tatverdächtigenbelastungszahlen nach Altersgruppen und Geschlecht

Altersgruppe	**TVBZ 1993**		**TVBZ 1999**		**TVBZ 2000**		**TVBZ 2001**	
	männlich	**weiblich**	**männlich**	**weiblich**	**männlich**	**weiblich**	**männlich**	**weiblich**
Kinder	**2 327**	**768**	**3 147**	**1 493**	**3 112**	**1 392**	**3 177**	**1 359**
8 bis unter 10	925	258	1 140	343	1 118	315	1 110	306
10 bis unter 12	1 928	582	2 610	1 042	2 542	929	2 469	858
12 bis unter 14	4 125	1 465	5 760	3 134	5 588	2 888	5 667	2 774
Jugendliche	**9 645**	**2 707**	**10 408**	**3 886**	**10 463**	**3 888**	**10 761**	**3 903**
14 bis unter 16	8 286	2 677	9 747	4 430	9 765	4 394	9 967	4 349
16 bis unter 18	11 036	2 737	11 054	3 355	11 148	3 391	11 566	3 449
Heranwachs.	**12 755**	**2 642**	**11 495**	**2 793**	**11 841**	**2 919**	**11 777**	**2 909**
Erwachsene	**4 040**	**1 041**	**3 087**	**891**	**3 163**	**901**	**3 162**	**908**
Tatverdächtige insgesamt ab 8 Jahre	**4 511**	**1 147**	**3 775**	**1 128**	**3 858**	**1 136**	**3 883**	**1 142**

Interessant erscheinen auch die Veränderungen der Anteile der Tatverdächtigen an der männlichen bzw. weiblichen Bevölkerung. 6 385 900 männliche Kinder in Deutschland führen 1993 zu einem Anteil der als tatverdächtig registrierten männlichen Kinder von 1,1 %[299]. 1,7 % wurden 1999 bei 6 156 800 Kindern männlichen Geschlechts erfasst[300]. Von den 6 077 210 männlichen Kindern erwiesen sich 2000 ebenfalls 1,7 % als tatverdächtig[301]. Der Anteil vergrößerte sich damit seit 1993 zwar, blieb jedoch seit 1998[302] konstant (im Jahr 1997 1,6 %[303], im Jahr 2001 1,7 %, vgl. S. 46).
Ähnliches zeigt sich, sofern man lediglich auf die 6- bis unter 14jährigen abstellt. 1993 waren von 3 679 000 männlichen 6- bis unter 14jährigen in Deutschland 1,8 % als tatverdächtige Kinder männlichen Geschlechts registriert, 1999 von 3 728 000 2,8 % und 2000 von 3 656 208 ebenfalls 2,8 %[304]. Bereits

---

299 Vgl. Statistisches Jahrbuch, 1995, S. 62; PKS Deutschland, 1993, S. 71.
300 Vgl. Statistisches Jahrbuch, 2001, S. 60; PKS Deutschland, 1999, S. 72.
301 Tabelle „A1 Personen insgesamt zum 31.12.2000“, persönlich erhalten vom Statistischen Bundesamt Wiesbaden; PKS Deutschland, 2000, S. 72.
302 Vgl. Statistisches Jahrbuch, 2000, S. 60; PKS Deutschland, 1998, S. 72.
303 Vgl. Statistisches Jahrbuch, 1999, S. 60; PKS Deutschland, 1997, S. 70.
304 Vgl. Statistisches Jahrbuch, 1995, S. 62; Statistisches Jahrbuch, 2001, S. 60; Tabelle „A1 Personen insgesamt zum 31.12.2000“, persönlich erhalten vom Statistischen Bundesamt Wiesbaden; PKS Deutschland, 1993, S. 71; PKS Deutschland, 1999, 2000, jeweils S. 72.

1998 erfasste die PKS 2,8 % der 6- bis unter 14 jährigen Deutschen[305] und auch im Jahr 2001 beträgt der Anteil 2,8 %.

Die Entwicklung bei den weiblichen Kindern entspricht in etwa der bei den männlichen. Bei 6 062 700 weiblichen Kindern in Deutschland kommt man 1993 zu einem Anteil der als tatverdächtig registrierten weiblichen Kinder von nur 0,3 %. 1999 besteht bei 5 838 400 Kindern weiblichen Geschlechts ein Anteil von 0,8 %, 2000 bei 5 764 277 von 0,7 % und 2001 ebenfalls von 0,7 %. Nimmt man auch hier lediglich auf die 6- bis unter 14jährigen Bezug, erschienen von 3 492 200 weiblichen 6- bis unter 14jährigen in Deutschland 1993 0,6 % als tatverdächtige Kinder weiblichen Geschlechts, 1999 von 3 536 700 weiblichen Kindern 1,3 %, 2000 1,2 % (3 467 695 weibliche Kinder) und 2001 wiederum 1,2 %.

Ein Vergleich der einzelnen Altersgruppen ergibt, dass die PKS 1993 lediglich 0,3 % der männlichen und 0,1 % der weiblichen 6- bis unter 8jährigen als tatverdächtig erfasste. Sowohl 1999 als auch 2000 waren dies 0,5 % der männlichen und 0,2 % der weiblichen Angehörigen der entsprechenden Population. Bei den 8- bis unter 10jährigen beläuft sich der Anteil 1993 für die Kinder männlichen Geschlechts auf 0,9 %, bei denen weiblichen Geschlechts auf 0,3 % und 1999 sowie 2000 für erstere auf 1,4 % und letztere auf 0,4 %. Die 10- bis unter 12jährigen registrierten männlichen Kinder nehmen 1993 einen Anteil von 1,9 % ein, die weiblichen von 0,6 %, 1999 erstere von 2,9 %, letztere von 1,2 % und 2000 die männlichen von 2,8 %, die weiblichen von 1,0 %. Bei den 12- bis unter 14jährigen wurden 1993 4,0 % der männlichen und 1,4 % der weiblichen Kinder als tatverdächtig erfasst, 1999 6,0 % bzw. 3,2 % und 2000 5,9 % bzw. 3,0 %. Der Anteil der unter 10jährigen, die als tatverdächtig erschienen, erhöhte sich damit seit 1993 leicht, der der 10- bis unter 12jährigen bis 1999 stärker, ging dann aber wieder etwas zurück (2001: 2,7 % bzw. 0,9 %, vgl. S. 46), der der 12- bis unter 14jährigen vergrößerte sich 1999 im Vergleich zu 1993. Seit 1999 schwankt der Anteil bei den männlichen Kindern leicht, bei den weiblichen verringerte er sich (2001: 6,1 % bzw. 2,9 %, vgl. S. 47).

cc) Differenzierung nach deutschen und nichtdeutschen Tatverdächtigen

Die folgende Darstellung betrifft Veränderungen bei einer Differenzierung nach deutschen und nichtdeutschen Tatverdächtigen.
Von den insgesamt registrierten Tatverdächtigen waren 1993 1 361 855, 1999 1 661 919 und 2000 1 697 236 deutsch, nichtdeutsch dagegen 1993 689 920, 1999 601 221 und 2000 589 109[306]. Im Jahr 2001 teilen sich die 2 280 611 ins-

---

305 Vgl. Statistisches Jahrbuch, 2000, S. 60; PKS Deutschland, 1998, S. 72.
306 PKS Deutschland, 1993, S. 103; PKS Deutschland, 1999, S. 26, PKS Deutschland, 2000, S. 24.

gesamt registrierten Tatverdächtigen in 1 712 227 deutsche und 568 384 nichtdeutsche[307]. Die deutsche Staatsangehörigkeit besaßen demnach 1993 66,4 % der Tatverdächtigen und 1999 73,4 %. Im Jahr 2000 erhöhte sich der Anteil auf 74,2 %, im Jahr 2001 auf 75,1 %. Während die Anzahl der deutschen Tatverdächtigen von 1993 bis 2001 um 25,7 % stieg, liegt bei den Nichtdeutschen ein Rückgang von 17,6 % vor.
Ein Vergleich der deutschen und nichtdeutschen Tatverdächtigen unter Berücksichtigung der Altersstruktur kommt zu dem Ergebnis, dass der Prozentanteil der deutschen Tatverdächtigen an den Tatverdächtigen der entsprechenden Altersgruppe insgesamt sowohl 1993 als auch 1999 wie im Jahr 2000 und 2001 bei den Kindern am höchsten ist. Bei diesen standen 1993 21 797 Nichtdeutsche 66 479 Deutschen gegenüber[308], womit 75,3 % der tatverdächtigen Kinder deutsche Staatsangehörigkeit hatten. 1999 führten 123 351 Deutsche bei 27 275 Nichtdeutschen zu einem Anteil von 81,9 %, 2000 119 348 Deutsche bei 26 486 Nichtdeutschen zu einem von 81,8 %[309]. Im Jahr 2001 wuchs der Anteil Deutscher bei 24 769 nichtdeutschen und 118 276 deutschen tatverdächtigen Kindern auf 82,7 %[310]. Die Zahl der deutschen tatverdächtigen Kinder erhöhte sich von 1993 bis 2001 um 77,9 %, die der nichtdeutschen nur um 13,6 %. Seit 1998 verringerte sich die Anzahl deutscher Kinder jedoch um 5,9 %[311], die der nichtdeutschen zwar erst seit 1999, allerdings um 9,2 %.

Altersstruktur der deutschen und nichtdeutschen Tatverdächtigen (Anzahl; Anteil in %)

Altersgruppe	1993		1999		2000		2001	
	Deutsche	Nichtdeutsche	Deutsche	Nichtdeutsche	Deutsche	Nichtdeutsche	Deutsche	Nichtdeutsche
Kinder	66 479	21 797	123 351	27 275	119 348	26 486	118 276	24 769
100 % je Jahr	**75,3 %**	**24,7 %**	**81,9 %**	**18,1 %**	**81,8 %**	**18,2 %**	**82,7 %**	**17,3 %**
Jugendliche	150 651	57 293	237 909	58 872	238 990	55 477	245 746	53 237
100 % je Jahr	**72,4 %**	**27,6 %**	**80,2 %**	**19,8 %**	**81,2 %**	**18,8 %**	**82,2 %**	**17,8 %**
Heranwachs.	120 527	87 513	173 813	66 296	184 467	63 119	188 227	58 486
100 % je Jahr	**57,9 %**	**42,1 %**	**72,4 %**	**27,6 %**	**74,5 %**	**25,5 %**	**76,3 %**	**23,7 %**
Erwachsene	1 024 198	523 317	1 126 846	448 778	1 154 458	444 027	1 159 979	431 892
100 % je Jahr	**66,2 %**	**33,8 %**	**71,5 %**	**28,5 %**	**72,2 %**	**27,8 %**	**72,9 %**	**27,1 %**

Das Verhältnis differiert jedoch sowohl 1999 als auch 2000 je nach Alter der Kinder. Für 1993 enthält die PKS keine gesonderten Angaben hinsichtlich der deutschen und nichtdeutschen tatverdächtigen Kinder unterschiedlichen Alters. 1999 erwiesen sich von den 8- bis unter 10jährigen Tatverdächtigen 76,7 % als

307 PKS Deutschland, 2001, S. 24.
308 PKS Deutschland, 1993, S. 72.
309 Vgl. PKS Deutschland, 1999, 2000, jeweils S. 73.
310 Vgl. PKS Deutschland, 2001, S. 73.
311 Vgl. PKS Deutschland, 1998, S. 73: 125 713 deutsche tatverdächtige Kinder.

deutsch, 2000 76,3 %[312]. Bei den 10- bis unter 12jährigen nahmen die Deutschen 1999 einen Anteil von 80,7 % ein, 2000 von 81,0 % und bei den 12- bis unter 14jährigen sowohl 1999 von 84,3 % und 2000 von 84,0 %.
Hinsichtlich der Geschlechtsverteilung bestehen 1999 und 2000 ebenfalls keine gravierenden Auffälligkeiten gegenüber derjenigen bei den tatverdächtigen Kindern insgesamt. Die Verteilung entspricht 1999 und 2000 in etwa der des Jahres 2001 (vgl. S. 48 und nachfolgende Tabelle). 1993 stellte sich der Anteil der männlichen tatverdächtigen Kinder im Gegensatz zu 1999, 2000 und 2001 bei den Deutschen etwas höher dar als bei den Nichtdeutschen.

Altersstruktur der deutschen männlichen und weiblichen Tatverdächtigen[313]

Altersgruppe	**1993**		**1999**		**2000**		**2001**	
	männlich	**weiblich**	**männlich**	**weiblich**	**männlich**	**weiblich**	**männlich**	**weiblich**
Kinder	51 116	15 363	85 454	37 987	84 128	35 220	84 435	33 841
100 % je Jahr	**76,9 %**	23,1 %	**69,3 %**	30,7 %	**70,5 %**	29,5 %	**71,4**	28,6
Jugendliche	118 164	32 487	175 503	62 406	176 574	62 416	182 686	63 060
100 % je Jahr	**78,4 %**	21,6 %	**73,8 %**	26,2 %	**73,9 %**	26,1 %	**74,3**	25,7
Heranwachs.	100 102	20 425	141 072	32 741	149 232	35 235	152 232	35 995
100 % je Jahr	**83,1 %**	16,9 %	**81,2 %**	18,8 %	**80,9 %**	19,1 %	**80,9**	19,1
Erwachsene	774 342	249 856	853 643	273 203	877 837	276 621	880 995	278 984
100 % je Jahr	**75,6 %**	24,4 %	**75,8 %**	24,2 %	**76,0 %**	24,0 %	**75,9**	24,1

Altersstruktur der nichtdeutschen männlichen und weiblichen Tatverdächtigen[314]

Altersgruppe	**1993**		**1999**		**2000**		**2001**	
	männlich	**weiblich**	**männlich**	**weiblich**	**männlich**	**weiblich**	**männlich**	**weiblich**
Kinder	16 252	5 545	19 714	7 561	19 369	7 117	18 212	6 557
100 % je Jahr	**74,6 %**	**25,4 %**	**72,3 %**	**27,7 %**	**73,1 %**	**26,9 %**	**73,5 %**	**26,5 %**
Jugendliche	46 290	11 003	46 504	12 368	43 754	11 723	42 375	10 862
100 % je Jahr	**80,8 %**	**19,2 %**	**79,0 %**	**21,0 %**	**78,9 %**	**21,1 %**	**79,6 %**	**20,4 %**
Heranwachs.	73 815	13 698	54 577	11 719	51 603	11 516	47 291	11 195
100 % je Jahr	**84,3 %**	**15,7 %**	**82,3 %**	**17,7 %**	**81,8 %**	**18,2 %**	**80,9 %**	**19,1 %**
Erwachsene	432 277	91 040	358 857	89 921	354 903	89 124	343 408	88 484
100 % je Jahr	**82,6 %**	**17,4 %**	**80,0 %**	**20,0 %**	**79,9 %**	**20,1 %**	**79,5 %**	**20,5 %**

312 Vgl. PKS Deutschland, 1999, 2000, jeweils S. 72, 97.
313 PKS Deutschland, 1993, S. 72; PKS Deutschland, 1999, 2000, 2001, jeweils S. 73.
314 PKS Deutschland, 1993, S. 72; PKS Deutschland, 1999, 2000, 2001, jeweils S. 73.

Unterschiede zwischen dem Jahr 1993 einerseits und den Jahren 1999, 2000 und 2001 andererseits zeigen sich hinsichtlich des Prozentanteils der deutschen Tatverdächtigen der jeweiligen Altersgruppe an den deutschen Tatverdächtigen insgesamt und dem der nichtdeutschen an den nichtdeutschen Tatverdächtigen insgesamt zwar nicht bei den Kindern und Jugendlichen, jedoch bei den Heranwachsenden und Erwachsenen. Während sowohl 1993 als auch 1999 und 2000 – wie im Jahr 2001 – Kinder und Jugendliche an den deutschen Tatverdächtigen einen höheren Prozentanteil aufweisen als an den nichtdeutschen, ergab sich 1993 für die Heranwachsenden ein größerer Anteil an den nichtdeutschen Tatverdächtigen und für die Erwachsenen ein etwa gleicher[315]. 1999 und 2000 bestand dagegen wie im Jahr 2001 bei den Heranwachsenden ein nahezu identisches Verhältnis, dagegen für die Erwachsenen ein höherer Anteil bei den Nichtdeutschen.

Altersstruktur der deutschen und nichtdeutschen Tatverdächtigen (Anzahl)

Altersgruppe	1993		1999		2000		2001	
	Deutsche	Nicht-deutsche	Deutsche	Nicht-deutsche	Deutsche	Nicht-deutsche	Deutsche	Nicht-deutsche
Tatverd. insg.	1 361 855	689 920	1 661 919	601 221	1 697 263	589 109	1 712 228	568 384
Kinder	66 479	21 797	123 351	27 275	119 348	26 486	118 276	24 769
Jugendliche	150 651	57 293	237 909	58 872	238 990	55 477	245 746	53 237
Heranwachs.	120 527	87 513	173 813	66 296	184 467	63 119	188 227	58 486
Erwachsene	1 024 198	523 317	1 126 846	448 778	1 154 458	444 027	1 159 979	431 892

Altersstruktur der deutschen und nichtdeutschen Tatverdächtigen (Verteilung in %)

Altersgruppe	1993		1999		2000		2001	
	Deutsche	Nicht-deutsche	Deutsche	Nicht-deutsche	Deutsche	Nicht-deutsche	Deutsche	Nicht-deutsche
Tatverd. insg.	100,0	100,0	100,0	100,0	100,00	100,0	100,0	100,0
Kinder	4,9	3,2	7,4	4,5	7,0	4,5	6,9	4,4
Jugendliche	11,1	8,3	14,3	9,8	14,1	9,4	14,4	9,4
Heranwachs.	8,9	12,7	10,5	11,0	10,9	10,7	11,0	10,3
Erwachsene	75,2	75,9	67,8	74,6	68,0	75,4	67,7	76,0

Aussagen über den Anteil der tatverdächtigen nichtdeutschen Kinder an den nichtdeutschen Kindern insgesamt sind aufgrund der fehlenden Angaben in den Bevölkerungsstatistiken auch für frühere Jahre nicht möglich.

Insgesamt gesehen fällt vor allem auf, dass sich der Anteil der Deutschen an den tatverdächtigen Kindern seit 1993 erhöhte und damit im Gegenzug der der Nichtdeutschen zurückging. Die geringfügigen Schwankungen zwischen 1999 und 2001 dürften keine Aussagekraft besitzen.

[315] PKS Deutschland, 1993, S. 72; PKS Deutschland, 1999, 2000, 2001, jeweils S. 73.

Bei den Tatverdächtigen bezogen auf alle Altersgruppen geht man davon aus, dass der seit 1993 überwiegend rückläufige Anteil der Personen ohne deutsche Staatsangehörigkeit an der Gesamtzahl insbesondere auf demographischen Einflüssen beruht, d.h. auf Wanderbewegungen ins Ausland[316]. Der gestiegene Anteil deutscher Tatverdächtiger wurde wohl vorwiegend von Einbürgerungen von Ausländern und Aussiedlern beeinflusst. Für Kinder dürfte diesbezüglich nichts grundlegend anderes gelten.

dd) Differenzierung nach räumlicher Verteilung

Die nachfolgende Untersuchung bezieht sich auf Unterschiede in der Kriminalitätsbelastung in den Jahren 1993, 1999, 2000 und 2001 je nach Einwohnerzahl. Da die Anzahl der registrierten Straftaten in den verschiedenen Gemeindegrößenklassen aufgrund der ungleichmäßigen Verteilung der Einwohner wenig aussagt und zudem nur die Gesamtkriminalität betrifft (vgl. S. 52), beschränkt sich die Darstellung hier auf die Häufigkeitszahlen.
Großstädte ab 500 000 Einwohner wiesen 1993 eine Häufigkeitszahl von 14 006 auf, 1999 von 13 892 und 2000 von 13 829[317]. In den Großstädten von 100 000 bis unter 500 000 Einwohnern wurden 1993 10 884 Fälle pro 100 000 Einwohner erfasst, 1999 10 202 und 2000 9 990, in den Städten von 20 000 bis unter 100 000 Einwohnern 1993 8572 Straftaten, 1999 7 706 und 2000 7 555, und in Gemeinden unter 20 000 Einwohnern registrierte man 1993 4 958 Fälle pro 100 000 Einwohner, 1999 4 515 und 2000 4 533. Die Häufigkeitszahl stieg damit bereits 1993 mit der Einwohnerzahl. Die Differenzen zwischen Gemeinden unter 20 000 Einwohnern und Großstädten ab 500 000 Einwohnern wuchsen zwischen 1993 und 1999 etwas, blieben seitdem aber konstant. 1993 betrug die Häufigkeitszahl der größten Gemeindegrößenklasse 2,8 mal so viel wie die der kleinsten, sowohl im Jahr 1999 als auch 2000 und 2001 3,1 mal so viel. Auffallend sind die im Jahr 2001 im Vergleich zu 2000 erhöhten Häufigkeitszahlen bei allen Gemeindegrößenklassen, während sich bis 2000 eher rückläufige Werte zeigen.

---

316 http://www.bmi.bund.de/Annex/de 20088/Polizeiliche Kriminalstatistik als PDF-Download.pdf.

317 PKS Deutschland, 1993, S. 31; PKS Deutschland, 1999, S. 47; PKS Deutschland, 2000, S. 45.

Häufigkeitszahlen nach Gemeindegrößenklassen

Gemeindegrößenklassen (Einwohner)	1993	1999	2000	2001
Großstädte ab 500 000	14 006	13 892	13 829	14 198
Großstädte von 100 000 bis unter 500 000	10 884	10 202	9 990	10 251
Städte von 20 000 bis unter 100 000	8 572	7 706	7 555	7 591
Gemeinden unter 20 000	4 958	4 515	4 533	4 547
Insgesamt	8 337	7 682	7 625	7 736

Da die Tatortverteilung nach einzelnen Straftatgruppen in der PKS nur die insgesamt erfassten Fälle betrifft, d.h. hinsichtlich aller Altersgruppen gemeinsam, und den hierbei auffälligen Delikten im Rahmen der Kinderdelinquenz praktisch keine Bedeutung zukommt (vgl. S. 52), werden etwaige Veränderungen nicht näher erläutert. Angemerkt sei lediglich, dass auch 1993, 1999 und 2000 wie im Jahr 2001 bei der Mehrzahl der Straftaten die Häufigkeit der registrierten Fälle, bezogen auf jeweils 100 000 Einwohner, mit der Einwohnerzahl der Gemeindegrößenklasse stieg[318]. Bei Brandstiftung und Herbeiführen einer Brandgefahr, bei Straftaten gegen die Umwelt und bei Verletzung der Unterhaltspflicht bestanden dagegen auch in früheren Jahren keine gravierenden Unterschiede zwischen den verschieden großen Städten.

Bei einem Vergleich der Anteile der Kinder an den Tatverdächtigen insgesamt in den einzelnen Großstädten und Landeshauptstädten fällt auf, dass die Großstädte mit den höchsten Werten jedes Jahr wechseln. Während im Jahr 2001 Halle den größten Anteil erreichte, gefolgt von Wuppertal, Krefeld und Rostock (vgl. S. 53), war dies 1993 Schwerin vor Chemnitz, Magdeburg und Rostock, 1999 Potsdam, gefolgt von Schwerin, Dresden, Rostock und Wuppertal und 2000 Halle vor Schwerin, Bielefeld und Wuppertal[319].
Etwas anders sieht dies bezüglich der geringsten Anteile der Kinder an den Tatverdächtigen insgesamt aus. Sowohl 1993 als auch 1999 und 2000 wie im Jahr 2001 nehmen Kinder in Frankfurt a.M. den kleinsten Anteil ein. 1993 stellen sich daneben Karlsruhe, Stuttgart und Saarbrücken mit sehr geringen Kinder-Anteilen dar, allerdings sowohl 1999 als auch im Jahr 2000 und 2001 München und Düsseldorf. Wie sich aus nachstehender Tabelle zudem ergibt, wiesen Städte 2001 zwar insgesamt gesehen höhere Anteile der Kinder an den Tatverdächtigen auf als 1993, jedoch liegt seit 1999 ein Rückgang vor.

[318] Vgl. PKS Deutschland, 1993, S. 33; PKS Deutschland, 1999, S. 49; PKS Deutschland, 2000, 2001, jeweils S. 47.
[319] Vgl. PKS Deutschland, 1993, S. 91; PKS Deutschland, 1999, 2000, 2001, jeweils S. 94.

Anzahl der tatverdächtigen Kinder in Großstädten ab 200 000 Einwohner bzw. in den Landeshauptstädten und ihr Anteil an den Tatverdächtigen insgesamt

1993			1999			2000			2001		
	Anzahl	In %		Anzahl	In %		Anzahl	In %		Anzahl	In %
Schwerin	375	**7,5**	Potsdam	594	**10,0**	Halle	972	**8,4**	Halle	918	**8,1**
Chemnitz	497	**7,2**	Schwerin	520	**9,1**	Schwerin	456	**8,3**	Wuppertal	897	**8,1**
Magdeburg	991	**7,0**	Dresden	1 611	**8,9**	Bielefeld; Wuppertal	766; 864	**8,2**	Krefeld	641	**7,9**
Rostock	647	**6,8**	Rostock; Wuppertal	662; 914	**8,6**	Krefeld; Mönch.gladbach	615; 756	**7,6**	Rostock	566	**7,9**
Frankfurt a.M.	486	**1,1**	Frankfurt a.M.	639	**1,6**	Frankfurt a.M.	604	**1,6**	Frankfurt a.M.	691	**2,1**
Karlsruhe; Stuttgart	239; 563	**2,3**	Wiesbaden	322	**3,7**	Wiesbaden	323	**3,6**	Chemnitz	489	**3,6**
Saarbrücken	187	**2,6**	München	1 876	**4,1**	Düsseldorf	797	**3,7**	Düsseldorf	765	**3,6**
Mannheim	350	**2,7**	Düsseldorf	908	**4,2**	München	1 764	**3,8**	München	1 866	**3,9**

Unterscheidet man die Tatverdächtigen nach Deutschen und Nichtdeutschen, d.h. betrachtet man die Anteile der Kinder an den deutschen und nichtdeutschen Tatverdächtigen in den einzelnen Städten getrennt voneinander, gelangt man auch in früheren Jahren zu deutlichen Differenzen zu den Tatverdächtigen insgesamt in der Höhe des Kinder-Anteils und im Hinblick auf die durch besonders hohe oder geringe Anteile auffälligen Städte. Während sich im Jahr 1993 bei den nichtdeutschen Tatverdächtigen vor allem Erfurt, Chemnitz, Halle und Magdeburg mit sehr niedrigen Anteilen zeigten, waren dies bezüglich der Deutschen Frankfurt, München, Stuttgart und Karlsruhe[320]. 1999 ergaben sich in Leipzig, Dresden, Erfurt und Magdeburg geringe Anteile der Kinder an den nichtdeutschen Tatverdächtigen, an den deutschen dagegen in Frankfurt, Wiesbaden, München und Düsseldorf[321]. 2000 fielen bei ersteren Erfurt, Dresden, Chemnitz und Leipzig auf, bei letzteren Frankfurt, Wiesbaden, Mainz und München[322]. Im Hinblick auf die deutschen Tatverdächtigen trat folglich Frankfurt sowohl 1993 als auch 1999 und 2000, wie im Jahr 2001 hervor. Besonders hohe Kinder-Anteile wies bei den Nichtdeutschen generell Oberhausen auf. Im übrigen unterscheiden sich die Städte jedoch, wie nachstehende Tabelle verdeutlicht. Anzumerken ist zudem, dass der Anteil der tatverdächtigen Kinder an den deutschen Tatverdächtigen in den Städten insgesamt von 1993 bis 1999 stieg, im Jahr 2000 und 2001 jeweils zurückging. Dies entspricht der Entwicklung bei den Tatverdächtigen insgesamt. Der Anteil der Kinder an den nichtdeutschen Tat-

[320] PKS Deutschland, 1993, S. 92, 93.
[321] PKS Deutschland, 1999, S. 95, 96.
[322] PKS Deutschland, 2000, S. 95, 96.

verdächtigen vergrößerte sich zwar ebenfalls bis 1999, verringerte sich jedoch im Jahr 2000 und 2001 in geringerem Ausmaß.
Insgesamt zeigt sich vor allem, dass auch in früheren Jahren in einigen Großstädten der neuen Bundesländer besonders hohe Tatverdächtigenanteile deutscher Kinder und besonders niedrige nichtdeutscher Kinder existieren.

Anteil der deutschen und nichtdeutschen Kinder an den deutschen bzw. nichtdeutschen Tatverdächtigen insgesamt

1993		1999		2000		2001	
Deutsche	Nichtdeutsche	Deutsche	Nichtdeutsche	Deutsche	Nichtdeutsche	Deutsche	Nichtdeutsche
Schwerin 8,5 %	Oberhausen 7,7 %	Potsdam 11,0 %	Wuppertal 8,9 %	Halle 9,3 %	Wuppertal 8,4 %	Halle 8,7 %	Wuppertal 8,3 %
Chemnitz 8,3 %	Gels.kirchen 7,0 %	Dresden 10,7 %	Münster 7,8 %	Bielefeld 8,8 %	Krefeld 7,8 %	Rostock 8,6 %	Gelsenkirchen 7,8 %
Magdeburg 7,9 %	Bielefeld 6,6 %	Schwerin 9,5 %	Oberhausen 7,8 %	Schwerin 8,6 %	Oberhausen 7,4 %	Dresden 8,2 %	Oberhausen 7,7 %
Rostock 7,7 %	Duisburg 6,5 %	Rostock 9,4 %	Gels.kirchen 7,7 %	Dresden 8,3 %	Hagen 7,4 %	Krefeld 8,2 %	Münster 6,9 %
Frankfurt 1,1 %	Erfurt 0,2 %	Frankfurt 2,1 %	Leipzig 0,8 %	Frankfurt 2,0 %	Erfurt 0,7 %	Frankfurt 2,9 %	Chemnitz 0,6 %
München 1,6 %	Chemnitz 0,3 %	Wiesbaden 3,7 %	Dresden 0,9 %	Wiesbaden 3,6 %	Dresden 0,7 %	Hannover 3,9 %	Dresden 0,8 %
Stuttgart 2,0 %	Halle 0,3 %	München 4,1 %	Erfurt 1,0 %	Mainz 3,9 %	Chemnitz 0,9 %	Düsseldorf 4,0 %	Leipzig 1,0 %
Karlsruhe 2,8 %	Magdeburg 0,6 %	Düsseldorf 4,8 %	Magdeburg 1,2 %	München 4,0 %	Leipzig 1,1 %	Chemnitz 4,2 %	Rostock 1,1 %

Auch hinsichtlich des Anteils der Nichtdeutschen an den Tatverdächtigen insgesamt der jeweiligen Altersklasse bestanden 1993, 1999 und 2000 wie im Jahr 2001 beträchtliche Unterschiede zwischen den Großstädten ab 200 000 Einwohner. Es treten hier ebenfalls nicht jedes Jahr exakt die selben Städte durch besonders hohe bzw. besonders geringe Anteile hervor, jedoch weisen bestimmte Städte grundsätzlich Auffälligkeiten auf.
Durch hohe Werte bei den Kindern fielen 1993 insbesondere Stuttgart, München, Köln und Hagen auf, 1999 Frankfurt a.M., München, Stuttgart und Köln und 2000 Frankfurt, Mainz, München und Stuttgart[323]. Besonders wenig nichtdeutsche Kinder im Vergleich zu den deutschen wurden dagegen 1993 in Erfurt, Chemnitz, Halle und Magdeburg registriert, 1999 in Dresden, Erfurt, Potsdam und Leipzig sowie 2000 in Erfurt, Dresden, Chemnitz und Rostock.
Wie sich ebenfalls aus nachstehender Tabelle ergibt, näherten sich die Werte von 1993 bis 1999 insgesamt einander an, d.h. die höchsten Nichtdeutschen-Anteile waren 1999 geringer als 1993, die niedrigsten dagegen höher. Im Jahr 2000 zeigt sich eine gegenläufige Entwicklung, die sich 2001 jedoch nicht fortsetzt.

[323] Vgl. PKS Deutschland, 1993, S. 104; PKS Deutschland, 1999, 2000, jeweils S. 84.

Anzahl der nichtdeutschen Kinder und ihr Anteil an den tatverdächtigen Kindern insgesamt

1993		1999		2000		2001	
Anzahl	In %	Anzahl	In %	Anzahl	In %	Anzahl	In %
Stuttgart		Frankfurt		Frankfurt		Frankfurt	
313	**55,6**	318	**49,8**	319	**52,8**	339	**49,1**
München		München		Mainz		Stuttgart	
379	**48,2**	816	**43,5**	135	**44,3**	451	**40,6**
Köln		Stuttgart		München		Köln	
537	**46,3**	443	**40,3**	721	**40,9**	653	**37,2**
Hagen		Köln		Stuttgart		München	
132	**44,9**	702	**37,0**	456	**40,4**	693	**37,1**
Erfurt		Dresden		Erfurt		Rostock	
1	**0,4**	29	**1,8**	5	**1,1**	7	**1,2**
Chemnitz		Erfurt		Dresden		Dresden	
3	**0,6**	9	**1,8**	20	**1,6**	18	**1,5**
Halle		Potsdam		Chemnitz		Magdeburg	
7	**0,8**	14	**2,4**	12	**2,1**	20	**2,1**
Magdeburg		Leipzig		Rostock		Schwerin	
11	**1,1**	36	**2,8**	12	**2,3**	9	**2,2**

Eine Unterscheidung der Tatverdächtigenbelastung nach einzelnen Bundesländern erfolgt leider erst seit dem Jahr 2000, so dass eine Aussage zu langfristigen Veränderungen nicht möglich ist.

ee) Differenzierung nach Straftatengruppen

Da gerade im Bereich der Kinderdelinquenz eine Differenzierung nach Straftatengruppen Bedeutung erlangt, erfolgt nachstehend eine Darstellung der Veränderungen in Bezug auf die von Kindern begangenen Delikte.

(1) Diebstahl, §§ 242 ff StGB

Interessant erscheint zuallererst, ob sich der Diebstahl und insbesondere der Ladendiebstahl auch in früheren Jahren als die von Kindern am häufigsten begangene Straftat erwies.
Von insgesamt 150 626 tatverdächtigen Kindern wurden im Jahr 1999 80 061 beim Ladendiebstahl registriert[324]. Während man im Jahr 2000 von 145 834 tatverdächtigen Kindern immerhin noch 74 859 beim Ladendiebstahl erfasste, traten im Jahr 2001 bei dieser Straftat sogar nur noch 69 099 von 143 045 Strafunmündigen insgesamt auf[325]. Demnach beläuft sich der Anteil der des Ladendiebstahls verdächtigen Kinder an den insgesamt erfassten Kindern 1999 auf 53,2 %, im Jahr 2000 auf 51 % und 2001 auf 48,3 %. Für das Jahr 1993 enthält die PKS leider keine gesonderten Angaben zum Anteil bzw. der Anzahl der beim Ladendiebstahl registrierten Kinder. Allerdings existieren Werte zum

[324] PKS Deutschland, 1999, S. 75.
[325] PKS Deutschland, 2000, 2001, jeweils S. 75.

Diebstahl ohne erschwerende Umstände, worunter der Ladendiebstahl fällt. Auch erfolgte eine Anmerkung, dass es sich bei dem Diebstahl ohne erschwerende Umstände meist um Ladendiebstahl handelt, wobei aber nicht klar ersichtlich ist, ob sich dies lediglich auf weibliche Jugendliche bezieht[326]. Es kann aber durchaus angenommen werden, dass für Kinder nichts anderes gilt.
1993 nahm der Diebstahl ohne erschwerende Umstände mit 56 867 kindlichen Tatverdächtigen einen Anteil an den Taten der insgesamt verdächtigen Kinder von 64,4 % ein, 1999 liegt er mit 92 837 Tatverdächtigen bei einem Anteil von 61,6 % und 2000 von 59,9 % (87 286 entsprechende Tatverdächtige)[327]. Beim „schweren" Diebstahl erschienen dagegen 1993 lediglich 9 438 Kinder, was einen Anteil von 10,7 % an den insgesamt registrierten Strafunmündigen bedeutet, 1999 wurden 12 943 Kinder erfasst und somit 8,6 %. Im Jahr 2000 sank der „schwere" Diebstahl bei 11 223 diesbezüglichen strafunmündigen Tatverdächtigen auf einen Anteil von 7,7 %, stieg jedoch im Jahr 2001 bei 11 242 Tatverdächtigen auf 7,9 %.
Noch größere Unterschiede ergaben sich auch in früheren Jahren bei den weiblichen Kindern. Während 1993 nach der PKS 79,5 % der tatverdächtigen Mädchen Diebstahl ohne erschwerende Umstände begingen, machte der Diebstahl unter erschwerenden Umständen 3,9 % aus. 1999 betrug der Anteil 78,3 % beim „leichten" und 3,5 % beim „schweren" Diebstahl und 2000 75,3 % bzw. 3,4 %.
Wie auch nachstehende Tabellen zeigen, stieg sowohl die Zahl der bei Diebstahl ohne erschwerende Umstände registrierten weiblichen Kinder als auch die der erfassten männlichen Kinder im Jahr 2001 im Vergleich zu 1993 an, jedoch ging sie bereits seit 1998 zurück[328]. Der Anteil der bei Diebstahl ohne erschwerende Umstände registrierten Strafunmündigen an den insgesamt erfassten tatverdächtigen Kindern erweist sich im Jahr 2001 sogar als geringer als 1993. Beim Diebstahl unter erschwerenden Umständen erhöhte sich die Anzahl der tatverdächtigen männlichen Kinder bis 1998 (11 987 Registrierungen[329]) und nahm dann ab, die der weiblichen ging dagegen erst seit 1999 zurück und stieg im Jahr 2001 wieder leicht an. Der Anteil an den Tatverdächtigen insgesamt liegt im Jahr 2001 zwar unter demjenigen von 1993, jedoch über dem im Jahr 2000 festgestellten.
Insgesamt bleibt aber festzuhalten, dass dem Diebstahl insbesondere bei den weiblichen Tatverdächtigen immer noch herausragende Bedeutung zukommt, dass er aber vor allem im Verhältnis zu den Straftaten insgesamt im Vergleich zu 1993 an Relevanz verlor.
Die noch dominierende Rolle zeigen auch die Tatverdächtigenbelastungszahlen.

---

[326] Vgl. PKS Deutschland, 1993, S. 85.
[327] PKS Deutschland, 1993 S. 85; PKS Deutschland, 1999, 2000, jeweils S. 88.
[328] Vgl. PKS Deutschland, 1998, S. 88: 61 983 männliche, 36 581 weibliche Kinder.
[329] PKS Deutschland, 1998, S. 88.

Anzahl der tatverdächtigen Kinder

Straftat	1993		1999		2000		2001	
	Männl.	Weibl.	Männl.	Weibl.	Männl.	Weibl.	Männl.	Weibl.
Diebstahl ohne erschwerende Umstände	40 244	16 623	57 250	35 587	55 392	31 894	52 971	29 264
Diebstahl unter erschwerenden Umständen	8 622	816	11 362	1 581	9 768	1 455	9 762	1 480
Straftaten insgesamt	67 368	20 908	105 168	45 458	103 497	42 337	102 647	40 398

Anteil der tatverdächtigen Kinder bei Diebstahl an den tatverdächtigen Kindern insgesamt in %

Straftat	1993		1999		2000		2001	
	Männl.	Weibl.	Männl.	Weibl.	Männl.	Weibl.	Männl.	Weibl.
Diebstahl ohne erschwerende Umstände	59,7	79,5	54,4	78,3	53,5	75,3	51,6	72,4
Diebstahl unter erschwerenden Umständen	12,8	3,9	10,8	3,5	9,4	3,4	9,5	3,7
Straftaten insgesamt	100,0	100,0	100,0	100,0	100,0	100,0	100,0	100,0

Belastung deutscher Kinder

	1999		2000		2001	
	Alte Länder	Neue Länder	Alte Länder	Neue Länder	Alte Länder	Neue Länder
Straftaten insgesamt	**2 145**	**3 057**	**2 074**	**3 091**	**2 068**	**3 320**
Diebstahl insgesamt	1 500	2 002	1 388	1 920	1 331	2 026
Ladendiebstahl	1 211	1 490	1 118	1 435	1 039	1 513
Diebstahl ohne erschwerende Umstände	1 395	1 723	1 295	1 670	1 232	1 771
Diebstahl unter erschwerenden Umständen	155	380	134	349	143	359

Die für das Jahr 2001 festgestellten grundlegenden Unterschiede der Verteilung bei den Kindern zu den für alle Altersklassen ermittelten Ergebnissen zeigen sich auch in den vorangegangenen Jahren.

Der Ladendiebstahl erreichte im Bereich der allgemein registrierten Tatverdächtigen 1999 nur einen Anteil von 22,0 % (497 963 entsprechende Tatverdächtige) und 2000 von 20,5 % (469 447 entsprechende Tatverdächtige)[330]. Die PKS von 1993 gibt lediglich Auskunft über den Anteil der Tatverdächtigen beim einfachen Diebstahl an den Tatverdächtigen insgesamt, der bei 34,0 % liegt[331]. Ein Vergleich mit dem Anteil der bei Diebstahl ohne erschwerende Umstände erfassten Tatverdächtigen an den Tatverdächtigen insgesamt in den Jahren 1999 und 2000 lässt ebenfalls einen Rückgang konstatieren, da sich der Anteil 1999 nur noch auf 28,5 % und 2000 auf 27,2 % beläuft[332].

[330] PKS Deutschland, 2000, S. 83.
[331] PKS Deutschland, 1993, S. 84.
[332] PKS Deutschland, 1999, 2000, jeweils S. 87.

Der Diebstahl insgesamt nimmt allerdings auch 1993, 1999 und 2000 eine dominierende Stellung ein. 1993 gehörten bei 4 151 087 Fällen 61,5 % der Straftaten zur Diebstahlskriminalität, 1999 bei 3 133 418 Fällen 49,7 % und 2000 bei 2 983 269 Fällen noch 47,6 %[333]. Auch hier spielten neben dem Ladendiebstahl insbesondere Diebstahl von und aus Kraftwagen, Wohnungseinbruchsdiebstahl und Taschendiebstahl eine Rolle. Im Hinblick auf alle Altersgruppen verlor die Diebstahlskriminalität damit wie bei den Strafunmündigen nicht nur nach der Anzahl der erfassten Tatverdächtigen, sondern insbesondere nach dem Anteil an den insgesamt registrierten Tatverdächtigen an Bedeutung.

Interessant stellt sich die Entwicklung der Verteilung der Altersgruppen dar. Während 1993 lediglich 8,2 % der Tatverdächtigen bei Diebstahl **ohne** erschwerende Umstände ein Alter von unter 14 Jahren hatten, waren dies 1999 dagegen 14,4 % und 2000 14,0 %[334]. Der Anteil der Strafunmündigen geht im Jahr 2001 auf 13,5 % zurück.
Beim Diebstahl **unter** erschwerenden Umständen liegt der Anteil der Kinder 1993 bei 5,4 % und 1999 bei 9,0 %. Auch hier zeichnet sich im Jahr 2000 mit 8,4 % ein Rückgang ab, jedoch 2001 wieder ein Anstieg auf 8,8 %. Daraus folgt, dass der Diebstahl bis zum Jahr 2000 bei den Strafmündigen noch beträchtlicher an Relevanz verlor als bei den Strafunmündigen. Nur so lässt sich erklären, dass der Anteil der Strafunmündigen an den Tatverdächtigen insgesamt trotz ihrer rückläufigen Tatverdächtigenzahlen stieg.
Wie im Jahr 2001 führt ein Vergleich mit den anderen Altersgruppen auch in den Jahren 1993, 1999 und 2000 bei Kindern und bei Erwachsenen zu einem geringeren Anteil an den Tatverdächtigen beim Diebstahl unter erschwerenden Umständen als beim Diebstahl ohne erschwerende Umstände. Bei Jugendlichen, Heranwachsenden und Jungerwachsenen (21 bis 25 Jahre) fällt dagegen das Gegenteil auf.
Allerdings bestanden auch in früheren Jahren beträchtliche Unterschiede zwischen den Geschlechtern. Während sich der Anteil von 8,2 % Strafunmündigen beim Diebstahl ohne erschwerende Umstände im Jahr 1993 aus 5,8 % männlichen und 2,4 % weiblichen Personen zusammensetzte, teilten sich die 5,4 % beim „schweren“ Diebstahl in 4,9 % männliche und nur 0,5 % weibliche tatverdächtige Kinder auf. Noch größere Differenzen zeigen sich in den Jahren 1999, 2000 und 2001. 1999 ergab sich der Anteil von 14,4 % bei ersterem aus 8,9 % männlichen und 5,5 % weiblichen Tatverdächtigen, der Anteil von 9,0 % für die zweite Gruppe dagegen aus 7,9 % männlichen und 1,1 % weiblichen Kindern. Im Jahr 2000 waren 8,9 % männliche und 5,1 % weibliche Tatverdächtige beim Diebstahl ohne erschwerende Umstände strafunmündig, im Gegensatz dazu 7,3 % männliche und 1,1 % weibliche beim Diebstahl unter erschwerenden Umständen.

[333] PKS Deutschland, 1993, S. 17, 23; PKS Deutschland, 1999, S. 25; PKS Deutschland, 2000, S. 23.
[334] PKS Deutschland, 1993, S. 77; PKS Deutschland, 1999, 2000, jeweils S. 86.

Die Unterschiede zwischen den Diebstahlsformen vergrößerten sich demnach bis 1999, verringerten sich jedoch im Jahr 2000 wieder etwas, blieben 2001 aber relativ konstant (8,7 % bzw. 4,8 % beim „einfachen" Diebstahl, 7,6 % bzw. 1,2 % beim „schweren" Diebstahl, vgl. nachstehende Tabelle). Auch in den Jahren 1993, 1999 und 2000 stellten die Kinder die einzige Altersgruppe dar, deren Anteil bei den Tatverdächtigen männlichen Geschlechts beim Diebstahl ohne erschwerende Umstände den beim Diebstahl unter erschwerenden Umständen übertraf.

Anteil der Kinder an den Tatverdächtigen insgesamt nach Straftatengruppen

Straftat	1993		1999		2000		2001	
	Männl.	Weibl.	Männl.	Weibl.	Männl.	Weibl.	Männl.	Weibl.
Diebstahl ohne erschwerende Umstände	5,8	2,4	8,9	5,5	8,9	5,1	8,7	4,8
Diebstahl unter erschwerenden Umständen	4,9	0,5	7,9	1,1	7,3	1,1	7,6	1,2
Straftaten insgesamt	3,3	1,0	4,6	2,0	4,5	1,9	4,5	1,8

Erweist sich der Diebstahl nach der PKS im Jahr 2001 als die am häufigsten begangene Straftat von Kindern, wobei der Diebstahl ohne erschwerende Umstände einschließlich des Ladendiebstahls eine weitaus größere Rolle spielt als der Diebstahl unter erschwerenden Umständen, traf diese Tatsache gleichermaßen bereits auf das Jahr 1993 zu. Veränderungen bestehen insofern, als diese Deliktsform nicht nur nach der Anzahl der Tatverdächtigen, sondern insbesondere im Verhältnis zu den Straftaten insgesamt vor allem bei Kindern an Relevanz verlor.

Es stellt sich die Frage, worauf dies beruht. Nicht anzunehmen ist seltenere Anzeigeerstattung. Denkbar erscheint zwar, dass sich Ladendetektive vermehrt auf Strafmündige konzentrieren, jedoch widersprechen dem die insgesamt rückläufigen Zahlen. Eine Rolle spielt möglicherweise aber, dass sich die Häufung der Diebstahlsfälle aus dem Diebstahl geringwertiger Dinge ergab. Da Kindern jedoch für deren Anschaffung heute in der Regel die nötigen Mittel zur Verfügung stehen, verringern sich entsprechende Diebstähle. Bedeutung erlangen könnte des weiteren das Kontrollsystem am Ausgang der meisten Kaufhäuser. Eine abschreckende Wirkung auch gegenüber Kindern kann meines Erachtens durchaus angenommen werden.

Der Rückgang des Anteils der bei Diebstahl registrierten Kinder an den tatverdächtigen Kindern insgesamt folgt vor allem auch aus den vermehrten Erfassungen bei Körperverletzung und Sachbeschädigung.

(2) Körperverletzung, §§ 223 ff StGB

Wie bereits erwähnt, geht man vielfach davon aus, dass Kinder immer gewalttätiger werden. Ein Indiz hierfür sieht man in der Zunahme der Körperverletzungen und insbesondere schweren Körperverletzungen in den letzten Jahren.
Im Jahr 1993 wurden 6 270 tatverdächtige Kinder bei Körperverletzungen registriert, so dass sie an den insgesamt erfassten Kindern einen Anteil von 7,1 % einnahmen[335]. 1999 lag die Anzahl der bei Körperverletzungen tatverdächtigen Strafunmündigen bei 16 164 und damit bei 10,7 % der Kinder insgesamt[336]. Im Jahr 2000 wurden 17 564 Kinder bei Körperverletzungen erfasst und damit 12,0 %, 2001 sogar 18 440 und folglich 12,9 %[337]. Die Anzahl der tatverdächtigen Kinder bei Körperverletzungen verdreifachte sich damit seit 1993 fast, der Anteil an den insgesamt erfassten Kindern erhöhte sich ebenfalls stetig erheblich.
Vergleicht man hiermit die Tatverdächtigen bei Körperverletzungen insgesamt, d.h. bezogen auf alle Altersgruppen, kommt man zwar auch zu Steigerungen, jedoch nicht in dem Ausmaß wie bei Kindern. 1993 belief sich der Anteil der Körperverletzungen mit 249 978 erfassten Tatverdächtigen an den Tatverdächtigen insgesamt auf 12,2 %[338]. 1999 wurden 351 174 Personen bei Körperverletzungen registriert und damit 15,5 % der Tatverdächtigen insgesamt[339]. 2000 machten 364 689 Tatverdächtige bei Körperverletzungen einen Anteil von 16,0 % aus[340], im Jahr 2001 377 877 Tatverdächtige einen von 16,6 %[341]. Im Jahr 2001 erschienen demnach „nur" 1,5 mal so viele Tatverdächtige bei Körperverletzungen wie im Jahr 1993 und auch der Anteil der Tatverdächtigen bei Körperverletzungen an den Tatverdächtigen insgesamt vergrößerte sich nicht in dem Maß wie der bei Kindern.

Die Unterschiede zwischen gefährlicher, schwerer einerseits und leichter Körperverletzung andererseits waren bereits früher bei weitem nicht so gravierend wie zwischen Diebstahl mit und solchem ohne erschwerende Umstände. Während nach der PKS 1993 3 359 Kinder bei leichten Körperverletzungen als tatverdächtig auftraten, lag die Anzahl bei der gefährlichen, schweren Körperverletzung immerhin bei 2 911[342]. 1999 registrierte man bei 8 754 leichten und 7 509 gefährlichen sowie 2000 bei 9 705 leichten und 8 003 schweren Körperverletzungen Kinder als Tatverdächtige[343].

[335] Vgl. PKS Deutschland, 1993, S. 85.
[336] Vgl. PKS Deutschland, 1999, S. 75.
[337] Vgl. PKS Deutschland, 2000, 2001, jeweils, S. 75.
[338] Vgl. PKS Deutschland, 1993, S. 84.
[339] Vgl. PKS Deutschland, 1999, S. 87.
[340] Vgl. PKS Deutschland, 2000, S. 87.
[341] Vgl. PKS Deutschland, 2001, S. 87.
[342] PKS Deutschland, 1993, S. 85.
[343] PKS Deutschland, 1999, 2000, jeweils S. 88.

Auffallend ist, dass bei 578 leichten und 468 schweren Körperverletzungen 1993 wie im Jahr 2001 auch keine bedeutenden Differenzen bei den Mädchen bestanden, ebenso wenig 1999 mit 1 463 leichten und 1 351 schweren bzw. 2000 mit 1 714 leichten und 1 420 schweren Körperverletzungen von Mädchen. Zudem ergibt sich daraus, dass die Entwicklung bei den Kindern männlichen und denen weiblichen Geschlechts bei der leichten Körperverletzung im Verhältnis gleich verläuft. Sowohl die Anzahl der bei leichter Körperverletzung erfassten weiblichen Kinder als auch diejenige der männlichen Kinder verdreifachte sich von 1993 bis 2001 in etwa (männlich: 2,93, weiblich: 3,12). Bei der gefährlichen und schweren Körperverletzung liegt die Zahl der involvierten weiblichen Kinder im Jahr 2001 3,4 mal so hoch wie 1993, die der männlichen nur 2,9 mal so hoch. Die Körperverletzungen nahmen demnach bei den Mädchen noch stärker zu.
Bereits 1993 erschien sowohl bei der leichten als auch bei der schweren Körperverletzung im Gegensatz zum Diebstahl bei den Jungen ein größerer Anteil der bei Körperverletzung registrierten Kinder an den insgesamt erfassten Kindern als bei den Mädchen.

Anzahl der tatverdächtigen Kinder

Straftat	1993		1999		2000		2001	
	Männl.	Weibl.	Männl.	Weibl.	Männl.	Weibl.	Männl.	Weibl.
Leichte Körperverletzung	2 781	578	7 291	1 463	7 991	1 714	8 145	1 805
Gefährliche und schwere Körperverletzung	2 443	468	6 158	1 351	6 583	1 420	7 148	1 585
Straftaten insgesamt	67 368	20 908	105 168	45 458	103 497	42 337	102 647	40 398

Anteil der tatverdächtigen Kinder bei Körperverletzung an den tatverdächtigen Kindern insgesamt in %

Straftat	1993		1999		2000		2001	
	Männl.	Weibl.	Männl.	Weibl.	Männl.	Weibl.	Männl.	Weibl.
Leichte Körperverletzung	4,1	2,8	6,9	3,2	7,7	4,0	7,9	4,5
Gefährliche und schwere Körperverletzung	3,6	2,2	5,9	3,0	6,4	3,4	7,0	3,9
Straftaten insgesamt	100,0	100,0	100,0	100,0	100,0	100,0	100,0	100,0

Eine Betrachtung der jeweiligen Entwicklung der Anteile der Kinder an den insgesamt Tatverdächtigen bei den entsprechenden Körperverletzungen verdeutlicht, dass sich sowohl bei der leichten als auch bei der schweren Körperverletzung der Anteil der Kinder seit 1993 fast verdoppelte. 1993 waren von den 91 597 registrierten Tatverdächtigen bei schweren Körperverletzungen 3,2 %

Kinder, von den 158 381 Verdächtigen bei leichten dagegen 2,2 %[344]. 1999 belief sich der Anteil der Kinder bei ersteren auf 5,8 %, bei letzteren auf 4,0 %, 2000 auf 6,0 % bzw. 4,2 % und im Jahr 2001 auf 6,4 % bzw. 4,1 %[345]. Demnach erfasste man bereits seit 1993 bei Kindern zwar mehr leichte Körperverletzungen, jedoch war der Kinderanteil an sämtlichen Tatverdächtigen bei schwerer, gefährlicher Körperverletzung verhältnismäßig größer. Lediglich bei den Erwachsenen ergab sich ein größerer Anteil an den leichten Körperverletzungen als an den schweren.

Anteil der Kinder an den Tatverdächtigen insgesamt nach Straftatengruppen

Straftat	1993		1999		2000		2001	
	Männl.	Weibl.	Männl.	Weibl.	Männl.	Weibl.	Männl.	Weibl.
Leichte Körperverletzung	1,8	0,4	3,3	0,7	3,5	0,7	3,4	0,7
Gefährliche und schwere Körperverletzung	2,7	0,5	4,8	1,0	4,9	1,1	5,2	1,2
Straftaten insgesamt	3,3	1,0	4,6	2,0	4,5	1,9	4,5	1,8

Eine Gegenüberstellung der Tatverdächtigenbelastungszahlen der alten und neuen Bundesländer zeigt auch für 1999 und 2000 bedeutende Unterschiede. Die Tatverdächtigenbelastungszahl der Kinder betrug 1999 in den alten Bundesländern bei der gefährlichen und schweren Körperverletzung 107, bei der leichten 115, in den neuen Bundesländern bei ersterer 125, bei letzterer dagegen 215[346]. 2000 lag sie in den alten Bundesländern bei 113 (gefährliche Körperverletzung) bzw. bei 131 (leichte Körperverletzung) und in den neuen Bundesländern bei 133 bzw. 240[347]. Die Differenzen zwischen den verschiedenen Körperverletzungen erwiesen sich damit auch in diesen Jahren in den neuen Bundesländern als beträchtlich größer als in den alten.
Vergleicht man die Unterschiede zwischen den Tatverdächtigenbelastungszahlen der alten und neuen Bundesländer, entsprachen sie auch 1999 und 2000 bei der leichten Körperverletzung eher denen der Straftaten insgesamt, die bei den Kindern in den alten Bundesländern 1999 in Höhe von 2 145, in den neuen Bundesländern von 3 057 bestand und 2000 in den alten von 2 074 und in den neuen von 3 091. Zudem verdeutlichen die Tatverdächtigenbelastungszahlen eine stetigen Anstieg der Körperverletzungen von Kindern. Die PKS 1993 enthält leider keine entsprechenden Angaben.

[344] PKS Deutschland, 1993, S. 77.
[345] PKS Deutschland, 1999, 2000, 2001, jeweils S. 86.
[346] PKS Deutschland, 1999, S. 101.
[347] PKS Deutschland, 2000, S. 102.

Belastung deutscher Kinder

Straftatgruppe	1999		2000		2001	
	Alte Länder	Neue Länder	Alte Länder	Neue Länder	Alte Länder	Neue Länder
Straftaten insgesamt	**2 145**	**3 057**	**2 074**	**3 091**	**2 068**	**3 320**
Leichte Körperverletzung	115	215	131	240	136	252
Gefährliche und schwere Körperverletzung	107	125	113	133	128	149

Festzuhalten bleibt, dass die Körperverletzung auch 1993, 1999 und 2000 insbesondere bei den Kindern weiblichen Geschlechts eine geringere Bedeutung erlangte als der Diebstahl.
Die PKS bestätigt allerdings die These, dass Kinder immer gewalttätiger werden. Die Anzahl der bei Körperverletzung erfassten Kinder verdreifachte sich seit 1993 fast, während sich diejenige der tatverdächtigen Kinder bezogen auf die Straftaten insgesamt nicht einmal verdoppelte (2001: 1,6 mal so viele Tatverdächtige wie 1993). Auch die seit 1993 vorliegende stetige Zunahme des Anteils der Kinder an den Tatverdächtigen aller Altersgruppen bei der Körperverletzung, die bei den männlichen Kindern beträchtlicher ausfällt als die bei den Straftaten insgesamt, unterstützt die Vermutung, dass gerade Kinder vermehrt Körperverletzungen begingen. Die Tatverdächtigenbelastungszahlen zeigen ebenfalls eine dauernde Steigerung. Im Gegensatz zum Diebstahl spielt die Körperverletzung bei den Kindern eine immer beträchtlichere Rolle.

Von Bedeutung erscheint, worauf dies zurückzuführen ist. In Betracht kommen insbesondere Veränderungen polizeilicher Kontrollstrategien oder ein Wandel des Anzeigeverhaltens, jedoch sieht man darin keinesfalls den alleinigen Grund für die beträchtlichen Wachstumsraten[348]. Als Erklärung führt man vielmehr die veränderten Lebenslagen junger Menschen an, die vermehrte Aggressionen zur Folge haben, was jedoch vor allem für die Steigerungsraten bei den Jugendlichen und Heranwachsenden ursächlich sein dürfte. Einfluss auch auf die Gewalttaten von Kindern gewinnen zudem sicher die Vorbilder rücksichtsloser Durchsetzung sowohl im Wirtschaftsleben als auch im Verkehrsverhalten Erwachsener[349]. „Je deprivierter und frustrierter einzelne Individien sind, desto instabiler und anfälliger ist ihre Ichstruktur für Reife, die wieder Nachahmungslernen oder Lernen am Erfolg aggressiver Handlungen nahelegen."[350] Dies dürfte bei der zunehmenden Gewalttätigkeit von Kindern auch heute eine Rolle spielen. Zudem ergeben sich insbesondere Einflüsse durch die veränderten Medien.

---

348 So vor allem Weiß, 2000, S. 10; Wetzels, Pfeiffer, 1996, S. 147.
349 So zumindest für Jugendliche: Hünneluns in: Jugendschutz, 1977, S. 79.
350 Dechene 1975, S. 368 zitiert nach: Hünneluns in: Jugendschutz, 1977, S. 79.

Grund zur Besorgnis gibt aber nicht nur die zunehmende Zahl an „Gewaltdelikten“ durch Kinder, sondern darüber hinaus die Veränderungen in der Qualität der körperlichen Gewalthandlungen, wie beispielsweise die Tatsache belegt, dass bei Rivalitätskämpfen der besiegte Gegner noch mit Fußtritten traktiert wird[351].

(3) Sachbeschädigung, § 303 StGB

Die folgende Untersuchung betrifft Veränderungen im Hinblick auf von Kindern begangene Sachbeschädigungen.
1993 wurden von insgesamt 88 276 tatverdächtigen Kindern 12 603 bei Sachbeschädigungen registriert, was einen Anteil von 14,3 % ausmacht[352]. 1999 lag dieser bei 15,8 % (23 843 Sachbeschädigungen von 150 626 Straftaten)[353]. Im Jahr 2000 erfasste man 23 958 von 145 834 tatverdächtigen Kindern und damit 16,4 % bei Sachbeschädigungen, 2001 25 536 von insgesamt 143 045 und folglich 17,9 %[354]. Während die tatverdächtigen Kinder insgesamt bis 1998 mehr wurden, sich jedoch dann verringerten[355], stieg die Anzahl der bei Sachbeschädigungen registrierten stetig, von 1993 bis 2001 um 102,6 %. Allerdings nahmen diese bereits 1993 einen größeren Stellenwert ein als Körperverletzungsdelikte.
Die Divergenzen zwischen den Kindern männlichen und denen weiblichen Geschlechts verstärkten sich hinsichtlich des Anteils der bei Sachbeschädigungen tatverdächtigen Kinder an denen bezogen auf die Straftaten im Vergleich zu 1993 noch. Während 1993 16,8 % der insgesamt einer Straftat verdächtigen männlichen Kinder bei Sachbeschädigungen tatverdächtig waren, registrierte man bei den weiblichen 6,2 % bei diesem Delikt[356]. 1999 betrug der Anteil der Sachbeschädigungen bei den männlichen Kindern 19,8 %, bei den weiblichen 6,7 % und 2000 bei ersteren 20,0 % und letzteren 7,6 %[357]. Die Sachbeschädigung stellte allerdings bereits 1993 sowohl bei den Mädchen als auch bei den Jungen das Delikt dar, bei dem von den Straftaten insgesamt die zweit meisten Tatverdächtigen erschienen.

Anzahl der tatverdächtigen Kinder

Straftat	1993		1999		2000		2001	
	Männl.	Weibl.	Männl.	Weibl.	Männl.	Weibl.	Männl.	Weibl.
Sachbeschädigung	11 317	1 286	20 782	3 061	20 738	3 220	22 115	3 421
Diebstahl	48 866	17 439	68 612	37 168	65 160	33 349	62 733	30 744
Körperverletzung	5 224	1 046	13 449	2 814	14 574	3 134	15 293	3 390
Straftaten insgesamt	67 368	20 908	105 168	45 458	103 497	42 337	102 647	40 398

[351] Weiß, 2000, S. 14.
[352] Vgl. PKS Deutschland, 1993, S. 85.
[353] Vgl. PKS Deutschland, 1999, 2000, jeweils S. 75.
[354] Vgl. PKS Deutschland, 2000, 2001, jeweils S. 75.
[355] Vgl. PKS Deutschland, 2001, S. 74.
[356] PKS Deutschland, 1993, S. 85.
[357] PKS Deutschland, 1999, 2000, jeweils S. 88.

Anteil der tatverdächtigen Kinder an den tatverdächtigen Kindern insgesamt nach Straftaten in %

Straftat	1993		1999		2000		2001	
	Männl.	Weibl.	Männl.	Weibl.	Männl.	Weibl.	Männl.	Weibl.
Sachbeschädigung	16,8	6,2	19,8	6,7	20,0	7,6	21,5	8,5
Diebstahl	72,5	83,4	65,2	81,8	63,0	78,8	61,1	76,1
Körperverletzung	7,8	5,0	12,8	6,2	14,1	7,4	14,9	8,4
Straftaten insgesamt	100,0	100,0	100,0	100,0	100,0	100,0	100,0	100,0

Die Verteilung der Altersgruppen ergibt 1993 von 129 944 insgesamt erfassten Tatverdächtigen bei Sachbeschädigungen 9,7 % Strafunmündige[358]. 1999 belief sich der Anteil der Kinder bei 168 418 Tatverdächtigen auf 14,1 % und 2000 bei 168 366 Tatverdächtigen auf 14,2 %[359]. Der Anteil der Kinder vergrößerte sich damit zwar stetig, jedoch zeigt ein Vergleich mit demjenigen an Körperverletzungen und Diebstahl, dass der Anteil der Kinder an Sachbeschädigungen 1993 über dem an Körperverletzungen und sowohl über dem an Diebstahl unter erschwerenden Umständen als auch über dem an Diebstahl ohne erschwerende Umstände lag. 1999 übertraf er dagegen nur noch den an Körperverletzungen und den an Diebstahl unter erschwerenden Umständen. Das Verhältnis im Jahr 2000 und 2001 entspricht jedoch wieder 1993.
Der Unterschied zwischen den Geschlechtern wuchs im Vergleich zu 1993 sogar noch. Während 1993 auf die weiblichen Kinder ein Anteil von 1,0 % fiel, erschienen unter den Tatverdächtigen bei der Sachbeschädigung immerhin 8,7 % männliche Kinder. 1999 machten Mädchen einen Anteil von 1,8 % aus, Jungen von 12,3 %, 2000 erstere ebenfalls von 1,9 % und letztere von 12,3 %.

Anteil der Kinder an den Tatverdächtigen insgesamt nach Straftatengruppen

Straftat	1993		1999		2000		2001	
	männlich	weiblich	männlich	weiblich	männlich	weiblich	männlich	weiblich
Sachbeschädigung	8,7	1,0	12,3	1,8	12,3	1,9	12,7	2,0
Diebstahl ohne erschwerende Umstände	5,8	2,4	8,9	5,5	8,9	5,1	8,7	4,8
Diebstahl unter erschwerenden Umstände	4,9	0,5	7,9	1,1	7,3	1,1	7,6	1,2
Leichte Körperverletzung	1,8	0,4	3,3	0,7	3,5	0,7	3,4	0,7
Gefährliche und schwere Körperverletzung	2,7	0,5	4,8	1,0	4,9	1,1	5,2	1,2
Straftaten insgesamt	3,3	1,0	4,6	2,0	4,5	1,9	4,5	1,8

358 PKS Deutschland, 1993, S. 77.

359 PKS Deutschland, 1999, 2000, jeweils S. 86.

Keine Veränderungen ergaben sich auch hinsichtlich der deutlichen Unterschiede zwischen den Tatverdächtigenbelastungszahlen in den alten und denen in den neuen Bundesländern. Während die Tatverdächtigenbelastungszahl der Kinder 1999 in den alten Bundesländern bei 307 lag, wiesen die neuen Bundesländer einen Wert von 675 auf[360]. 2000 bestand eine Tatverdächtigenbelastung in den alten Bundesländern in Höhe von 316, in den neuen von 716[361].
Bei einem Vergleich mit dem Jahr 2001 zeigt sich zwar sowohl in den alten als auch in den neuen Bundesländern ein stetiger Anstieg seit 1999, jedoch fällt dieser in den neuen Bundesländern beträchtlicher aus als in den alten (2001: 352 bzw. 804, vgl. nachfolgende Tabelle). Allerdings übertraf die Tatverdächtigenbelastungszahl der Kinder bei der Sachbeschädigung bereits 1999 und 2000 sowohl in den alten als auch in den neuen Bundesländern die der Erwachsenen.

Tatverdächtigenbelastung deutscher Kinder und Erwachsener

Straftat / Altersgruppe	**1999**		**2000**		**2001**	
	Alte Länder	Neue Länder	Alte Länder	Neue Länder	Alte Länder	Neue Länder
Sachbeschädigung / **Kinder**	307	675	316	716	352	804
Sachbeschädigung / Erwachsene	99	185	100	173	100	170
Straftaten insgesamt / **Kinder**	2 145	3 057	2 074	3 091	2 068	3 320
Straftaten insgesamt / Erwachsene	1 854	2 283	1 917	2 238	1 911	2 293

Zusammenfassend bleibt festzuhalten, dass die Sachbeschädigung wie auch die Körperverletzung bei Kindern an Bedeutung gewann. Zum einen fällt auf, dass die Anzahl der bei Sachbeschädigungen registrierten Kinder stetig stieg, während sich die Summe der tatverdächtigen Kinder insgesamt seit 1998 verringerte. Ein Vergleich der tatverdächtigen Kinder von 1993 und 2001 führt zu dem Ergebnis, dass im Jahr 2001 1,6 mal so viele Kinder bei den Straftaten insgesamt erfasst wurden wie 1993 und 2,0 mal so viele bei Sachbeschädigungen. Die Zunahme der Sachbeschädigungen erreicht jedoch bei weitem nicht das Ausmaß derjenigen bei Körperverletzungen.
Bedeutung erlangt zudem, dass sich der Anteil der Strafunmündigen an den insgesamt bei Sachbeschädigungen erfassten Tatverdächtigen seit 1993 stetig vergrößerte.
Die Gründe für diese Entwicklung dürften denen für die Tendenz bei der Körperverletzung entsprechen.

[360] PKS Deutschland, 1999, S. 101.
[361] PKS Deutschland, 2000, S. 102.

(4) Brandstiftung und Herbeiführen einer Brandgefahr

Interessant erscheint im Hinblick auf die Entwicklung der Brandstiftung und dem Herbeiführen einer Brandgefahr, ob diese auch in früheren Jahren die teilweise überraschenden Werte bei den Kindern aufwiesen.
1993 stellten sich von den insgesamt 11 099 bei Brandstiftungen registrierten Tatverdächtigen 18,6 % als Strafunmündige heraus[362]. 1999 nahmen Kinder unter 14 798 erfassten Tatverdächtigen bei Brandstiftungen einen Anteil von 24,4 % ein und 2000 bei 14 624 Tatverdächtigen von 22,9 %[363]. Die Tatsache, dass Kindern im Rahmen der Brandstiftung im Vergleich zu anderen Delikten die bedeutendste Rolle zukommt, traf damit bereits 1993 zu.
Jugendlich waren dagegen 1993 nur 10,0 %, 1999 12,8 % und 2000 13,3 %, heranwachsend sogar lediglich 6,4 % (1993), 6,6 % (1999) und 6,9 % (2000). Der Anteil der Strafunmündigen stieg damit im Vergleich zu 1993 am stärksten. Allerdings verringerte er sich sowohl im Jahr 2000 als auch 2001 (22,7 %), während der Anteil Jugendlicher weiter wuchs (2001: 14,0 % Jugendliche). Der Anteil der Kinder lag aber sowohl 1993 als auch 1999, 2000 und 2001 stets beachtlich über dem der Jugendlichen und Heranwachsenden.
Betrachtet man Mädchen und Jungen getrennt voneinander, ergibt sich 1999 und 2000 wie auch im Jahr 2001 nur für letztere der – im Vergleich zu anderen Delikten – größte Anteil bei der Brandstiftung, da der Anteil der weiblichen Kinder in diesen Jahren beim Diebstahl ohne erschwerende Umstände den bei der Brandstiftung übertrifft. 1993 machten dagegen auch weibliche Kinder bei der Brandstiftung den höchsten Anteil aus im Vergleich zu den übrigen Straftaten.

Anteil an den Tatverdächtigen insgesamt bei der Brandstiftung nach Altersgruppen

Straftat	1993		1999		2000		2001	
	Männl.	Weibl.	Männl.	Weibl.	Männl.	Weibl.	Männl.	Weibl.
Kinder	16,1	2,5	21,2	3,2	19,5	3,4	19,7	3,0
Jugendliche	8,9	1,1	11,1	1,7	11,5	1,8	12,2	1,8
Heranwachsende	5,8	0,6	5,6	1,0	5,9	1,0	5,7	0,9
Erwachsene	52,3	12,8	43,5	12,7	43,2	13,7	42,8	14,0

Ein Vergleich der Relevanz der einzelnen Delikte im Bereich der Kinderdelinquenz führt für die Brandstiftung zu einer eher untergeordneten Rolle. 1993 wurden von den 67 368 insgesamt registrierten männlichen tatverdächtigen Kindern nur 1 782 und folglich 2,6 % bei Brandstiftungen erfasst[364]. 1999 nahmen die bei Brandstiftungen tatverdächtigen Jungen einen Anteil von 3,0 % ein (3 143 entsprechende Tatverdächtige) und 2000 von 2,8 % (2 856 entsprechende

[362] PKS Deutschland, 1993, S. 77.
[363] PKS Deutschland, 1999, 2000, jeweils S. 86.
[364] PKS Deutschland, 1993, S. 85.

Tatverdächtige)[365]. Folglich vermehrte sich die Summe der tatverdächtigen männlichen Kinder bei Brandstiftungen bis 1999, worauf die Zahlen dann aber wieder zurückgingen. Der Anteil an den tatverdächtigen Strafunmündigen verringerte sich ebenfalls seit 1999.
Noch unbedeutender im Verhältnis zu anderen Delikten stellte sich die Brandstiftung schon 1993 bei den weiblichen tatverdächtigen Kindern dar. Von 20 908 insgesamt tatverdächtigen Mädchen 1993 waren es 275 und somit 1,3 % bei Brandstiftungen. 1999 belief sich der Anteil bei 470 entsprechenden weiblichen Tatverdächtigen auf 1,0 % und 2000 bei 495 Tatverdächtigen auf 1,2 %. Die Anzahl der bei Brandstiftungen erfassten Mädchen stieg damit bis 2000 stetig, jedoch erscheinen im Jahr 2001 lediglich 411 weibliche einer Brandstiftung verdächtige Kinder. Der Anteil an den tatverdächtigen Strafunmündigen schwankt leicht.
Bei den Jugendlichen machten die Brandstiftungen allerdings stets einen noch geringeren Anteil aus.

Anzahl der tatverdächtigen Kinder und Jugendlichen bei Brandstiftung

Straftat	1993		1999		2000		2001	
	Männl.	Weibl.	Männl.	Weibl.	Männl.	Weibl.	Männl.	Weibl.
Kinder	1 782	275	3 143	470	2 856	495	2 712	411
Jugendliche	989	120	1 644	248	1 685	260	1 676	243

Anteil der tatverdächtigen Kinder und Jugendlichen bei Brandstiftung an den tatverdächtigen Kindern und Jugendlichen insgesamt in %

Straftat	1993		1999		2000		2001	
	Männl.	Weibl.	Männl.	Weibl.	Männl.	Weibl.	Männl.	Weibl.
Kinder	2,6	1,3	3,0	1,0	2,8	1,2	2,6	1,0
Jugendliche	0,6	0,3	0,7	0,3	0,8	0,4	0,7	0,3

Bei den Tatverdächtigenbelastungszahlen fällt auf, dass sie in den alten Bundesländern seit 1998 relativ konstant blieben[366]. Die neuen Bundesländer haben bei den Kindern und Heranwachsenden im Jahr 2001 im Vergleich zu 2000 einen Rückgang zu verzeichnen, bei den Jugendlichen und Erwachsenen liegt ein solcher bereits im Jahr 2000 vor.

[365] PKS Deutschland, 1999, 2000, jeweils S. 88.
[366] Vgl. PKS Deutschland, 1998, 1999, S. 101; PKS Deutschland, 2000, 2001, jeweils S. 102.

Tatverdächtigenbelastung nach Altersgruppen bei der Brandstiftung

Altersgruppe	1999		2000		2001	
	Alte Länder	Neue Länder	Alte Länder	Neue Länder	Alte Länder	Neue Länder
Kinder	42	106	38	108	40	98
Jugendliche	38	107	42	97	45	85
Heranwachsende	29	62	28	69	27	54
Erwachsene	11	18	12	17	11	16

Kinder spielten somit auch in früheren Jahren im Bereich der Brandstiftung verglichen mit anderen Altersgruppen eine größere Rolle als bei anderen Delikten, wobei der Brandstiftung im Bereich der Kinderdelinquenz allerdings keine außerordentliche Bedeutung zukam. Die Zunahme der Brandstiftungen könnte darauf zurückzuführen sein, dass Kinder ihre Freizeit häufiger unbeaufsichtigt verbringen, weshalb sich mehr „Unglücksfälle" ergeben.

(5) Raubdelikte

Bei den Raubdelikten ergaben sich seit 1993 erwähnenswerte Veränderungen.
Der Anteil der Strafunmündigen an den Tatverdächtigen insgesamt erfuhr seit 1993 eine drastische Erhöhung. Während Kinder 1993 unter den Tatverdächtigen insgesamt einen Anteil von 3,8 % ausmachten, lag er 1999 bereits bei 8,5 %[367]. Im Jahr 2000 stieg er auf 9,4 %, verringerte sich 2001 jedoch wieder auf 8,5 %[368].
Auffallend sind hierbei aber die Differenzen zwischen Mädchen und Jungen. Während 1993 3,4 % der Tatverdächtigen insgesamt männliche Kinder waren, belief sich ihr Anteil 1999 auf 7,4 % und 2000 auf 8,2 %. Auf die weiblichen Kinder fiel 1993 ein Anteil von 0,4 %, 1999 von 1,1 % und 2000 von 1,2 %. Demgemäss weisen beide Geschlechter bis zum Jahr 2000 eine Erhöhung auf, wobei diese bei den Jungen aber ein beträchtlicheres Ausmaß annimmt. Die Werte von 2001 entsprechen wieder denen von 1999. Während Raubdelikte damit im Jahr 2000 hinsichtlich des Anteils der Strafunmündigen an den Tatverdächtigen insgesamt sowohl bei den Mädchen als auch bei den Jungen an vierter Stelle standen, kommt ihnen 2001 bei den Kindern männlichen Geschlechts nur der fünfte und bei denen weiblichen Geschlechts lediglich der sechste Rang zu (vgl. S. 72). Diesbezüglich nehmen Raubdelikte im Jahr 2001 denselben Stellenwert ein wie 1993.

367 PKS Deutschland, 1993, S. 77; PKS Deutschland, 1999, S. 86.

Anteil der Kinder an den Tatverdächtigen insgesamt nach Straftatengruppen

Straftat	1993		1999		2000		2001	
	männlich	weiblich	männlich	weiblich	männlich	weiblich	männlich	weiblich
Raubdelikte	3,4	0,4	7,4	1,1	8,2	1,2	7,4	1,1
Straftaten insgesamt	3,3	1,0	4,6	2,0	4,5	1,9	4,5	1,8

Im Hinblick auf die Anzahl der jeweils registrierten Kinder gewannen Raubdelikte gegenüber 1993 im Vergleich zu anderen Delikten an Bedeutung. Von den männlichen tatverdächtigen Kindern wurden 1993 1 119 und damit 1,7 % im Zusammenhang mit Raubdelikten registriert[369]. 1999 erfasste man 2 974 und folglich 2,8 % sowie 2000 3 166 und demnach 3,1 % im Rahmen von Raubdelikten[370]. Bei den weiblichen tatverdächtigen Kindern traten 1993 lediglich 144 und somit 0,7 % bei Raubdelikten auf, 1999 439 und daher 1,0 % sowie 2000 457 und dementsprechend 1,1 %.

Sowohl die Anzahl der männlichen als auch der weiblichen tatverdächtigen Kinder erhöhte sich damit im Vergleich zu 1993 beträchtlich, liegt im Jahr 2001 aber wieder unter derjenigen von 1999. Entsprechendes gilt für den Anteil der bei Raubdelikten tatverdächtigen männlichen Kinder an den tatverdächtigen Kindern insgesamt. Bei den Mädchen vergrößerte sich der Anteil nur geringfügig.

Anzahl der tatverdächtigen Kinder

Straftat	1993		1999		2000		2001	
	männlich	weiblich	männlich	weiblich	männlich	weiblich	männlich	weiblich
Raubdelikte	1 119	144	2 974	439	3 166	457	2 789	424
Straftaten insgesamt	67 368	20 908	105 168	45 458	103 497	42 337	102 647	40 398

Anteil der tatverdächtigen Kinder bei Raubdelikten an den tatverdächtigen Kindern insgesamt in %

Straftat	1993		1999		2000		2001	
	männlich	weiblich	männlich	weiblich	männlich	weiblich	männlich	weiblich
Raubdelikte	1,7	0,7	2,8	1,0	3,1	1,1	2,7	1,0
Straftaten insgesamt	100,0	100,0	100,0	100,0	100,0	100,0	100,0	100,0

Die Tatverdächtigenbelastungszahlen weisen nur geringfügige Differenzen zwischen den alten und den neuen Bundesländern auf[371]. Auch ergeben sich keine bedeutenden Unterschiede zwischen 1999 und 2000 sowie 2001.

368 PKS Deutschland, 2000, 2001, jeweils S. 86.
369 PKS Deutschland, 1993, S. 85.
370 PKS Deutschland, 1999, 2000, jeweils S. 88.
371 Vgl. PKS Deutschland, 1999, S. 101; PKS Deutschland, 2000, 2001, jeweils S. 102.

Tatverdächtigenbelastung nach Altersgruppen bei Raubdelikten

Altersgruppe	1999		2000		2001	
	Alte Länder	Neue Länder	Alte Länder	Neue Länder	Alte Länder	Neue Länder
Kinder	44	43	46	47	40	47
Jugendliche	245	319	236	303	229	276
Heranwachsende	184	346	185	312	186	305
Erwachsene	17	29	17	25	17	25

Ähnlich wie bei der Brandstiftung lässt sich daher festhalten, dass Raubdelikte bereits 1993 sowohl hinsichtlich der absoluten Tatverdächtigenzahlen als auch bezüglich der Belastung der Tatverdächtigen bei Kindern im Vergleich zu anderen Delikten nur eine untergeordnete Rolle spielten. Im Gegensatz hierzu kommt Kindern und vor allem männlichen Kindern mittlerweile bei den Raubdelikten durchaus Bedeutung zu, was den Anteil an den Tatverdächtigen insgesamt betrifft. 1993 war die Relevanz der Strafunmündigen für die Raubdelikte noch weitaus geringer.
Raub unterscheidet sich vom Diebstahl durch die Gewaltausübung oder zumindest Drohung mit gegenwärtiger Gefahr für Leib oder Leben, so dass auch hier die für den Anstieg der Körperverletzungsdelikte relevanten Gründe eine Rolle spielen (vgl. S. 140). Die im Vergleich zu 1993 beträchtlich höhere Tatverdächtigen-Anzahl scheint die Annahme vieler Menschen, Straftaten von Kindern würden immer schlimmer, zu bestätigen. Das Jahr 2001 zeigt allerdings einen Rückgang sowohl bezüglich des Anteils der Kinder an den insgesamt bei Raubdelikten Tatverdächtigen als auch im Hinblick auf die Anzahl der bei diesem Delikt registrierten Strafunmündigen. Jedoch bleibt abzuwarten, ob sich daraus eine zu den vorhergehenden Jahren gegenläufige Tendenz entwickelt, oder ob es sich lediglich um eine kurzzeitige Schwankung handelt.

(6) Sonstige Straftatengruppen

Betrachtet man die Anteile der einzelnen Altersgruppen an den Tatverdächtigen insgesamt, traten 1993, 1999 und 2000 dieselben Delikte wie im Jahr 2001 mit deutlich größeren Anteilen der Jugendlichen, Heranwachsenden und Erwachsenen als der Kinder hervor (vgl. S. 75).
Auch im Hinblick auf die Anzahl der tatverdächtigen Kinder fällt auf, dass bereits 1993 bei den gleichen Straftaten wie im Jahr 2001 Kindern und Jugendlichen so gut wie gar keine Bedeutung zukam bzw. die gleichen Delikte bei Jugendlichen im Gegensatz zu Kindern bereits eine gewisse Rolle spielten. Auch hinsichtlich der Straftatengruppen, die sowohl bei weiblichen Kindern als auch bei weiblichen Jugendlichen keine Relevanz erlangten, in deren Kontext dagegen männliche Kinder und Jugendliche häufiger erfasst wurden, ergeben sich keine gravierenden Unterschiede.

Zusammenfassend spielt sich Kinderdelinquenz noch überwiegend im Bereich des Diebstahls ab. Dennoch ist die vielfach zu hörende Behauptung, Kinderkriminalität werde immer schlimmer, nicht von der Hand zu weisen. Zwar ging man davon aus, die Aussage sei nicht belegbar, da Kinder ihre Straftaten nach wie vor überwiegend im Bagatellbereich von Ladendiebstahl und Sachbeschädigung begingen[372]. Allerdings ist zu berücksichtigen, dass der Bagatellbereich insbesondere von Ladendiebstahl stetig zurückgeht, während sich sowohl leichte als auch schwere Körperverletzungen dauernd vermehrten. Beängstigend wirkt vor allem die zunehmende Bewertung von Gewalt als legitime Erscheinung. Eine „immer schlimmere Kinderdelinquenz“ kann meines Erachtens durchaus angenommen werden.

ff) Zusammenfassung

Im Ergebnis bleibt festzuhalten, dass sich die Zahl der tatverdächtigen Kinder zwar seit 1998 verringerte, dass jedoch insgesamt seit 1993 nach der PKS ein erheblicher Zuwachs vorliegt (62,0 %). Es stellt sich allerdings die Frage der Interpretation der PKS-Zahlen, d.h. ob die Kinderdelinquenz tatsächlich zunahm oder lediglich die registrierte Kinderdelinquenz.

In Betracht kommt zum einen eine Abnahme der Toleranzschwelle der Bevölkerung und damit eine verstärkte Anzeigebereitschaft. Des weiteren besteht die Möglichkeit, dass sich die Kontrolldichte erhöhte und die Polizei Strafanzeigen gegen Strafunmündige intensiver bearbeitet. Zum anderen kann die Kinderdelinquenz tatsächlich zugenommen haben.

Im Hinblick auf das Anzeigeverhalten vermag mangels entsprechender Forschungsergebnisse nicht gesagt werden, ob Veränderungen auftraten[373]. Aber selbst wenn es bei Strafunmündigen heute schneller zu einer Anzeige kommen sollte als noch vor 10 Jahren, dürfte dies nur zum Teil ursächlich für einen Anstieg der registrierten Kinderdelinquenz sein[374]. Ebenso verhält es sich mit etwaigen Veränderungen der Kontrollstrategien.

Für einen realen Zuwachs der Kinderdelinquenz spricht die Tatsache, dass die Zahl der insgesamt von der Polizei zu bearbeitenden Fälle weit stärker anwuchs als ihre Planstellen, womit eine verstärkte Kontrolle nicht möglich erscheint[375]. Einen Ansatzpunkt für einen tatsächlichen Anstieg stellt es zudem dar, wenn die Anzahl deutscher Tatverdächtiger von 1993 bis 2001 um 25,7 % stieg, die der nichtdeutschen dagegen um 17,6 % zurückging bzw. die der deutschen Kinder sich um 77,9 % erhöhte, die der nichtdeutschen nur um 13,6 % (vgl. S. 124). Anzunehmen ist kaum, dass Opfer Ausländer immer seltener und Deutsche häufiger anzeigen. Zwar spielen diesbezüglich Wanderbewegungen eine Rolle, weshalb sich die Anzeigebereitschaft trotz der rückläufigen Tatverdächtigen-

---

372 So PKS Bayern, 1997, S.2; Elsner, Steffen, Stern, 1998, S. 180.

373 So auch Schwind, 2002, S.58.

374 Ebenso Weiß, 2000, S. 10.

375 So auch Pfeiffer, Wetzels in : DVJJ-Journal, 1997, S. 351.

zahlen der Nichtdeutschen auch bezüglich Deutscher und Nichtdeutscher erhöht haben könnte, jedoch sprechen die Veränderungen bei den einzelnen Straftaten ebenfalls gegen ein verändertes Anzeigeverhalten als alleinige Ursache.
Unwahrscheinlich erscheint eine Verringerung der Anzeigebereitschaft bei Diebstahl in Kombination mit deren Verstärkung bei Körperverletzungen und Sachbeschädigungen. Auch der Rückgang der als tatverdächtig registrierten Kinder seit 1998, den die Tatverdächtigenbelastungszahlen bestätigen[376], weist daraufhin, dass die Kriminalitätszahlen nicht ausschließlich auf dem Anzeigeverhalten beruhen. Gründe, warum die Toleranzschwelle wieder zugenommen haben sollte, sind jedenfalls nicht ersichtlich.
Meines Erachtens muss daher insgesamt von einem realen Anstieg der Kinderdelinquenz ausgegangen werden[377], wenn auch nicht unbedingt in dem Ausmaß, wie er sich aus der PKS ergibt. Auch die Verringerung der Tatverdächtigen-Zahlen seit 1998 dürfte der Realität entsprechen. Ob dies nur von kurzzeitiger Dauer oder Ausdruck einer tatsächlich rückläufigen Tendenz ist, bleibt abzuwarten.

Es stellt sich jedoch die Frage, ob die im Vergleich zu 1993 beträchtlich höhere Delinquenzbelastung der Kinder Anlass zur Besorgnis gibt.
Im allgemeinen geht man davon aus, dass deliktisches Handeln bei Kindern „keine außergewöhnliche, sondern eine eher normale, grundsätzlich entwicklungsbedingte und daher häufig vorkommende Verhaltensweise" darstellt[378]. Bedeutung erlangt zudem, dass die kindliche Motivation delinquenten Verhaltens mit der der Erwachsenen nicht vergleichbar ist. „Bei Kindern gehen Spiel und Scheinwelt mitunter noch untrennbar in Ernst und Wirklichkeit über. Die kindliche Motivation delinquenten Verhaltens ist häufig zu suchen in Spiel, Unfug, Ausgelassenheit, Übermut, Abenteuerlust und Erlebnisdrang, Sport, Sichaustoben, Ulk, Schabernack."[379]. Auch stellen Rechtsbrüche von Kindern eine zwar ubiquitäre, aber in der Regel vorübergehende Erscheinung dar, da das delinquente Verhalten überwiegend eine einmalige Episode bleibt. Kinderdelinquenz hat demnach „keine bahnende Wirkung, keine Schrittmacherfunktion für Jugenddelinquenz oder Erwachsenenkriminalität. Lediglich eine kleine Minderheit straffälliger Kinder steht am Anfang einer kriminellen Karriere." [380] Die von Kindern verursachten Sachschäden und Verletzungen sind ebenfalls weitaus ge-

[376] Der nur geringfügigen Erhöhung im Jahr 2001 dürfte keine Aussagekraft zukommen (vgl. S. 118).
[377] Ebenso Pfeiffer, Wetzels in: DVJJ-Journal, 1997, S. 351; ferner Weiß, 2000, S. 10; Steffen in DVJJ-Journal, 2002, S. 160, die aber hervorhebt, dass auch von erhöhter Kontrolldichte und verstärkter Anzeigebereitschaft auszugehen ist.
[378] Schneider, 1993, S. 228; vgl. auch Kaiser, 1997, S. 267; Mergen, 1995, S. 206; Schneider in: Jura, 1991, S. 346; vgl. auch schon Kluge, von Randow, 1979, S. 34.
[379] Kreuzer in: Zeitschrift für Pädagogik, 1983, S. 63.
[380] Schneider in: Elster, Lingemann, 1998, S. 473; ähnlich Schneider in: Jura, 1991, S. 346; Pongratz, Jürgensen, 1990, S. 63.

ringer und weniger gravierend als bei Jugendlichen und Heranwachsenden als Tätern[381]. Zudem fällt nach wie vor nur eine kleine Minderheit wegen Straftaten auf.
Aus alldem folgt, dass der Anstieg der tatverdächtigen Kinder zumindest nicht zu sehr dramatisiert werden sollte, insbesondere nachdem seit 1998 ein Rückgang zu verzeichnen ist.
Für Jugendkriminalität bereits im Jahr 1982 angestellte Erwägungen erscheinen aber dennoch auch für Kinderdelinquenz interessant. Das Bundeskriminalamt wies darauf hin, dass die deutlich steigende Jugendkriminalität eine durchaus ernstzunehmende Herausforderung unserer Gesellschaft sei[382]. Das Anwachsen der Jungendkriminalität bilde ein unübersehbares Anzeichen für die zunehmende Schwierigkeit junger Menschen, sich in der bestehenden Gesellschaftsordnung zurechtzufinden und ohne größere Probleme erwachsen zu werden. Auch die These des französischen Kriminalsoziologen Lacassagne, jede Gesellschaft habe die Kriminellen, die sie verdiene[383], ist nicht von der Hand zu weisen.
Demnach sollte die steigende Kinderkriminalität in jedem Fall ernst genommen und über potentielle Gegenmaßnahmen nachgedacht werden. Dies erfordert aber, sich über mögliche Ursachen klar zu werden.

---

381 Pongratz, 2000, S. 67.
382 Bundeskriminalamt, 1982, S. XIX.
383 „Les sociétés ont les criminels qu'elles méritent" (1901), zit. nach: Bundeskriminalamt, 1982, S. XX.

III. Ursachen der Kinderdelinquenz

Die Frage nach den Ursachen der Kinderdelinquenz zieht immer wieder beträchtliches Interesse auf sich. Allerdings ergibt sich bei einer näheren Analyse, dass Ursachen im engeren Sinn nicht von wesentlicher Bedeutung sind. Relevanz erlangen vielmehr Risikofaktoren, d.h. mögliche Prädiktoren für ein bestimmtes Verhalten[384], oder Erklärungen bzw. Interpretationen, die sich ebenfalls von Ursachen unterscheiden. Eine Ursache erfordert vier Bedingungen[385]. Zum einen muss der als Ursache ins Auge gefasste Faktor vorliegen, sofern ein Phänomen auftritt (notwendige Bedingung). Des weiteren muss das Phänomen auftreten, wenn der vermeintlich kausale Faktor vorliegt (zureichende Bedingung). Daneben muss das Phänomen bei einer Variation des vermutlich kausalen Faktors ebenfalls variieren (Korrelationsregel) und letztendlich müssen zusätzliche Kausalfaktoren in Frage kommen, sofern ein ursächlich erklärtes Phänomen zusätzliche Eigenschaften zeigt. Aufgrund dieser strengen Anforderungen ist in den Sozialwissenschaften der Gebrauch des Terminus „Ursache" oder „kausale Determination" unüblich[386]. Man begnügt sich vielmehr mit Erklärungsversuchen, d.h. mit dem Rückführen oder der Bezugnahme der Variation in einer Variablen auf diejenige in einer oder mehreren anderen.
Aufgrund dessen sollen auch im folgenden keine Ursachen im engeren Sinn, sondern vielmehr mögliche Erklärungen für sozial abweichendes Verhalten von Kindern erörtert werden.

Sowohl die Kriminalität als Ganzes als auch der einzelne Gesetzesverstoß stellen zugleich ein biologisches, psychologisches und soziologisches Phänomen dar und dienen der Problemlösung[387]. Delinquenten Kindern fehlen meist die Grundvoraussetzungen für eine „normale" Sozialisation, d.h. es mangelt ihnen am Vermögen zur Steuerung und Hemmung der Triebbedürfnisse[388]. Allerdings ergibt sich aus diesen Aussagen noch nicht, warum manche kriminelles Verhalten zur Problemlösung wählen, andere dagegen gesetzeskonformes bzw. weshalb bei einigen Kindern die Sozialisationsvoraussetzungen nicht zureichend vorliegen.
Einleuchtend erscheint, dass Kinderdelinquenz in gesellschaftlichen und zwischenmenschlichen Lernprozessen entsteht[389]. Die Persönlichkeiten des Täters, des Opfers und der Personen des sozialen Nahraums bestimmen die zwischenmenschlichen Lernprozesse zwar ebenfalls, jedoch stellt die Persönlichkeit selbst einen Prozess dar. Den Faktoren, die wiederum auf diesen Prozess ein-

---

384 Meier, Tillmann in: Praxis der Kinderpsychologie und Kinderpsychiatrie, 2000, S. 41.
385 Amelang, 1986, S. 74.
386 Amelang, 1986, S. 77.
387 Lademann in: Zentralblatt für Jugendrecht und Jugendwohlfahrt, 1975, S. 51; Walter, Merschmann, Höhner in: MschrKrim, 1975, S. 340.
388 Becker in: Zentralblatt für Jugendrecht und Jugendwohlfahrt, 1972, S. 190, trifft sicher auch heute noch zu.
389 Elster, Lingemann, 1998, S. 475.

wirken, wie beispielsweise Sozialisation oder Vererbung, kommt deshalb nur indirekte Bedeutung zu. Kinderdelinquenz ist demnach auf Mängel in gesellschaftlichen und zwischenmenschlichen Lernprozessen zurückzuführen. Diese Mängel hängen aber gerade wieder mit den die Persönlichkeit des Kindes beeinflussenden Faktoren zusammen, so dass man Erklärungen für sozial abweichendes Verhalten meines Erachtens nur durch die Untersuchung von einzelnen Faktoren finden kann, die möglicherweise Auswirkung haben.

1. Einfluss der Familie

Unter Sozialisation versteht man „den Vorgang des Erlernens von Normen und Wertvorstellungen innerhalb einer Gesellschaft"[390]. Dabei leisten zwar auch Faktoren und Personen außerhalb des Familienkreises einen wesentlichen Beitrag, wie beispielsweise Lehrer, Freunde, Nachbarn, Vorbilder aus den Medien usw., jedoch findet sie zumindest in den ersten Lebensjahren primär in der Familie statt.

Als einer der ersten sah F. Ivan Nye (1958) die Familie als Schlüsselfaktor bei der Delinquenzentstehung[391]. Heutzutage besteht Einigkeit, dass die Familie und damit die Erziehung bei Kinderdelinquenz zumindest noch eine gewisse Rolle spielt. Negativ wirken insbesondere **mangelnde elterliche Beaufsichtigung**, **Zurückweisung der Kinder** und **fehlende Zuneigung**[392]. Der misslungene Sozialisationsprozess zeichnet sich vor allem dadurch aus, dass das Kind keine warme, herzliche Beziehung zu seinen Eltern aufbaut.

Untersuchungen kamen zu dem Ergebnis, demzufolge Tatverdächtige überdurchschnittlich häufig aus Familien stammen, die folgende Bedingungen aufweisen[393]. Zum einen handelt es sich um **strukturell unvollständige Familien**, in denen also ein Elternteil fehlt. Interessant ist diesbezüglich, dass „Tatverdächtige aus unvollständigen Familien relativ stark bei den schweren Eigentums- und Vermögensdelikten in Erscheinung treten, seltener dagegen bei Körperverletzung und beim Warenhausdiebstahl"[394]. Letzteres deckt sich mit dem Ergebnis einer anderen Studie, die an einer amerikanischen Stichprobe feststellte, dass Gewaltverbrechen am häufigsten von Jugendlichen ausgeübt wurden, die aus großen, aber intakten Familien stammten[395].

In Erwägung zu ziehen ist eine Auswirkung unvollständiger Familien auch deshalb, da die Scheidungsquoten stetig zunehmen (im Jahr 2000 kam fast jedes

[390] Kluge, von Randow, 1979, S. 56.

[391] Vgl. Elster, Lingemann, 1998, S. 480.

[392] Eisenberg, 1980, S. 25; Schneider, 1987, S. 650; Elster, Lingemann, 1998, S. 481.

[393] Loll, 1990, S. 44.

[394] Jany in: Schwind, Empirische Kriminalgeographie, 1978, BKA-Forschungsreihe, Bd. 8, S. 264.

[395] Andrew J.M., Violence Among Delinquents by Family Intactness and Size, Social Biology, 1979, 25, S. 243 – 250, zit. nach: Loll, 1990, S. 44.

fünfte Kind aus einer unvollständigen Familie[396]), so dass die steigende Kinderdelinquenz darauf zurückgeführt werden könnte.
Zum anderen gibt es empirische Hinweise dafür, dass Tatverdächtige überdurchschnittlich aus **Familien mit vielen Kindern** stammen, in denen die **Mutter einen Beruf ausübt**.
Auf den ersten Blick erscheinen diese Faktoren durchaus plausibel, da es sich um Bedingungen handelt, die eine geringere Eingebundenheit des Einzelnen in die Familienstruktur zur Folge haben, was zu einer Verminderung der Verhaltenskontrolle führt[397]. Allerdings existieren mittlerweile auch widersprüchliche Ansätze.
Zwar nimmt die Zahl der alleinerziehenden Mütter zu, jedoch wirken nicht die unvollständigen, sondern **zerrüttete Familien** negativ[398]. Letzteres meint Familien, die in dauerndem Zank und Streit leben. Die früher noch im Vordergrund stehende Struktur der Familie wird gerade nicht mehr als entscheidend angesehen, sondern, wie neuere Studien zeigen, die Bedingungen, die in der Familie herrschen[399]. Es kommt gerade nicht darauf an, dass das Kind mit zwei Elternteilen aufwächst. Bedeutung erlangt es vielmehr, wenn die Familie eine bestimmte soziale Funktion erfüllt und dem Kind ein Gefühl der Geborgenheit vermittelt, was auch bei einer strukturell unvollständigen Familie erfolgen kann. Berücksichtigt man die Scheidungsquoten, kommt ein entsprechender Zusammenhang dergestalt in Betracht, dass sich insbesondere die Zeit vor der Trennung negativ auswirkt, die in der Regel von Streitereien gekennzeichnet ist. Wichtig für das Kind sind zudem Akzeptanz und Unterstützung, Vertrauen und intime und instrumentelle Kommunikation[400].
Bedacht werden muss aber, dass in unvollständigen Familien meist die Notwendigkeit für eine Berufstätigkeit des Elternteils besteht, weshalb weniger Zeit für das Kind übrig bleibt, wodurch die Erfüllung der sozialen Funktion schwieriger sein mag. Bezüglich der Frage, ob sich die **Berufstätigkeit der Mutter** generell, d.h. auch sofern das Kind bei beiden Elternteilen lebt, negativ auswirkt, besteht keine Einigkeit. Die Mehrheit der Kriminologen geht allerdings von einer delinquenzbegünstigenden Wirkung vor allem aufgrund der Zerstörung des „Familiennests“ und der mangelnden Beaufsichtigung aus[401]. Teilweise vertritt man

---

[396] Weiß, 2000, S. 28.
[397] So auch Loll, 1990, S. 45.
[398] Schneider, 1987, S. 651.
[399] Van Voorhis P., 1988, The Impact of Family Structure and Quality on Delinquency, A Comparative Assessment of Structural and Functional Factors, Criminology 26, S. 235-261, S. 245 f; Cernkovich, S.A. & Giordano, P.C., Family Relationship and Delinquency in: Criminology 25, 1987, S. 295 ff, zit. nach: Loll, 1990, S. 232.
[400] Cernkovich, S.A. & Giordano, P.C., Family Relationship and Delinquency in: Criminology 25, 1987, S. 302 f, zit. nach: Loll, 1990, S. 232.
[401] Nye F.I., 1958, Family Relationships and Delinquent Behavior, New York; Cernkovich, S.A. & Giordano, P.C., Family Relationship and Delinquency in: Criminology 25, 1987, S. 297; Hirschi T., Crime and Family Policy in: R.A. Weisheit, R.G. Culbertson (Hg.), Juvenile Delinquency, A Justice Perspective, 2.Auflage, 1990, S. 78, zit. nach: Elster, Lingemann, 1998, S. 481.

aber auch die Ansicht, ein entsprechender Effekt brauche nicht unbedingt einzutreten[402]. Meines Erachtens kann ein Zusammenhang nicht pauschal angenommen werden. Entscheidend erscheint auch hier, ob das Kind während der Abwesenheit der Eltern eine Bezugsperson hat, der es vertraut, so dass möglichst keine Einsamkeit, Langeweile und Unsicherheitserlebnisse auftreten, und ob die Eltern dem Kind trotz der Berufsausübung das Gefühl geben, für es „da zu sein". Auch berufstätige Eltern können dem Kind ein Gefühl der Geborgenheit vermitteln, wenn auch nicht von der Hand zu weisen ist, dass die Erfüllung der sozialen Funktion der Familie sicher mehr Schwierigkeiten bereitet. Wie bei der unvollständigen Familie gilt es, die grundsätzlich vorhandenen reduzierten Kontroll- und Sanktionsmöglichkeiten für das Verhalten des Kindes sowie die „verminderten emotionalen Bindungschancen"[403] auszugleichen.
Es bleibt demnach festzuhalten, dass der Erziehungssituation weitaus größere Relevanz zukommt als der Frage, wer das Kind erzieht.

Uneinigkeit besteht im Gegenzug auch darüber, ob **Arbeitslosigkeit** eine Rolle spielt. Teilweise wird ein Zusammenhang angenommen, jedoch ohne nähere Begründung[404]. Zu denken wäre zum einen an die finanzielle Situation, zum anderen an die sich ausbreitende Unzufriedenheit, die sich sicherlich auf das gesamte Familienleben auswirkt. Andererseits legt eine empirische Studie das Ergebnis nahe, Arbeitslosigkeit des Vaters verringere die Kinderdelinquenz, da durch sie die Eltern-Kind-Kontakte gestärkt würden[405]. Dieses Resultat dürfte meines Erachtens aber eine Ausnahme bilden.

Im Hinblick auf den Einfluss bestimmter **Erziehungsstile** und damit verbundene **Kontrollstrategien** erscheinen aufgrund methodischer Erhebungsprobleme nur eng begrenzte Aussagen möglich[406]. Untersuchungen aus den 1960er Jahren insbesondere im anglo-amerikanischen Raum lassen jedoch vermuten, dass für eine delinquente Entwicklung des Kindes Inkonsistenz sowohl innerhalb der Haltung eines Elternteils als auch zwischen beiden Elternteilen Bedeutung erlangt[407], wobei der Wechsel zwischen Straffreudigkeit und Laxheit besonders hervorge-

---

[402] Loeber R., Stouthamer – Loeber M., Family Factors as Correlates and Predictors of Juvenile Conduct Problems and Delinquency in: M. Tonry, N. Morris (Hg.), Crime and Justice, Bd. 7, Chicago, London, 1986, S. 42, zit. nach: Elster, Lingemann, 1998, S. 481.

[403] So Amelang, 1986, S. 136.

[404] Bartollas Clemens, Juvenile Delinquency, 4. Auflage, London, 1997, S. 559, 560, zit. nach: Elster, Lingemann, 1998, S. 480.

[405] Glaser Daniel, Unemployment and Crime in: S.H.Kadish, Encyclopedia of Crime and Justice, Band 4, London 1983, S 1577 – 1581, zit. nach: Elster, Lingemann, 1998, S. 480.

[406] So auch Eisenberg, 1980, S. 24.

[407] Glueck S., E. Glueck, Unraveling Juvenile Delinquency, 5.Auflage, Cambridge / Mass. 1968, Bennett I., Delinquent and neurotic children, A comparative study, London, 1960, zit. nach: Eisenberg, 1980, S. 25; ebenso Kluge, von Randow, 1979, S. 53.

hoben wird[408]. Kinder erleben Widersprüchlichkeit bzw. Unbeständigkeit als Unehrlichkeit und Unwahrhaftigkeit. Dies trifft mit Sicherheit auch heute zu.
Im Rahmen der Erziehung erlangt zudem ein falsches Rollenverhalten der Eltern Relevanz[409]. Kinder brauchen Vorbilder und ein gewisses Maß an Autorität, so dass Eltern nicht versuchen sollten, sich auf eine Ebene mit den Kindern zu stellen. Andererseits führt eine „repressive Erziehung", die mehr Einengung als notwendig bringt, zu einer Unterbindung von normal vorhandenen aggressiven Tendenzen, die damit aber nicht gemeistert und auch nicht geübt werden[410]. Es kommt vielmehr zur Verdrängung der Aggressionen, die aber nicht unbedingt anhält, d.h. extreme Ausbrüche können folgen.
Die Problematik der fehlerhaften Erziehung verstärkt sich noch dadurch, dass sie von Generation zu Generation weitergegeben wird[411].

Betrachtet man den langfristigen Anstieg der Kinderdelinquenz, stellt sich die Frage, ob auch hierfür die Familie als Sozialisationsinstanz verantwortlich ist. Auswirkungen sieht man in den **Veränderungen der gesellschaftlichen Position der Kinder**[412]. Während Kinder früher „Aktivposten" in der wirtschaftlichen Grundlage der Familie darstellten und nach und nach bestimmte Verantwortungsbereiche übertragen bekamen, haben Kinder in der modernen Industriegesellschaft keine entsprechenden Verpflichtungen mehr. Die einzige Erwartung an sie besteht darin, zur Schule zu gehen. Ein gewisses Maß an Verantwortung kann meines Erachtens tatsächlich delinquenzmindernd wirken, womit die diesbezüglich „rückläufige" Entwicklung im Rahmen des Anstiegs der Kinderdelinquenz durchaus eine Rolle spielt.
Bedeutung erlangt zudem die in den letzten Jahren auftretende **Lockerung von Bindungen an die Familie** und damit vom Zusammenhalt in der Familie[413]. Die Einbindung in stützende soziale Netzwerke äußert sich aber gerade bei Kindern positiv, da sie ihnen wiederum ein Gefühl der Geborgenheit vermittelt. Festgestellt wurde auch, dass funktionale Störungen im Elternhaus für Mädchen noch schwerwiegender sind als für Jungen[414]. Der etwas stärkere Anstieg der Delinquenz der weiblichen Kinder könnte demnach auch mit den vermehrten Scheidungen und den damit verbundenen Problemen zusammenhängen.

Zusammenfassend spielt die Familie aufgrund der Tatsache, dass die Kinder gerade in den ersten Lebensjahren in der Regel dort die meiste Zeit verbringen und die Eltern zudem die direkten Bezugspersonen darstellen, als Sozialisationsin-

---

[408] Vgl. Eisenberg, 1980, S. 25.
[409] So schon Lademann in: Zentralblatt für Jugendrecht und Jugendwohlfahrt, 1975, S. 51.
[410] So bereits Bach in: Unsere Jugend, 1971, S. 552.
[411] Schneider, 1987, S. 647.
[412] Knut in: Die Psychologie des 20. Jahrhunderts, Band XIV, 1981, S. 1039.
[413] Pfeiffer, Wetzels in: DVJJ-Journal, 1997, S. 354.
[414] Jill Leslie Rosenbaum, Family Dysfunction and Female Delinquency in: Crime and Delinquency, 35, 1989, S. 31–44, zit. nach: Elster, Lingemann, 1998, S. 474.

stanz in jedem Fall eine Rolle. Störungen in diesem Bereich wirken sich demnach auch negativ aus.
Teilweise sieht man den familialen Hintergrund, d.h. die Familie als prägende Sozialisationsinstanz, sogar noch als stark einflussgebend auf das Verhalten der Schüler und damit Kinder[415]. Allerdings vertreten andere die Ansicht, die Schule, die Gleichaltrigengruppe und die Massenmedien seien dabei, die Familie in ihrer Sozialisationsaufgabe zu verdrängen[416].

2. Einfluss der Schule

Dem Einfluss der Schule wird immer größere Relevanz beigemessen. Dies hängt sicher auch damit zusammen, dass, wie bereits erwähnt, die einzige Erwartung an Kinder darin besteht, in die Schule zu gehen und möglichst gute Noten zu erhalten[417]. Der **Druck**, diese einzig an sie gestellte Erwartung zu erfüllen, nimmt stetig zu. Zudem gewinnt für Eltern der Schulabschluss durch die steigende Arbeitslosigkeit immer mehr an Bedeutung, so dass sie zusätzlich Druck auf die Kinder ausüben. Halten diese dem nicht stand, sind das Ergebnis häufig schlechte Schulleistungen, womit Kinderdelinquenz oftmals verbunden ist. Zurückgeführt werden kann das darauf, dass Kinder, die in der Schule keinen Erfolg erleben, keine Zuneigung zur Schule entwickeln[418]. Damit besteht **keine Bindung zur Schule**, d.h. weder zum Erziehungsprozess in der Schule noch zum sozialen Leben, das diesen Erziehungsprozess umgibt. Folglich entfällt auch die Sozialisation durch bzw. in der Schule. Die gefühlsmäßige Bindung zur Schule zeigt sich als nicht unbedeutender Faktor im Rahmen der Entstehung delinquenten Verhaltens[419]. Durch die „rückläufige" Bindung an die Schule verliert neben der Familie ein weiterer Aspekt des persönlichen Lebensumfeldes an Bedeutung, so dass sich die „Einbettung in stützende soziale Netzwerke" weiter verringert[420].
Einen entscheidenden Gesichtspunkt stellt auch die Tatsache dar, dass die ständigen Niederlagen zu **Frustrationen** führen und teilweise zu **Außenseiterpositionen** der betroffenen Kinder. Es folgen Verunsicherungen und eine **Verringerung des Selbstwertgefühls**. Die Kinder versuchen dann, den Problemen durch Schuleschwänzen zu entkommen, wodurch sich die Leistungen regelmäßig noch weiter verschlechtern. Zudem gewöhnen sie sich bereits sehr früh an, Wider-

---

415 Meier, Tillmann in: Praxis der Kinderpsychologie und Kinderpsychiatrie, 2000, S. 43; Cierpka, 1999, S. 22.
416 Vgl. Elster, Lingemann, 1998, S. 480; bereits 1987: S.A.Cernkovich, P.C.Giordano, Family Relationship and Delinquency, Criminology 25, S. 316 zit. nach: Loll, 1990, S. 233.
417 Vgl. auch Knut in: Die Psychologie des 20. Jahrhunderts, Band XIV, 1981, S. 1039.
418 Vgl. Elster, Lingemann, 1998, S. 482; Pongratz, 2000, S. 34; Schneider, 1987, S. 650.
419 Lipton W.L. & Smith M.D., 1983, Explaining Delinquent Involvement, A Consideration of Suppressor Effects, Journal of Research in Crime and Delinquency 20, S. 202, zit. nach: Loll, 1990, S. 146.
420 Vgl. Pfeiffer, Wetzels in: DVJJ-Journal, 1997, S. 354.

ständen und Schwierigkeiten aus dem Weg zu gehen[421]. Selbstbestätigung und „Augenblicksbefriedigungen" suchen diese Kinder stattdessen im Verbrechen. Daneben versuchen einige, wenn auch nicht bewusst, durch sozial abweichendes Verhalten auf sich und ihre Schwierigkeiten aufmerksam zu machen[422]. Auch führt der mit der Schulstruktur verbundene Ausleseprozess zu verstärktem Konkurrenzdenken, was ebenfalls Aggressionen und damit gewaltbereites Verhalten vor allem in der Schule fördert[423].

Interesse weckt es im Bereich der Auswirkungen der Schule zudem, wenn die Sonderschüler einen verhältnismäßig hohen Anteil an den tatverdächtigen Kindern einnehmen[424]. Dies könnte daraus resultieren, dass Sonderschulkinder mit ihrer Situation unzufrieden sind, weshalb sie in besonderem Maße das Bedürfnis haben, sich und anderen ebenfalls den Besitz von Fähigkeiten zu beweisen.
In eine etwas andere Richtung geht die Annahme, in der Schule würden die kindlichen Bedürfnisse vernachlässigt, was insbesondere aggressives Verhalten fördere[425]. Der natürliche Bewegungsdrang und das individuelle Leistungstempo seien durch den 45-Minuten-Rhythmus eingeschränkt. Dem ist zwar zuzustimmen, jedoch wirkt dies sicher nicht allein delinquenzauslösend, da diese Einteilung bereits seit Jahrzehnten so gehandhabt wird und damit den Gewaltanstieg nicht erklärt. Als mit „ursächlich" kann man sie aber durchaus ansehen.

Betrachtet man die Entwicklung in den letzten Jahren, erscheint vor allem bedenklich, dass Eltern teilweise davon ausgehen, die Schule leiste einen entscheidenden Beitrag zur Erziehung, dass sich aber auch in der Einstellung der meisten Lehrer ein Wandel vollzog. Sie sehen ihre Aufgabe gerade nicht mehr in der Persönlichkeitsbildung, sondern mehr und mehr in der reinen Wissensvermittlung[426]. Damit kann die Schule eine etwaige misslungene Sozialisation in der Familie keinesfalls nachholen.
Das bedeutet aber nicht, dass der Schule keine Rolle als prägende Sozialisationsinstanz zukommt, da sie sowohl positiv als auch negativ Einfluss auf kindliches Verhalten ausübt.

3. Einfluss der Massenmedien

Neben der Schule führt man die Massenmedien an, die die Familie in ihrer Sozialisationsaufgabe verdrängen. Allerdings zieht man diese in der Regel nur zur Erklärung der zunehmenden „Gewaltdelinquenz" heran. Die Bereitschaft bei

---

421 So bereits Matthes in: Jugendschutz, 1973, S. 174.
422 Vgl. Matthes in: Jugendschutz, 1975, S. 139.
423 Vgl. auch Cierpka, 1999, S. 61.
424 Loll, 1990, S. 145; für psychische und physische Gewaltausübung von Jugendlichen: Meier, Tillmann in: Praxis der Kinderpsychologie und Kinderpsychiatrie, 2000, S. 43; bereits 1973: vgl. Matthes in: Jugendschutz, 1973, S. 173.
425 Cierpka, 1999, S. 62.
426 Schneider, 1987, S. 651.

Kindern zu gewaltsamem Verhalten würde durch die gegenwärtige Gewalt- und Kriminalitätsdarstellung verstärkt[427]. Eine empirische Langzeitstudie von über 30 Jahren[428] sowie weitere empirisch-psychologische Studien[429] kamen zu dem Ergebnis, dass das ständige Anschauen von Gewalt im Fernsehen durch Kinder einen nachhaltig negativen Einfluss auf den gesamten Lebenslauf der Kinder hat. Durch die ständige Wiederholung gewöhnen sich Kinder zum einen an aggressive Reaktionen bei provozierenden Umständen, zum anderen vermindert sich die emotionale Reaktionsfähigkeit auf Gewalt und steigt die Akzeptanz in Bezug auf aggressive Einstellungen und Werte. Bei dauerhaftem Konsum internalisieren Kinder die in Video und Fernsehen vorgeführten Konfliktlösungen durch Gewaltanwendung derart, dass sie sich ähnliche Verhaltensmuster aneignen[430]. Eine Langzeitstudie in den USA kam bei Jungen zu einer Wechselbeziehung zwischen dem Anschauen von Gewalt im Fernsehen und der Aggressivität auch noch in späteren Jahren[431].
Verallgemeinernd lässt sich sagen, dass die individuelle Aggressionsbereitschaft durch **Stimulation, Imitation und Habituation** gesteigert wird, d.h. durch Anregung, Vorbildwirkung und Gewöhnung im Sinne von Abstumpfung[432]. Die reine Zeitdauer des Medienkonsums erweist sich aber nicht allein als ausschlaggebend, sondern insbesondere die Auswahl[433].

Möglich erscheint auf der anderen Seite jedoch, dass Gewaltdarstellungen Menschen auch abschrecken[434]. Vergleicht man Filme aber mit Werbesendungen und geht bei diesen davon aus, dass sie das Kaufverhalten der Kunden stimulierend beeinflussen, was selbst Vertreter kommerzieller Medienanstalten zugeben, liegt die Annahme nahe, dass andere filmische Darstellungen das Verhalten der Konsumenten ebenfalls entsprechend leiten. In der Tat ist es wohl so, dass der Gewaltmedienkonsum beim Rezipienten generell etwas bewirkt, dass die Wirkung jedoch je nach Persönlichkeitsstruktur unterschiedlich intensiv sein kann[435].

---

427 Elster, Lingemann, 1998, S. 482; Weiß, 2000, S. 21.

428 L.D. Eron, L.R. Huesmann, Adolescent Aggression and Television in: F. Wright, C. Bahn, R. W. Rieber (Hg.), Forensic Psychology and Psychiatry, New York, 1980, S. 319 – 331; L.D. Eron, L.R. Huesmann, The Control of Aggressive Behavior by Changes in Attitudes, Values, and the Conditions of Learning in: R.J. Blanchard, D.C. Blanchard (Hg.), Advances in the Study of Aggression, Band I, Orlando, 1984, S. 139 – 171, zit. nach: Elster, Lingemann, 1998, S. 482.

429 H. J. Schneider, Violence in the Mass Media in: Studies on Crime and Crime Prevention, 5, 1996, S. 59 - 71; B. S. Centerwall, Television and Violent Crime in: The Public Interest, 111, 1993, S. 56 – 71; W. Wood, F. Y. Wong, G. J. Chachere, Effects of Media Violence on Viewers' Aggression in Unconstrained Social Interaction in: Psychological Bulletin, 109, 1991, S. 371 – 383, zit. nach: Elster, Lingemann, 1998, S. 483.

430 Weiß, 2000, S. 132.

431 Vgl. Conklin, 1998, S. 279.

432 Weiß, 2000, S. 158.

433 Vgl. Meier, Tillmann in: Praxis der Kinderpsychologie und Kinderpsychiatrie, 2000, S. 42.

434 So auch Weiß, 2000, S. 81.

435 Weiß, 2000, S. 82.

Zwar gibt es besonders beeinflussbare Risikogruppen, wie beispielsweise Kinder mit nicht voll funktionsfähigem kognitiv-affektivem Steuerungssystem oder gedemütigte und geschlagene Kinder, jedoch vermag es auch bei normalem kindlichen Entwicklungsverlauf und bei sehr frühzeitigem und dauerhaftem Konsum von Gewaltmedien zu Verhaltensänderungen und insbesondere zu devianten Entwicklungen zu kommen.
Teilweise erfolgt auch der Einwand, dass Märchen ebenfalls äußerst grausam seien. Jedoch besteht bereits inhaltlich ein grundlegender Unterschied zwischen Märchen und heutigen Gewaltdarstellungen. Zum einen dient Gewalt im Märchen nie zum Selbstzweck, zum anderen führen sie zu einem guten Ende und vermitteln positive Wertvorstellungen[436]. Obendrein werden Märchen von lebenden Personen, in der Regel Bezugspersonen des Kindes, erzählt, so dass Kinder dabei nie allein sind. Auch können sie Fragen stellen. Eine vergleichbare Wirkung von Märchen und Gewalt im Fernsehen besteht daher nicht.

Die Zunahme der „Gewaltdelinquenz" steht unter anderem mit dem **Anstieg der privaten TV-Anstalten** in Zusammenhang, da sich dadurch die Anzahl der Gewaltfilme stark erhöhte. Hinzu kommen die Zunahme an **Videogeräten** sowie **DVD-Playern** in den Haushalten und die **eigenen Fernsehgeräte** bei Kindern[437].
Interessant erscheint auch eine Differenzierung der „Lieblingsfilme" nach Geschlecht. Während Jungen gerne Gewaltfilme sehen, bevorzugen Mädchen Liebes-, Musik- und Tanzfilme[438]. Diese Differenzen korrespondieren mit der unterschiedlichen Gewaltbereitschaft der Geschlechter. So ergaben die meisten Studien in den USA bezogen auf Kinder unter sechs Jahren beispielsweise eine bedeutsam größere Aggressivität der Jungen als der Mädchen, während keine einzige Untersuchung mehr Gewaltbereitschaft bei den weiblichen Kindern zeigte[439]. Offen bleibt jedoch die Frage, ob Jungen Gewaltfilme favorisieren, weil sie eher zu Gewalt neigen, oder ob sie eher zu Gewalt neigen, weil sie vermehrt Gewaltfilme schauen.
Beängstigend ist vor allem, dass Fernsehen und Videofilme mittlerweile eine **Orientierungshilfe** darstellen[440]. Verringern sich die stützenden sozialen Netzwerke und finden junge Menschen keine positiven Vorbilder in ihrer unmittelbaren Umgebung, neigen sie dazu, sich jene in Filmen zu suchen, so dass gewaltbereites Verhalten zum Leitbild wird.

Insgesamt ist der These, das Fernsehen habe sich vom zeitlichen Umfang her bei Kindern als zweitwichtigste Sozialisationsinstanz nach der Familie fest etab-

[436] Weiß, 2000, S. 57.
[437] Vgl. auch Weiß, 2000, S. 28, 29.
[438] Weiß, 2000, S. 126.
[439] Conklin, 1998, S. 153.
[440] So zumindest für Jugendliche: Pfeiffer, Wetzels in: DVJJ-Journal, 1997, S 354.

liert[441], durchaus zuzustimmen. Ein Kind verbrachte bis zum 15. Lebensjahr jedenfalls mehr Zeit vor dem Fernseher als in der Schule (durchschnittlich 10 100 Zeitstunden vor dem Fernseher, 8.000 Schulstunden, mit 60 Minuten berechnet). Darüber, dass bei Gewaltdarstellungen in Fernsehen und Video ein Wirkungsrisiko besteht, herrscht in der psychologischen Medienforschung auch Einigkeit, jedoch differenzieren die Ansichten zu der Frage des Umfangs, der Art und der Intensität dieser Wirkung[442]. Allerdings kann diesbezüglich wohl kaum eine allgemein gültige Aussage getroffen werden, da es entscheidend auf die jeweilige Persönlichkeitsstruktur des Kindes ankommt.

4. Sonstige Einflüsse

Ähnliche Auswirkungen wie bei Filmen und Videos können sich durch den zunehmenden Umgang von Kindern mit **Computern** ergeben. „Video- oder Computerspiele haben heute einen festen Platz im Freizeitverhalten der Kinder"[443]. Zwar existieren viele harmlose Computerspiele, wie beispielsweise Geschicklichkeitsspiele, jedoch geht der Trend deutlich zum „Action- und Ballerspiel"[444]. Auch werden die Käufer immer jünger.
Die besondere Problematik der Computerspiele besteht darin, dass Kinder nicht nur zuschauen, sondern selbst handeln und sich „aktiv" an Gewalt beteiligen. Auch hier zeigen sich wieder Differenzen zwischen den Geschlechtern. Mädchen sind entsprechenden Spielen gegenüber in der Regel abgeneigt, was mit der Tatsache im Einklang steht, dass nur bei 7 % der Computerspiele weibliche Helden hervortreten[445].
Der Computer kann sich damit bei „missbräuchlicher" Nutzung auf die Gewaltbereitschaft sogar noch stärker auswirken als Fernseh- und Videofilme.

Im Hinblick auf Gewaltdelinquenz spielen des weiteren **eigene Gewalterfahrungen** eine Rolle. Sowohl kriminologische als auch psychologische Forschungsergebnisse weisen auf Verbindungen zwischen kindlichen Gewalterfahrungen und Gewaltbereitschaft hin[446]. Auch gewaltförmige Interaktionen zwischen den Eltern erlangen hierbei Bedeutung. Eine durchgeführte repräsentative Opferbefragung verschiedener Alterskohorten lässt vermuten, dass es heutzutage zwar seltener zur Anwendung leichter Körperstrafen kommt, dass aber gleichzeitig die Rate der Kinder, die Opfer massiver Gewalt werden oder aber Gewalt ihrer Eltern beobachten, unverändert blieb[447].

---

[441] Weiß, 2000, S. 100.
[442] Vgl. Weiß, 2000, S. 205.
[443] Lukesch, 1997, S. 53.
[444] Weiß, 2000, S. 139.
[445] Vgl. Weiß, 2000, S. 153.
[446] Vgl. Wetzels, Pfeiffer in: Praxis der Kinderpsychologie und Kinderpsychiatrie, 1997, S. 144.
[447] Wetzels, Pfeiffer in: Praxis der Kinderpsychologie und Kinderpsychiatrie, 1997, S. 149,

Zu berücksichtigen gilt aber, dass die meisten Studien den Zusammenhang zwischen Kindheitsviktimisierung und Jugendkriminalität betreffen, womit fraglich bleibt, ob entsprechendes überhaupt auf Kinderdelinquenz zutrifft. Bedenkt man die meist auffällige Einschüchterung betroffener Kinder, erscheint eine diesbezügliche Verbindung äußerst zweifelhaft. Andererseits kann ein beeinträchtigtes Selbstwertgefühl, wozu Opfererfahrungen sicher führen, durchaus zu aggressivem Verhalten führen[448]. Zahlreiche Forschungsbefunde legen aber zumindest nahe, dass „Viktimisierungserfahrungen ein bedeutsames Risiko der Beeinträchtigung kindlicher Entwicklung darstellen“[449].

Betrachtet man nicht nur die Gewaltbereitschaft, sondern die Delinquenz von Kindern allgemein, kommen ebenfalls noch weitere Faktoren in Betracht, die Einfluss erlangen könnten.
Uneinigkeit besteht im Hinblick auf die Auswirkungen von **Armut**. Eine Untersuchung bezüglich des Zusammenhangs zwischen Armut und Jugendkriminalität kam zu dem Ergebnis, dass Regionen, in denen es mehr Armut gibt, häufiger mit einfachen Diebstahlsfällen und Raubdelikten belastet sind[450]. Eine Verbindung zu personenbezogener Gewalt ergab sich zwar auch, erfuhr aber eine schwächere Ausprägung. Zudem zeigt die Studie, dass die Bedeutung der Armut höher anzusiedeln ist als sonstige Einflussvariablen.
Allerdings erfolgt der Einwand, die Aussage, „bestimmte kriminalrechtlich erfasste Verhaltensweisen seien durch Armut verursacht“, sei so nicht haltbar[451]. Mittellosigkeit korreliere keinesfalls mit Kriminalität, wobei als Beispiele Bettelmönche oder ein Großteil der Bevölkerung nach dem Zweiten Weltkrieg genannt werden. Auch nahm die Kriminalität in den 1950er Jahren nicht ab, sondern zu, obwohl der Wohlstand wuchs.
In Betracht kommt jedoch eine Korrelation zwischen sozialem Ungleichgewicht und Kriminalität[452], was allerdings teilweise ebenfalls angezweifelt wird[453]. Eine Studie in den USA untersuchte den Einfluss der Ungleichheit zwischen Schwarzen und Weißen auf Gewaltkriminalität[454]. Dabei ergab sich zwar ein Zusammenhang zwischen Ungleichheit und Kriminalität, jedoch kommt Merkmalen des Bildungs- und Berufsstatus größere Bedeutung zu als dem Einkommen. Aufgrund methodischer Probleme dergestalt, dass keine gesicherten Aussagen darüber möglich sind, ob Ungleichheit besser durch Merkmale des Einkommens

---

151.

448 Pfeiffer, Wetzels in: DVJJ-Journal, 1997, S. 362.

449 Wetzels, Pfeiffer in: Praxis der Kinderpsychologie und Kinderpsychiatrie, 1997, S. 147; Bender, Lösel in: Egle, Hoffmann, Joraschky, 1996, S. 35.

450 Ohlemacher in: Kölner Zeitschrift für Soziologie und Sozialpsychologie, 1995, S. 723; Pfeiffer in: DVJJ-Journal, 1996, S. 226.

451 M. Walter in: DVJJ-Journal, 1996, S. 213.

452 So auch Pfeiffer, Wetzels in: DVJJ-Journal, 1997, S. 354; Loll, 1990, S. 142.

453 Vgl. beispielsweise M. Walter in: DVJJ-Journal, 1996, S. 213.

454 R.M. Golden, S.F. Messner, Dimensions of Racial Inequality and Rates of Violent Crime in: Criminology, 25, 1987, S. 525 – 541 zit. nach: Loll, 1990, S. 230.

oder des Bildungs- und Berufsstatus gemessen werden sollte, erfordern die Ergebnisse aber eine skeptische Würdigung.
Andere nehmen an, dass nur die als illegitim beurteilten Ungleichheiten zu Aggressionen führen, d.h. die zugeschriebene oder angeborene Ungleichheit[455].
Es besteht demnach nicht die Möglichkeit einer gesicherten Aussage. Nahmen in Deutschland seit 1987 nicht nur die Armut, sondern auch der Reichtum stark zu, wuchsen also die sozialen Gegensätze[456], und stieg zudem die Zahl der Gewaltdelikte, erscheint ein Zusammenhang durchaus denkbar. Einen entscheidenden Gesichtspunkt stellt aber sicherlich die Frage dar, ob Betroffene Perspektiven sehen, ihre Lage zu verändern.

Gerade im Rahmen der Kinderdelinquenz spielt des weiteren **Hyperaktivität** eine Rolle, d.h. die Belastung mit dem „Aufmerksamkeits-Defizit-Syndrom"[457]. Betroffene Kinder geraten häufig in eine Außenseiterrolle. Auch treten bei diesen Kindern vermehrt Leistungsversagen und Schulwechsel auf, da in einigen Schulen die Tendenz besteht, Schüler, die „den Schulfrieden in unzumutbarer Wiese stören", abzuschieben. Dies wiederum verstärkt das ohnehin meist verringerte Selbstwertgefühl, was die sowieso bestehende Neigung zu Affekthandlungen und aggressiven Ausbrüchen noch intensiviert[458]. Hinzu kommen Probleme in der Beziehung zu den Eltern und Lehrern, die aus Schuldgefühlen im Hinblick auf ein vermeintliches Versagen bei der Erziehung resultieren.
Die gerade in den letzten Jahren stetig steigende Zahl an hyperaktiven Kindern stellt demnach einen entscheidenden Faktor bei der zunehmenden Aggressivität von Kindern dar.
Unterscheidet man nach Deliktsarten, ergibt sich, dass Diebstähle bei Kindern häufig aus Vereinsamungssituationen heraus geschehen und mit dem Ziel, sich Liebe zu „erkaufen", indem das Gestohlene verschenkt wird[459]. Brandstiftungen resultieren zwar meist aus dem spielerischen Umgang mit Feuer, jedoch können Depressionen und Hilferufe insbesondere nach Beachtung die Tat motivieren. Aggressionstaten nehmen dann eine „Sonderstellung" ein, sofern Kinder sie im Sinne von Mitläufern in Jugendbanden begehen. Diese Kinder kompensieren dadurch „ein persistierendes Mangelerlebnis, sei es das frustrierende Erlebnis der Kleinheit, der kraftmäßigen Konkurrenzunfähigkeit, der Hässlichkeit, eines körperlichen Defektes, einer sonstigen Minderwertigkeit"[460]. Vandalismus beruht letztendlich oftmals auf fehlender Beachtung und äußerster Langeweile.

---

[455] J.R. Blau, P.M. Blau, The Cost of Inequality, Metropolitan Structure and Violent Crime in: American Sociological Review, 47, 1982, S. 117.
[456] Vgl. Pfeiffer, Wetzels in: DVJJ-Journal, 1997, S. 354.
[457] Weiß, 2000, S. 45.
[458] Vgl. auch Weiß, 2000, S. 48.
[459] Mergen, 1995, S. 207.
[460] Mergen, 1995, S. 207.

Zusammenfassend bleibt demnach die Bedeutung verschiedener Aspekte im Rahmen der Kinderdelinquenz festzuhalten. Im Hinblick auf die wachsende Zahl an „Straftaten" von Kindern spielt es vor allem eine Rolle, wenn häufig die Familie und die Schule als Sozialisationsinstanz versagen, so dass sich Kinder vermehrt Gleichaltrigengruppen („peergroups") anschließen, die ihnen die vermisste Sicherheit, das „Angenommensein" und einen persönlichen Bezug liefern, jedoch keine „Erziehung" ersetzen. Kennzeichnend für einen misslungenen Sozialisationsprozess in Familie und Schule ist, dass betroffene Kinder „keine Ich-Stärke, keine Persönlichkeit, keine dynamische Beziehungsfähigkeit und keine zwischenmenschlichen Bindungen entwickeln können"[461]. Einen entscheidenden Gesichtspunkt stellt es dar, sofern sie kein zufriedenstellendes nichtdelinquentes Selbstwertgefühl entfalten.

Der Hauptfaktor liegt damit in der sozialen Desintegration. Diese meint aber nicht nur das Versagen der informellen Sozialkontrolle, wie Familie und Schule, sondern auch den Zerfall sozialer Beziehungen, Wertkonflikte und fehlende Werteübereinstimmung und Werteausrichtung innerhalb der Bevölkerung[462]. All diese Punkte spielen bei der Erziehung der Kinder eine Rolle und wirken sich demnach aus.

Zu berücksichtigen gilt zudem, dass die Komplexität kriminellen Verhaltens die Differenzierung verschiedener Ebenen erfordert. Zu unterscheiden sind prädisponierende, vermittelnde, auslösende und situative Faktoren[463]. Zu den prädisponierenden Faktoren gehören individuelle, familiäre, schulische und gesellschaftliche Faktoren, die zum Auftreten vor allem aggressiver Verhaltensweisen führen können. Ob es tatsächlich dazu kommt, hängt aber entscheidend von vermittelnden Faktoren ab, d.h. von Lern- und Beziehungserfahrungen. Bedeutung erlangt diesbezüglich, ob ein „risikobelastetes" Kind eine Bezugsperson hat, der es sich anvertraut und die ihm Zuwendung entgegenbringt. Die auslösenden Faktoren meinen „das Zusammenspiel zwischen objektiven Lebensbedingungen, den jeweiligen subjektiven Bedeutungszuschreibungen und Interpretationsmustern biographischer Erlebnisse und den individuellen Bewältigungsmöglichkeiten"[464]. Demnach muss bedacht werden, dass Personen vergleichbare Ereignisse unterschiedlich erleben, verarbeiten und damit bewältigen. Letztendlich bedarf es situativer Faktoren, d.h. konkreter Anlässe in einer bestimmten Situation, die zu aggressivem Verhalten führen, wie beispielsweise frustrierende oder bedrohliche Situationen. Zwar beziehen sich diese Ausführungen nur auf aggressives Verhalten, jedoch gilt meiner Ansicht nach für delinquentes Verhalten allgemein entsprechendes.

---

[461] Schneider, 1987, S. 650.
[462] Schneider in: Die Psychologie des 20. Jahrhunderts, Band XIV, 1981, S. 461.
[463] Cierpka, 1999, S. 21.
[464] Cierpka, 1999, S. 21.

Unter Berücksichtigung dieser speziell für Kinderdelinquenz relevanten Erklärungsansätze soll im Folgenden untersucht werden, ob eine Änderung der Strafmündigkeitsgrenze sinnvoll erscheint.

IV. Änderung der Strafmündigkeitsgrenze

Nach dem Strafgesetzbuch von 1871 war eine Person, die bei Begehung der Tat ein Alter von 12 Jahren noch nicht erreicht hatte, als schuldunfähig anzusehen. 1923 setzte man das Strafmündigkeitsalter auf 14 Jahre herauf. Von 1943 bis 1945 bestand wiederum eine Grenze bei 12 Jahren für schwer kriminelle Jugendliche. Seitdem gilt in Deutschland jedoch generell eine Person, die das 14. Lebensjahr noch nicht vollendet hat, als strafunmündig.
Diese Grenze stellt allerdings keine absolute dar, da sie gemäß § 3 JGG nach oben verschoben werden kann, sofern der Jugendliche, d.h. eine Person mit zur Tatzeit 14, aber noch nicht 18 Jahren, nach seiner sittlichen oder geistigen Entwicklung nicht reif genug ist, das Unrecht der Tat einzusehen oder nach dieser Einsicht zu handeln. Die Möglichkeit einer Verschiebung nach unten ergibt sich jedoch nicht.
In den letzten Jahren gab es jedoch verschiedene Reformvorschläge. Zum einen entbrannte eine Diskussion über die Anhebung der „Bestrafungsmündigkeit" auf 16 Jahre, teilweise sogar auf 18 Jahre, zum anderen befürworten manche eine Herabsetzung der Strafmündigkeitsgrenze auf 12 Jahre. Die Problematik stellt sich vor allem aufgrund der Tatsache, dass der Zeitpunkt des Beginns der Willensfreiheit empirisch nicht belegbar ist, abgesehen von der Frage, ob eine Willensfreiheit überhaupt existieren kann[465]. Strafrechtlich gezogene Altersgrenzen finden jedenfalls keine exakten entwicklungspsychologischen oder soziologischen Entsprechungen, da Kinder keinesfalls alle am gleichen Tag eine bestimmte sich entsprechende Entwicklung erreichen, so dass die Einteilung aus entwicklungspsychologischer Sicht willkürlich erfolgt[466]. Einen Anknüpfungspunkt bildet die Frage, ab welchem Alter die Delinquenz eher dem Jugendbereich als dem Kinderbereich zuzuordnen ist[467].
Im Folgenden soll nun untersucht werden, ob einer der Reformvorschläge oder die Beibehaltung der 14-Jahres-Grenze überzeugt.

1. Anhebung der „Bestrafungsmündigkeit" auf 16 Jahre

Der Diskussionsentwurf zum JHG sah vor, dass Verfehlungen eines Jugendlichen im Alter von 14 oder 15 Jahren zwar Erziehungshilfen zur Folge haben können, jedoch keine Jugendstrafe, womit zwar die Strafmündigkeit mit 14 Jahren beginnt, die Bestrafungsmündigkeit dagegen erst mit 16 Jahren[468]. Allerdings setzte sich dieser Gedanke nicht durch. Entsprechende Vorstellungen bestehen aber auch heute wieder. Die Zweite Jugendstrafrechtsreform – Kommission der Deutschen Vereinigung für Jugendgerichte und Jugendgerichtshilfen

---

[465] Vgl. Weinschenk in: MschrKrim, 1984, S. 24.
[466] So beispielsweise Kreuzer in: Zeitschrift für Pädagogik, 1983, S. 49; Pongratz, Jürgensen, 1990, S. 74, 165.
[467] Traulsen in: DVJJ-Journal, 1997, S. 47.
[468] Vgl. Schaffstein, Beulke, 2002, S. 57.

(DVJJ) sprach sich in ihrem Zwischenbericht im November 2001 ebenfalls für eine Anhebung der Bestrafungsmündigkeit auf 16 Jahre aus: „Gegenüber Jugendlichen, die das 16. Lebensjahr noch nicht vollendet haben, dürfen freiheitsentziehende Maßnahmen nicht verhängt werden“[469]. Die Verhängung von Jugendstrafe solle bei 14- und 15jährigen ausgeschlossen sein, mit Ausnahme von Tätern vorsätzlicher Tötungsdelikte und vergleichbarer schwerster Gewalttaten gegen eine Person. Für den Arrest besteht zwar noch kein konkreter Formulierungsvorschlag in Bezug auf die Altersgrenze, jedoch wird auf den allgemeinen Grundsatz verwiesen, dass freiheitsentziehende Sanktionen generell nicht bei 14- und 15jährigen in Frage kämen[470]. Auch Untersuchungshaft darf gemäß § 72 II JGG in der Fassung des Vorschlags bei 14- und 15jährigen nicht angewandt werden.

§ 72 Abs. 2 JGG – Änderungsvorschlag[471]:
Gegenüber 14- und 15-jährigen Jugendlichen darf Untersuchungshaft nicht verhängt werden.

Dieser Vorschlag entspricht der Rechtslage einiger anderer Länder. So sehen England, Irland, Wales, Jugoslawien, Kroatien und die Schweiz den Jugendstrafvollzug ebenfalls erst ab dem 15. bzw. 16. Lebensjahr vor, obwohl die Strafmündigkeit früher beginnt[472]. Nach der kriminologischen Sanktionsforschung können zudem stationäre Sanktionen schädliche Nebenwirkungen für die jugendliche Entwicklung haben, was auch in der Begründung des 1.JGGÄndG von 1990 bereits ausdrücklich hervorgehoben wurde[473].
Zu berücksichtigen gilt es jedoch, dass in Deutschland zwar seit einigen Jahren das Durchschnittsalter im Jugendstrafvollzug sank, dass diese Tatsache allerdings auf der Zunahme der 16- bis 18jährigen beruht[474]. Gegenüber 14- und 15jährigen wird Jugendstrafe dagegen nur äußerst selten verhängt[475], weshalb der Vorschlag im großen und ganzen zu keinen Veränderungen in der Praxis führt. Eine Reform sollte jedoch auch praktisch relevante Umgestaltungen bewirken. Ferner erschiene eine entsprechende Entkriminalisierung insbesondere der Öffentlichkeit als unerwünschte Bagatellisierung[476]. Ein Problem stellt sich zudem insofern, als Jugendstrafe zwar bei Tätern schwerster Gewaltdelikte weiterhin in Frage kommt, jedoch nicht bei Jugendlichen, die durch persistente, mittlere Gewalttaten auffallen. Es ist zu befürchten, dass die ambulanten Maß-

---

469 Formulierungsvorschlag der DVJJ-Kommission in: DVJJ-Journal, 2001, S. 346.
470 Vgl. Beulke, Dittrich, Mann in: DVJJ-Journal, 2002, S. 125.
471 DVJJ-Kommission in: DVJJ-Journal, 2001, S. 357.
472 Sonnen in: DVJJ-Journal, 2002, S. 116.
473 BT – Drucksache 11 / 5829, S. 1.
474 J. Walter in: DVJJ-Journal, 2002, S. 129.
475 Heinz in: MschrKrim, 1998, S. 419.
476 Vgl. auch Berckhauer, Steinhilper in: ZRP, 1981, S. 266.

nahmen in solchen Fällen sehr schnell erschöpft sind[477]. Auch drängt sich die Frage auf, ob unter dem Gesichtspunkt des Schuldausgleichs nicht unvertretbare Sanktionslücken entstehen[478]. Überdies muss mit einer Verweigerungshaltung der Jugendlichen im Rahmen der ambulanten Maßnahmen gerechnet werden. Von einer freiwilligen Kooperation des Jugendlichen auszugehen, dürfte bei Tätern sich wiederholender mittlerer Gewaltdelikte fern von der Realität sein[479]. Zwar sieht der Kommissions-Vorschlag weiterhin einen „Ungehorsamsarrest" vor, d.h. die Möglichkeit der Anordnung von Jugendarrest, sofern der Jugendliche ambulanten Maßnahmen nicht nachkommt (vgl. § 11 Abs. 3 JGG)[480], jedoch bietet sich dieser Weg nicht bei 14- und 15 jährigen, da freiheitsentziehende Maßnahmen nach dem allgemeinem Grundsatz bei unter 16jährigen gerade nicht in Frage kommen. Es besteht demnach keine Handhabe, gegen entsprechende Täter vorzugehen, und damit auch keine, sie zu sozialem Verhalten zu erziehen.

Schwierigkeiten ergeben sich zudem bei den Veränderungen in Bezug auf die Untersuchungshaft. Nach den Vorschlägen der Kommission erfordert die Anordnung von Untersuchungshaft bei Jugendlichen die Erwartung eines späteren Ausspruchs der Jugendstrafe.

§ 72 Abs.1 JGG – Änderungsvorschlag[481]:
Die Verhängung von Untersuchungshaft in Fällen, in denen keine (unbedingte) Jugendstrafe zu erwarten ist, ist in der Regel unverhältnismäßig.

Bei den 14- und 15jährigen betrifft sie demnach nur schwerster Gewaltdelikte dringend Verdächtige. Bedenkt man aber, dass sich Heime der Jugendhilfe heute schon oftmals weigern, Jugendliche im Rahmen des § 71 Abs. 2 JGG, wonach der Richter als vorläufige Anordnung über die Erziehung bis zur Rechtskraft des Urteils die einstweilige Unterbringung in einem geeigneten Heim der Jugendhilfe anordnen kann, oder auch im Rahmen des § 72 Abs. 4 JGG, der die Möglichkeit bietet, unter denselben Voraussetzungen, unter denen ein Haftbefehl erlassen werden kann, die einstweilige Unterbringung in einem Heim der Jugendhilfe anzuordnen, aufzunehmen, würde sich diese ablehnende Haltung bei den vorgesehenen Änderungen eher noch verstärken, so dass sich die Frage stellt, was mit den Jugendlichen, die abgesehen vom Alter die Voraussetzungen der U-Haft-Verhängung erfüllen würden, geschehen soll[482]. Erforderlich wären demnach speziell für die Betreuung entsprechender Fälle geeignete Einrichtungen, was wiederum enorme Kosten zur Folge hätte.

---

[477] So auch Beulke, Dittrich, Mann in: DVJJ-Journal, 2002, S. 125.
[478] So Kornprobst in: JR, 2002, S. 311.
[479] Beulke, Dittrich, Mann in: DVJJ-Journal, 2002, S. 125.
[480] DVJJ-Kommission in: DVJJ-Journal, 2001, S. 354.
[481] DVJJ-Kommission in: DVJJ-Journal, 2001, S. 357.
[482] So auch Beulke, Dittrich, Mann in: DVJJ-Journal, 2002, S. 125.

Aufgrund dieser verschiedenen Problemstellungen erscheint mir der Vorschlag der DVJJ-Kommission nicht sinnvoll durchführbar.

2. Anhebung der Strafmündigkeitsgrenze auf 18 Jahre

Der Vorschlag, die Strafmündigkeit auf 18 Jahre anzuheben, erfolgt insbesondere im Zusammenhang mit **Jugendpolitik**. Jugendpolitik mit dem Ziel, die Jugend in allen Lebensbereichen zu fördern und die bestmöglichen Voraussetzungen für ihre Integration in die Gesellschaft zu schaffen", müsse sich vom Gebrauch des Strafrechts emanzipieren, was durch die Anhebung der Strafmündigkeitsgrenze auf 18 Jahre und damit eine Angleichung an die zivilrechtliche Volljährigkeit möglich sei[483]. Die Jugendpolitik werde durch das Strafrecht nur behindert. Normbrüche müssten zum Anlass genommen werden, die Lebensverhältnisse der Jugendlichen zu überdenken, beispielsweise im Hinblick auf Einengungen, Beschränkungen oder Benachteiligungen, und sie tatsächlich zu verbessern. Im Gegenzug wären Jugendliche dazu aufgefordert, ihr Verhalten insbesondere bezüglich ihrer Ansprüche und im Vergleich dazu diejenigen ihrer Mitmenschen zu überprüfen. Beides sei vom Strafrecht aber blockiert.
Infolgedessen müsse zumindest für stationäre Maßnahmen eine Anhebung der Strafmündigkeitsgrenze erfolgen. Hinzu kommt, dass erst die **zivilrechtliche Volljährigkeit** alle Rechte in Bezug auf die Lebensgestaltung eröffnet, so dass die strafrechtliche Verantwortlichkeit daran anzuknüpfen ist[484].
In eine ähnliche Richtung geht die Forderung nach Beseitigung des § 19 StGB und des § 3 JGG. An deren Stelle soll ein Maßregelrecht treten, wonach sowohl kindliche als auch jugendliche Delinquente einer Begutachtung zuzuführen sind mit dem Ziel, Ursachen für das Verhalten zu erkennen, um dann angemessene therapeutische Maßnahmen durchzuführen[485]. Die Rechtsfolgen des StGB finden demnach nur auf Erwachsene Anwendung.

Kritik erfährt dieser Vorschlag insbesondere insofern, als eine Begründung für den therapeutischen Optimismus fehlt[486]. Auch ergeben sich Schwierigkeiten bei der richtigen Diagnose[487]. Zudem erfordern Delikte von Kindern nicht generell therapeutische Maßnahmen, da sie nicht grundsätzlich Ausdruck des „Beginns einer kriminellen Karriere" sind.
Generell ist einzuwenden, dass auch das Gerechtigkeitsempfinden der Bevölkerung eine Rolle spielt. Für diese wäre es aber mit Sicherheit unverständlich, wenn beispielsweise ein jugendlicher Mörder straflos bliebe. Eine Aufklärung über die Grundlagen der Tat, um sie verständlich zu machen[488], würde meiner

---

[483] Papendorf, Schumann, Voß, 1982, S. 16.
[484] Papendorf, Schumann, Voß, 1982, S. 19.
[485] Weinschenk in: MschrKrim, 1984, S. 24.
[486] So Ludwig in: MschrKrim, 1984, S. 171.
[487] Traulsen in: MschrKrim, 1985, S. 119.
[488] So Papendorf, Schumann, Voß, 1982, S. 20.

Ansicht nach nichts an dem Vergeltungsbedürfnis ändern. Hinzu kommt, dass Jugendliche viele Straftaten nicht spontan und unüberlegt begehen, so dass das Bewusstsein von möglichen Folgen Wirkung zeigen kann.
Aufgrund dessen erscheint eine Angleichung der Strafmündigkeit an die zivilrechtliche Volljährigkeit nicht sinnvoll.

3. Herabsetzung der Strafmündigkeit auf 12 Jahre

Die Herabsetzung der Strafmündigkeitsgrenze auf 12 Jahre steht schon seit längerem zur Diskussion. Da im Jahr 2000 59,3 % der kindlichen Tatverdächtigen ein Alter von 12 oder 13 Jahren hatten, wäre damit ein beträchtlicher Teil der Kinderdelinquenz strafrechtlich zu verfolgen. Die kriminalpolitische Forderung beruht vor allem auf der Tatsache, dass die **Zahl der tatverdächtigen Kinder** langfristig gesehen **anstieg** und zumindest die Medien zu dem Schluss kommen, die Täter würden immer jünger und die Kinder immer brutaler („Täter im Land werden immer jünger", Stuttgarter Zeitung vom 31.07.1996; „Experten schlagen Alarm: Kinder immer brutaler", Die Welt vom 07.06.1996). Zudem nahm bei den Kindern die Zahl der tatverdächtigen 12- und 13jährigen viel stärker zu als die der anderen Altersgruppen (vgl. S. 116). Für eine Herabsetzung sprechen aber auch Argumente unabhängig von den Tatverdächtigen-Zahlen.
Zieht man die **moderne Entwicklungspsychologie** heran, bedeutet Kindheit den Lebensabschnitt bis zum elften oder zwölften Lebensjahr[489]. Teilt man die Kindheit in verschiedene Stufen ein, fasst man häufig die sechs- bis achtjährigen, die neun- bis elfjährigen und die über zwölfjährigen Kinder zusammen und bezeichnet das Verhalten der über 12jährigen als „beherrscht" und „souverän" [490]. Zwar ist nicht von der Hand zu weisen, dass es sich dabei um eine problematische Typisierung von Altersabschnitten handelt, da nicht selten Abweichungen vorkommen, jedoch entspricht der Grundgedanke zumindest in etwa dem „Durchschnitts-Kind".
Betrachtet man die physische Reifung, fällt ein sinkendes Pubertätsalter mit jeder Generation auf[491]. Da in der Regel physische und psychische Entwicklung synchron verlaufen, kann davon ausgegangen werden, dass Kinder insgesamt **früher „reif"** sind als in den vorangegangenen Generationen.
Besteht zwar auch in der modernen Entwicklungspsychologie keine exakte Übereinstimmung bezüglich der einzelnen Kindheitsabschnitte, wird jedoch generell eine Grenze bei 12 Jahren gezogen[492]. Die Strafmündigkeitsgrenze würde demnach mit der „entwicklungspsychologischen Durchschnitts-Grenze" über-

[489] Oerter, Montada, 1995, S. 249.
[490] Vgl. Baacke, 1999, S. 57.
[491] Vgl. Baacke, 1999, S. 58.
[492] So beispielsweise Baacke, 1999, S. 59; Müller-Wiedemann, 1973, S. 15; Stone, Church, Band 2, 1979, S. 126.

einstimmen. Für eine Grenzziehung bei 14 Jahren ergibt sich dagegen nach dieser Sichtweise kein Anhaltspunkt[493].

Für eine Herabsetzung spricht überdies die dem **Staat obliegende Pflicht, Rechtsgüter zu schützen** und den **Rechtsstaat zu verteidigen.** Zudem duldet die Öffentlichkeit „Straftaten" von Kindern ab einem Alter von 12 Jahren nicht mehr[494]. So wurde festgestellt, dass die erste Anzeige bei delinquentem Verhalten häufig im Alter von 12 oder 13 Jahren erfolgt. Daraus kann der Schluss gezogen werden, wonach bei Taten dieses Alters ein **Bedürfnis nach Vergeltung** besteht, welches den Ausgangspunkt jeder Strafe bildet, d.h. die Vorstellung, dass „die Verfehlung des Täters durch Auferlegung eines ihr entsprechenden Übels gesühnt werden müsse"[495]. Geht heute ein Großteil der Bevölkerung davon aus, eine „gerechte Strafe" durch Eltern oder Lehrer oder sonstige Formen der informellen Sozialkontrolle werde nicht mehr verhängt, verstärkt dies entsprechende Vorstellungen in der Bevölkerung noch. Nach Untersuchungen findet die erste Verhaltensauffälligkeit bereits vor dem 10.Lebensjahr statt[496], womit die Bestrafung eines 12jährigen in der Regel nicht bedeuten würde, dass bereits erstmalig abweichendes Verhalten strafrechtliche Konsequenzen nach sich zieht. Auch aus dieser generell schon früher auftretenden Verhaltensauffälligkeit resultiert das Verlangen der Öffentlichkeit nach einer Ahndung der 12jährigen.
Einen weiteren Gesichtspunkt stellt die altersabhängige **Änderung der Deliktsarten** dar. Eine Untersuchung in München kam zu dem Ergebnis, dass unter 12jährige fast ausschließlich einfache Diebstähle begehen, dagegen ab 12 Jahren vermehrt Körperverletzungsdelikte, schwere Diebstähle und einzelne Raubstraftaten auftreten[497]. Entsprechendes dürfte auch in anderen Städten gelten. Das vielfach angebrachte Argument, die „Straftaten" der Kinder hätten nur Bagatellcharakter, überzeugt demnach nicht[498]. Ferner eignet sich der „Bagatellcharakter" generell nicht, die Harmlosigkeit zu begründen[499]. Zum einen stören auch solche Delikte den Rechtsfrieden, zum anderen verfolgen Kinder mit ihren Taten psychische Ziele. Erreichen sie diese, wie beispielsweise Anerkennung, lernt sich Delinquenz ein. Zwar erscheinen manche Delikte von Kindern als belanglos, jedoch besteht auch die Möglichkeit einer kriminellen Verfestigung, insbesondere wenn sie auf eine gewisse Zielstrebigkeit hinweisen, eine Schwäche des Opfers ausnutzen, über einen längeren Zeitraum hinweg stattfinden oder verschiedenartig sind[500]. Handelt es sich bei einem Großteil der von Kindern

---

493 Papendorf, Schumann, Voß, 1982, S. 19.
494 So auch Pongratz, Jürgensen, 1990, S. 61.
495 Stratenwerth, 2000, S. 4.
496 Schmehl, 1980, S. 237.
497 Elsner, Steffen Stern, 1998, S. 33.
498 So auch Elster, Lingemann, 1998, S. 471; Schneider in: Jura, 1991, S. 346; Göppinger, 1997, S. 390; bereits Traulsen in: MschrKrim, 1978, S. 395.
499 Schneider in: Jura, 1991, S. 346.
500 Vgl. Göppinger, 1997, S. 390; Weinschenk in: MschrKrim, 1984, S. 18.

begangenen „Straftaten" um „Bagatell-Delikte", rechtfertigt diese Tatsache alleine demnach keine Straflosigkeit.
In diesem Zusammenhang gilt auch zu berücksichtigen, dass man nicht nur bei Kindern häufig davon ausgeht, ihre Delinquenzauffälligkeit führe nicht unbedingt zu Jugend- oder Erwachsenenkriminalität, also der Kinderkriminalität keine „Einstiegsfunktion" zukommt, sondern für Jugendliche ebenfalls die These aufstellt, sie brächen ihre „Delinquenzkarriere" im Erwachsenenalter wieder ab[501]. Dennoch resultiert daraus nicht die Forderung, von einer Bestrafung der Jugendlichen abzusehen. Argumentiert man aber bei Jugendlichen nicht mit der These, ihre Delinquenz erlange indizielle Bedeutung für später, erscheint bei Kindern eine entsprechende Folgerung erst recht nicht sinnvoll.

Ein weiterer Aspekt des Appells an eine Herabsetzung der Strafmündigkeitsgrenze besteht in der **Abschreckung**. Den meisten Kindern ist wohl durchaus bewusst, dass ihre Taten ohne strafrechtliche Konsequenzen bleiben, weshalb man teilweise davon ausgeht, sie hätten sich im Fall der Befürchtung einer Ahndung anders verhalten[502]. Die Gewissheit von Strafe könnte demnach Straftaten vermeiden.
Letztendlich führt man die insbesondere erzieherische Gefahr an, dass sich Jugendliche **im nachhinein von der Strafjustiz getäuscht** fühlen, sofern man von ihnen begangene Delikte im Kindesalter bei einem späteren Jugendstrafverfahren einbezieht[503]. Das gilt zumal dann, wenn die Tat mit der im Kindesalter verübten in keinem Zusammenhang steht, so dass es wirkungsvoller wäre, die frühere Tat würde sofort Folgen nach sich ziehen als möglicherweise erst Jahre später.
Es werden demnach verschiedene nachvollziehbare Argumente für eine Herabsetzung der Strafmündigkeitsgrenze auf 12 Jahre vertreten. Allerdings können auch zahlreiche Gründe angeführt werden, die gegen eine Änderung sprechen und die Gegenposition zumindest zum Teil entkräften.
Der Anstieg der Zahl der als tatverdächtig registrierten Kinder muss, unabhängig von der Tatsache, dass seit 1998 ein leichter Rückgang vorliegt, nicht in jedem Fall zu einer Änderung der Strafmündigkeitsgrenze führen. Wie die folgenden Ausführungen zeigen, bedeutet eine strafrechtliche Verfolgung von Kindern nicht unbedingt eine wirksame Bekämpfung der Kinderdelinquenz.

Dem Argument, die **physische** und damit auch **psychische Reife** setze heute früher ein, ist folgendes entgegenzuhalten: Keine auch nur annähernd repräsentative wissenschaftliche Untersuchung steht zur Verfügung, die belegt, dass 12- oder 13jährige heutzutage auch tatsächlich „strafmündiger" wären als vor

[501] Kaiser, 1997, S. 264; Heinz in: DVJJ-Journal, 1996, S. 346; Schneider in: Jura, 1991, S. 347.
[502] Eisenberg in: JuS, 1983, S. 570; Amelang, 1986, S. 260.
[503] Eisenberg in: JuS, 1983, S. 570.

zehn oder zwanzig Jahren[504]. In Einklang zu bringen sind diese gegensätzlichen Feststellungen insofern, als die frühere psychische Reife möglicherweise zwar Selbständigkeit und Unabhängigkeit betrifft, die **Unrechtseinsicht und Steuerungsfähigkeit** aber **nicht früher** eintritt[505]. Berücksichtigung verdient ferner, dass Kinder heute sehr viel größeren Risiken und Unübersichtlichkeiten ausgesetzt sind[506], und insbesondere durch den zunehmenden Verzicht auf autoritäre Fremdbestimmung zwar ein Zugewinn an Freiheiten stattfand, während damit aber das Erfordernis verbunden ist, sich selbst den richtigen Weg zu suchen[507]. Bei dieser Suche nach Orientierungen stellt es sich als problematisch dar, wenn Normen auch im Elternhaus an Verbindlichkeit verlieren, wie beispielsweise im Hinblick auf Steuerehrlichkeit, Ehrlichkeit bei der Inanspruchnahme von Versicherungs- oder Sozialleistungen, Schwarzarbeit oder „Mitnahme" von Materialien am Arbeitsplatz, was den Prozess zur Einsicht in das Unrecht einer Tat erschwert. Die schwieriger werdende Orientierung, Wertumbrüche, „Mit-Erziehung" außerfamiliärer Institutionen der Freizeit und Medien sowie interkulturelle Migration erschweren und verzögern die Reifeentwicklung demnach eher[508]. Eine früher bestehende Reife zur Unrechtseinsicht kann daher nicht angenommen werden.

Was die **Pflicht des Staates** betrifft, Rechtsgüter zu schützen und den Rechtsstaat zu verteidigen, stellt sich die Frage, warum diese Obliegenheit dann bei unter 12jährigen noch nicht besteht und vor allem, ob der Staat dieser lediglich oder überhaupt durch eine strafrechtliche Verfolgung nachkommt. Dies erscheint mir zweifelhaft. Zur Normbekräftigung, d.h. der Verdeutlichung der grundsätzlichen Strafbarkeit und der Missbilligung des Verhaltens, trägt bereits die Tataufdeckung bei. Dieses Vorgehen ist „dem Entwicklungsstand des moralischen Urteils und des zwischen Spiel und Ernst pendelnden Sozialverhaltens von Kindern angemessen"[509].

Existiert in der Bevölkerung ein entsprechendes Bedürfnis nach Vergeltung, sollte man darüber nachdenken, ob eine weitreichende **Aufklärung** nicht zu einer anderen Einschätzung führen könnte. Einem Großteil der Menschen ist derzeit sicher nicht bewusst, dass delinquentes Verhalten von Kindern nicht generell auf sich beruhen bleibt, sondern dass auch ohne strafrechtliche Verfolgung die Möglichkeit besteht, Maßnahmen zu verhängen. Das Gefühl, „dass überhaupt etwas getan wird", würde viele sicher beruhigen und zufriedener stellen. Dem Bedürfnis der Öffentlichkeit nach Ersatz des entstandenen Schadens kommt man bei kindlichen Schädigern ebenfalls nach[510].

---

[504] Kerner, Sonnen in: DVJJ-Journal, 1997, S. 344.

[505] Letzteres auch Ansicht Haases (Vormundschaftsrichter für Minderjährige) in: DVJJ-Journal, 1996, S. 328.

[506] H.-J. Albrecht, 2002, S. 81.

[507] Hefendehl in: JZ, 2000, S. 606; Frehsee in: DVJJ-Journal, 1996, S. 321.

[508] Kreuzer in: NJW, 2002, S. 2348.

[509] Bundesministerien des Innern und für Justiz in: DVJJ-Journal, 2001, S. 403.

[510] Vgl. S. 14 und Frehsee in: Zeitschrift für die gesamte Strafrechtswissenschaft, 1988,

Betrachtet man die Deliktsarten, umfassten noch 1997 alle einfachen Diebstähle zusammen bei den 12- und 13jährigen zwei Drittel der Straftaten. Da dies der Straftat-Verteilung bei den jüngeren Jahrgängen entspricht, bietet die Altersgruppe gerade ein für Kinder typisches Bild[511]. Die PKS enthält leider keine nach Altersgruppen der Kinder aufgeschlüsselten Angaben bei den einzelnen Deliktsarten, weshalb diesbezüglich für 2001 keine fundierte Aussage getroffen werden kann.

Im Hinblick auf die Hoffnung, Kinder von Straftaten durch Vermittlung des Bewusstseins einer möglichen Bestrafung abzuhalten, d.h. sie abzuschrecken, gilt es, unabhängig von der Tatsache, dass eine abschreckende Wirkung generell bislang weder hinlänglich bestätigt noch eindeutig falsifiziert wurde[512], zu bedenken: Kinder begehen Delikte in der Regel **spontan, unüberlegt und aus „Abenteuerlust“** bzw. um anderen zu imponieren. Demnach treten Zweifel dahingehend auf, ob sie mögliche Folgen tatsächlich reell ins Auge fassen und das Risiko einkalkulieren[513]. Gerade wenn es sich um Mutproben handelt, würden sie sich bei anderen Kindern lächerlich machen, sofern sie sich von denkbaren Konsequenzen abschrecken lassen. Die Art des kindlichen Denkens lässt zudem eher vermuten, dass sie auf das Ausbleiben einer Tatentdeckung vertrauen. Eine abschreckende Wirkung erscheint daher äußerst fraglich.

Ferner begründet auch das Argument, die Jugendlichen fühlten sich bei einer **nachträglichen Berücksichtigung** ihres delinquenten Verhaltens im Kindesalter getäuscht, keine Herabsetzung der Strafmündigkeitsgrenze. Die sicher zutreffenden erzieherischen Bedenken gegen eine entsprechende Einbeziehung sollten dazu führen, über eine Änderung dieser nachzudenken, jedoch nicht zu einer strafrechtlichen Verfolgung der Kinder.

Auffällig ist, dass Gegner der Herabsetzung der Strafmündigkeitsgrenze auf den überwiegend vorzufindenden **Bagatellcharakter** der kindlichen Delikte hinweisen[514]. Die Qualität der Delikte sei ein Hinweis auf die weitere Entwicklung, d.h. ob die Gefahr einer „kriminellen Karriere“ in Frage kommt[515]. Daraus ergibt sich jedoch gleichsam, dass in bestimmten Fällen Maßnahmen gerade angebracht wären. Die Möglichkeit einer Bestrafung müsste demnach gegeben sein. Der vorherrschende Bagatellcharakter spricht somit eigentlich nicht für eine grundsätzliche Straflosigkeit.

S. 324.

[511] Traulsen in: DVJJ-Journal, 1997, S. 48.

[512] Amelang, 1986, S. 287.

[513] So auch Heinz in: MschrKrim, 1998, S. 419; Lempp in: DVJJ-Journal, 1996, S. 323.

[514] Elsner, Steffen, Stern, 1998, S. 142; Bundeskriminalamt, 1982, S. XVIII; s. auch Laubenthal, 2002 a, S. 811.

[515] Elsner, Steffen, Stern, 1998, S. 120.

Andererseits besteht kein Grund für eine Gleichsetzung von Maßnahmen und Bestrafung. Sowohl bei Bagatellverfahren als auch bei gravierenderen Straftaten erscheint es erforderlich, die Ursache für das delinquente Verhalten zu ergründen, um eine zweckmäßige Therapie durchzuführen, anstelle an der Schwere des Schadens anzuknüpfen[516]. Eine zweckmäßige Therapie bedeutet aber nicht gleichsam strafrechtliche Konsequenzen. Bedenkt man, dass im Fall eines strafmündigen Kindes generell die Möglichkeit der Einstellung des Verfahrens gemäß § 153 StPO bestünde und dass gemäß § 45 Abs.2 S.2 JGG auch erzieherische Maßnahmen entfallen könnten, sofern sich der Täter bemüht, einen Ausgleich mit dem Verletzten zu erreichen, spricht die Tatsache, dass es sich bei Delinquenz von Kindern in der Regel um Bagatelldelikte handelt, die man aber nicht auf sich beruhen lassen sollte, eher gegen eine Herabsetzung der Strafmündigkeitsgrenze.

Als weiteres Argument gegen strafrechtliche Konsequenzen für delinquentes Verhalten von Kindern dient die Tatsache, wonach diese meist nur einmal auffällig werden, kindliche Delinquenz mithin nur **episodenhaft** auftritt[517]. Dies mag zwar den Fakten entsprechen, jedoch ändert es nichts daran, dass in bestimmten Fällen durchaus eine Einstiegsfunktion vorliegt, vor allem bei mehrfach auffälligen Kindern. Zwar wird eingewandt, Studien in Bezug auf den Einstieg delinquenten Verhaltens von Kindern in eine kriminelle Karriere litten an einem methodischen Fehler, da sie retrospektiv von der Grundgesamtheit deutlich auffälliger Straftäter ausgehen statt prospektiv von der Grundgesamtheit auffälliger Kinder[518]. Allerdings führt dieser Mangel lediglich dazu, dass die Zahl der Kinder, bei denen delinquentes Verhalten den Einstieg in eine kriminelle Karriere bedeutet, nicht der Realität entspricht, da eine rückblickende Studie die kindlichen Täter, die nach einmaliger Tat nicht mehr straffällig wurden, nicht erfasst. Es ergeben sich jedoch keine Änderungen insofern, als bei manchen Kindern dem sozial abweichenden Verhalten in der Kindheit eine Einstiegsfunktion zukommt. Die zwar meist bestehende Episodenhaftigkeit kann aufgrund der vorhandenen Ausnahmen die generelle Straflosigkeit allein demnach nicht begründen.
Eine Rolle spielt allerdings, dass die **Feststellung, wann noch normales kindliches Verhalten** vorliegt und wann sich bereits eine Gefahr für die weitere Entwicklung abzeichnet, große Schwierigkeiten bereitet. Besteht die Möglichkeit der Verhängung strafrechtlicher Folgen, wäre das jedoch zu erforschen. Dies gilt vor allem, wenn man davon ausgeht, entsprechende Konsequenzen könnten bei noch normalem kindlichem Verhalten auch negativ wirken. Bedenkt

---

[516] Im Hinblick auf Bagatellverfahren Weinschenk in: MschrKrim, 1984, S. 18.
[517] Schwind, 2002, S. 61; Lay, Ihle, Esser, Schmidt in: MschrKrim, 2001, S. 120; Elster, Lingemann, 1998, S. 472; P.-A. Albrecht, 2000, S. 89; Frehsee in: Zeitschrift für die gesamte Strafrechtswissenschaft, 1988, S. 319; Schneider in: Jura, 1991, S. 343, 347.
[518] Frehsee in: Zeitschrift für die gesamte Strafrechtswissenschaft, 1988, S. 318; bereits Kluge, von Randow, 1979, S. 33.

man, dass zwischen der begangenen Tat und der Verurteilung ein nicht unbeachtlicher Zeitraum liegt und die auf die Tat folgenden Maßnahmen damit möglicherweise zu einem Zeitpunkt geschehen, zu dem sich die „delinquenzaktive Phase“ des Kindes bereits wieder in der „Rückbildung“ befindet, wären Reaktionen nicht nur unnütz, sondern könnten die **„Rückbildung sogar stören oder aufhalten“**[519]. So nimmt man an, dass bei Dreiviertel der tatverdächtigen Kinder ein „Rückbildungsprozess“ einsetzt, den vor allem übertriebene Sanktionen der Instanzen der sozialen Kontrolle, wozu allerdings neben der Justiz auch Familie und Schule gehören, behindern können[520]. Zudem erkennen Kinder keine echte Beziehung zwischen Handlung und Strafe, wenn das Fehlverhalten längere Zeit zurückliegt, weil sie länger auseinanderliegende Ereignisse nicht in Zusammenhang bringen[521]. Kinder leben im Vergleich zu Erwachsenen viel mehr „im Moment“.
Formelle Reaktionen könnten damit gerade erst Grundlage einer Verfestigung abweichenden Verhaltens sein[522]. Eine Untersuchung in Philadelphia kam beispielsweise zu dem Ergebnis, die Wiederholungswahrscheinlichkeit bei Probanden, deren Verfahren eine formlose Erledigung fand, d.h. durch Einstellung oder Ermahnung abgeschlossen wurde, sei geringer, während sie mit der Zahl der Polizeikontakte bzw. der Festnahmen wuchs[523]. Dies rechtfertigt allerdings nicht den Schluss, das Verhalten der jeweiligen Täter wäre bei einer anderen Art der Erledigung anders ausgefallen. Auch die Praxis in der Schweiz mit einer Strafmündigkeitsgrenze von 7 Jahren zeigt, dass die Stigmatisierungswirkungen durch die gegenüber delinquenten Kindern verhängten Maßnahmen, denen überwiegend Strafcharakter zukommt, nicht ein Ausmaß erreichen, bei dem eine nachweisbar erhöhte Rückfälligkeit oder soziale Desintegration auftritt[524]. Im Allgemeinen geht man auch davon aus, eine Stigmatisierungsgefahr komme zwar durchaus in Frage, die tatsächliche Bedeutung offizieller Reaktionen sei aber unklar und nicht nachweisbar[525].
Festzuhalten bleibt aber in jedem Fall, dass bei der Mehrheit der auffälligen Kinder ein Rückbildungsprozess ohne offizielle Maßnahmen eintritt und zumindest die **Gefahr einer Stigmatisierung** durch entsprechende Folgen besteht.

Des weiteren stellt sich die **Frage, ob die einzelnen Reaktionsformen des JGG überhaupt sinnvoll und erforderlich** sind. Das Kinder- und Jugendhilferecht bietet die Möglichkeit, die Erziehungsmaßregeln im wesentlichen anzuwenden. Bei den Zuchtmitteln des JGG dominiert im allgemeinen die Geldzahlungsauflage, die bei Kindern aber kaum Sinn macht. Die Arbeitsauflage kann aufgrund des Verbots der Kinderarbeit (§ 5 JArbSchG) nicht verhängt werden.

---

[519] Frehsee in: Zeitschrift für die gesamte Strafrechtswissenschaft, 1988, S. 320.
[520] Schwind, 2002, S. 61.
[521] Dutschmann, 1982, S. 46.
[522] Vgl. P.-A. Albrecht, 2000, S. 89.
[523] Schwind, 2002, S. 147.
[524] Kaiser, 1996, S. 490.
[525] Vgl. Kaiser, 1997, S. 265; bereits Traulsen in: MschrKrim, 1978, S. 394.

In Frage kämen damit insbesondere Jugendarrest und –strafvollzug[526]. Diese Sanktionsformen erfolgen jedoch selbst bei 14- und 15 jährigen äußerst selten[527]. Vielmehr nehmen die Verfahrenseinstellungen bei Jugendlichen zu[528]. Eine Erstreckung des JGG auf 12jährige führt in der Praxis damit zu keinen inhaltlichen Veränderungen, da nicht davon auszugehen ist, dass entsprechende Maßnahmen dann auf Kinder Anwendung finden. Ein Unterschied bestünde lediglich dergestalt, als vormundschaftsrechtliche Aufgaben auf den Jugendrichter übertragen würden[529]. Allein diese Tatsachen lassen den Schluss zu, wonach sich die im KJHG fehlenden Reaktionsformen für Kinder gerade nicht eignen. Eine Betrachtung der einzelnen im JGG vorgesehenen Maßnahmen bestätigt dies.
Bei Kindern besteht beispielsweise die **„Gefahr der Ansteckung"** mindestens in dem Maß wie bei Jugendlichen. Sie mögen somit im Jugendstrafvollzug noch weitere Verbrechenstaktiken lernen oder ihr Verhalten als normal empfinden, sofern sie mit ähnlichen Handlungen anderer konfrontiert werden. Bedenkt man, dass „Straftaten" von Kindern in der Regel nicht auf krimineller Energie beruhen, kommt man ebenfalls zu der Folgerung, im weitesten Sinn strafrechtlich orientierte Maßnahmen stellten sich bei delinquentem Verhalten von Kindern nicht als zweckmäßig dar[530]. Nicht selten liegt in der Straftat auch der Versuch des Kindes, auf sich und seine seelische Notlage aufmerksam zu machen[531]. Eine Fixierung auf die Straftat erscheint in diesem Fall keinesfalls angebracht.
Daneben stellt sich das Problem, dass Kinder im Strafvollzug zwar zur Schule gehen könnten, dass nach Verbüßung der Strafe aber gegebenenfalls weiterhin ein Schulbesuch erforderlich wäre. Während Jugendliche die Möglichkeit haben, eine Ausbildung zu beginnen oder bereits zu arbeiten, d.h. etwas Neues anzufangen, müssten Kinder in ihre ehemalige Schule zurückkehren oder die Schule wechseln, was aber ebenfalls Schwierigkeiten mit sich bringt. Gerade hier besteht eine beträchtliche Gefahr der Stigmatisierung.
Zu berücksichtigen gilt als Folge der Herabsetzung der Strafmündigkeitsgrenze auch, dass man gegebenenfalls bereits Kinder in Polizeigewahrsam und anschließend in **Untersuchungshaft** nehmen müsste, da eine vorzugswürdige flexible Gestaltung praktisch mit Sicherheit nicht durchführbar wäre. Zwar ergäben sich die für Jugendliche vorgesehenen Einschränkungen gemäß § 72 JGG, wie beispielsweise die Vorrangigkeit von vorläufigen Anordnungen über die Erziehung und anderen Maßnahmen, § 72 Abs.1 S.1 JGG, jedoch bleibt die Möglichkeit im Raum stehen, Untersuchungshaft anzuordnen. Bei dem dringenden Verdacht einer schweren Körperverletzung beispielsweise darf Untersuchungshaft unter Berücksichtigung einer verfassungskonformen Auslegung des

526 So auch Frehsee in: DVJJ-Journal, 1996, S. 322.
527 Vgl. Heinz in: MschrKrim, 1998, S. 419.
528 Vgl. Elsner, Steffen, Stern, 1998, S. 193.
529 Scholz in: DVJJ-Journal, 1996, S. 327.
530 So auch Göppinger, 1997, S. 503; Pfeiffer, Wetzels in: DVJJ-Journal, 1997, S. 364; Schaffstein, Beulke, 2002, S. 56.
531 So bereits Matthes in: Jugendschutz, 1973, S. 175.

§ 112 Abs. 3 StPO sogar verhängt werden, sofern der Haftgrund allein aus der gesamten Situation gefolgert werden kann[532]. Die Begründung durch „bestimmte Tatsachen" im Sinne des § 112 Abs. 2 StPO ist demnach nicht erforderlich. Hiervon macht auch das JGG keine Ausnahme. Ob eine vorläufige Anordnung über die Erziehung in diesem Fall als ausreichend erachtet wird, womit aufgrund von deren Vorrang von Untersuchungshaft abzusehen ist, erscheint äußerst zweifelhaft.

Im Hinblick auf den Vollzug regelt zwar § 93 JGG, dass er nach Möglichkeit in einer besonderen Anstalt oder wenigstens in einer besonderen Abteilung der Haftanstalt oder in einer Jugendarrestanstalt erfolgt, jedoch sieht die Wirklichkeit in Deutschland in der Regel anders aus.

Betroffene Kinder wären während der Untersuchungshaft nicht nur vollkommen von der Außenwelt abgeschnitten, sondern wüssten zudem auch nicht, wie lange sie „in dem Raum ohne Fenster, mit einer Pritsche" verbringen müssen[533]. Gerade diese Aussichtslosigkeit und das „Verlorensein" erscheint äußerst problematisch. Bedenkt man, dass Haft wohl die extremste und gewaltigste Angstsituation darstellt, der ein Mensch – mit Ausnahme der Todesgefahr – ausgesetzt sein kann[534], ist kaum vorstellbar, dass diese bei Kindern keine negativen Wirkungen mit sich brächte. Untersuchungshaft bedeutet in Deutschland meist die Unterbringung von Jugendlichen und damit bei einer Herabsetzung der Strafmündigkeitsgrenze Kindern in einem Erwachsenengefängnis, in dem sie Tag und Nacht in einer Einzelzelle sitzen, die sie nur für kurze Zeit am Tag verlassen dürfen[535]. Hinzu kommt die meist mehrmonatige Dauer der Untersuchungshaft, in denen praktisch nichts geschieht, aber gerade Erziehung dringend notwendig wäre.

Das **Problem der erzieherischen Maßnahmen** ergibt sich allerdings nicht nur in der Untersuchungshaft, sondern auch beim Jugendarrest und Jugendstrafvollzug. Nach dem JGG kommt ihnen eine erzieherische Funktion zu, jedoch werden sie dieser nicht gerecht[536]. Es stellt sich bereits die Frage, ob eine Erziehung durch Jugendstrafe überhaupt möglich ist. Das Gesetz geht zwar davon aus (vgl. § 17 Abs. 2, 1. Alt. JGG), jedoch fehlt es an entsprechenden empirischen Belegen[537]. Auch erscheint Erziehung generell nur in Freiheit und nicht unter Zwang denkbar[538]. Hinzu kommt, dass die Jugendvollzugsanstalten durch die sich in den letzten Jahren ausbreitende verstärkte Verhängung von Jugendstrafen ohne Bewährung überbelegt sind, was eine sinnvolle Erziehung praktisch unmöglich macht[539].

---

[532] BVerfGE 19, 342.
[533] Vgl. auch Zimmer, Westphal in: Zeitmagazin, 1980, S. 14.
[534] So der Münchner Rechtsanwalt Norbert Kückelmann, zit. nach: Zimmer, Westphal in: Zeitmagazin, 1980, S. 14.
[535] Zimmer, Westphal in: Zeitmagazin, 1980, S. 14.
[536] Vgl. Eisenberg, 1980, S. 55, 56; Papendorf, Schumann, Voß, 1982, S. 24, 63.
[537] Eisenberg, 1980, S. 56.
[538] So Papendorf, Schumann, Voß, 1982, S. 63.
[539] J. Walter in: DVJJ-Journal, 2002, S. 130.

Im Hinblick auf die Erziehung tritt überdies die Schwierigkeit der Feststellung einer geeigneten, d.h. **erzieherisch sinnvollen Maßnahme**, durch den Richter auf. Gemäß § 37 JGG sollen die Richter bei den Jugendgerichten und die Jugendstaatsanwälte erzieherisch befähigt und in der Jugenderziehung erfahren sein. Auch die bundeseinheitlichen Richtlinien zu § 37 JGG betonen, dass „Kenntnisse auf den Gebieten der Pädagogik, der Jugendpsychologie, der Jugendpsychiatrie, der Kriminologie und der Soziologie von besonderem Nutzen" sind[540]. In der Praxis kommt dieser Richtlinie aber keine Bedeutung zu[541]. Bei Kindern würde sich diese fehlende Kompetenz aber wohl noch stärker auswirken. Bei diesen wäre insbesondere die Feststellung erforderlich, ob es sich um normales kindliches Verhalten handelt oder ob das sozial abweichende Handeln bereits eine kriminelle Energie ausdrückt. Ohne spezielle Qualifikationen erscheint eine entsprechende Beurteilung aber nicht möglich. Andererseits ist fraglich, ob eine Prognose hinsichtlich der späteren Entwicklung überhaupt getroffen werden kann[542]. Jedenfalls müssten vermehrt Sachverständige herangezogen werden, was zu höheren Kosten und einer Verlängerung des Verfahrens führt[543].
In eine ähnliche Richtung geht das Argument, die erforderliche **Feststellung nach § 3 JGG**, d.h. ob der Jugendliche zur Zeit der Tat nach seiner sittlichen und geistigen Entwicklung reif genug war, das Unrecht der Tat einzusehen und nach dieser Einsicht zu handeln, sei bei unter 14jährigen so schwierig, dass „die normative bindende Schuldlosigkeitsvermutung gerade jede Spekulation über im Einzelfall vielleicht doch mögliche Stückchen Vorwerfbarkeit abschneiden soll"[544]. Meiner Ansicht nach bestehen diesbezüglich bei 12jährigen allerdings keine weitaus größeren Schwierigkeiten als bei 14jährigen. Es stellt sich eher die Frage, ob eine entsprechende Feststellung überhaupt möglich und daher sinnvoll ist. Aufgrund der Gefahr der fehlerhaften Beurteilung und der negativen Wirkung der Strafen spricht die Schwierigkeit der Prognose gegen eine Herabsetzung der Strafmündigkeitsgrenze.
Die Reaktionsformen des JGG erscheinen bei Kindern demnach nicht zweckmäßig. Eine mögliche zum Ausdruck kommende Fehlentwicklung korrigieren sie wohl kaum. Die Frage nach der Herabsetzung der Strafmündigkeitsgrenze impliziert aber gerade die Frage, ob die Folgen dieser Änderung sinnvoll sind. Mit relativer Sicherheit kann gesagt werden, dass die Reaktionsformen des JGG, die das Kinder- und Jugendhilferecht – auch nicht in ähnlicher Form – nicht vorsieht, eine in dem abweichenden Verhalten der Kinder möglicherweise zum Ausdruck kommende Fehlentwicklung jedenfalls nicht positiv beeinflussen.

---

540 Richtlinie Nr. 3 zu § 37 JGG, abgedruckt in Ostendorf, Jugendgerichtsgesetz, 2000, Anhang 1.
541 So Bundeskriminalamt, 1982, S. XXXIII.
542 Eher ablehnend Kreuzer in: Zeitschrift für Pädagogik, 1983, S. 63.
543 Scholz in: DVJJ-Journal, 1996, S. 327.
544 Frehsee in: Zeitschrift für die gesamte Strafrechtswissenschaft, 1988, S. 322.

Selbst wenn man von einem unzureichenden KJHG ausgeht, ergibt sich daraus nicht zwangsläufig die Erforderlichkeit einer Herabsetzung der Strafmündigkeit. Es wäre vielmehr daran zu denken, das KJHG mit speziell auf Kinder abgestimmten Reaktionsformen zu verbessern. Dies gilt vor allem im Hinblick auf die Tatsache, dass **repressive Mittel alleine keine Problemlösung** darstellen[545].

Wissenschaftler in Deutschland lehnen eine Herabsetzung der Strafmündigkeitsgrenze überwiegend ab[546]. Auch Gremien und Personen, die in der Praxis mit strafrechtswidrig handelnden Kindern und Jugendlichen zu tun haben, vertreten überwiegend die Meinung, dass keine tatsächliche Veranlassung für eine Änderung der Strafmündigkeitsgrenze besteht[547]. Die große Mehrheit der Sachverständigen bei der Anhörung der Regierungsfraktion am 27. August 1997 in Bonn war ebenfalls gegen eine Herab- oder Heraufsetzung. Die Zweite Jugendstrafrechtsreform–Kommission der Deutschen Vereinigung für Jugendgerichte und Jugendgerichtshilfen sprach sich ausdrücklich gegen eine Strafmündigkeitsgrenze bei 12 Jahren aus[548]. Weder entwicklungspsychologische noch kriminologische Erkenntnisse ergäben die Notwendigkeit einer Senkung des Strafbarkeitsalters. Vielmehr bieten „die differenzierten Leistungen der Jugendhilfe gemäß SGB VIII das geeignete Instrumentarium“[549].
Insbesondere die leicht rückläufigen Zahlen seit 1998, die im allgemeinen weiterhin vorliegende Bagatelldelinquenz und die Tatsache, wonach der Kinderdelinquenz in der Regel keine „Einstiegsfunktion in eine kriminelle Karriere“ zukommt, lassen eine dramatisierende Interpretation nicht als angebracht erscheinen[550]. Hauptargument gegen eine Herabsetzung der Strafmündigkeitsgrenze auf 12 Jahre stellt meines Erachtens aber die Tatsache dar, dass die Reaktionsformen des JGG und die allgemein mit einer Änderung verbundenen Folgen, wie beispielsweise die Notwendigkeit, Kinder dann in bestimmten Fällen in Untersuchungshaft zu nehmen, bei delinquenten unter 12jährigen nicht zweckmäßig sind. Zwar bleibt die allgemeine Bedeutung offizieller Interventionen unklar[551], d.h. ob insgesamt gesehen Stigmatisierungsgefahr besteht, jedoch können negative Wirkungen einzelner Rechtsfolgen durchaus angenommen werden. Zumindest sind keine positiven Wirkungen zu erwarten. So stellte auch die Konferenz der Jugendminister und –senatoren am 27.11.1980 fest, dass „staatliche Strafe (§ 17 II JGG im Sinne einer „Schuldvergeltung“ oder „Abschreckung“) keine

[545] So auch Elsner, Steffen, Stern, 1998, S. 220; siehe auch Laubenthal, 2002 a, S. 811 f.
[546] Vgl. H.-J. Albrecht, 2002, S. 84; Verrel in: NStZ, 2001, S. 290; Hefendehl in: JZ, 2000, S. 606; Heinz in: MschrKrim, 1998, S. 418; Elsner, Steffen, Stern, 1998, S. 143; Laubenthal, 2002 a, S. 812; Ostendorf in: DVJJ-Journal, 1997, S. 378; bereits Jung in: Unsere Jugend, 1966, S. 341.
[547] Vgl. Kerner, Sonnen in: DVJJ-Journal, 1997, S. 343.
[548] Vgl. Zwischenbericht der DVJJ-Kommission in: DVJJ-Journal, 2001, S. 346.
[549] Zwischenbericht der DVJJ-Kommission in: DVJJ-Journal, 2001, S. 346.
[550] So sogar für Jugendkriminalität Pfeiffer in: DVJJ-Journal, 1996, S. 227.
[551] So Terdenge in: MschrKrim, 1980, S. 189; Kaiser, 1997, S. 265; bereits Traulsen in: MschrKrim, 1978, S. 393, 395.

sachgemäße, am Wohl des Jugendlichen orientierte Reaktion auf delinquentes Verhalten sei“[552]. Der Jugendstrafvollzug versage, „vor allem bei 14- und 16jährigen Straftätern, also bei denen, die infolge ihrer entwicklungsbedingten Labilität vorrangig einer Hilfe zur Erziehung und einer Stabilisierung in ihrer Persönlichkeitsentwicklung bedürften“. Die Jugendministerkonferenz sprach sich zwar sogar für eine Anhebung zumindest der Bestrafungsmündigkeit auf 16 Jahre aus. Für 12- und 13jährige ergibt sich damit aber erst recht eine Unzweckmäßigkeit von Strafvollzug.
Für eine Strafmündigkeitsgrenze bei 14 Jahren spricht es zudem, wenn Jugendliche mit 14 Jahren ihren Hauptschulabschluss machen und eine Berufsausbildung beginnen, womit ein gewisser „Neuabschnitt“ eintritt[553]. Auch haben sie in diesem Alter die Pubertätsentwicklung abgeschlossen, so dass ein gewisser Reifegrad besteht. Eine Altersgrenze von 14 Jahren erscheint zudem deshalb plausibel, weil zu diesem Zeitpunkt die Kenntnis über Art und Ursprung von Regeln im Umgang mit anderen sowie deren Handhabung zumeist abgeschlossen ist[554]. Aus der Entwicklungspsychologie ergeben sich demnach Aspekte, die auch für eine Grenze bei 14 Jahren sprechen.
Nicht in Vergessenheit geraten darf ferner, dass das Polizeirecht, das Ordnungsrecht, das Deliktsrecht und das Familienrecht des BGB sowie das Kinder- und Jugendhilferecht verschiedene Möglichkeiten zur Verfügung stellen, um auf sozial auffällige Kinder zu reagieren[555].

Generell wäre es jedoch angebracht, eher von einer Verantwortungsreife als von Strafmündigkeit zu sprechen, da sich der entscheidende Reifegrad auf die begangene Tat und nicht auf das passive Erleiden der Strafe bezieht[556]. Diese erfordert gerade keine bestimmte Entwicklungsstufe.
Eine Verringerung der Kinderdelinquenz ist meiner Ansicht nach nur durch die Bekämpfung der Ursachen möglich, d.h. durch eine gezielte Beschäftigung mit den Kindern, bevor sie straffällig werden. Veränderungen müssen demnach nicht bei der Justiz, sondern der Jugendhilfe erfolgen. Die Strafjustiz kann gerade keinen sinnvollen Beitrag dazu leisten, die Problemlagen der jungen Menschen, aus denen heraus kriminelles Verhalten häufig entsteht, zu lösen[557].

---

552 Zit. nach: Berckhauer, Steinhilper in: ZRP, 1981, S. 265.
553 Ähnlich Pongratz, 2000, S. 21.
554 Vgl. Lösel, Bliesener in: DVJJ-Journal, 1997, S. 388.
555 So auch Kerner, Sonnen in: DVJJ-Journal, 1997, S. 344.
556 Ähnlich Lempp in: Recht der Jugend und des Bildungswesens, 1972, S. 326.
557 So auch Scholz in: DVJJ-Journal, 1996, S. 327; Haase in: DVJJ-Journal, 1996, S. 328.

4. Strafmündigkeitsgrenzen im internationalen Vergleich

Betrachtet man die Strafmündigkeitsgrenzen verschiedener Staaten, zeigen sich bedeutende Unterschiede[558]. Während eine Strafmündigkeitsgrenze von 14 Jahren beispielsweise neben Deutschland in Österreich, Italien und Ungarn besteht, liegt sie in Finnland und Schweden mit 15 Jahren noch darüber. In Spanien und Portugal setzt die Strafmündigkeit sogar erst mit 16 Jahren ein. Allerdings entschieden sich nicht wenige Staaten für eine niedrigere Grenze, namentlich Irland und die Schweiz mit 7 Jahren, wobei hier eine Anhebung auf 10, 12 oder 14 Jahre geplant ist[559], Israel mit 9 Jahren, England und Wales mit 10 Jahren, die Türkei mit 11 Jahren, mit 12 Jahren die Niederlande und mit 13 Jahren Frankreich und Polen. Ein Vergleich mit den USA ergibt auch dort Differenzen. Während im Bundesstaat Florida beispielsweise Personen jeden Alters angeklagt werden können, beginnt in vielen anderen US-Bundesstaaten die Strafmündigkeit mit Vollendung des 11. Lebensjahres, wobei allerdings teilweise zwischen Mädchen und Jungen unterschieden wird[560]. Die folgende Tabelle soll eine Übersicht über die Regelung in anderen Ländern geben.

---

[558] Vgl. Hinz in: ZRP, 2000, S. 110; Schüler-Springorum in: DVJJ-Journal, 2001, S. 418.

[559] Vgl. Schellenberg B., Entstehungsgeschichte und Inhalt eines Entwurfes zu einem neuen Jugendstrafrecht in der Schweiz in: Institut international des Droits de l'Enfant, 100 Ans de Justice Juvénile, Sion, Suisse, 2000, p. 239 - 255, zit. nach: Schüler-Springorum in: DVJJ-Journal, 2001, S. 418.

[560] Hinz in: ZRP, 2000, S. 110.

Altersgrenzen in Europa[561]

Land	Strafmündigkeitsalter	Alter, ab dem Erwachsenenstrafrecht angewendet werden kann / muss	Zivilrechtliche Volljährigkeit (Alter)
Belgien	16***/18	16/18	18
Bulgarien	14	18	18
Dänemark	15	15/18/21	18
Deutschland	14	18/21	18
England/Wales	10/15*	18/21	18
Estland	15	15/18	18
Finnland	15	15/18	18
Frankreich	13	18	18
Griechenland	13	18/21	18
Irland	7/15**	18	18
Italien	14	18/21	18
Jugoslawien	14/16**	18/21	18
Kroatien	14/16	18/21	18
Lettland	14****/16	14/16	18
Litauen	14****/16	14/16	18
Niederlande	12	16/18/21	18
Norwegen	15	18	18
Österreich	14	19	19
Polen	13	16/17/18	18
Portugal	16	16/18/21	18
Rumänien	16/18	16/18/21	18
Rußland	14****/16	14/16	18
Schweden	15	15/18/21	18
Schweiz	7/15**	15/18	20
Schottland	8/16	16/21	18
Slowakei	15	18	18
Spanien	16	16	18
Tschechische Republik	15	18	18
Türkei	11	15	18
Ungarn	14	18	18

* nur Strafmilderungen im allgemeinen Strafrecht ** Bestrafungsmündigkeit - Jugendstrafvollzug
*** nur für Straßenverkehrsdelikte **** nur für einige besonders schwere Delikte

Diese Vielzahl von Strafmündigkeitsgrenzen lässt bereits vermuten, dass ein internationaler Vergleich kaum zur Beantwortung der Frage, welche Grenze sich am sinnvollsten erweist, beiträgt. Erreichte man bisher keine Vereinheitlichung, zeigt diese Tatsache die Unmöglichkeit einer Übertragung der Gründe für die gewählte Grenze. Auch die Mindestgrundsätze der Vereinten Nationen zur Jugendgerichtsbarkeit aus dem Jahr 1985 enthalten keine Untergrenze, sondern überlassen sie „mit Rücksicht auf die unterschiedlichen Rechtssysteme und verschiedenartigen wirtschaftlichen, sozialen, politischen und kulturellen Gegebenheiten den Mitgliedstaaten“[562]. Art. 40 Abs. 3a der Internationalen Kinderrechts-Konvention vom 20.November 1989 bestimmt lediglich, dass die Staaten überhaupt ein Mindestalter festlegen sollen, das ein Kind erreicht haben muss, um

[561] Vgl. Ostendorf in: DVJJ-Journal, 1997, S. 376.
[562] Vgl. Nr. 2.2 zit. nach Hinz in: ZRP, 2000, S. 110.

als strafmündig angesehen zu werden[563]. Die UN-Mindestgrundsätze für die Jugendgerichtsbarkeit fordern zudem, das Strafmündigkeitsalter „nicht zu niedrig anzusetzen, da hierbei die Entwicklung der emotionalen, seelischen und geistigen Reife berücksichtigt werden muss“ (Nr.4).
Letztlich wäre ein Vergleich allein der Strafmündigkeitsgrenzen ungenügend. Relevanz käme zum einen den damit verbundenen Rechtsfolgen zu, da es entscheidend darauf ankommt, ob beispielsweise ein 8jähriges Kind in der Schweiz bei einem Gesetzesverstoß ähnlich bestraft wird wie ein 14jähriger in Deutschland. Gerade in der Schweiz ist der Sanktionenkatalog für ganz junge Delinquenten aber auf rein erzieherische und therapeutische Reaktionen reduziert[564], so dass die Strafmündigkeitsgrenze allein keine hinlängliche Aussagekraft besitzt. Zudem spielt die Handhabung in der Praxis eine Rolle. Denn das Gesetz kann zwar bestimmte Reaktionsformen generell vorsehen, während sie aber möglicherweise in der Regel erst ab einem bestimmten Alter angewandt werden. Beispielhaft für Deutschland ist die Tatsache zu nennen, dass das JGG auf Heranwachsende nur äußerst selten keine Anwendung findet, obwohl § 105 JGG konkrete Voraussetzungen aufzählt. Bedeutung erlangt auch die Praxis, Verfahren gegen Jugendliche häufig gemäß §§ 45, 47 JGG einzustellen, womit die spezifischen Reaktionsformen des JGG keine Anwendung finden.
Hinzu kommt die Flexibilisierung des Strafmündigkeitsalters seitens einiger Staaten, womit sich die Möglichkeit einer Verschiebung nach oben bietet. So ist ein Jugendlicher in Deutschland gemäß § 3 JGG strafrechtlich nur verantwortlich, wenn er zur Zeit der Tat nach seiner sittlichen und geistigen Entwicklung reif genug war, das Unrecht der Tat einzusehen und nach dieser Einsicht zu handeln. In Polen sind beispielsweise vergleichbare Ermessensspielräume für die Population zwischen 13 und 17 Jahren vorgesehen[565]. Demzufolge meint das Strafmündigkeitsalter nicht unbedingt eine absolute Grenze, weshalb ein Gesetzesverstoß eines 15jährigen in Deutschland für diesen möglicherweise ebenso wenig strafrechtliche Konsequenzen nach sich zieht wie der eines Jugendlichen gleichen Alters in Spanien, wo die Strafmündigkeit generell erst mit 16 Jahren einsetzt.
Im Gegensatz dazu sehen einige Staaten vor, dass Sanktionen des Erwachsenenstrafrechts bei Jugendlichen ausnahmsweise zulässig sind, sofern ein besonders gravierendes Delikt vorliegt[566]. Demnach können selbst bei gleicher Strafmündigkeitsgrenze beträchtliche Unterschiede bestehen, was die Folgen der Begehung eines bestimmten Delikts für Jugendliche in verschiedenen Ländern betrifft.
Festzuhalten bleibt, dass Strafmündigkeitsgrenzen nicht nur aufgrund der verschiedenen wirtschaftlichen, sozialen, politischen und kulturellen Gegebenheiten nicht auf andere Länder übertragbar sind, sondern auch aufgrund der verschie-

563 http://www.igfm.de/Konventionen/UN-KinderRkonv.htm.
564 Hinz in: ZRP, 2000, S. 113.
565 Schüler-Springorum in: DVJJ-Journal, 2001, S. 418.
566 So auch in den USA, vgl. Conklin, 1998, S. 11.

denartigen Konsequenzen, die das Erreichen des Strafmündigkeitsalters in den einzelnen Staaten nach sich zieht. Infolgedessen wird eine exakte Angleichung in Europa, zumal aufgrund der unterschiedlichen Traditionen, ebenfalls nicht für zweckmäßig erachtet[567]. Die Strafmündigkeitsgrenzen der anderen Länder haben demnach keinen Einfluss auf die Entscheidung, welches Alter in Deutschland erreicht sein sollte, um strafrechtlich zur Verantwortung gezogen zu werden.

---

[567] Vgl. Schüler-Springorum in: DVJJ-Journal, 2001, S. 418.

V. Alternativen zur Änderung der Strafmündigkeitsgrenze

Die Bevorzugung der Beibehaltung der Strafmündigkeitsgrenze von 14 Jahren bedeutet nicht gleichsam, dass keine Verbesserungen im Hinblick auf die Bekämpfung der Kinderdelinquenz in Frage kommen. Denkbar sind verschiedene Möglichkeiten, mit sozial auffälligen Kindern umzugehen bzw. entsprechendes Verhalten von vornherein zu vermeiden.
Zwar könnte man aufgrund der Tatsache, dass in vielen Fällen noch „normal kindliche Handlungsweisen“ vorliegen und ein „Rückbildungsprozess“ von alleine stattfindet, spezielle Maßnahmen für entbehrlich halten. So war man insbesondere in den 1970er Jahren teilweise noch der Ansicht, bei der überwiegenden Kinderdelinquenz dürfe „eine nach modernen pädagogischen Gesichtspunkten geführte Erziehung in Familie und Schule ausreichen, um Delinquenztendenzen abzubauen oder Delinquenzverhalten nicht einreißen zu lassen.“[568] Erst bei häufig auftretenden Delikten sei möglicherweise eine spezielle Behandlung angezeigt. Dies gilt generell auch heute noch. Problematisch ist aber gerade, dass eine „nach modernen pädagogischen Gesichtspunkten geführte Erziehung in Familie und Schule“ jetzt oftmals nicht mehr erfolgt. Zudem geht es bei der Frage nach den vorzunehmenden Maßnahmen gerade um die Kinder, bei denen sich nicht nur einmalige Abweichungen zeigen, sondern die Befürchtung besteht, dass sie weitere Delikte begehen, sofern keine Gegenmaßnahmen in Angriff genommen werden.

Bei der Ermittlung geeigneter Maßnahmen gilt es, einige **allgemeine Gesichtspunkte** zu beachten. Die Feststellung einer angemessenen Maßnahme erfordert die Prüfung, ob die Einwirkung praktisch möglich und politisch sinnvoll ist und zudem, welche Nebenwirkungen sie mit sich bringt und ob unter diesen möglicherweise mehr unerwünschte als erwünschte auftreten[569]. Daneben ergibt sich grundsätzlich die Notwendigkeit einer **Prognoseforschung** in Bezug auf die „Delinquenz-Gefährdung“. Es erweisen sich die Kinder hinsichtlich späterer Delinquenz am stärksten gefährdet, die verschiedene „Straftaten“ verübten, auffällige Persönlichkeitszüge zeigen, wie beispielsweise aggressives Verhalten oder geringe emotionale Resonanz, und die infolge ihrer Herkunft oder Persönlichkeit Normen nicht ausreichend internalisiert haben[570]. Die Prognoseforschung dient demnach der Feststellung, ob überhaupt Maßnahmen zu ergreifen sind oder ob aufgrund eines zu erwartenden „Rückbildungsprozesses“ darauf verzichtet werden kann.

Es stellt sich aber die Frage, welche Maßnahmen zusätzlich zu den bisher möglichen geeignet erscheinen.

---

[568] Kluge, von Randow, 1979, S. 62.
[569] Loll, 1990, S. 107.
[570] Remschmidt in: Praxis der Kinderpsychologie und –psychiatrie, 1978, S. 39.

Gemäß § 42 Abs.3 S.2 bzw. § 43 Abs.1 S.1 KJHG kann das Jugendamt in bestimmten Fällen die Unterbringung des Kindes in einem Heim anordnen (wenn auch höchstens für 48 Stunden), ebenso der Familienrichter gemäß §§ 1666, 1666 a BGB (für unbestimmte Zeit). Von dieser Möglichkeit machen vor allem Familienrichter aber nur äußerst selten Gebrauch, was insbesondere aus dem Fehlen entsprechender Heimplätze resultiert[571]. In Betracht käme demnach die **Vermehrung der Zahl von Heimplätzen**. Allerdings gehen die Ansichten über die Zweckmäßigkeit von Heimunterbringung auseinander.
Teilweise nimmt man an, Kinder würden in Heimen erst richtig „eingeweiht", indem sie von anderen lernen, wie man Straftaten geschickter ausführt[572]. Folge der Unterbringung seien Stigmatisierung und Ausgrenzung, so dass sich die Kinder als Außenseiter der Gesellschaft fühlten[573]. Auch erfahren sie in Heimen keine Geborgenheit und individuelle Zuneigung und insbesondere nicht „die an keine Bedingungen geknüpfte Liebe eines Menschen"[574]. Dies beruht vor allem auf der Tatsache, dass die in Heimen Angestellten aufgrund von Urlaub, freien Tagen oder Kündigungen immer wieder wechseln, so dass keine anhaltenden Beziehungen aufgebaut werden können.
Es stellen sich demnach in Heimen dieselben Probleme wie in Strafvollzugsanstalten.
Dennoch halten nicht wenige sogar eine geschlossene Heimerziehung in manchen Fällen für erforderlich, insbesondere bei sogenannten Intensivtätern, d.h. Kindern, die durch Straftaten oder andere Besonderheiten, wie zum Beispiel Schulschwänzen, hochgradig auffielen[575]. So gibt es bereits 10jährige mit derart starker Fehlentwicklung, dass der Versuch einer Erziehung in offenen Institutionen keinen Erfolg verspricht. Um Kinder zu erziehen, „ist es eine unabdingbare Voraussetzung, dass diese Kinder auch da sind" [576]. Zumindest anfangs wird eine „relative Geschlossenheit" für notwendig erachtet, um ohne Gefahr, dass die Kinder jederzeit entweichen könnten, eine richtige Diagnose zu stellen, was für eine adäquate Therapie unverzichtbar ist[577]. Die Durchbrechung des Kreislaufs ständiger erheblicher Delinquenz und das Ergreifen erzieherischer Initiativen bedürfen einer zumindest kurzfristigen Abschließung, die sich auch auf die Nacht beschränken kann. Voraussetzung einer positiven Wirkung sind allerdings „pädagogisch intensive Personalausstattung, Flexibilität und individuelle Ent-

---

571 Schaffstein, Beulke, 2002, S. 57; Laubenthal, 2002 a, S. 812.
572 Zimmer, Westphal in: Zeitmagazin, 1980, S. 12.
573 So auch Plewig in: DVJJ-Journal, 2002, S. 164.
574 Zimmer, Westphal in: Zeitmagazin, 1980, S. 12.
575 So Kreuzer in: NJW, 2002, S. 2349; Bodenburg in: DVJJ-Journal, 2002, S. 166; Schaffstein, Beulke, 2002, S. 57; Weinschenk in: MschrKrim, 1984, S. 17; Ullrich in: Unsere Jugend, 1974, S. 421.
576 So Weinschenk in: MschrKrim, 1984, S. 17.
577 So bereits Ullrich in: Unsere Jugend, 1974, S. 421.

scheidungen in der Einrichtung selbst, außerdem zwischenbehördlich koordiniertes Handeln“[578].

Die in bestimmten Fällen bestehende Notwendigkeit einer geschlossenen Unterbringung ergibt sich ferner bei stärkerer Berücksichtigung von Opferbelangen: „Der Blick auf junge Menschen als Täter darf keinesfalls den Blick darauf verstellen, dass junge Menschen noch häufiger Opfer von Straftaten sind. Die höchsten Opferraten, insbesondere im Bereich der Gewaltkriminalität, und die stärksten Anstiege finden sich regelmäßig bei jungen Menschen, namentlich bei männlichen Jugendlichen. Unter Berücksichtigung auch der familiären Gewalt sind junge Menschen weitaus häufiger Gewaltopfer als Gewalttäter. Nicht so sehr als Täter, sondern vor allem als Opfer verdienen deshalb junge Menschen unsere Aufmerksamkeit und unseren Schutz.“[579]

Stellt man nicht nur auf die familiäre Gewalt ab, kann dies dahingehend interpretiert werden, dass es einer geschlossenen Unterbringung von kindlichen Tätern bedarf, um andere Kinder zu schützen. Eine Heimeinweisung kommt aber insbesondere in Frage, um Kinder vor familiärer Gewalt zu sichern, worauf §§ 1666, 1666 a BGB und § 42 III KJHG unter anderem abzielen, auch bevor betroffene Kinder selbst als Täter auftreten.

Zwar ist nicht von der Hand zu weisen, dass Kinderdelinquenz in erster Linie durch Prävention vermieden werden sollte, wodurch Heime weitestgehend entbehrlich wären, jedoch vermag Prävention nicht grundsätzlich Heimunterbringung zu umgehen[580]. Nicht jede Prävention kann Heim vermeiden und das Ausprobieren verschiedenster Hilfen nacheinander, nur um Heimeinweisung zu vermeiden, was man auch in der Praxis immer wieder erlebt, ist abzulehnen. Eine Gesetzesänderung erfordert die Bereitstellung geschlossener Heime im übrigen nicht, da die Ausgestaltung der Institutionen der Jugendhilfe obliegt[581]. Erste Ansätze einer entsprechenden Heimerziehung sieht man für Mädchen in dem Heim in Gauting (bei München) und für Jungen in Rummelsberg (bei Nürnberg)[582].

Meiner Ansicht nach überzeugen die Argumente für die Notwendigkeit auch von geschlossenen Heimen. Wie von Befürwortern in der Regel ebenfalls ausdrücklich betont, sind diese zwar nur bei gravierenden Fällen unumgänglich, jedoch dürfen sie gerade hier nicht fehlen. Insbesondere sogenannte Intensivtäter benötigen eine spezielle Erziehung, die aber, wie erwähnt, voraussetzt, dass die Betroffenen anwesend sind.

---

[578] Kreuzer in: NJW, 2002, S. 2349.

[579] Zitat von Prof. Bernd-Rüdeger Sonnen, Vorsitzender der DVJJ, anlässlich einer Rede auf dem 25. Deutschen Jugendgerichtstag im September 2001, zit. nach Bodenburg in: DVJJ-Journal, 2002, S. 168.

[580] Ähnlich Post, 1997, S.90, 91.

[581] Kreuzer in: NJW, 2002, S. 2349.

[582] Vgl. Rilke, Schleifer in: Zeitschrift für Erlebnispädagogik, 1997, S. 54 ff; Schaffstein, Beulke, 2002, S. 57.

Allerdings machen Heime nur Sinn, wenn sie keine reine „Bleibe für Tag und Nacht" darstellen, sondern der Aufenthalt dazu genutzt wird, die Kinder auch tatsächlich einer Erziehung zu unterziehen. Es stellt sich demnach die Frage, ob sich im Heim die Möglichkeit einer Therapie bietet.
Therapie ist „ein bewusster und geplanter interaktioneller Prozess zur Beeinflussung von Verhaltensstörungen und Leidenszuständen, die in einem Konsensus (möglichst zwischen Patient, Therapeut und Bezugsgruppe) für behandlungsbedürftig gehalten werden, mit psychologischen Mitteln (durch Kommunikation) meist verbal aber auch averbal, in Richtung auf ein definiertes, nach Möglichkeit gemeinsam erarbeitetes Ziel (Symptomminimalisierung und/oder Strukturänderung der Persönlichkeit) mittels lehrbarer Techniken auf der Basis einer Theorie des normalen und pathologischen Verhaltens"[583].
Zum einen besteht die Möglichkeit einer Psychotherapie, d.h. ein Heilverfahren, „das durch die menschliche Begegnung, die sich etablierenden zwischenmenschlichen Beziehungen und das Medium des gesprochenen Wortes wirkt"[584]. Psychotherapien dienen demnach der Veränderung der psychischen Struktur und der Persönlichkeit eines Menschen.
Daneben existieren Verhaltenstherapien, die auf die Modifikation des Verhaltens, d.h. der „beobachtbaren Äußerungen einer Person", abzielen[585].
Bei Kindern bietet sich insbesondere eine „klientenzentrierte Spieltherapie" an[586]. Das Kind soll durch das Spiel einen besseren Zugang zu sich selbst und zu seiner Umwelt gewinnen und insbesondere lernen, selbstsicheres Verhalten zu zeigen, Gefühle zu erleben und Ängste abzubauen[587]. Eine Kombination mit einem Heimaufenthalt erweist sich als durchaus realisierbar. Allerdings müssen sich die institutionellen Rahmenbedingungen im Heim eignen[588]. Zudem sollten die Einstellungen und Erwartungen an den Therapeuten klar zum Ausdruck gebracht werden, um Konflikte zu vermeiden, die möglicherweise das Scheitern einer Therapie zur Folge hätten.
Die Durchführung von Therapien kann demnach einen entscheidenden Beitrag zur Erziehung eines Kindes leisten, wobei sie nicht nur in Kombination mit einem Heimaufenthalt in Frage kommt, sondern auch ambulant sinnvoll erscheint, sofern das Kind Bereitschaft zeigt.

Es stellen sich aber noch weitere Aspekte bei der Erziehung eines Kindes zu sozial adäquatem Verhalten als zweckmäßig dar.

---

583 Knab, 1983, S. 107 in Anlehnung an Strotzka, 1975, S. 4.
584 Spiel W., Die Therapie in Kinder- und Jugendpsychiatrie, Stuttgart, 1967, S. 1, zit. nach: Kluge, von Randow, 1979, S. 104.
585 Kluge, von Randow, 1979, S. 117.
586 Knab, 1983, S. 108, 110.
587 Knab, 1983, S. 109.
588 Näheres hierzu Knab, 1983, S. 119 ff, 123.

Der Freistaat Bayern schlug vor, anstelle der Herabsetzung der Strafmündigkeitsgrenze die **Erziehungskompetenz der Familiengerichte auszuweiten**[589]: „Nachdem gegen eine Senkung der Strafmündigkeit auf 12 Jahre überzeugende pädagogische und kriminalpolitische Erwägungen sprechen, müssen andererseits Interventionsmöglichkeiten des Familien- sowie des Kinder- und Jugendhilferechts verdeutlicht und verstärkt werden und auch tatsächlich zum Einsatz kommen." Ein entsprechender Gesetzesantrag von Juni 1998 und ein von der Fraktion der CDU/CSU im Bundestag im April 2000 eingebrachter Entwurf beinhalten vor allem Ergänzungen zu § 1666 BGB[590]. Vorgesehen ist beispielsweise eine klarstellende Vermutung, dass eine Gefährdung des Kindeswohls bei wiederholten schweren Verstößen gegen Strafgesetze sowie bei drohender Betäubungsmittel- oder Suchtmittelabhängigkeit vorliegt, daneben in § 1666 V BGB-E eine ausdrückliche Rechtsgrundlage für ein richterliches Erziehungsgespräch mit den Sorgerechtsinhabern unter Beteiligung sowohl des Jugendamtes als auch des Kindes. Ferner erhält das Gericht die Möglichkeit, Weisungen sowohl gegenüber den Sorgeberechtigten zu erteilen (§ 1666 VI BGB-E), wie beispielsweise die Inanspruchnahme von Leistungen der Jugendhilfe, als auch gegenüber dem Kind, wie regelmäßiger Schulbesuch oder Teilnahme an einem sozialen Trainingskurs (§ 1666 VII BGB-E).
Dem Entwurf kommt insbesondere bei Scheitern jugendhilferechtlicher Maßnahmen Bedeutung zu. Er soll durch die generelle und altersunabhängige Einbeziehung von Kindern eine „frühzeitige pädagogische Erreichbarkeit" gewährleisten[591]. Relevanz erlangt er meines Erachtens auch insofern, als häufig zwar jugendhilferechtliche Maßnahmen zur Verfügung stehen, jedoch nicht in Anspruch genommen werden. Durch die Möglichkeit einer entsprechenden Weisungserteilung könnte man dem Abhilfe schaffen. Aufgrund dieser Vorzüge erweist sich der Vorschlag als durchaus begrüßenswert[592].

Unabhängig von diesem Entwurf wird ein allgemeiner **Ausbau der „erzieherischen Maßnahmen"** für notwendig erachtet[593]. Für sinnvoll hält man beispielsweise auch, § 35 SGB VIII auf 12- und 13jährige zu erstrecken[594]. Bisher sieht § 35 SGB VIII vor, Jugendlichen, die einer intensiven Unterstützung zur sozialen Integration und zu einer eigenverantwortlichen Lebensführung bedürfen, eine intensive sozialpädagogische Einzelbetreuung zu gewähren. Es erscheint zwar fraglich, ob bei 12jährigen schon generell feststellbar ist, inwiefern sie der Hilfe für eine eigenverantwortliche Lebensführung bedürfen, jedoch ist dies in einigen Fällen, insbesondere bei gravierend sozial auffälligem Verhalten zweifellos denkbar. Zwar stellt sich das Problem, dass sowohl eine entsprechen-

---

[589] BR-Drucksache 645/98 (14).
[590] Vgl. hierzu H.-J. Albrecht, 2002, S. 85; Hinz in: ZRP, 2000, S. 112.
[591] Hinz in: ZRP, 2000, S. 113.
[592] So auch Thomas in: ZRP, 1999, S. 196; kritisch dagegen H.-J. Albrecht, 2002, S. 86.
[593] Heinz in: ZRP, 1991, S. 189.
[594] Haase, Kurzstellungnahme in: DVJJ-Journal, 1996, S. 328.

de Beurteilung als auch die Betreuung selbst Kosten verursachen, jedoch vertritt man generell die Ansicht, dass **finanzielle Mittel** anstelle in den Ausbau der Jugendgerichte und Jugendvollzugs- bzw. Arrestanstalten **bevorzugt in Jugendhilfemaßnahmen** investiert werden sollten[595]. Bedenkt man, dass beispielsweise auch **Erziehungsberatungsstellen** im Sinne des § 28 SGB VIII eine vermehrte Inanspruchnahme aufweisen, erscheint dies sicher sinnvoll. So stieg die Zahl der beendeten Beratungen für Eltern(teile) mit Kindern und Jugendlichen von 1993 bis 1997 bundesweit um 27,2 %[596].
Erziehungsberatungsstellen sollen Kinder, Jugendliche, Eltern und andere Erziehungsberechtigte bei der Klärung und Bewältigung individueller und familienbezogener Probleme und der zugrundeliegenden Faktoren, bei der Lösung von Erziehungsfragen sowie bei Trennung und Scheidung unterstützen (§ 28 SGB VIII). Eine wesentliches Merkmal liegt in der Verknüpfung von Beratung, Behandlung, Prävention und Aufklärung, wodurch eine Einstellung auf unterschiedliche Problemkonstellationen und deren Änderung möglich ist[597].
Die Erziehungsberatungsstellen erlangen demnach sowohl im Fall bereits sozial auffälliger Kinder Bedeutung als auch zur Prävention von Delinquenz, d.h. als eine der Maßnahmen, „die den Zweck verfolgen, zukünftige Verhaltensweisen einer definierten Kategorie (hier also: Normen- und Gesetzesübertretungen) in ihrer Auftrittswahrscheinlichkeit zu vermindern"[598]. Während sich viele der Erforderlichkeit von erzieherischen Maßnahmen bei delinquenten Kindern bewusst sind, wird die **Erziehung im Hinblick auf Prävention** von der Gesellschaft häufig unterschätzt. Jedoch spielt sie auch hier eine außerordentliche Rolle. Oftmals besteht zwar die Vorstellung, Eltern hätten bei delinquenten Kindern erzieherisch versagt, jedoch verkennen viele, dass Erziehung nicht nur Sache der Eltern ist, sondern dass die gesamte Gesellschaft diesbezüglich zur Prävention beizutragen hat. Eine wesentliche Aufgabe für die Zukunft liegt demnach darin, zu verdeutlichen, dass Erziehung eine „allgemein soziale Tätigkeit, eine **Verantwortung der gesamten Gesellschaft**"[599] darstellt. Dies erfordert vor allem Einstellungsveränderungsprozesse in jedem einzelnen Mitglied der Gesellschaft, „die dazu beitragen, Stigmatisierung zu vermeiden und delinquent verhaltensauffällige Kinder als gleichberechtigte Partner zu integrieren"[600]. Da weder Eltern noch die Jugendhilfe Kinderdelinquenz allein zu vertreten haben, muss Erziehung verstärkt als eine *gemeinsame* Aufgabe von Eltern, Jugendhilfe, Schule, Arbeitsmarkt, Medien und der Öffentlichkeit anerkannt werden[601]. Hilf-

---

[595] Haase, Kurzstellungnahme in: DVJJ-Journal, 1996, S. 328.
[596] Wiesner, Morsberger, Oberloskamp, Struck, SGB VIII, 2000, § 28 Rn 2.
[597] Deutscher Bundestag, 1986, Jugendhilfe und Familie – die Entwicklung familienunterstützender Leistungen der Jugendhilfe und ihre Perspektiven – Siebter Jugendbericht, Drucksache 10/6730.
[598] Amelang, 1986, S. 245.
[599] Bereits Bulczak u.a. in: Forum Jugendhilfe, 1978, S. 44.
[600] Schon Kluge, von Randow, 1979, S. 124.
[601] Permien in: DVJJ-Journal, 2002, S. 149; ähnlich auch Hinz in: ZRP, 2000, S. 114.

reich wäre es auch, die Bevölkerung dergestalt zu sensibilisieren, dass sie sozial gefährdete Kinder erkennt und entsprechende Verdachtsmerkmale beispielsweise dem Jugendamt meldet, damit dieses gegebenenfalls Maßnahmen ergreifen kann. Auffälliges Verhalten benötigt eine konsequente und insbesondere **schnelle Reaktion von *allen* Beteiligten**, d.h. sowohl der Eltern als auch der Kindergärten, Schulen, Jugendhilfe, Polizei und der Justiz[602]. Priorität kommt folglich der **Kooperation der Systeme** zu. So stellt beispielsweise die dänische Form der Kriminalitätsverhütung die sogenannte „SSP-Zusammenarbeit" dar, d.h. eine institutionenübergreifende Zusammenarbeit von Schule, Sozialarbeit und Polizei[603]. Sie hat den Zweck, durch lokale Arbeit die Kriminalität der Kinder und Jugendlichen zu verhüten, wobei sowohl die kommunalen, die privaten als auch die staatlichen präventiven Maßnahmen koordiniert werden sollen[604]. Erziehung als „Verantwortung der gesamten Gesellschaft" meint demgemäss auch eine verstärkte Zusammenarbeit.

Im Rahmen der Erziehung erlangt des weiteren Bedeutung, dass Verfahrensbeteiligte nicht immer die nötige Qualifikation besitzen. Zwar existiert eine Sollvorschrift betreffend die erzieherische Begabung und Befähigung von Jugendstaatsanwälten, -richtern und -schöffen (§ 35 Abs.2 S.2 JGG, § 37 JGG) und sogar eine Mussvorschrift bezüglich der Eignung und Ausbildung der Vollzugsbediensteten (§ 91 Abs.4 JGG). Bei Kindern spielt aber die Konfrontation mit der Polizei eine Rolle. Für diese bestehen jedoch keine gesetzlichen Qualifikationserfordernisse[605]. Zwar erfolgt im Fall eines strafunmündigen Täters nur eine formlose Anhörung, jedoch bleibt auch diese nicht wirkungslos, so dass **erzieherische Fähigkeiten** begrüßenswert wären. Zudem hängt die Mitteilung an das Jugendamt von der Einschätzung ab, ob eine „kriminelle Gefährdung" vorliegt[606], was ebenfalls besondere Kenntnisse erfordert. Eine entsprechende Regelung erscheint mir sinnvoll. Zu denken wäre auch an eine Einschaltung von **Jugendbüros** anstelle der Polizei. In den USA folgt beispielsweise sogar bei Jugendlichen auf einen Ladendiebstahl keine Mitnahme zur Polizei, sondern zu einem Jugendbüro, wo ein Sozialarbeiter den Täter befragt und sich mit den Eltern, der Schule oder der Arbeitsstelle in Verbindung setzt[607]. Auch in Hannover wurde im Rahmen des Präventionsprogramms Polizei / Sozialarbeiter (PPS), wonach eine Kooperation von Polizei und Sozialarbeitern stattfindet, ein sogenanntes „Jugendbüro" institutionalisiert[608]. Anstelle einer „erzieherischen" Qualifikation zumindest des ein Kind befragenden Polizeibeamten wäre eine generelle Einrichtung von Jugendbüros denkbar. Positiv anzumerken ist allerdings, dass die Polizei in den letzten Jahren im Bereich der Kinder- und Jugenddelin-

---

602 Huck in: DVJJ-Journal, 2002, S. 193.
603 Vgl. hierzu Jensen in: DVJJ-Journal, 2002, S. 150.
604 Jensen in: DVJJ-Journal, 2002, S. 150.
605 Vgl. Eisenberg, 1980, S. 51.
606 Frehsee in: Zeitschrift für die gesamte Strafrechtswissenschaft, 1988, S. 293.
607 Schneider in: Die Psychologie des 20. Jahrhunderts, Band XIV, 1981, S. 462.
608 Ammer, 2000, S. 82.

quenz bereits verstärkt **Jugendbeauftragte und Jugendsachbearbeiter** einsetzt und zudem nach dem Täter- und nicht dem Tatortprinzip vorgeht[609]. Dies ermöglicht eine schnellere Feststellung der „Mehrfachtäter“ und vor allem auch der Hintergründe der Taten, wie beispielsweise die Familiensituation oder die Situation in der Schule, da sich immer wieder dieselben Beamten mit den Kindern beschäftigen. Eine entsprechende ausdrückliche Regelung erscheint dennoch angebracht.

In Bezug auf die Relevanz der Familiensituation im Rahmen der Kinderdelinquenz sollte Berücksichtigung finden, dass es heute nicht wenige Familien gibt, die bereit sind, ein Kind zu adoptieren, jedoch aufgrund der Schwierigkeiten in Deutschland auf eine Adoption eines ausländischen Kindes ausweichen. Auch diesbezügliche Veränderungen sollten daher ins Auge gefasst werden. Sicher gilt es, schon aufgrund Art. 6 GG, die Rechte der Eltern zu wahren. Eine in Frage kommende neue Familie müsste ebenfalls weiterhin unter verschiedenen Gesichtspunkten überprüft werden. Jedoch darf nicht in Vergessenheit geraten, dass ein wesentlicher Aspekt der Kinderdelinquenz in fehlender Liebe, Zuneigung und Geborgenheit liegt, so dass sich die „Prüfung“ der Familie vor allem darauf konzentrieren sollte. Eine **Entbürokratisierung** wäre durchaus denkbar.

Im Hinblick auf die Opferinteressen zieht man in Erwägung, einerseits zwar auf die Bestrafung des kindlichen Täters zu verzichten, andererseits aber ein **Unwerturteil** zu fällen[610]. Ähnliches existiert bereits im Jugendstrafrecht, wie beispielsweise § 27 JGG, wonach der Richter lediglich die Schuld des Jugendlichen feststellt, die Entscheidung über die Verhängung der Jugendstrafe aber für eine von ihm zu bestimmende Bewährungszeit aussetzt. Auch das StGB enthält entsprechende Regelungen, wie das Absehen von Strafe nach § 60 sowie die Verwarnung mit Strafvorbehalt nach §§ 59 ff. Es erfolgt die Klarstellung, dass der Täter eine Straftat begangen hat, jedoch wird auf eine Verhängung von Strafe verzichtet bzw. eine solche vorbehalten.
Diese Fälle betreffen allerdings Taten mit geringem Unrecht. Die Erwägung eines reinen Unwerturteils bei strafunmündigen Tätern bezieht sich dagegen auf elementares Unrecht, da eine entsprechende Feststellung bei Kindern nur in gravierenden Fällen zur Wahrung der Opferinteressen notwendig erscheint.
Fraglich ist aber, ob ein symbolisches Unwerturteil ohne Übelszufügung von den Opfern oder deren Angehörigen als zureichend empfunden wird. Dies erscheint mir äußerst zweifelhaft[611]. Hinzu kommt, dass oftmals neben den Tätern auch die Opfer Kinder sind. Solchen Opfern erschließt sich der Sinn eines entsprechenden Strafausspruchs in der Regel nicht, weshalb allenfalls die Interessen der Eltern gewahrt würden[612]. Dabei handelt es sich aber nur um ein mittel-

---

609 Permien in: DVJJ-Journal, 2002, S. 145.
610 Vgl. Hefendehl in: JZ, 2000, S. 602.
611 So auch Hefendehl in: JZ, 2000, S. 607.
612 Hefendehl in: JZ, 2000, S. 607.

bares und daher eher fernliegenderes Bedürfnis. Zudem besteht die Gefahr, dass der bloße Ausspruch über das begangene Unrecht in der „peer group" des Kindes als Auszeichnung gilt, so dass sich das Kind möglicherweise noch bestätigt fühlt[613].
Da damit der Sinn eines reinen Unwerturteils im Hinblick auf die Opferinteressen äußerst zweifelhaft bleibt und Erziehungsgesichtspunkte eher gegen ein solches sprechen, erweist sich eine entsprechende Handhabe – insbesondere unter Berücksichtigung der materiellen und auch immateriellen Kosten – meiner Ansicht nach als nicht zweckmäßig.

Unter dem Blickwinkel der Prävention delinquenten Verhaltens stehen dagegen verschiedene Erfolg versprechende Programme zur Verfügung. Zum einen wurde auf eine Entschließung des Niedersächsischen Landtages von Januar 1998 hier ein **Präventions- und Integrationsprogramm** entwickelt, welches das Kultusministerium und das Ministerium für Frauen, Arbeit und Soziales gemeinsam verwalten[614]. Es zielt auf eine Verbesserung der Zusammenarbeit von Schule und Jugendhilfe ab, daneben auf eine Integration von Ausländern, wobei insbesondere Entwicklungsmöglichkeiten im Hinblick auf Integrationsfähigkeit und Persönlichkeitsentwicklung verstärkt werden sollen. Der Zusammenarbeit von Jugendhilfe und Schule kommt im Rahmen der Prävention im übrigen generell Bedeutung zu.
Ein weiteres Projekt stellt **„FAUSTLOS"** dar, das dem amerikanischen Anti-Gewalt-Programm „Second Step" ähnelt, welches bereits seit 8 Jahren erfolgreich Anwendung findet[615]. FAUSTLOS wurde nach einer 1996 und 1997 durchgeführten Pilotphase in Göttingen im September 2001 an 100 Grund- und Förderschulen sowie an 100 Kindergärten im Freistaat Bayern eingeführt[616]. Es dient der Prävention von aggressivem und gewaltbereitem Verhalten bei Kindern, indem es das Sozialverhalten und die Konfliktfähigkeit zu verbessern versucht. Das Programm beruht auf der Tatsache, dass gewaltbereites Verhalten vor allem aus einem Mangel an sozialen Kompetenzen resultiert, wodurch eine anderweitige Problembewältigung nicht möglich ist. Im Mittelpunkt steht demnach die Förderung und Erweiterung prosozialer Verhaltensfertigkeiten von Kindern. Nicht nur wegen der bei Kindern steigenden Körperverletzungsdelikte erscheint es erforderlich, gegen aggressive Kinder frühzeitig Maßnahmen zu ergreifen. Bedeutung erlangt vielmehr zusätzlich, dass solche Kinder häufig schlechte Schulleistungen zeigen, was wiederum zu einem verminderten Selbstwertgefühl führt. Gerade daraus entspringt aber nicht selten delinquentes Verhalten. Ob sich die erwünschten Erfolge einstellen, bleibt abzuwarten, jedoch stellt der Versuch, den Kindern durch Rollenspiele Einfühlungsvermögen und Selbstkontrolle zu lehren, und zudem die Bereitstellung von Modellen für Problemlösungen und

613 Vgl. Hefendehl in: JZ, 2000, S. 608.
614 Vgl. Wahner-Liesecke in: DVJJ-Journal, 2002, S. 173.
615 Krannich u.a. in: Praxis der Kinderpsychologie und Kinderpsychiatrie, 1997, S. 236.
616 Süddeutsche Zeitung, Nr. 175, S. 53 (31.Juli 2002).

den Umgang mit Ärger und Wut einen durchaus wirkungsversprechenden Ansatzpunkt dar[617].
Allerdings gilt zu berücksichtigen, dass bei der Entstehung aggressiven und gewaltbereiten Verhaltens von Kindern neben der Schule auch die Familie eine Schlüsselrolle spielt[618]. Auf dieser Grundlage wurde von Dezember 1994 bis Mai 1998 **von der Forschungs- und Beratungsstelle „Kinder und Gewalt" ein Modellvorhaben** durchgeführt, das vorrangig zum Ziel hatte, Eltern gewaltbereiter Kinder bei der Problemlösung zu unterstützen und insbesondere dazu anzuleiten, sich mit dem Verhalten ihrer Kinder auseinander zu setzen und positiven Einfluss zu nehmen. Aufgrund der Erkenntnis, dass es für eine effektive Einflussnahme einer möglichst frühzeitigen Intervention bedarf, bezog sich das Projekt auf Kinder im Kindergarten- und Grundschulalter. Auch hier zeigte sich die Erforderlichkeit einer Kooperation von Kindergärten, Schulen sowie Forschungs- und Beratungsstellen.
Ein Interventionsprogramm, das verstärkt Eltern mit einbezieht, stellt zudem das **„Training mit aggressiven Kindern"** dar[619]. Dieses für Kinder von 8-13 Jahren geeignete Programm baut auf einem lernpsychologischen Störungsverständnis auf und verbindet sowohl Einzel- als auch Gruppentraining mit systematischer Elternarbeit, d.h. beispielsweise Aufklärung über Faktoren, die das unerwünschte Verhalten begründen und aufrechterhalten, oder die Vermittlung von effektiven Belohnungsstrategien.

Zu erwähnen sei schließlich noch das im September 1998 begonnene **„Nürnberger Modell gegen Schulschwänzer"**[620]. Dieses beruht allein auf dem kausalen Zusammenhang von Schulschwänzen und Delinquenz, insbesondere Ladendiebstahl. Zum einen bringt die Polizei auf Anordnung des Direktors Kinder, die zehn Tage in Folge unentschuldigt fehlen, zur Schule, sofern Gespräche und Ermahnungen zuvor keine Wirkung zeigten. Zum anderen kontrolliert die Polizei während der üblichen Schulzeit bekannte Sammelpunkte von Schülern und fährt angetroffene Kinder und Jugendliche zur Schule oder zu den Eltern. Zusätzlich erfolgen Gespräche mit der Schulleitung und den Eltern und eine Registrierung des Schulschwänzens für ein Jahr. Bedeutung erlangt insbesondere die Kooperation von Polizei, Schule, Jugendhilfe und Sozialarbeit. Mittlerweile wird das Projekt beispielsweise auch in München durchgeführt. Zwar ist es aufgrund der strengen Kontrollen unter Pädagogen umstritten, jedoch zeigen die rückläufigen Zahlen der Schulschwänzer in Nürnberg Erfolge. Aufgrund der vielfältigen Probleme, die Schulschwänzen mit sich bringt, erscheint das Vorhaben meines Erachtens durchaus sinnvoll. Das gilt insbesondere deshalb, weil

---

[617] Zuversichtlich auch Cierpka in: Süddeutsche Zeitung Nr. 175, S. 53 (31. Juli 2002).
[618] Cierpka, 1999, S. 9.
[619] Vgl. hierzu Karpinski u.a. in: Praxis der Kinderpsychologie und Kinderpsychiatrie, 1999, S. 340.
[620] http://sicherheitspakt.nuernberg.de/download/schulschwaenzerkonzept_der_nuernberger_polizei.pdf.

viele Eltern die Bedeutung des Fernbleibens von der Schule unterschätzen, so dass das Projekt dazu beitragen kann, die Gewissenhaftigkeit in Bezug auf den Schulbesuch wieder zu verstärken und die Kinder in dieser Hinsicht zu erziehen. Gerade aufgrund der außerordentlichen Relevanz der Prävention und der festzustellenden zunehmenden Aggressivität von Kindern, wäre eine Ausweitung der vorgenannten Programme, die sich vorwiegend auf gewaltbereites Verhalten beziehen, meiner Ansicht nach begrüßenswert.

Eine weitere Schwierigkeit insbesondere im Rahmen der Prävention von Kinderdelinquenz stellt die Tatsache dar, dass es sich bei dem **SGB VIII** grundsätzlich um ein **Leistungs- und Angebotsgesetz** handelt, das die zwangsweise Durchsetzung von Hilfsmaßnahmen, d.h. auch gegen den Willen der Sorgeberechtigten, in der Regel nicht vorsieht[621]. Durchbrechungen bestehen zwar gemäß §§ 42, 43 SGB VIII, wonach eine Inobhutnahme auch gegen den Willen der Personensorgeberechtigten (§ 42 Abs.2 SGB VIII) bzw. sogar eine Freiheitsentziehung sowohl gegen den Willen der Personensorgeberechtigten als auch gegen den des Kindes möglich ist (§§ 42 Abs.3 S.2, 43 SGB VIII). Allerdings erfordert das fehlende Einverständnis die Einholung einer Familiengerichtsentscheidung, so dass die Inobhutnahme bzw. Freiheitsentziehung auf Grundlage des SGB VIII nur von kurzer Dauer sein kann. Liegen die strengen Voraussetzungen der §§ 1666, 1666 a BGB nicht vor, steht keine Rechtsgrundlage für eine Fortdauer der Trennung zur Verfügung. Das Kind verbleibt demnach bei den Personensorgeberechtigten oder der Person oder Einrichtung, in der es sich aufhielt, solange keine Gefahr für das körperliche, geistige oder seelische Wohl des Kindes oder seines Vermögens durch missbräuchliche Ausübung der elterlichen Sorge, durch Vernachlässigung des Kindes, durch unverschuldetes Versagen der Eltern oder durch das Verhalten eines Dritten besteht (§ 1666 BGB). Es kann aber durchaus sein, dass dem Kind besser geholfen wäre, es auch unter weniger strengen Voraussetzungen von der Familie zu entfernen. Kinder*hilfe*recht sollte sich in erster Linie an der für das Kind notwendigen Hilfe orientieren. Zwar ist gemäß Art. 6 Abs.2 GG die Pflege und Erziehung der Kinder das natürliche Recht der Eltern, jedoch ebenso die zuvörderst ihnen obliegende Pflicht. Kommen sie dieser nicht nach, besteht meines Erachtens kein Grund, ihnen das Recht zu gewähren. Zumindest vom SGB VIII vorgesehene weniger gravierende Maßnahmen sollten nicht ausschließlich auf freiwilliger Basis erfolgen.

Festzuhalten bleibt demnach, dass es sinnvoll wäre, das Kinder- und Jugendhilferecht nicht nur als Leistungs- und Angebotsgesetz zu begreifen. Der Gesetzesantrag des Freistaates Bayern (vgl. S. 191) geht ebenfalls in diese Richtung. Nach § 1666 VI BGB-E vermag das Gericht Weisungen gegenüber den Sorgeberechtigten zu erteilen, wie beispielsweise die Inanspruchnahme von Leistungen der Jugendhilfe. Es besteht demnach die Möglichkeit, Hilfsmaßnahmen, die zur Prävention einen entscheidenden Beitrag leisten können, auch gegen den Willen der Personensorgeberechtigten zu ergreifen.

---

[621] Hinz in: ZRP, 2000, S. 111.

Als problematisch am SGB VIII erweist sich ferner, dass auch eine Rechtsgrundlage für eigene Ermittlungen des Jugendamtes in Bezug auf das Tatgeschehen fehlt[622]. Das Familiengericht wird aber häufig erst sehr viel später eingeschaltet. Es verstreicht demnach Zeit, in der bereits Maßnahmen hätten Anwendung finden können, so dass eine Verkürzung des „Verfahrens" hilfreich wäre. Möglich erscheint dies durch eine **Kompetenzerweiterung des Jugendamtes** hinsichtlich eigener Ermittlungen bzw. durch eine **stärkere Zusammenarbeit von Jugendamt und Familiengericht**, so dass letzteres schneller tätig werden kann.
Das gleiche Problem stellt sich bezüglich der Informationsweiterleitung von der Polizei zur Jugendhilfe. Erfolg versprechen Maßnahmen vor allem, sofern sie möglichst sofort nach einer polizeilich erfassten Tat geschehen[623]. Allerdings gibt die Polizei eine Tat, wenn überhaupt, in der Regel erst nach Abschluss der Ermittlungen und damit oft Wochen später weiter. Zudem geht die Jugendhilfe entsprechenden Mitteilungen häufig nicht sofort nach[624]. Erforderlich wäre demzufolge auch eine **verstärkte Zusammenarbeit von Polizei und Jugendhilfe** und schnelleres Eingreifen der Jugendhilfe. Die Möglichkeit würde sich jedenfalls bieten, da das Untätigbleiben der Jugendhilfe zumindest nicht immer auf Arbeitsüberlastung beruht, sondern zum Teil auf der Tatsache, dass sie einer einmaligen Anzeige kein zu großes Gewicht zukommen lassen will. Die Wirkung des meist versandten Formbriefes an die betroffenen Eltern mit einem Beratungsangebot der Jugendhilfe liegt oftmals aber allein in einer Verunsicherung der Eltern. Dies entspricht sicher nicht der Funktion der Jugendhilfe.

Zusammenfassend bleibt festzuhalten, dass die Möglichkeiten sowohl zur Prävention als auch zur Bekämpfung von Kinderdelinquenz noch lange nicht ausgeschöpft sind. Es erscheint aber sinnvoll, ein verstärktes Gewicht auf die Prävention zu legen, wobei die vielfältigen Programme insbesondere im Hinblick auf gewaltbereites Verhalten gute Ansätze darstellen, die im Fall der Bewährung weiter ausgebaut und bundesweit durchgeführt werden sollten. Daneben wäre es zu begrüßen, Personensorgeberechtigte vermehrt zur Inanspruchnahme von bereitstehenden Hilfen zu zwingen, da die besten Jugendhilfemaßnahmen keine Wirkung zeigen können, wenn sie nicht zur Anwendung kommen.
Eine weitreichende Prävention ändert jedoch nichts an der Notwendigkeit auch von konsequenten repressiven Maßnahmen, wobei in bestimmten Fällen sogar geschlossene Heimunterbringung angebracht sein wird. Erforderlich ist dort aber dann eine angemessene Erziehung.
Insgesamt wäre vor allem eine verstärkte Kooperation aller beteiligten Institutionen und der gesamten Gesellschaft wünschenswert. Eine Aufklärung über Ur-

---

[622] Hinz in: ZRP, 2000, S. 111.
[623] Arbeitsstelle Kinder- und Jugendkriminalitätsprävention, Schnelle Reaktion, Tatverdächtige Kinder und Jugendliche im Spannungsfeld zwischen beschleunigtem Verfahren und pädagogischer Hilfe, München, 2001, zit. nach Permien in: DVJJ-Journal, 2002, S. 145.
[624] Permien in: DVJJ-Journal, 2002, S. 145.

sachen von und den Umgang mit delinquenten Kindern könnte einen wichtigen Beitrag leisten.

VI. Das Vorgehen gegen Kinderdelinquenz im internationalen Vergleich

Betrachtet man die Kinderdelinquenz in einem internationalen Vergleich, stellt sich zuallererst die Frage, was man sich hiervon erhofft, d.h. welche Zielvorstellungen man zugrunde legt. So hatte beispielsweise ein Vortrag bei der Tagung „Jugend-Hilfe – Jugend-Strafe“[625] im Hinblick auf Jugenddelinquenz das Thema „Was lehrt der europäische Vergleich?“. Wie von dem Referenten verdeutlicht, setzt „lehren“ voraus, dass „der Blick über die Grenze den Vorrat an Lösungsmöglichkeiten vergrößert, den wir für unsere landes-eigenen Probleme brauchen können“[626]. Unter diesem Gesichtspunkt wird sich aber generell eine unlösbare Schwierigkeit ergeben: Eine Übertragung fremder Lösungsstrategien ist aufgrund der unterschiedlichen beispielsweise sozialen, juristischen oder traditionellen Verhältnisse nicht realisierbar, was sich auch bei einem Vergleich der internationalen Strafmündigkeitsgrenzen zeigte (vgl. S. 187). Eine Methode, die sich in einem Land als erfolgreich herausstellt, muss es nicht gleichsam in einem anderen Staat sein, da die Wechselwirkung von rechtlich-politischen Entwicklungen mit spezifischen kulturellen Erscheinungen, wirtschaftlichen Bedingungen und politischen Konstellationen nicht zu unterschätzen ist[627]. Daraus aber zu schließen, ein internationaler Vergleich bringe überhaupt keinen Nutzen, erscheint nicht angebracht. Es sollte zumindest der Versuch unternommen werden, möglicherweise vergleichbare Bereiche zu finden. Daneben vermag es sich gerade als zweckmäßig erweisen, bei einer näheren Untersuchung konkrete Unterschiede festzustellen. Auch gilt es, die im Wege einer zunehmenden Globalisierung stattgefundenen vielfältigen Angleichungsprozesse zu berücksichtigen, so dass zwar kein exakter Vergleich durchführbar ist, jedoch eine Abstufung von Vergleichbarkeiten Erfolg verspricht, d.h. „mehr“ oder „weniger“ Vergleichbares zu identifizieren[628].

1. Probleme des internationalen Vergleichs der Kinderdelinquenz

Es gilt demnach, herauszufinden, welche spezifischen Probleme der internationale Vergleich der Kinderdelinquenz mit sich bringt.

Schwierigkeiten bereitet bereits die Suche nach **deckungsgleichen Begriffen**, was eine Gegenüberstellung aber voraussetzt. Nicht einfach stellt sich beispielsweise die Zuordnung von Verhaltensweisen zu „Delinquenz“ dar. Wie schon anfangs darauf hingewiesen, stimmt „Delinquenz“ weder mit „delinquency“ noch mit „délinquance“ überein[629]. Betrachtet werden können demnach nur konkrete Verhaltensweisen von Kindern.

---

[625] Veranstaltet von der DVJJ, FICE-Europa und der IGFH von 29.11. – 01.12.2000 in Luxemburg, vgl. z.B. Schüler-Springorum in: DVJJ-Journal, 2001, S. 416 – 421.
[626] Schüler-Springorum in: DVJJ-Journal, 2001, S. 416.
[627] Vgl. van Swaaningen, 1997, S. 20.
[628] So auch Schüler-Springorum in: DVJJ-Journal, 2001, S. 416.
[629] Vgl. auch Schüler-Springorum in: DVJJ-Journal, 2001, S. 416.

Besonders deutlich zeigen sich Unterschiede auch bei Begriffen für bestimmte Altersstufen. So gelten in Deutschland Personen bis zur Vollendung des 13. Lebensjahres als Kinder und ab 14 Jahren als Jugendliche. Nichtsdestotrotz findet man auch hier häufig unter Erläuterungen zur Jugendkriminalität Ausführungen zur Kinderdelinquenz. In Osteuropa versteht man generell unter Jugendkriminalität die strafrechtlich relevante Art abweichenden Verhaltens bei Kindern und Jugendlichen[630]. Erforderlich ist demnach grundsätzlich ein Vergleich genau definierter Altersgruppen.
Ähnliches – allerdings nicht nur bei Kindern relevant – lässt sich bei der Schichtzugehörigkeit feststellen. In Japan empfindet man es in weiten Kreisen als beleidigend, zur Unterschicht zu gehören[631]. Dem trägt auch die Polizei Rechnung, weshalb alle Personen, die in einigermaßen geordneten Verhältnissen leben, der Mittelschicht zugeordnet werden. Auf in Deutschland relevante Kriterien wie Ausbildung, Beruf, Verdienst kommt es dagegen nicht an. Die Betrachtung der Delinquenzentwicklung unter Berücksichtigung der Schichtzugehörigkeit ist demnach nicht ohne weiteres möglich.
Es bleibt somit festzuhalten, dass sich bereits aufgrund eines unterschiedlichen Verständnisses von überall gebräuchlichen Begriffen Schwierigkeiten dartun.

Besonders schwer vergleichbar im Hinblick auf eine Aussage zur Kriminalitätslage sind **nationale Statistiken**[632]. Zum einen existieren **keine gleichartigen Regeln für das Zustandekommen**. So beziehen die zwar möglicherweise in allen Statistiken enthaltenen Delikte aber verschiedene Straftaten ein und beruhen zum Teil auf voneinander abweichenden Definitionen[633]. Die Kriminalstatistik der USA (Uniform Crime Report) – vom Federal Bureau of Investigation (FBI), welches entsprechende Informationen von über 16.000 lokalen Polizeistellen erhält, jährlich veröffentlicht[634] – erfasst beispielsweise einen versuchten Mord oder Totschlag als schwere Körperverletzung, während ihn die PKS als vollendetes Tötungsdelikt führt[635]. Ferner divergiert der Erfassungsmodus. Kommt es simultan oder sukzessiv zur Verletzung mehrerer Strafgesetze, beinhaltet der Uniform Crime Report nur das schwerste Delikt[636]. Zur Veranschaulichung folgendes Beispiel[637]:
Lauert ein Täter dem Kassierer eines Supermarktes auf, erschießt ihn, entwendet aus der Kasse die Tageseinnahmen, schießt einen sich ihm in den Weg stellen-

[630] Vgl. Oschlies in: Berichte des Bundesinstituts für ostwissenschaftliche und internationale Studien, 1975, Nr. 20, S. 2.
[631] Kühne, Miyazawa, 1991, S. 145.
[632] So auch Schüler-Springorum in: DVJJ-Journal, 2001, S. 416.
[633] Göppinger, 1997, S. 481; Ferracuti, Scardaccione in: Die Psychologie des 20. Jahrhunderts, Band XIV, 1981, S. 1021; Siegel, 1998, S. 48.
[634] Brown, Esbensen, Geis, 1998, S. 79, 125; Sheley, 1995, S. 58; Siegel, 1998, S. 46.
[635] Göppinger, 1997, S. 481.
[636] Siegel, 1998, S. 48.
[637] Aus Amelang, 1986, S. 83.

den Wachmann nieder und flüchtet mit dessen Wagen, führt das ebenfalls zu einem Eintrag unter „non-negligent homicide" wie eine Auseinandersetzung, die von einem mit der Tötung des anderen beendet wird.
Die PKS in Deutschland enthält dagegen mehrere Straftaten nur dann nicht als gesonderte Fälle, wenn eine wiederholte Begehung in unmittelbarem räumlichen Zusammenhang zu Lasten ein und desselben Opfers geschieht und die Taten unter eine Deliktskategorie fallen, d.h. derselben Schlüsselzahl zuzuordnen sind[638]. In dem genannten Beispiel liegt zwar noch ein räumlicher Zusammenhang vor, jedoch fehlt es an „ein und demselben Opfer", weshalb eine mehrfache Erfassung erfolgen würde. Entsprechende Unterschiede verzerren einen Vergleich aber in erheblichem Maß. Ebenso die Tatsache, dass der Uniform Crime Report bei der mehrmaligen Verletzung desselben Straftatbestandes bei manchen Delikten jede Tat als einzelnen Verstoß katalogisiert, bei anderen dagegen nicht[639]. Beraubt jemand beispielsweise sechs Personen in einer Bar, werden die Taten als ein Raub erfasst, ermordet er sie hingegen, erscheinen sechs Morde.
Relevanz erlangt zudem, dass manche Länder Statistiken **bewusst manipulieren**, wodurch diese von vornherein keine realitätsgetreue Aussage treffen. Angenommen wurde dies in den 1970er Jahren insbesondere für die osteuropäische Kriminalstatistik. Zwar forderten die Besorgnis der Öffentlichkeit und ihre Ordnungshüter für eine kontinuierliche Verbrechensprävention eine detaillierte und erschöpfende Darlegung der Entwicklung der Kriminalität, jedoch verlangte andererseits das „Selbstverständnis des sozialistischen Staates" einen stetigen Rückgang[640]. „Ideologisch gesehen ist die gesamte Kriminalität etwas, das es eigentlich nicht geben dürfte, und das die damit Befassten in Verlegenheit bringt, weil es es eben doch gibt."[641] Genügend Anhaltspunkte legen nahe, dass man versuchte, die Gesellschaft durch Manipulationen an der Statistik zu beruhigen und den ideologischen Prämissen zu entsprechen. Denkbar sind entsprechende Eingriffe auch heute noch.
Selbst wenn man nicht von solchen bewussten Verfälschungen ausgeht, bleibt das Problem, dass jede Statistik **nur eine Aussage über die entdeckten Taten** trifft. Überlegt man, welche enormen Schwierigkeiten sich bereits bei einer Betrachtung der Entwicklung anhand der Statistik in ein und demselben Land ergeben (vgl. S. 27 ff) – beispielsweise bei einem Vergleich der PKS verschiedener Jahre – lässt sich erahnen, welche Probleme sich bei verschiedenen Statistiken stellen. Eine Rolle spielen hierbei vor allem die ungleichartigen Methoden sowie die unterschiedliche Effektivität der Datensammlung, daneben das Anzeigeverhalten der Bevölkerung[642]. Gravierende Unterschiede fallen vor allem im

---

[638] PKS Deutschland, 2001, S. 19.
[639] Vgl. Siegel, 1998, S. 48.
[640] Oschlies in: Berichte des Bundesinstituts für ostwissenschaftliche und internationale Studien, 1975, Nr. 20, S. 7.
[641] Oschlies in: Berichte des Bundesinstituts für ostwissenschaftliche und internationale Studien, 1975, Nr. 20, S. 5.
[642] Vgl. Elster, Lingemann, 1998, S. 679.

Anzeigeverhalten von Japanern und Angehörigen europäischer Staaten auf. Zwar besitzen Japaner nicht weniger Zutrauen in die Tätigkeit der Polizei, jedoch zeigt sich eine andere Volksmentalität dergestalt, als sie leichter resignieren, da ihnen ein geringer ausgeprägter Individualismus zu Eigen ist[643]. Zwar mag dies als extremes Beispiel erscheinen, allerdings besteht auch kein identisches Anzeigeverhalten innerhalb europäischer Staaten. Die Tatsache, dass die Statistiken das Dunkelfeld nicht erfassen, bei welchem neben der Anzeigeerstattung noch weitere Faktoren Einfluss gewinnen (hierzu ausführlich S. 16 ff), wirkt sich bei einer internationalen Untersuchung besonders stark aus[644].

Als praktisch unmöglich erweisen sich damit auch eine **vergleichende Analyse** sowie entsprechende **Wertungen**. Ein Vergleich bezweckt aber in der Regel die Bewertung der aus der Gegenüberstellung gewonnenen Befunde, um daraus eine Lehre zu ziehen[645]. Das bedeutet, die Untersuchung der Kriminalitätslagen einzelner Länder müsste zu dem Schluss führen, ein bestimmtes System sei „besser" als ein anderes. Die Betrachtung der Kriminalitätslage kann jedoch nur in Beziehung zu dem gesamten sozialen System in dem betroffenen Land geschehen: „Wenn wir ein solches System nicht genügend kennen und verstehen, können wir für unsere Zwecke wenig Erkenntnisse aus der Gegenüberstellung von Beschreibungen über Verbrechen in zwei unterschiedlichen Gesellschaftsformen gewinnen"[646]. Die Art und Höhe der Kriminalität hängt also von der **Sozialstruktur eines Landes** ab, d.h. von dem komplexen Netz sozialer Elemente, wie vor allem die Rollen, die die Menschen in einer Gesellschaft einnehmen, welche im Rahmen eines übergeordneten Zusammenhangs miteinander interagieren, jedoch möglicherweise auch zueinander in Konflikt geraten[647]. Unterschiede sozialstruktureller Art, die sich auf die Kriminalität auswirken, zeigen sich beispielsweise deutlich zwischen der mit nur geringer Kriminalität belasteten Schweiz und Deutschland. In der Schweiz existieren keine industriellen Ballungszentren mit sozial desorganisierten Gebieten[648]. Während man sich in der Bundesrepublik oder in den USA auf formelle Sozialkontrolle verlässt, bestehen in der Schweiz – auch aufgrund der Basisdemokratie – eine Eigenverantwortlichkeit und ein Gemeinschaftssinn, was zu verstärkter informeller Sozialkontrolle führt. Zudem ist die schweizerische Bevölkerung bodenständiger als die deutsche. Dies äußert sich darin, dass die meisten Schweizer ihr ganzes Le-

---

643 Miyazawa in: Die Psychologie des 20. Jahrhunderts, Band XIV, 1981, S. 1077.
644 So auch Kreuzer in: Zeitschrift für Pädagogik, 1983, S. 51.
645 Vgl. Schüler-Springorum in: DVJJ-Journal, 2001, S. 417.
646 Christie N., Comparative criminology, Canadian Journal of Corrections, 12, 1970, S. 40-46, zit. nach: Ferracuti, Scardaccione in: Die Psychologie des 20. Jahrhunderts, Band XIV, 1981, S. 1023.
647 Neil J. Smelser, Social Structure in: N.J.Smelser (Hrsg.), Handbook of Sociology, London 1988, S. 103-129, zit. nach: Elster, Lingemann, 1998, S. 677.
648 Elster, Lingemann, 1998, S. 680.

ben in dem Kanton verbringen, in dem sie geboren wurden, was eine bessere Einfügung zur Folge hat. Die Sozialstruktur spielt demnach eine große Rolle.

Es bleibt somit festzuhalten, dass die Gewinnung von Erkenntnissen über die tatsächliche Kriminalitätslage anderer Staaten anhand nationaler Statistiken äußerste Schwierigkeiten bereitet. Die größten Probleme bestehen bei Kinder- und Jugenddelinquenz, da hinsichtlich der Reaktion auf sozial auffälliges Verhalten von Kindern und Jugendlichen die einzelnen Rechtssysteme immense Differenzen aufweisen[649]. Es erscheint insbesondere nicht angebracht, Wertungen wie „gut" oder „schlecht" über den Umgang eines Landes mit Kriminalität zu treffen, da es nicht gelingen wird, den Einfluss der Sozialstruktur ausreichend zu berücksichtigen. Auch spielen im Rahmen der Kriminalitätsbekämpfung teilweise ideologische Momente eine Rolle.

Es stellt sich die Frage, ob eine **internationale Kriminalstatistik** Sinn ergibt. Die Bemühungen einer weltweiten Angleichung der Kriminalstatistiken durch Einflussnahme auf die nationalen statistischen Behörden boten wenig Aussicht auf Erfolg[650]. Die Aufgabe einer internationalen Statistik sah man daher in einer „Sammlung, Analyse und Veröffentlichung von auf bestimmte Straftaten beschränkten kriminalstatistischen Daten (...), die durch eine begrenzte Anzahl von Ländern mit Hilfe eines einheitlichen Meldeformulars an eine internationale Organisation geliefert werden"[651].
Der Versuch, einen Überblick über die weltweite Kriminalitätsentwicklung anhand möglichst einheitlicher Kriterien zu gewinnen, wurde erstmals mit der seit 1950 von **Interpol** geführten internationalen Kriminalstatistik unternommen[652]. Interpol stellt die einzige Organisation für kriminalpolizeiliche Zusammenarbeit auf weltweiter Ebene dar[653]. Derzeit umfasst sie 179 Mitgliedstaaten[654] und hat zum Ziel, eine sicherere Welt zu schaffen: „Interpol exists to help create a safer world. Our aim is to provide a unique range of essential services for the law enforcement community to optimise the international effort to combat crime"[655]. Interpol versucht demnach, der „Rechtsanwendungsgemeinschaft" wesentliche Leistungen zur Verfügung zu stellen, um die internationalen Bemühungen, Verbrechen zu bekämpfen, zu optimieren. Die Veröffentlichung der internationalen Verbrechensstatistik erfolgte bis 1993 alle zwei Jahre, seitdem sogar jedes Jahr[656]. Sie bezieht sich auf sieben Hauptkategorien von Handlungen und zwar

[649] So auch Göppinger, 1997, S. 481.
[650] Vgl. Göppinger, 1997, S. 482.
[651] Pinatel J., Criminologie in: Bouzat P., Pinatel J., Traité de droit pénal et de criminologie, Band 3, 3.Auflage, Paris 1975, zit. nach Göppinger, 1997, S. 482.
[652] Kaiser, 1996, S. 438.
[653] Bundeskriminalamt, 2000, S. 79.
[654] http://www.interpol.int/Public/Icpo/Members/default.asp.
[655] http://www.interpol.int/Public/Icpo/default.asp.
[656] http://www.interpol.int/Public/Publications/default.asp.

solche, welche die Aufmerksamkeit der Polizei in den Mitgliedstaaten erregen. Unterschieden werden Mord, sexuelle Handlungen (einschließlich Vergewaltigung), schwerwiegender Angriff, Diebstahl (alle Arten), Betrug, Geldfälschung und Drogendelikte.
Allerdings zeigen sich auch bei dieser Statistik weitreichende **Probleme**. Zum einen trifft sie wiederum nur Aussagen über entdeckte Taten, so dass sich im Hinblick auf das Dunkelfeld die gleichen Schwierigkeiten ergeben wie bei nationalen Statistiken. Daneben sind die Definitionen der einzelnen Straftatengruppen sehr weit gefasst[657]. Da die Interpretationen dieser Definitionen jedem Staat selbst überlassen bleiben, treten bezüglich der Abgrenzung der strafrechtlichen Tatbestände beträchtliche Differenzen auf. Hinzu kommt, dass prinzipiell unterschiedliche Regelungen für das Zustandekommen der kriminalstatistischen Daten in den einzelnen Staaten bestehen[658]. Auch wird die unterschiedliche Sozialstruktur nicht berücksichtigt.

Zur Lösung der verschiedenartigen Probleme, die sich bei der Erstellung einer internationalen Statistik stellen, wurde bereits 1964 ein **„Kriminalitätsindex"** als ergänzendes Maß zur Kriminalstatistik entwickelt, der die Kriminalität nicht nur quantitativ erfasst, sondern auch gewichtet[659]. Zwar erzielte man in Studien sowohl in Deutschland als auch im Ausland eine außergewöhnlich hohe Übereinstimmung in den Ergebnissen, jedoch erfolgte bislang keine Anwendung des Kriminalitätsindex[660]. Als Grund sieht man den zusätzlichen Aufwand bei nur geringem Informationsgewinn auf nationaler Ebene. Bedenkt man, dass die Interpol-Statistik seit 1993 zwar grundsätzlich jedes Jahr erscheint, es derzeit allerdings viele Staaten mit Angaben nur von 1998 gibt und auch Daten lediglich von 1996 keine Seltenheit darstellen, ist kaum anzunehmen, dass alle Länder für noch weitere Bemühungen bereit wären.

Positiv festzuhalten ist aber, dass die internationale Kriminalstatistik zumindest die formalen Voraussetzungen für einen zwischenstaatlichen Vergleich schuf, indem eine Vorgabe einheitlicher Regeln und Definitionen erfolgt, nach denen die Interpol-Mitglieder die in ihrem Land von der Polizei erfassten Delikte melden sollen. Das allgemeine Sekretariat Interpol stuft die erhaltenen Informationen dann in bestimmte Kategorien ein[661].
Zu berücksichtigen gilt, dass die Statistik auch weniger einen internationalen Vergleich der Kriminalitätslagen zum Zweck hatte als vielmehr die Möglichkeit, einen Überblick über die Entwicklung der Kriminalität in den einzelnen Staaten

---

657 Göppinger, 1997, S. 482.
658 Kühne, Miyazawa, 1991, S. 16.
659 Sellin Thorsten, Wolfgang Marvin E., The Measurement of Delinquency, New York, 1964, zit. nach: Göppinger, 1997, S. 482.
660 Vgl. Göppinger, 1997, S. 482.
661 http://www.interpol.int/Public/Publications/SCI/default.asp.

zu gewinnen[662]. Unter diesem Gesichtspunkt erscheint sie in jedem Fall zweckmäßig.

Im Hinblick auf **Kinderdelinquenz** kommt ihr jedoch überhaupt **keine Aussagekraft** zu. Bei den Tatverdächtigen geschieht allenfalls eine gesonderte Darstellung des Anteils der Frauen, der „jungen Menschen" und der Ausländer. Wer unter „junge Menschen" fällt, richtet sich nach der in dem jeweiligen Land geltenden Strafmündigkeitsgrenze. Strafunmündige Täter erfasst die Interpol-Statistik überhaupt nicht.

Auch das im Juli 1999 vorgelegte, unter der Führung des Europarats entstandene „**European Sourcebook of Crime and Criminal Justice Statistics**" hilft insofern nicht weiter. Dieses beruht auf einer mehrjährigen Zusammenarbeit von zunächst acht, später 17 Experten aus verschiedenen Mitgliedstaaten des Europarats und beinhaltet eine Zusammenstellung des in fast allen Ländern verfügbaren statistischen Materials zur polizeilich erfassten Kriminalität, zur Praxis der Strafverfolgung, Verurteilung und Sanktionierung sowie zum Vollzug von Freiheitsstrafe[663]. Zwar zielt das „European Sourcebook" darauf ab, in Abgrenzung zu der von Interpol veröffentlichten Kriminalstatistik die durch die verschiedenartigen Erfassungsstrukturen geprägten nationalen Datensätze miteinander vergleichbar zu machen, jedoch stellt sich hier desgleichen das Problem, dass die Kinderdelinquenz nicht gesondert in Erscheinung tritt. Auch wenn die polizeilich registrierte Kriminalität die tatverdächtigen Strafunmündigen umfasst, bleibt die Tatsache, dass bei den ermittelten Tatverdächtigen lediglich die Anteile von Frauen, Jugendlichen und Ausländern aufgeführt werden[664]. Das "European Sourcebook of Crime and Criminal Justice Statistics" gibt demnach ebenfalls keine Auskunft über die Kinderdelinquenz in anderen Ländern.

Aufgrund der Tatsache, dass es sich damit praktisch als unmöglich erweist, gehaltvolle aktuelle internationale Informationen über die Kinderdelinquenz zu erhalten, sollen im Folgenden nur kurz einige Aspekte dargestellt werden.

2. Internationale Kriminalitätsverteilung

Jugenddelinquenz stellt in fast allen entwickelten kapitalistischen Ländern ein Problem dar[665]. Dies gilt selbst für Japan, obwohl dieses Land im Vergleich zu anderen westlichen Industrienationen insgesamt eine wesentlich niedrigere und leichtere Kriminalitätsrate aufweist. Auch in den sozialistischen Staaten Osteuropas spielt Jugenddelinquenz eine Rolle. Anders verhält es sich lediglich in den ländlichen Gemeinschaften in Entwicklungsländern.

---

[662] Kaiser, 1996, S. 438.
[663] Vgl. Meier in: MschrKrim, 2000, S. 320, 321.
[664] Meier in: MschrKrim, 2000, S. 321.
[665] Schneider, 1987, S. 606.

Betrachtet man die sich ähnelnde Situation der Jugendlichen in kapitalistischen und sozialistischen Ländern, insbesondere die Probleme, sich in die Gesellschaft mit vorherrschenden Wertvorstellungen der Erwachsenen einzuordnen[666], verwundert die sich entsprechende Kriminalität nicht. Die Tatsache, dass sich auch die Lage der Kinder nicht grundlegend unterscheidet, spricht für eine ebenfalls vergleichbare Kinderdelinquenz. Teilweise erfolgt auch die konkrete Feststellung, zumindest andere europäische Staaten hätten eine ähnliche Entwicklung im Hinblick auf den Anstieg der als tatverdächtig registrierten Kinder zu verzeichnen wie Deutschland[667]. Nähere Angaben fehlen jedoch. Andererseits wird aber geäußert, die Delinquenzbelastung der polizeilich bekannt gewordenen 12- bis 14jährigen Kinder sei international recht unterschiedlich[668]. Dies widerspricht sich allerdings nicht, da die Belastung differenzieren kann, die Entwicklung aber dennoch vergleichbar sein mag.
Eine Aussage über die Verbreitung von Kinderdelinquenz ist damit jedoch nicht getroffen, weil gerade bei Kindern große Unterschiede zwischen registrierten und tatsächlich begangenen „Straftaten" vorliegen, was sich schon aus den unterschiedlichen Strafmündigkeitgrenzen ergibt. Bei bestehender Strafmündigkeit besteht mit Sicherheit eine größere Bereitschaft zur Anzeigeerstattung als bei von vornherein feststehender Einstellung des Verfahrens.
Deutliche Differenzen in der Delinquenzbelastung zu Deutschland wurden für Japan festgestellt, wo die Belastung der 10-13jährigen pro 100.000 Einwohner nur ein Achtel von der in Deutschland beträgt[669]. Allerdings darf dabei nicht in Vergessenheit geraten, dass die Erwachsenenkriminalität ebenfalls viel geringer ausfällt.
Vergleicht man die Situation in den Schulen in Deutschland mit derjenigen in den USA, zeigen sich derzeit noch gravierende Unterschiede, selbst wenn immer wieder zu hören ist, in Deutschland würden schon „amerikanische Verhältnisse" herrschen. Bereits in den 1970er Jahren konnten Lehrer in zahlreichen Schulen in den USA nur mit Hilfe von Waffen und Funksprechgeräten – damit sie die Möglichkeit hatten, in Notsituationen die Schulpolizei anzufordern – für ihre eigene Sicherheit und die der Schüler sorgen[670]. Amerikanische Lehrer dürfen seit einem Grundsatzurteil des Obersten Gerichtshofs der Vereinigten Staaten von April 1977 aufsässige und ungehorsame Schüler körperlich züchtigen[671]. In Deutschland gilt entsprechendes aber noch nicht einmal 25 Jahre später, weshalb kaum von vergleichbaren Verhältnissen gesprochen werden kann.

Insgesamt bleibt festzuhalten, dass der Versuch, die Kinderdelinquenz in einem internationalen Vergleich zu betrachten, zu keinen fundierten Ergebnissen führt.

---

666 So auch Schneider, 1987, S. 606.
667 So Elsner, Steffen, Stern, 1998, S. 178; Kaiser, 1996, S. 600.
668 Kaiser, 1996, S. 490.
669 Kaiser, 1996, S. 490.
670 So Grauer u.a. in: b:e 1976, S. 40.
671 Vgl. Flissikowski, Kluge, Schauerhammer, 1980, S. 330.

Aufgrund der fehlenden gesonderten Angaben sowohl in der Interpol-Statistik als auch dem „European Sourcebook of Crime and Criminal Justice Statistics“ sowie infolge der unterschiedlichen Strafmündigkeitsgrenzen, woraus weitreichende Differenzen in der Erfassung von kindlichen „Straftätern“ resultieren, erweist sich eine Gegenüberstellung der entsprechenden tatsächlichen Kriminalitätslage verschiedener Länder als nicht durchführbar. Bedenkt man aber die „Ursachen“ von Kinderdelinquenz und vergleicht die Situation der Kinder in den einzelnen Staaten, liegt die Vermutung nahe, dass zumindest in den europäischen Staaten keine gravierenden Differenzen sowohl in der Art und Weise der Begehung von Gesetzesübertretungen, als auch in den Deliktsarten und der Entwicklung der Kinderdelinquenz bestehen.

3. Nutzen eines Vergleichs

Es stellt sich demnach die Frage, welche Art von internationalem Vergleich im Hinblick auf Kinderdelinquenz dennoch Nutzen bringt.
Die Annahme, die Erklärungen von Kinderdelinquenz würden sich zumindest ähneln, d.h. dass sich die Kinder, die zu kriminellem Verhalten neigen, in den einzelnen Ländern in einer gleichen Situation befinden, erlaubt die Schlussfolgerung, die Art der Bekämpfung dürfe sich ebenfalls entsprechen. Zwar erscheint es problematisch, im Hinblick auf Kriminalität insgesamt Konzepte auf andere Staaten zu übertragen, da aufgrund der Komplexität kriminellen Verhaltens und der Auswirkung beispielsweise der jeweiligen Wirtschaftssituation nicht unbedingt die gleiche Wirkung eintritt. Bei Kinderdelinquenz bestehen aber weitreichende Übereinstimmungen, was die Deliktsarten und insbesondere die Motive und Situationen, aus denen heraus Kinder „Straftaten“ begehen, betrifft. Aufgrund dessen stellt es sich als sinnvoll dar, vor allem Projekte, mit denen in anderen Ländern der Versuch der Prävention unternommen wird, näher zu untersuchen und möglicherweise zu übernehmen.

Wie bereits im Rahmen der Alternativen zur Senkung der Strafmündigkeitsgrenze erwähnt, bewährt sich das **dänische Konzept der SSP-Ausschüsse** (vgl. S. 193). SSP-Ausschüsse, in denen die Sozial- und Gesundheitsbehörden, die Schul- und Freizeitbehörden sowie die Polizei repräsentiert sein sollen, existieren bereits in 80 % der dänischen Kommunen[672]. Das Ziel liegt vor allem darin, die Kinder- und Jugenddelinquenz „vor Ort“ zu besprechen und die zur Verfügung stehenden Mittel damit direkt einzusetzen. Entsprechendes erscheint erfolgversprechend auf Deutschland übertragbar. So wird vorgeschlagen, in Bayern könnten die Sicherheitsbeiräte oder speziell in München das bereits eingeführte „Münchner Sicherheitsforum e.V.“ im Rahmen der kommunalen Kriminalprävention den SSP-Ausschüssen vergleichbare Aktivitäten durchführen[673].

---

[672] Elsner, Steffen, Stern, 1998, S. 228.
[673] Elsner, Steffen, Stern, 1998, S. 228.

Eine ähnliche ämterübergreifende Kooperation geschieht im Bereich des **Grazer Modells**[674]. Die österreichische Stadt Graz baute ab 1990 eine ämterübergreifende Arbeitsgruppe „Gewalt in der Schule" auf, an der sich die Bewährungshilfe, das Jugendamt, die Polizei, die Schule, das Sozialamt, das Wohnungsamt sowie zwei Mitarbeiter der Caritas beteiligen. Die Arbeitsgruppe entwickelte ein Präventionskonzept, das im wesentlichen „auf einer besseren Vernetzung der bisher weitgehend isoliert voneinander tätigen Mitarbeiter der beteiligten Dienststellen" beruht[675]. Als Beispiel sei das „Frühwarnsystem" für Krisenfälle genannt, welches Fehlentscheidungen bei Notlagen von Problemfamilien vermeiden will, wie die Kündigung einer Mutter von vier Kindern wegen „Unverträglichkeit". In Deutschland existieren auch hier bereits vergleichbare Ansätze, etwa in Bayern die „Krisenleitstelle Nürnberg als Verbundsystem", bei welcher die Polizei, die Jugendhilfe sowie die Sozialarbeit miteinander kooperieren[676].
Die vorhandenen ähnlichen Anfänge in Deutschland zeigen, dass eine weitreichende Kooperation im Rahmen der Prävention für erforderlich gehalten wird. Die internationale Vielfältigkeit entsprechender Projekte ermöglicht es, Anstöße zu erhalten und erfolgversprechende Konzepte gegebenenfalls zu übernehmen. Im Bereich der Kriminalprävention erweist sich ein internationaler Vergleich als äußerst hilfreich, da es hier in erster Linie nicht um die Beurteilung von bestimmten Situationen geht, sondern um die Verhinderung und damit auch Bekämpfung von problematischen Verhältnissen, welche sich aber nicht unbedingt genau entsprechen müssen.

4. International organisierte Verbrechensbekämpfung

Letztendlich soll noch auf internationale Bemühungen hingewiesen werden, zur Verbrechensbekämpfung beizutragen. Die internationale Zentralstelle für Kriminalitätsbekämpfung stellt das Europäische Polizeiamt (**Europol**) dar[677]. Dieses koordiniert „kontrollierte Lieferungen" quer durch Europa, erstellt „Risikoanalysen" für eine „proaktive Straftatenbekämpfung" und hat zudem die Aufgabe, in gemeinsamen Ermittlungsteams vor Ort tätig zu werden[678]. Das Ziel Europols besteht in der Verhütung und Bekämpfung schwerer international organisierter Kriminalität durch die Unterstützung der Strafverfolgungsaktivitäten der Mitgliedstaaten[679]. Im Maastrichter Vertrag über die Europäische Union vom 7. Februar 1992 wurde die Gründung von Europol beschlossen: „...die polizeiliche Zusammenarbeit zur Verhütung und Bekämpfung ... schwerwiegender Formen der internationalen Kriminalität ... in Verbindung mit dem Aufbau eines unionsweiten Systems zum Austausch von Informationen im Rahmen eines Eu-

[674] Vgl. hierzu Elsner, Steffen, Stern, 1998, S. 229.
[675] Elsner, Steffen, Stern, 1998, S. 229.
[676] Vgl. Elsner, Steffen, Stern, 1998, S. 230.
[677] Bundeskriminalamt, 2000, S. 100.
[678] Gleß in: NStZ, 2001, S. 623.
[679] http://www.europol.eu.int/facts/en.htm.

ropäischen Polizeiamts (Europol)" wurde als gemeinsames Interesse deklariert[680].
Am 3. Januar 1994 nahm Europol seine Tätigkeit als Europol-Drogenstelle (EDS) in einem begrenzten Bereich auf, dehnte sich jedoch in der Folgezeit auf andere Gebiete aus[681]. Am 1. Oktober 1998 trat das Europol-Übereinkommen in Kraft, das zuvor alle Mitgliedstaaten ratifiziert hatten. Am 1. Juli 1999 nahm Europol seine Tätigkeiten in vollem Umfang auf.
Im Bereich der Kinderdelinquenz kommt Europol allerdings keine Bedeutung zu, da sich seine Tätigkeit auf international organisierte Kriminalität beschränkt.

5. Zusammenfassung

Zusammenfassend lässt sich festhalten, dass die Bemühung um internationale Vergleiche sowie um europäische Annäherungen grundsätzlich erfreulich sind. Dabei dürfen jedoch die unterschiedlichen kulturellen, sozialen, wirtschaftlichen, strukturellen sowie traditionellen Gegebenheiten nicht in Vergessenheit geraten, die in bestimmten Bereichen einen internationalen Vergleich unmöglich machen und vor allem eine Angleichung als nicht sinnvoll erscheinen lassen. Zu diesen Gebieten gehören die Kriminalitätslage und insbesondere die Strafmündigkeitsgrenzen. Dies sollte jedoch nicht dazu führen, den Blickwinkel auf das eigene Land zu beschränken, sondern vielmehr dazu, die Kriminalitätssituation anderer Staaten zu betrachten, um die damit verbundenen Probleme des jeweiligen Landes besser zu verstehen und darüber nachzudenken, ob bewährte Lösungsmöglichkeiten auch unter den im eigenen Land vorherrschenden Bedingungen Erfolg versprechen. Allerdings ist dabei aufgrund der differenzierten Strukturen äußerste Vorsicht geboten.

---

680 Art. K. 3 EUV.
681 http://www.europol.eu.int/facts/en.htm.

C. Schlussbetrachtung

Trotz der steigenden Zahl der tatverdächtigen Kinder sollte die Situation in Deutschland nicht dramatisiert werden. Nach wie vor handelt es sich um eine kleine Minderheit, die als delinquent auffällt, und der Rechtsbruch bleibt bei den meisten Kindern eine einmalige Episode. Zwar bringt die PKS – betrachtet über einen längeren Zeitraum hinweg – eine deutlich erhöhte Tatverdächtigenbelastung zu Tage, jedoch gilt es, vielfältige die Statistik beeinflussende Faktoren zu berücksichtigen. Die PKS stellt in jedem Fall kein exaktes Abbild der Realität dar.

Nichtsdestotrotz ist eine Verharmlosung fehl am Platz. Beängstigend wirkt nicht die Zahl der registrierten Strafunmündigen, sondern die Veränderung in den Deliktsarten. Während die Diebstähle immer mehr zurückgehen, nehmen Körperverletzungen stetig zu. Selbst wenn es sich hierbei aufgrund der meist geringen physischen Schäden nicht um schwerwiegende „Straftaten" handelt, verdeutlicht der Zuwachs eine zunehmende Gewaltbereitschaft, insbesondere im Zusammenhang mit der Lösung von Konflikten. Dies beunruhigt insofern, als es hierbei nicht um entwicklungsbedingte vorübergehende Verhaltensweisen geht. Der Umgang mit Konflikten erlernt sich im Kindesalter und prägt sich dementsprechend ein. Wie aber soll ein Jugendlicher oder Erwachsener, welcher als Kind Konflikte regelmäßig mit Gewalt „löste" und dies zudem als legitim ansah, mit Problemen auf andere Art umgehen? Es erscheint mir unbedingt notwendig, im Bereich der ansteigenden Aggressivität gegensteuernd tätig zu werden. Nicht nur in Schulen, sondern bereits im Kindergarten sind entsprechende Maßnahmen erforderlich, damit sich diese Entwicklung nicht weiter fortsetzt. Programme wie beispielsweise FAUSTLOS[682] lassen gute Ansätze erkennen. Entsprechende Projekte helfen zudem, den Erziehern und Lehrern klar zu machen, dass das Verhalten der Kinder zwar mittlerweile vielfach normal, aber dennoch nicht zu tolerieren ist. Gerade diese Berufsträger können einen entscheidenden Beitrag dazu leisten, die Kinder zu gewaltloser Problemlösung zu erziehen. Eine positive Beeinflussung bedarf aber ebenfalls einer Hilfestellung, welche durch Präventionsprogramme an Schulen gegeben wird.

Im Rahmen der Prävention gilt es vor allem auch, die Erklärungen für Kinderdelinquenz zu berücksichtigen. Dabei muss sich die Gesellschaft bewusst werden, dass weder Eltern noch Lehrer die Verantwortung für sozial auffälliges Verhalten allein tragen. Erziehung von Kindern ist vielmehr Sache der gesamten Gesellschaft. Der Ruf nach einer Absenkung der Strafmündigkeitsgrenze – häufig verbunden mit dem Argument, Kinder seien heute früher reif – trägt aber keinen entscheidenden Teil dazu bei. Wie sollen Kinder Unrechtseinsicht gewinnen, wenn ihnen die Gesellschaft Steuerunehrlichkeit, Unaufrichtigkeit bei der Inanspruchnahme von Versicherungs- und Sozialleistungen, Schwarzarbeit, „Mitnahme" von Materialien am Arbeitsplatz und ähnliches vorspielt? Eine Absenkung der Strafmündigkeitsgrenze erweist sich als zur Bekämpfung der Kin-

---

682 Hierzu vgl. S. 196.

derdelinquenz nicht sinnvoll. Zweckmäßig erscheint, die zur Verfügung stehenden Möglichkeiten – insbesondere des SGB VIII – tatsächlich anzuwenden, was eine verstärkte Kooperation aller beteiligten Institutionen erfordert. In diesem Bereich stellt es sich auch als hilfreich dar, den Blick über die Grenzen Deutschlands hinaus auszuweiten, um sich eine entsprechende erfolgreiche Zusammenarbeit in anderen Staaten zum Vorbild zu machen. Der bloße Appell an den Gesetzgeber, der zunehmenden Kinderdelinquenz durch Absenkung der Strafmündigkeitsgrenze Einhalt zu gebieten, genügt nicht.

ANHANG

A) Fragebogen zur Untersuchung von Kinderdelinquenz in der Schule

I. Häufigkeit bestimmter Verhaltensweisen

Bitte geben Sie mit Zahlenangaben an, wie oft Sie die folgenden Formen abweichenden Verhaltens von Kindern in der Schule pro Schuljahr in der Klasse erleben.

1. Beleidigung
   a) Beleidigungen gegen Mitschüler

   b) Beleidigungen gegen Lehrer

2. Körperverletzung
   a) Absichtliche körperliche Gewalt gegen Mitschüler, die über das übliche Maß hinausgeht (z.B. blutige Nasen, blaue Augen)

   b) Absichtliche körperliche Gewalt gegen Mitschüler ohne Verletzung

   c) Absichtliche körperliche Gewalt gegen Lehrer, die über das übliche Maß hinausgeht

   d) Absichtliche körperliche Gewalt gegen Lehrer ohne Verletzung

3. Diebstahl
    a) Wegnahme von Dingen im Eigentum der Lehrer/der Schule (ohne Gewalt)

    b) Wegnahme von Dingen im Eigentum der Mitschüler (ohne Gewalt)

4. Sachbeschädigung
    a) Willentliche Beschädigung von Schuleigentum/Lehrereigentum

    b) Willentliche Beschädigung von Eigentum der Mitschüler

5. Bedrohung / Nötigung / Erpressung
    a) Bedrohung von Lehrern, z.B. damit etwas Verlangtes getan wird

    b) Unter Druck setzen / Bedrohung von Mitschülern

6. Raub / Räuberische Erpressung
    a) Wegnahme von Dingen im Eigentum der Lehrer/Schule mit Gewalt

    b) Wegnahme von Dingen im Eigentum der Mitschüler mit Gewalt

7. „Urkunden"fälschung
    a) Eine Unterschrift fälschen (z.B.) bei Entschuldigungen, Verweisen, Einsicht der Kurzarbeiten, Probearbeiten

8. Brandstiftung / Sachbeschädigung
    a) Anstecken / in Brand setzen von Möbeln

    b) Anstecken / in Brand setzen von Gebäuden/Gebäudeteilen

9. Handel mit Betäubungsmitteln
    a) Handel mit Drogen

10. Sonstiges

II. Wahrnehmung des abweichenden Verhaltens

1. Art der Wahrnehmung des abweichenden Verhaltens

   Bitte geben Sie an, ob die jeweils genannte Art der Wahrnehmung **häufig, selten** oder **nie** erfolgt

   a) Eigene Beobachtung

   b) Mitteilung durch das Opfer

   c) Mitteilung durch den Täter

   d) Mitteilung durch andere Mitschüler

   e) Mitteilung durch andere Lehrer

   f) Mitteilung durch Eltern des Opfers

   g) Mitteilung durch Eltern des Täters

   h) Mitteilung durch Eltern anderer Mitschüler

   i) Sonstiges

2. Zeitpunkt der Wahrnehmung

Bitte geben Sie an, ob die Wahrnehmung **häufig, selten** oder **nie** zum jeweils genannten Zeitpunkt erfolgt

a) Unmittelbar zum Zeitpunkt der Tat bzw. sofort danach

b) Am nächsten Tag

c) Eine Woche später oder noch später

III. Allgemeine Fragen zu Ihrer Person und Ihrer Klasse

1. Ihr Geschlecht

2. Anzahl Ihrer aktiven Dienstjahre

3. Alter der Kinder in der Klasse

4. Größe der Klasse (Anzahl der Kinder)

5. Anzahl der Ausländer in der Klasse (mit Angabe der jeweiligen Nation)

6. Anzahl der hyperaktiven Kinder in der Klasse

7. Tätergeschlecht (in der Regel)

B) Ergebnisse der Befragung

Grundschule (Ort mit ca. 4.500 Einwohnern, Bayern, Unterfranken)

III. Allgemeine Fragen zur befragten Person und unterrichteten Klasse									
	Geschlecht der Lehrperson	W	W	W	W	W	W	M	M
	Anzahl der Dienstjahre	8	28	23	37	15	6	32	35
	Alter der Kinder (in der Klasse)	6 - 8	6 - 8	7	8	9	9 - 10	9 - 10	8 - 11
	Anzahl der Kinder (in der Klasse)	18	19	20	21	25	24	25	25
	Anzahl der Ausländer (in der Klasse)	3	4	K.A.	3	3	3	3	2
	Anzahl der hyperaktiven Kinder	3	0	1	K.A.	2	0	2	6
	Tätergeschlecht (in der Regel)	M	M	M	M	M	M	M	M
I. Häufigkeit bestimmter Verhaltensweisen									
1a	Beleidigungen gegen Mitschüler	200-300	60	2	100	100-120	200	360	10 000
1b	Beleidigungen gegen Lehrer	1	0	0	0	0	2	0	40
2a	Absichtl. körp. Gewalt gg Mitschüler (über übliches Maß hinaus)	10	0	0	0	0	10	18	120
2b	Absichtl. körp. Gewalt gg Mitschüler (ohne Verletzung)	60	10	0	10	30	50	36	5 000
2c	Absichtl. körp. Gewalt gg Lehrer (über übliches Maß hinaus)	0	0	0	0	0	0	0	0
2d	Absichtl. körp. Gewalt gg Lehrer (ohne Verletzung)	0	0	0	0	0	0	0	0
3a	Wegnahme von Dingen im Eigentum der Lehrer / Schule (ohne Gewalt)	0	0	0	0	0	0	2	50
3b	Wegnahme von Dingen im Eigentum der Mitschüler (ohne Gewalt)	2	0	3	0	5	0	5	300
4a	Willentl. Beschädigung von Schuleigentum / Lehrereigentum	1	0	0	0	0	0	5	10
4b	Willentl. Beschädigung von Eigentum der Mitschüler	2	0	0	0	7	0	15	250
5a	Bedrohung von Lehrern	0	0	0	0	0	0	0	0
5b	Unter Druck setzen / Bedrohung von Mitschülern	30	0	2	0	10	5	10	0
6a	Wegnahme von Dingen im Eigentum der Lehrer / Schule mit Gewalt	0	0	0	0	0	0	0	0
6b	Wegnahme von Dingen im Eigentum der Mitschüler mit Gewalt	0	0	0	0	0	0	5	0
7a	Fälschung von Unterschriften	1	0	0	0	3	10	0	4
8a	Anstecken / in Brand setzen von Möbeln	0	0	0	0	0	0	0	0
8b	Anstecken / in Brand setzen von Gebäuden / Gebäudeteilen	0	0	0	0	0	0	0	0
9a	Handel mit Drogen	0	0	0	0	0	0	0	0
10	Sonstiges	/	/	/	/	/	/	/	/
II. Wahrnehmung des abweichenden Verhaltens									
1a	Eigene Beobachtung	Häufig	Häufig	Häufig	Häufig	Häufig	Häufig	Selten	Häufig
1b	Mitteilung durch das Opfer	Häufig	Häufig	Selten	Häufig	Häufig	Häufig	Häufig	Häufig
1c	Mitteilung durch den Täter	Selten	Nie	Nie	Nie	Nie	Selten	Nie	Selten
1d	Mitteilung durch andere Mitschüler	Häufig	Häufig	Häufig	Häufig	Häufig	Häufig	Häufig	Häufig
1e	Mitteilung durch andere Lehrer	Selten	Selten	Selten	Ab und zu	Selten	Häufig	Häufig	Selten
1f	Mitteilung durch Eltern des Opfers	Selten	Selten	Nie	Selten	Selten	Selten	Selten	Häufig - selten
1g	Mitteilung durch Eltern des Täters	Nie	Nie	Nie	Nie	Nie	Selten	Nie	Selten
1h	Mitteilung durch Eltern anderer Mitschüler	Selten	Nie	Nie	Nie	Selten	Nie	Selten	Selten
1i	Sonstiges	/	/	/	/	/	/	/	/
2a	Unmittelbar zum Zeitpunkt der Tat	Häufig	Häufig	Häufig	Häufig	Häufig	Häufig	Selten	Häufig
2b	Am nächsten Tag	Selten	Selten	Selten	Selten	Häufig	Häufig	Häufig	Selten
2c	Eine Woche später oder noch später	Selten	Nie	Nie	Nie	Selten	Nie	Nie	Nie

Grundschule (Stadt mit ca. 280.000 Einwohnern, Nordrhein-Westfalen)

III. Allgemeine Fragen zur befragten Person und unterrichteten Klasse							
	Geschlecht der Lehrperson	W	W	M	W	W	W
	Anzahl der Dienstjahre	10	23	4	3	25	29
	Alter der Kinder (in der Klasse)	6 - 8	8 - 9	8 - 10	8 - 12	9 - 13	10 - 12
	Anzahl der Kinder (in der Klasse)	18	18	23	22	24	23
	Anzahl der Ausländer (in der Klasse)	13	12	18	18	13	15
	Anzahl der hyperaktiven Kinder	1	2	0	2	0	0
	Tätergeschlecht (in der Regel)	M	K.A.	Phys.:M Psych.:W	M	M	M
I. Häufigkeit bestimmter Verhaltensweisen							
1a	Beleidigungen gegen Mitschüler	20	Häufig	Recht häufig	Täglich	Sehr häufig	Täglich
1b	Beleidigungen gegen Lehrer	0	0	0	0	Eher selten	0
2a	Absichtl. körp. Gewalt gg Mitschüler (über übliches Maß hinaus)	1	0	0	0	3	0
2b	Absichtl. körp. Gewalt gg Mitschüler (ohne Verletzung)	15	0	Selten	Häufig	10 – 15	Häufiger
2c	Absichtl. körp. Gewalt gg Lehrer (über übliches Maß hinaus)	0	0	0	0	0	0
2d	Absichtl. körp. Gewalt gg Lehrer (ohne Verletzung)	0	0	0	0	0	0
3a	Wegnahme von Dingen im Eigentum der Lehrer / Schule (ohne Gewalt)	0	0	Eher selten - nie	0	0	1
3b	Wegnahme von Dingen im Eigentum der Mitschüler (ohne Gewalt)	0	0	Eher selten	Sehr selten	1	1 – 2
4a	Willentl. Beschädigung von Schuleigentum / Lehrereigentum	0	2	Eher selten	0	0	0
4b	Willentl. Beschädigung von Eigentum der Mitschüler	0	2	Eher selten	0	0	0
5a	Bedrohung von Lehrern	0	0	0	0	0	0
5b	Unter Druck setzen / Bedrohung von Mitschülern	5	0	Selten	0	0	0
6a	Wegnahme von Dingen im Eigentum der Lehrer / Schule mit Gewalt	0	0	0	0	0	0
6b	Wegnahme von Dingen im Eigentum der Mitschüler mit Gewalt	0	0	Unbekannt	0	0	0
7a	Fälschung von Unterschriften	0	0	Sehr selten	0	1	0
8a	Anstecken / in Brand setzen von Möbeln	0	0	0	0	0	0
8b	Anstecken / in Brand setzen von Gebäuden / Gebäudeteilen	0	0	0	0	0	0
9a	Handel mit Drogen	0	0	0	0	0	0
10	Sonstiges	/	/	/	/	/	/
II. Wahrnehmung des abweichenden Verhaltens							
1°	Eigene Beobachtung	Häufig	K.A.	Häufig	Häufig	Häufig	Selten
1b	Mitteilung durch das Opfer	Häufig	K.A.	Häufig	Häufig	Häufig	Häufig
1c	Mitteilung durch den Täter	Nie	K.A.	Nie – selten	Sehr selten	Nie	Nie
1d	Mitteilung durch andere Mitschüler	Häufig	K.A.	SEHR häufig	Häufig	Selten	Häufig
1e	Mitteilung durch andere Lehrer	Häufig	K.A.	Häufig (Aufsicht)	Häufig	Häufig	Selten
1f	Mitteilung durch Eltern des Opfers	Häufig	K.A.	Eher selten	Selten	Selten	Selten
1g	Mitteilung durch Eltern des Täters	Nie	K.A.	Nie	Nie	Nie	Nie
1h	Mitteilung durch Eltern anderer Mitschüler	Selten	K.A.	Nie	Nie	Selten	Nie
1i	Sonstiges	/	K.A.	/	/	/	/
2°	Unmittelbar zum Zeitpunkt der Tat	Häufig	K.A.	Eher häufig	Häufig	Häufig	Häufig
2b	Am nächsten Tag	Häufig	K.A.	Eher häufig	Selten	Häufig	Selten
2c	Eine Woche später oder noch später	Selten	K.A.	Selten – nie	1x	Selten	Nie

Gymnasium (Stadt mit ca. 100.000 Einwohnern, Nordrhein-Westfalen)

III.	**Allgemeine Fragen zur befragten Person und unterrichteten Klasse**											
	Geschlecht der Lehrperson	M	M	W	W	M	M	M	M	M	W	M
	Anzahl der Dienstjahre	20	29	21	19	28	26	1	32	30	25	25
	Alter der Kinder (in der Klasse)	10 - 11	10 - 11	10 - 12	11	11	11	11 - 12	11 - 12	12	12	14
	Anzahl der Kinder (in der Klasse)	33	31	33	33	32	32	32	32	32	32	20
	Anzahl der Ausländer	2	2	8	2	1	0	0	/	1	2 - 3	2
	Anzahl der hyperaktiven Kinder	2 - 4	2 (?)	2	0	0	0	0	1	1	1	1
	Tätergeschlecht (in der Regel)	M	M	M	M	M	M	M	M	M	M	M,W
I.	**Häufigkeit bestimmter Verhaltensweisen**											
1a	Beleidigungen gegen Mitschüler	>100	10(?)	Tägl	20	2	40	30	2	30	Ca. 5	20
1b	Beleidigungen gegen Lehrer	1	Ca. 1	3 - 4	3	0	0	0	1	0	Ca. 2	10
2a	Absichtl. körp. Gewalt gg Mitschüler (über übliches Maß hinaus)	2	Ca. 2	10 - 12	0	0	3	0	0	3	0	1
2b	Absichtl. körp. Gewalt gegen Mitschüler (ohne Verletzung)	10	10(?)	Tägl	3	0	40	5	0	15	Ca. 1	10
2c	Absichtl. körp. Gewalt gg Lehrer (über übliches Maß hinaus)	0	0	0	0	0	0	0	0	0	0	0
2d	Absichtl. körp. Gewalt gg Lehrer (ohne Verletzung)	0	0	0	0	0	0	0	0	0	0	0
3a	Wegnahme v Dingen im Eigentum der Lehrer / Schule (ohne Gewalt)	0	0	0	0	0	0	0	0	0	0	4
3b	Wegnahme v Dingen im Eigentum der Mitschüler (ohne Gewalt)	0 (?)	3	5 - 6	1	0	6	0	1	2	0	3
4a	Willentl. Beschädigung von Schuleigentum / Lehrereigentum	5	3	Tägl	1	0	0	0	0	2	0	8
4b	Willentl. Beschädigung von Eigentum der Mitschüler	2	6	15 - 20	1	0	5	0	0	2	0	20
5a	Bedrohung von Lehrern	0	0	0	0	0	0	0	0	0	0	0
5b	Unter Druck setzen / Bedrohung von Mitschülern	0	?	5 - 6	3	0	1	3	1	0	0	20
6a	Wegnahme v Dingen im Eigentum der Lehrer / Schule mit Gewalt	0	0	0	0	0	0	0	0	0	0	0
6b	Wegnahme von Dingen im Eigentum der Mitschüler mit Gewalt	0	1	2 - 3	?	0	1	0	0	0	0	?
7a	Fälschung von Unterschriften	1	0	10 - 12	1	0	0	0	1	0	0	4
8a	Anstecken / in Brand setzen von Möbeln	0	0	0	0	0	0	0	0	0	0	0
8b	Anstecken / in Brand setzen von Gebäuden /Gebäudeteilen	0	0	0	0	0	0	0	0	0	0	0
9a	Handel mit Drogen	0 (?)	0 (?)	0	0	0	0	0	0	0	0	?
10	Sonstiges	/	/	/	/	/	/	/	/	/	/	/
II.	**Wahrnehmung des abweichenden Verhaltens**											
1°	Eigene Beobachtung	Selt	Selt	Häuf	Häuf	Selt	Selt	Häuf	Selt	Selt	Häuf	Selt
1b	Mitteilung durch das Opfer	Häuf	Häuf	Häuf	Häuf	Nie	Häuf	Häuf	Selt	Häuf	Häuf	Häuf
1c	Mitteilung durch den Täter	Häuf	Nie / Selt	Nie	Nie	Nie	Nie	Nie	Selt	Nie	Nie	Nie
1d	Mitteilung durch andere Mitschüler	Häuf	Häuf	Selt	Häuf	Selt	Häuf	Selt	Selt	Selt	Selt	Selt
1e	Mitteilung durch andere Lehrer	Selt	Häuf	Häuf	Häuf	Selt	Selt	Häuf	Selt	Selt	Nie	Häuf
1f	Mitteilung durch Eltern des Opfers	Selt	Selt	Selt	Selt	Selt	Sehr selt	Nie	Nie	Selt	Nie	Selt
1g	Mitteilung durch Eltern des Täters	Nie	Nie	Nie	Nie	Nie	Nie	Nie	Nie	Nie	Nie	Nie
1h	Mitteilung durch Eltern anderer Mitschüler	Nie	Nie	Nie	Nie	Nie	Nie	Nie	Selt	Selt	Nie	Selt
1i	Sonstiges	/	/	/	/	/	/	/	/	/	/	/
2°	Unmittelbar zum Zeitpunkt der Tat	Selt	Selt	Häuf	Häuf	Selt	Häuf	Häuf	Selt	Häuf	Häuf	Selt
2b	Am nächsten Tag	Häuf	Häuf	Selt	Selt	Selt	Selt	Selt	Selt	Selt	Selt	Häuf
2c	Eine Woche später oder noch später	Nie / selt	Selt	Selt	Nie	Nie	Fast nie	Selt	Selt	Nie	Nie	Selt

Grundschule (eine Klasse pro Jahrgangsstufe, kleines Dorf in Niedersachsen)

III. Allgemeine Fragen zur befragten Person und unterrichteten Klasse				
	Geschlecht der Lehrperson	W	W	W
	Anzahl der Dienstjahre	2	13	30
	Alter der Kinder (in der Klasse)	6 - 7	8 - 9	10
	Anzahl der Kinder (in der Klasse)	19	25	23
	Anzahl der Ausländer	0	0	0
	Anzahl der hyperaktiven Kinder	0	3	0
	Tätergeschlecht (in der Regel)	Beides	Eher männlich	Keine Dominanz
I. Häufigkeit bestimmter Verhaltensweisen				
1a	Beleidigungen gegen Mitschüler	Gelegentlich	Gelegentlich	Gelegentlich
1b	Beleidigungen gegen Lehrer	Ganz selten	Selten	0
2a	Absichtl. körp. Gewalt gegen Mitschüler (über übliches Maß hinaus)	0	0	0
2b	Absichtl. körp. Gewalt gegen Mitschüler (ohne Verletzung)	Sehr selten	Ganz selten	Selten
2c	Absichtl. körp. Gewalt gegen Lehrer (über übliches Maß hinaus)	0	0	0
2d	Absichtl. körp. Gewalt gegen Lehrer (ohne Verletzung)	0	0	0
3a	Wegnahme von Dingen im Eigentum der Lehrer / Schule (ohne Gewalt)	0	0	0
3b	Wegnahme von Dingen im Eigentum der Mitschüler (ohne Gewalt)	Selten	Hin und wieder	0
4a	Willentl. Beschädigung von Schuleigentum / Lehrereigentum	0	0	0
4b	Willentl. Beschädigung von Eigentum der Mitschüler	0	0	0
5a	Bedrohung von Lehrern	0	0	0
5b	Unter Druck setzen / Bedrohung v Mitschülern	Ganz selten	Hin und wieder	Selten
6a	Wegnahme von Dingen im Eigentum der Lehrer / Schule mit Gewalt	0	0	0
6b	Wegnahme von Dingen im Eigentum der Mitschüler mit Gewalt	0	0	0
7a	Fälschung von Unterschriften	0	1	0 - 1
8a	Anstecken / in Brand setzen von Möbeln	0	0	0
8b	Anstecken / in Brand setzen von Gebäuden / Gebäudeteilen	0	0	0
9a	Handel mit Drogen	0	0	0
10	Sonstiges	/	/	/
II. Wahrnehmung des abweichenden Verhaltens				
1°	Eigene Beobachtung	Selten	Selten	Häufig
1b	Mitteilung durch das Opfer	Häufig	Häufig	Häufig
1c	Mitteilung durch den Täter	Selten	Selten	Nie
1d	Mitteilung durch andere Mitschüler	Häufig	Häufig	Häufig
1e	Mitteilung durch andere Lehrer	Selten	Selten	Selten
1f	Mitteilung durch Eltern des Opfers	Selten	Selten	Selten
1g	Mitteilung durch Eltern des Täters	Nie	Nie	Nie
1h	Mitteilung durch Eltern anderer Mitschüler	Nie	Nie	Nie
1i	Sonstiges	/	/	/
2°	Unmittelbar zum Zeitpunkt der Tat	Selten	Selten	Häufig
2b	Am nächsten Tag	Häufig	Häufig	Häufig
2c	Eine Woche später oder noch später	Nie	Nie	Selten

Hauptschule (Ort mit ca. 4.500 Einwohnern, Bayern, Unterfranken)

III. Allgemeine Fragen zur befragten Person und unterrichteten Klasse				
	Geschlecht der Lehrperson	W	M	M
	Anzahl der Dienstjahre	5	33	26
	Alter der Kinder (in der Klasse)	11,12	12	11 - 14
	Anzahl der Kinder (in der Klasse)	21	25	26
	Anzahl der Ausländer	0	5	3
	Anzahl der hyperaktiven Kinder	0	0	5
	Tätergeschlecht (in der Regel)	M	M	M
I. Häufigkeit bestimmter Verhaltensweisen				
1a	Beleidigungen gegen Mitschüler	Ab und zu, aber „normaler" Umgangston	Ca. 600	50
1b	Beleidigungen gegen Lehrer	Gelegentl. unhöfl. Umgangston	Ca. 10	2
2a	Absichtl. körp. Gewalt gegen Mitschüler (über übliches Maß hinaus)	0	Ca. 5	3
2b	Absichtl. körp. Gewalt gegen Mitschüler (ohne Verletzung)	Gelegentlich	Ca. 40	20
2c	Absichtl. körp. Gewalt gegen Lehrer (über übliches Maß hinaus)	0	0	0
2d	Absichtl. körp. Gewalt gegen Lehrer (ohne Verletzung)	0	0	0
3a	Wegnahme von Dingen im Eigentum der Lehrer/Schule (ohne Gewalt)	0	Ca. 5	0
3b	Wegnahme von Dingen im Eigentum der Mitschüler (ohne Gewalt)	0	Ca. 10	10
4a	Willentl. Beschädigung von Schuleigentum / Lehrereigentum	0	Ca. 20	5
4b	Willentl. Beschädigung von Eigentum der Mitschüler	0	Ca. 10	20
5a	Bedrohung von Lehrern	0	0	0
5b	Unter Druck setzen / Bedrohung von Mitschülern	0	Ca. 20	5
6a	Wegnahme von Dingen im Eigentum der Lehrer / Schule mit Gewalt	0	0	0
6b	Wegnahme von Dingen im Eigentum der Mitschüler mit Gewalt	0	Ca. 5	2
7a	Fälschung von Unterschriften	0	Ca. 3	20
8a	Anstecken / in Brand setzen von Möbeln	0	0	0
8b	Anstecken / in Brand setzen von Gebäuden / Gebäudeteilen	0	0	0
9a	Handel mit Drogen	0	0	0
10	Sonstiges	/	/	/
II. Wahrnehmung des abweichenden Verhaltens				
1°	Eigene Beobachtung	Häufig	Selten	Selten
1b	Mitteilung durch das Opfer	Häufig	Häufig	Häufig
1c	Mitteilung durch den Täter	Selten	Nie	Nie
1d	Mitteilung durch andere Mitschüler	Häufig	Selten	Häufig
1e	Mitteilung durch andere Lehrer	Nie	Selten	Selten
1f	Mitteilung durch Eltern des Opfers	Selten	Selten	Selten
1g	Mitteilung durch Eltern des Täters	Nie	Nie	Nie
1h	Mitteilung durch Eltern anderer Mitschüler	Nie	Nie	Selten
1i	Sonstiges	/	/	/
2°	Unmittelbar zum Zeitpunkt der Tat	Häufig	Selten	Häufig
2b	Am nächsten Tag	Selten	Häufig	Selten
2c	Eine Woche später oder noch später	Nie	Nie	Selten

Gymnasium (Stadt mit ca. 500.000 Einwohnern, Nordrhein-Westfalen)

III. Allgemeine Fragen zur befragten Person und unterrichteten Klasse										
	Geschlecht der Lehrperson	W	W	W	W	M	W	M	M	W
	Anzahl der Dienstjahre	2	27	2,5	25	30	2	32	2	2
	Alter der Kinder (in der Klasse)	10	10,11	10,11	10,11	11	11	11,12	11,12	12
	Anzahl der Kinder (in der Klasse)	34	20	34	35	28	33	35	31	30
	Anzahl der Ausländer	2	1	3	3	6	6	0	4	0
	Anzahl der hyperaktiven Kinder	0	1 - 2	1	10	0	2	0	0 (?)	0
	Tätergeschlecht (in der Regel)	M	M	M/W	M	M	M	M/W	M/W	M/W
I. Häufigkeit bestimmter Verhaltensweisen										
1a	Beleidigungen gegen Mitschüler	20	Tägl	20	Tägl	30	20	6	20	2
1b	Beleidigungen gegen Lehrer	0	Sehr selten	1	Sehr selten	0	0	0	0	0
2a	Absichtl. körp. Gewalt gg Mitschüler (über übl. Maß hinaus)	0	/	0	Eher selten	0	2	2	0	0
2b	Absichtl. körp. Gewalt gegen Mitschüler (ohne Verletzung)	15	1x wöch.	1	Fast tägl	5	25	4	Relativ häufig	1
2c	Absichtl. körp. Gewalt gegen Lehrer (über übl. Maß hinaus)	0	0	0	0	0	0	0	0	0
2d	Absichtl. körp. Gewalt gegen Lehrer (ohne Verletzung)	0	0	0	0	0	0	0	0	0
3a	Wegnahme von Dingen im Eigentum der Lehrer / Schule (ohne Gewalt)	0	Äußerst selten	0	0	0	0	2	0	0
3b	Wegnahme von Dingen im Eigentum der Mitschüler (ohne Gewalt)	0	Äußerst selten	3	40 - 50	0	5	2	?	0
4a	Willentl. Beschädigung von Schuleigentum / Lehrereigentum	0	Selten	0	20	5	0 - 1	2	0	1
4b	Willentl. Beschädigung von Eigentum der Mitschüler	5	Selten	3	40 - 50	5	5 - 10	2	?	2
5a	Bedrohung von Lehrern	0	0	0	0	0	0	0	0	0
5b	Unter Druck setzen / Bedrohung von Mitschülern	0	Äußerst selten	3	10 - 20	0	2	0	0	0
6a	Wegnahme v Dingen im Eigentum d. Lehrer / Schule mit Gewalt	0	0	0	0	0	0	0	0	0
6b	Wegnahme von Dingen im Eigentum der Mitschüler mit Gewalt	0	0	0	Sehr selten	0	0	0	0	0
7a	Fälschung von Unterschriften	0	0	1	0	0	2	0	2	0
8a	Anstecken / in Brand setzen von Möbeln	0	0	0	0	0	0	0	0	0
8b	Anstecken / in Brand setzen von Gebäuden / Gebäudeteilen	0	0	0	0	0	0	0	0	0
9a	Handel mit Drogen	0	0	0	0	0	0	0	0	0
10	Sonstiges	/	/	/	/	0	/	/	/	/
II. Wahrnehmung des abweichenden Verhaltens										
1°	Eigene Beobachtung	Häufig	Selten	Selten	Häufig	Manchmal	Häufig	Häufig	Häufig	Selten
1b	Mitteilung durch das Opfer	Häufig	Häufig	Häufig	Selten	Manchmal	Häufig	Selten	häufig	Häufig
1c	Mitteilung durch den Täter	Nie	Nie	Nie	Nie	Nie	Selten	Selten	Nie	Nie
1d	Mitteilung durch andere Mitschüler	Selten	Häufig	Häufig	Häufig	Manchmal	Häufig	Häufig	Selten	Selten
1e	Mitteilung durch andere Lehrer	Häufig	Selten	Selten	Selten	Nie	Selten	Häufig	Selten	Selten
1f	Mitteilung durch Eltern d. Opfers	Selten	Häufig	Selten	Selten	Nie	Nie / selten	Häufig	Nie	Nie
1g	Mitteilung durch Eltern des Täters	Nie	Nie	Selten	Selten	Nie	Nie	Nie	Nie	Nie
1h	Mitteilung durch Eltern anderer Mitschüler	Selten	Häufig	Selten	Nie	Nie	Nie	Selten	Nie	Nie
1i	Sonstiges	/	/	/	/	/	/	/	/	/
2°	Unmittelbar zum Zeitpunkt der Tat	Häufig	Selten	Häufig	Häufig	Manchmal	Häufig	Selten	Häufig	Selten
2b	Am nächsten Tag	Selten	Häufig	Häufig	Häufig	Nie	Selten	Häufig	Selten	Häufig
2c	Eine Woche später oder noch spät	Selten	Selten	Selten	Nie	Nie	Selten	Selten	Selten	Nie

Sonderschule (verschiedene zusammengefasst)

III. Allgemeine Fragen zur befragten Person und unterrichteten Klasse											
	Geschlecht der Lehrperson	M	W	W	W	W	W	W	M	W	M
	Anzahl der Dienstjahre	22	5	19	2	27	16	24	27	26	19
	Alter der Kinder (in der Klasse)	6 - 7	7	7 - 9	7 - 9	8	8 - 9	8 - 10	10	10	13
	Anzahl der Kinder (in der Klasse)	13	15	10	14	15	14	11	11	11	13
	Anzahl der Ausländer	0	0	3	0	1	0	2	0	1	0
	Anzahl der hyperaktiven Kinder	1	0	1	6 - 7	3	1	3	1	3	3
	Tätergeschlecht (in der Regel)	M	M	M	M	M	M	M	M	M	K.A.
I. Häufigkeit bestimmter Verhaltensweisen											
1a	Beleidigungen gg Mitschüler	1 pro Tag	Alle 3 Tage	10	3 pro Woche	2	Unzählbar	600	11	10	K.A.
1b	Beleidigungen gg Lehrer	0	K.A.	0	2 pro Woche	0	0	0	3	0	K.A.
2a	Absichtl. körp. Gewalt gg Mitschüler (über übl. Maß hinaus)	0	0	0	2	1	0	10	2	0	0
2b	Abs. körp. Gewalt gg Mitschüler (ohne Verletzung)	Nur im Spiel	10	20	Täglich	10	0	400 - 500	3	10	Selten
2c	Absichtl. körp. Gewalt gg Lehrer (über übl. Maß hinaus)	0	0	0	0	0	0	0	0	0	0
2d	Absichtl. körp. Gewalt gg Lehrer (ohne Verletzung)	0	0	0	0	0	0	0	0	0	0
3a	Wegnahme v Dingen im Eigentum der Lehrer/Schule (ohne Gewalt)	2	2	1	1	0	1	0	2	0	0
3b	Wegnahme von Dingen im Eigentum der Mitschüler (ohne Gewalt)	0	2	3	1 pro Monat	1	10 - 20	2	3	1	0
4a	Willentl. Beschädigung von Schuleigentum/Lehrereigentum	0	0	0	0	0	0	0	0	0	0
4b	Willentl. Beschädigung von Eigentum der Mitschüler	0	0	0	1 pro Monat	1	1 - 3	0	0	0	0
5a	Bedrohung von Lehrern	0	0	0	0	0	0	0	0	0	0
5b	Unter Druck setzen / Bedrohung v Mitschülern	0	0	0	1 pro Monat	0	K.A.	5	2	0	0
6a	Wegnahme v Dingen im Eigentum der Lehrer / Schule mit Gewalt	0	0	0	0	0	0	0	0	0	0
6b	Wegnahme von Dingen im Eigentum der Mitschüler mit Gewalt	0	0	0	1 pro Monat	0	0	0	0	0	0
7a	Fälschung v Unterschriften	0	0	0	0	0	1 - 2	0	1	0	0
8a	Anstecken / in Brand setzen von Möbeln	0	0	0	0	0	0	0	0	0	0
8b	Anstecken / in Brand setzen v Gebäuden /Gebäudeteilen	0	0	0	0	0	0	0	0	0	0
9a	Handel mit Drogen	0	0	0	0	0	0	0	0	0	0
10	Sonstiges	/	/	/	Mobbing, Ausgrenzung	/	/	/	/	/	/

* „Zwergenschule" mit einer ersten und einer zweiten Klasse mit jeweils 13 Schülern/-innen

II. Wahrnehmung des abweichenden Verhaltens											
1°	Eigene Beobachtung	Häufig	Häufig	Nie	Häufig	Häufig	/	Häufig	Selten	Häufig	K.A.
1b	Mitteilung durch das Opfer	Häufig	Häufig	Häufig	Selten	K.A.	Häufig	Häufig	Häufig	Häufig	K.A.
1c	Mitteilung durch den Täter	Selten	Selten	Nie	Nie	Nie	Selten / nie	Nie	Nie	Nie	K.A.
1d	Mitteilung durch andere Mitschüler	Häufig	Selten	Häufig	Selten-häufig	Häufig	Häufig	Häufig	Häufig	Selten	K.A.
1e	Mitteilung durch andere Lehrer	Häufig	Selten	Selten	Selten-häufig	Häufig	Selten	Selten	Selten	Nie	K.A.
1f	Mitteilung durch Eltern des Opfers	Selten	Selten	Nie	Selten	Nie / selten	Selten	Selten	Häufig	Nie	K.A.
1g	Mitteilung durch Eltern des Täters	Nie	Nie	Nie	Nie	Nie	Selten	Nie	Nie	Nie	K.A.
1h	Mitteilung durch Eltern anderer Mitschüler	Nie	Nie	Nie	Selten	Nie	Nie	Nie	Selten	Nie	K.A.
1i	Sonstiges	/	/	/	/	/	/	/	/	/	/
2°	Unmittelbar zum Zeitpunkt der Tat	Häufig	Häufig	Häufig	Häufig	Häufig	Häufig	Häufig	Häufig	Häufig	K.A.
2b	Am nächsten Tag	Selten	Selten	Selten	Selten	Selten	Selten	Selten	Selten	Nie	K.A.
2c	Eine Woche später oder noch später	Nie	Nie	Nie	Nie	Nie	Nie	Nie	Nie	Nie	K.A.

Literaturverzeichnis

Albrecht, Hans-Jörg. Wird die Jugend immer gewalttätiger? In: Bundesministerium der Justiz. 3. Kölner Symposium. Das Jugendkriminalrecht als Erfüllungsgehilfe gesellschaftlicher Erwartungen? Bonn 1995, S. 160-177.

Albrecht, Hans-Jörg. Ist das deutsche Jugendstrafrecht noch zeitgemäß? Gutachten D für den 64. Deutschen Juristentag. München 2002.

Albrecht, Peter-Alexis. Jugendstrafrecht. 3. Auflage München 2000.

Albrecht, Peter-Alexis, Lamnek, Siegfried. Jugendkriminalität im Zerrbild der Statistik. Eine Analyse von Daten und Entwicklungen. München 1979.

Albrecht, Peter-Alexis, Pfeiffer, Christian, Zapka, Klaus. Reaktionen sozialer Kontrollinstanzen auf Kriminalität junger Ausländer in der Bundesrepublik. In: Monatsschrift für Kriminologie und Strafrechtsreform 1978, S. 268-296.

Amelang, Manfred. Sozial abweichendes Verhalten. Entstehung – Verbreitung – Verhinderung. Heidelberg 1986.

Amelang, Manfred, Rodel, Gerd. Persönlichkeits- und Einstellungskorrelate krimineller Verhaltensweisen. Eine Untersuchung zur Dunkelziffer strafbarer Handlungen. In: Psychologische Rundschau 1970, S. 157-179.

Ammer, Andreas. Kommunale Kriminalitätsprophylaxe. Zusammenfassung und Analyse des Internationalen Kolloquiums „Gewalt in unseren Städten als Beispiel für Aufgaben der kommunalen Kriminalpolitik“. Mainz 2000.

Arbeitsgemeinschaft für Jugendhilfe. Kinder- und Jugendkriminalität und Öffentlichkeit – Dokumentation. Arbeitsgemeinschaft für Jugendhilfe. Bonn 1978.

Baacke, Dieter. Die 6- bis 12jährigen. Einführung in die Probleme des Kindesalters. Weinheim 1999.

Bach, Heinz. Erziehung zum Frieden. In: Unsere Jugend 1971, S. 549-555.

Bayerisches Landeskriminalamt. Das Bayerische Landeskriminalamt. Kriminalitätsbekämpfung 2000. München 2000.

Becker, Walter. Therapie der Jugendkriminalität. Konsequenzen aus der geplanten Herabsetzung des Volljährigkeitsalters. Kinderdelinquenz. In: Zentralblatt für Jugendrecht und Jugendwohlfahrt 1972, S. 188-192.

Bender, D., Lösel, F. Risiko- und Schutzfaktoren im Prozess der Misshandlung und Vernachlässigung von Kindern. In: Egle, Ulrich Tiber, Hoffmann, Sven O., Joraschky, Peter. Missbrauch, Misshandlung, Vernachlässigung. Stuttgart 1996, S. 35-53.

Berckhauer, Friedhelm, Steinhilper, Gernot. Strafrechtlich verantwortlich erst ab 16? Zur Forderung, die Strafmündigkeit von 14 auf 16 Jahre heraufzusetzen. In: Zeitschrift für Rechtspolitik 1981, S. 265-267.

Beulke, Werner, Dittrich, Nicole, Mann, Holger. Erste Vorüberlegungen zu den Vorschlägen für eine Reform des Jugendstrafrechts. Zwischenergebnis der Zweiten Jugendstrafrechtsreform-Kommission der DVJJ vom November 2001. In: DVJJ-Journal 2002, S. 122-125.

Binder, Geis, Bruce. Juvenile Delinquency. London 1988.

Blankenburg, Erhard. Die Selektivität rechtlicher Sanktionen. Eine empirische Untersuchung von Ladendiebstählen. In: Friedrichs, Jürgen. Teilnehmende Beobachtung abweichenden Verhaltens. Stuttgart 1973, S. 120-150.

Blau, Judith R., Blau, Peter M. The Cost of Inequality: Metropolitan Structure and Violent Crime. In: American Sociological Review 1982, S. 114-129.

Bodenburg, Winfried. Geschlossene Unterbringung delinquenter Kinder – In: DVJJ-Journal 2002, S. 166-168.

Bracken, v.H. Die Prügelstrafe in der Erziehung. Dresden 1926.

Brown, Stephen E., Esbensen, Finn-Aage, Geis, Gilbert. Criminology, Explaining Crime and its context. 3. Auflage Cincinnati 1998.

Brusten, Manfred, Hurrelmann, Klaus. Abweichendes Verhalten in der Schule. Eine Untersuchung zu Prozessen der Stigmatisierung. München 1973.

Bulczak, Gerhard, Lauer, Hubertus, Quensel, Stefan, Straubinger, Walburga, Wagner, Rolf. Behandlung von Kindern und Jugendlichen mit abweichendem Verhalten. Abschlussbericht über das Deutsch-Rumänische Expertengespräch 1977. In: Forum Jugendhilfe 1978, S. 43- 55.

Bundeskriminalamt. Polizeiliche Kriminalstatistik Bundesrepublik Deutschland. Berichtsjahr 1979. Wiesbaden 1980.

Bundeskriminalamt. Jugendkriminalität. Mit einführenden Betrachtungen von Dr. Franz Streng und Dipl.Soz. Monika Plate. Wiesbaden 1982.

Bundeskriminalamt. Kriminalstatistik. Zusammengestellt von Heinz, Wolfgang. Wiesbaden 1990.

Bundeskriminalamt. Polizeiliche Kriminalstatistik Bundesrepublik Deutschland. Berichtsjahr 1993. Wiesbaden 1994.

Bundeskriminalamt. Polizeiliche Kriminalstatistik Bundesrepublik Deutschland. Berichtsjahr 1997. Wiesbaden 1998.

Bundeskriminalamt. Polizeiliche Kriminalstatistik Bundesrepublik Deutschland. Berichtsjahr 1998. Wiesbaden 1999.

Bundeskriminalamt. Polizeiliche Kriminalstatistik Bundesrepublik Deutschland. Berichtsjahr 1999. Wiesbaden 2000.

Bundeskriminalamt. Polizeiliche Kriminalstatistik Bundesrepublik Deutschland. Berichtsjahr 2000. Wiesbaden 2001.

Bundeskriminalamt. Polizeiliche Kriminalstatistik Bundesrepublik Deutschland. Berichtsjahr 2001. Wiesbaden 2002.

Bundeskriminalamt. Kriminalitätsbekämpfung im zusammenwachsenden Europa. Vorträge und Diskussionen anlässlich der Arbeitstagung des Bundeskriminalamts vom 23. - 25.11.1999. Neuwied 2000.

Bundesministerium des Innern und für Justiz. Erster Periodischer Sicherheitsbericht. In: DVJJ-Journal 2001, S. 399-404.

Cierpka, Manfred. Kinder mit aggressivem Verhalten. Ein Praxismanual für Schulen, Kindergärten und Beratungsstellen. Göttingen 1999.

Conklin, John E. Criminology. 6. Auflage Boston 1998.

Däubler, Wolfgang. Die Reform des Schadensersatzrechts. In: JuS 2002, S. 625-630.

Dauner, Iris. Brandstiftung durch Kinder. Kriminologische, kinderpsychiatrische und rechtliche Aspekte. Wien 1980.

Deimling, Gerhard, Lenzen, Heinrich. Straffälligenpädagogik und Delinquenzprophylaxe. Vorstudien und Diskussionsmaterialien für einen neuen Schwerpunkt in Forschung, Lehre und Studium. Berlin 1974.

Dutschmann, Andreas. Aggressivität bei Kindern. Handbuch für die pädagogische Praxis. Dortmund 1982.

DVJJ-Kommission. Vorschläge für eine Reform des Jugendstrafrechts. Zwischenergebnisse der Zweiten Jugendstrafrechtsreform-Kommission der DVJJ. In: DVJJ-Journal 2001, S. 345-358.

Eisenberg, Ulrich. Minderjährige in der Gesellschaft. Über Zusammenhänge zwischen institutionalisierten Beeinträchtigungen und Delinquenz. München 1980.

Eisenberg, Ulrich. Einführung in Grundprobleme des Jugendstrafrechts – dargestellt an Hand von 2 Originalfällen. In: JuS 1983, S. 569-581.

Elster, Alexander, Lingemann, Heinrich. Handwörterbuch der Kriminologie. Band 5. Berlin 1998.

Elsner, Erich, Steffen, Wiebke, Stern, Gerhard. Kinder- und Jugendkriminalität in München. Untersuchung von Ausmaß und Ursachen des Anstiegs der Deliktszahlen im Bereich der Kinder- und Jugendkriminalität am Beispiel eines Großstadtpräsidiums. München 1998.

Exner, Franz. Kriminologie. 3. Auflage Berlin 1949.

Ferracuti, Franco, Scardaccione, Gilda. Vergleichende Kriminologie: Italien. In: Die Psychologie des 20. Jahrhunderts. Band XIV. Auswirkungen auf die Kriminologie (Hg.: Schneider, Hans Joachim). Zürich 1981, S. 1017-1029.

Flissikowski, Renate, Kluge, Karl-Josef, Schauerhammer, Klaus. Vom Prügelstock zur Erzie-hungsklasse für „schwierige" Kinder. Zur Sozialgeschichte abweichenden Verhaltens in der Schule. München 1980.

Frehsee Detlev. „Strafverfolgung" von strafunmündigen Kindern. In: Zeitschrift für die ge- samte Strafrechtswissenschaft 1988, S. 290-328.

Frehsee, Detlev. Kurzstellungnahme zur Presseerklärung Michael Teiser, MdB vom 12.09.1996: 12-/13jährige zum Jugendgericht? Heranwachsende zum Strafgericht? In: DVJJ-Journal 1996, S. 321-322.

Gleß, Sabine. Europol. In: NStZ 2001, S. 623-628.

Göppinger, Hans. Kriminologie. 5. Auflage München 1997.

Grauer, Gustaf, Umbsen, Peter, Wolff, Reinhart. Gewalt in der Schule – Schule als Gewalt. In: b:e. Weinheim 1976, S. 34-47.

Haase, Wolfgang. Kurzstellungnahme zur Presseerklärung Michael Teiser, MdB vom 12.09.1996: 12-/13jährige zum Jugendgericht? Heranwachsende zum Strafgericht? In: DVJJ-Journal 1996, S. 328-329.

Hanewinkel, Reiner, Knaak, Roland. Mobbing: Gewaltprävention in Schulen in Schleswig-Holstein. Landesinstitut Schleswig-Holstein für Praxis und Theorie der Schule und Gemeindeunfallversicherungsverband Schleswig-Holstein. Kiel 1997.

Hefendehl, Roland. Täter und Opfer bei kindlicher Gewaltkriminalität. In: JZ 2000, S. 600-608.

Heinz, Wolfgang. Anstieg der Jugendkriminalität – Realität oder Mythos? In: Rabe, Horst. Jugend. Beiträge zum Verständnis und zur Bewertung des Jugendproblems. Konstanz 1984, S. 53-94.

Heinz, Wolfgang. Das Erste Gesetz zur Änderung des Jugendgerichtsgesetzes (1.JGGÄndG). Rückblick, Zwischenbilanz und Ausblick auf ein 2.JGGÄndG. In: Zeitschrift für Rechtspolitik 1991, S. 183-189.

Heinz, Wolfgang. Anstieg der Jugendkriminalität? Die Grenzen des Jugendstrafrechts, die Möglichkeiten der Prävention. In: DVJJ-Journal 1996, S. 344-360.

Heinz, Wolfgang. Reformbedarf des Jugendstrafrechts? – Jugendkriminalität und Jugendkriminalrechtspflege aus Sicht der Kriminologie. In: Monatsschrift für Kriminologie und Strafrechtsreform 1998, S. 399-425.

Hinz, Werner. Strafmündigkeit ab vollendetem 12. Lebensjahr? Ein rechtspolitisches Reizthema. In: ZRP 2000, S. 107-114.

Holtfreter, Edeltraut. Zur Delinquenz von Sonderschülern – Eine empirische Untersuchung. In: Recht der Jugend und des Bildungswesens 1974, S. 337-343.

http. Alle angegebenen Internet-Verweise stehen aufgrund der nicht sicherzustellenden Dauerhaftigkeit in Textform zur Verfügung.

Hünneluns, Helmut. Ursachen delinquenten Verhaltens aus jugendpsychiatrischer Sicht. In: Jugendschutz 1977, S. 76-81.

Huck, Wilfried. Kinder und Jugendliche als Intensivtäter. Anamnese, Früherkennung und dissoziales Verhalten. In: DVJJ-Journal 2002, S. 187-193.

Jany, Ulrich. Sozialrelevante Merkmale der ermittelten Tatverdächtigen. In: Schwind, Hans-Dieter, Ahlborn, Wilfried, Weiß, Rüdiger. Empirische Kriminalgeographie. BKA-Forschungsreihe. Band 8. Wiesbaden 1978, S. 258-265.

Jensen, Lars Rand. Institutionenübergreifende Zusammenarbeit Schule-Sozialarbeit-Polizei. Einige dänische Erfahrungen. In: DVJJ-Journal 2002, S. 150-154.

Jung, Herman. Kinderkriminalität. In: Unsere Jugend. München 1966, S. 338-346.

Kaiser, Günther. Kriminologie. Ein Lehrbuch. 3. Auflage Heidelberg 1996.

Kaiser, Günther. Kriminologie. Eine Einführung in die Grundlagen. 10. Auflage Heidelberg 1997.

Kaiser, Günther, Kerner, Hans- Jürgen, Sack, Fritz, Schellhoss, Hartmut. Kleines kriminologisches Wörterbuch. 3. Auflage Heidelberg 1993.

Karpinski, Norbert A., Petermann, Franz, Borg-Laufs, Michael. Die Effizienz des Trainings mit aggressiven Kindern (Tak) aus der Sicht der Therapeuten. In: Praxis der Kinderpsychologie und –psychiatrie 1999, S. 340-350.

Kerner, Hans-Jürgen, Sonnen, Bernd-Rüdeger. Jugendkriminalität und Jugendstrafrecht – Eine Anregung zur Besonnenheit bei Veränderungsplänen. In: DVJJ-Journal 1997, S. 339- 345.

Kluge, Karl-Josef, Von Randow, Nicoletta. Kinder- und Schülerdelinquenz. Darmstadt 1979.

Knab, Eckhart. Heimerziehung – Ein differenziertes Leistungsangebot. Beiträge zur Theorie und Praxis öffentlicher Erziehung im Heim für Verhaltensgestörte. Frankfurt am Main 1983.

Knut, Sven. Vergleichende Kriminologie: Die skandinavischen Länder. In: Die Psychologie des 20. Jahrhunderts. Band XIV. Auswirkungen auf die Kriminologie (Hg.: Schneider, Hans Joachim). Zürich 1981, S. 1030-1047.

Kornprobst, Hans. Ist das deutsche Jugendstrafrecht noch zeitgemäß? In: Juristische Rundschau 2002, S. 309-314.

Krannich, Sabine, Sanders, Martin, Ratzke, Katharina, Diepold, Barbara, Cierpka, Manfred. FAUSTLOS – Ein Curriculum zur Förderung sozialer Kompetenzen und zur Prävention von aggressivem und bewaltbereitem Verhalten bei Kindern. In: Praxis der Kinderpsychologie und –psychiatrie 1997, S. 236-247.

Kreuzer, Arthur. Schülerbefragungen zur Delinquenz. In: Recht der Jugend und des Bildungswesens 1975, S. 229-244.

Kreuzer, Arthur. Kinderdelinquenz und Jugendkriminalität. Umfang, Struktur und Entwicklung. In: Zeitschrift für Pädagogik 1983, S. 49-70.

Kreuzer, Arthur. Ist das deutsche Jugendstrafrecht noch zeitgemäß? In: NJW 2002, S. 2345-2351.

Kühne, Hans-Heiner, Miyazawa, Koichi. Kriminalität und Kriminalitätsbekämpfung in Japan. Versuch einer soziokulturell-kriminologischen Analyse. 2. Auflage. Bundeskriminalamt Wiesbaden 1991.

Lademann, Bodo Gerd. Aspekte der Kinder- und Jugendkriminalität. In: Zentralblatt für Jugendrecht und Jugendwohlfahrt 1975, S. 50-62.

Lamnek, Siegfried. Die soziale Produktion und Reproduktion von Kriminalisierung. In: Schüler-Springorum, Horst. Jugend und Kriminalität. Kriminologische Beiträge zur kriminalpolitischen Diskussion. Frankfurt am Main 1983, S. 32-49.

Laubenthal, Klaus. Jugendgerichtshilfe im Strafverfahren. Köln 1993.

Laubenthal; Klaus. Fallsammlung zur Wahlfachgruppe Kriminologie, Jugendstrafrecht und Strafvollzug. Berlin 2002.

Laubenthal, Klaus. Ist das deutsche Jugendstrafrecht noch zeitgemäß? In: JZ 2002 a, S. 807-818.

Lay, Barbara, Ihle, Wolfgang, Esser, Günter, Schmidt, Martin H. Risikofaktoren für Delinquenz bei Jugendlichen und deren Fortsetzung bis in das Erwachsenenalter. In: Monatsschrift für Kriminologie und Strafrechtsreform 2001, S. 119-132.

Lempp, Reinhart. Das Problem der Strafmündigkeit aus kinder- und jugendpsychiatrischer Sicht. In: Recht der Jugend und des Bildungswesens 1972, S. 326-331.

Lempp, Reinhart. Kinder- und Jugendkriminalität aus jugendpsychiatrischer Sicht. In: Die Psychologie des 20. Jahrhunderts. Band XIV. Auswirkungen auf die Kriminologie (Hg.: Schneider, Hans Joachim). Zürich 1981, S. 469-483.

Lempp, Reinhart. Kurzstellungnahme zur Presseerklärung Michael Teiser, MdB vom 12.09.1996: 12-/13jährige zum Jugendgericht? Heranwachsende zum Strafgericht? In: DVJJ-Journal 1996, S. 323-324.

Lösel, Friedrich, Bliesener, Thomas. Zur Altersgrenze strafrechtlicher Verantwortlichkeit von Jugendlichen aus psychologischer Sicht. In: DVJJ-Journal 1997, S. 387-395.

Loll, Bernd-Uwe. Prognose der Jugendkriminalität von Deutschen und Ausländern. BKA-Forschungsreihe. Wiesbaden 1990.

Ludwig, Wolfgang. Diskussion: Soll die staatliche Zwangsbehandlung gegenüber abweichenden Gesellschaftsmitgliedern schon mit der Geburt beginnen? Anmerkungen zu Weinschenk. In: Monatsschrift für Kriminologie und Strafrechtsreform 1984, S. 170-175.

Lukesch, Helmut. Mediennutzung durch Kinder und Jugendliche. München 1997.

Matthes, Ilse. „Kriminalität" strafunmündiger Kinder. In: Jugendschutz 1973, S. 167-178.

Matthes, Ilse. Kindliche und jugendliche Delinquenten. Gefährdete von heute, Rechtsbrecher von morgen? In. Jugendschutz 1975, S. 139-141.

Meier, Bernd-Dieter. Kriminalität und Strafverfolgung in Europa. Das European Sourcebook of Crime and Criminal Justice Statistics. In: Monatsschrift für Kriminologie und Strafrechtsreform 2000, S. 320-324.

Meier, Ulrich, Tillmann, Klaus-Jürgen. Gewalt in der Schule – importiert oder selbstproduziert? In: Praxis der Kinderpsychologie und –psychiatrie 2000, S. 36-52.

Mergen, Armand. Die Kriminologie. Eine systematische Darstellung. 3. Auflage München 1995.

Miyazawa, Koichi. Vergleichende Kriminologie: Japan. In: Die Psychologie des 20. Jahrhunderts. Band XIV. Auswirkungen auf die Kriminologie (Hg.: Schneider, Hans Joachim). Zürich 1981, S. 1063-1083.

Müller-Wiedemann, Hans. Mitte der Kindheit. Das 9. bis 12. Lebensjahr. Eine biographische Phänomenologie der kindlichen Entwicklung. Stuttgart 1973.

Münchner Kommentar zum Bürgerlichen Gesetzbuch. Band 8. Herausgegeben von Rebmann, Kurt, Säcker, Franz Jürgen, Rixecker, Roland. 4. Auflage München 2002.

Oba, S. Unverbesserliche Verbrecher und ihre Behandlung. Berlin 1908

Oerter, Rolf, Montada, Leo. Entwicklungspsychologie. Ein Lehrbuch. 3. Auflage Weinheim 1995.

Ohlemacher, Thomas. Eine ökologische Regressionsanalyse von Kriminalitätsziffern und Armutsraten. Fehlschluss par excellence? In: Kölner Zeitschrift für Soziologie und Sozialpsychologie 1995, S. 706-726.

Oschlies, Wolf. Aspekte der Jugendkriminalität in Osteuropa (I). In: Berichte des Bundesinstituts für ostwissenschaftliche und internationale Studien Köln 1975, Heft 20.

Oschlies, Wolf. Aspekte der Jugendkriminalität in Osteuropa (II). In: Berichte des Bundesinstituts für ostwissenschaftliche und internationale Studien Köln 1975, Heft 34.

Ostendorf, Heribert. Der strafjustitielle Umgang mit Kindern. In: DVJJ-Journal 1997, S. 375-379.

Ostendorf, Heribert. Jugendgerichtsgesetz. Kommentar. 5. Auflage München 2000.

Papendorf, Knut, Schumann, Karl, Voß, Michael. Kritik der Jugendstrafvollzugsreform. Bremen 1982.

Permien, Hanna. Strategien von Familien und Jugendhilfe im Umgang mit Kinderdelinquenz. In: DVJJ-Journal 2002, S. 143-149.

Pfeiffer, Christian. Und wenn es künftig weniger werden? Die Herausforderung der geburtenschwachen Jahrgänge. In: Deutsche Vereinigung für Jugendgerichte und Jugendgerichtshilfen e.V. (Hg.). Bericht über die Verhandlungen des 20. Deutschen Jugendgerichtstages in Köln vom 6. bis 10. Oktober 1986. München 1987, S. 9-52.

Pfeiffer, Christian. Steigt die Jugendkriminalität? Zugleich eine Erwiderung auf Michael Walters Beitrag. In: DVJJ-Journal 1996, S. 215-229.

Pfeiffer, Christian, Delzer, Ingo, Enzmann, Dirk, Wetzels, Peter. Ausgrenzung, Gewalt und Kriminalität im Leben junger Menschen – Kinder und Jugendliche als Opfer und Täter – Sonderdruck zum 24. Deutschen Jugendgerichtstag vom 18. – 22. September 1998 in Hamburg.

Pfeiffer, Christian, Wetzels, Peter. Kinder als Täter und Opfer. Eine Analyse auf der Basis der PKS und einer repräsentativen Opferbefragung. In: DVJJ-Journal 1997, S. 346-366.

Plewig, Hans-Joachim. Geschlossene Unterbringung delinquenter Kinder – In: DVJJ-Journal 2002, S. 163-166.

Pocs, Ollie, Godow, Annette, Tolone, William L., Walsh, Robert. Sex über 40 gibt's den? In: Psychologie heute 1977, Heft 11, S. 34-37.

Pongratz, Eckard L. Zum Umgang mit kindlichen Auffälligkeiten. Eine Untersuchung zum Dunkelfeld und zur Prävention von Kinderdelinquenz in Grundschulen. Würzburg 2000.

Pongratz, Lieselotte, Jürgensen, Peter. Kinderdelinquenz und kriminelle Karrieren. Eine statistische Nachuntersuchung delinquenter Kinder im Erwachsenenalter. Band 8. Pfaffenweiler 1990.

Pongratz, Lieselotte, Schäfer, Maria, Jürgensen, Peter, Weiße, Dirk. Kinderdelinquenz. Daten, Hintergründe und Entwicklungen. München 1975.

Porterfield, Austin L. Delinquency and its outcome in court and college. In: The American Journal of Sociology 1943, S. 199-208.

Post, Wolfgang. Erziehung im Heim. Perspektiven der Heimerziehung im System der Jugendhilfe. 2. Auflage Weinheim 1997.

Pudel, Volker. Motivanalyse des Anzeigeverhaltens. In: Schwind, Hans-Dieter, Ahlborn, Wilfried, Weiß, Rüdiger. Empirische Kriminalgeographie. BKA-Forschungsreihe. Band 8. Wiesbaden 1978, S. 205-210.

Quensel, Stephan. Delinquenzbelastung und soziale Schicht bei nichtbestraften männlichen Jugendlichen – Untersuchung mit einem Delinquenzbelastungsbogen – In: Monatsschrift für Kriminologie und Strafrechtsreform 1971, S. 236-262.

Quensel, Stephan und Edelgart. Delinquenzbelastungsskalen für männliche Jugendliche. In: Kölner Zeitschrift für Soziologie und Sozialpsychologie 1970, S. 75-97.

Quensel, Stephan, Schelenz, Elgen. Steigt die Kinderkriminalität? In: Monatsschrift für Krimnologie und Strafrechtsreform 1978, S. 396-399.

Remschmidt, Helmut. Neuere Ergebnisse der Kinderdelinquenz – Forschung. In: Praxis der Kinderpsycholgie und –psychiatrie 1978, S. 29-40.

Remschmidt, Helmut, Merschmann, Wilfried, Walter, Reinhard. Zum Dunkelfeld kindlicher Delinquenz. Eine Erhebung an 483 Probanden. In: Monatsschrift für Kriminologie und Strafrechtsreform 1975, S. 133-153.

Rilke, H., Schleifer, C. Erlebnispädagogik und geschlossene Heimunterbringung – ein Widerspruch? In: Zeitschrift für Erlebnispädagogik 1997, S. 54-60.

Schaffstein, Friedrich, Beulke, Werner. Jugendstrafrecht. 14. Auflage Stuttgart 2002.

Schmehl, Hans-Henning. Jugendliche und heranwachsende Straftäter während ihrer Ausbildung. Beiträge zur empirischen Kriminologie. Band 6. München 1980.

Schneider, Hans Joachim. Kinder- und Jugendkriminalität. In: Die Psychologie des 20. Jahrhunderts. Band XIV. Auswirkungen auf die Kriminologie (Hg.: Schneider, Hans Joachim). Zürich 1981, S. 452-468.

Schneider, Hans Joachim. Kriminologie. Berlin 1987.

Schneider, Hans Joachim. Wesen und Erscheinungsformen der Kinder- und Jugenddelinquenz. In: Jura 1991, S. 342-349.

Schneider, Hans Joachim. Einführung in die Kriminologie. 3. Auflage Berlin 1993.

Scholz, Christian. Kurzstellungnahme zur Presseerklärung Michael Teiser, MdB vom 12.09.1996: 12-/13jährige zum Jugendgericht? Heranwachsende zum Strafgericht? In: DVJJ-Journal 1996, S. 327-328.

Schüler-Springorum, Horst. Was lehrt der Europäische Vergleich? Resumée und Perspektiven zum Umgang mit Jugenddelinquenz. In: DVJJ-Journal 2001, S. 416-421.

Schwind, Hans-Dieter. Kriminologie. Eine praxisorientierte Einführung mit Beispielen. 12. Auflage Heidelberg 2002.

Sheley, Joseph F. Criminology. A Contemporary Handbook. 2. Auflage Belmont 1995.

Shoemaker, D.J. Theories of Delinquency. An Examination of Explanations of Delinquent Behavior. 3rd edition. New York 1996.

Siegel, Larry J. Criminology. Theories, Patterns, and Typologies. 6. Auflage Belmont 1998.

Sonnen, Bernd-Rüdeger. Ist das deutsche Jugendstrafrecht noch zeitgemäß? In: DVJJ-Journal 2002, S. 115-121.

Statistisches Bundesamt. Statistisches Jahrbuch 1995 für die Bundesrepublik Deutschland. Wiesbaden 1995.

Statistisches Bundesamt. Statistisches Jahrbuch 1999 für die Bundesrepublik Deutschland. Wiesbaden 1999.

Statistisches Bundesamt. Statistisches Jahrbuch 2000 für die Bundesrepublik Deutschland. Wiesbaden 2000.

Statistisches Bundesamt. Statistisches Jahrbuch 2001 für die Bundesrepublik Deutschland. Wiesbaden 2001.

Steffen, Wiebke. Analyse der Kinderdelinquenz in Deutschland. In: DVJJ-Journal 2002, S. 155-161.

Stone, Joseph L., Church, Joseph. Kindheit und Jugend. Einführung in die Entwicklungspsychologie. Band 2. Stuttgart 1979.

Stratenwerth, Günter. Strafrecht. Allgemeiner Teil I. 4. Auflage München 2000.

Strotzka, Hans. Psychotherapie: Grundlagen, Verfahren, Indikationen. Wien 1975.

Stutte, Hermann, Dauner, Iris. Brandstiftungen Strafunmündiger. In: Monatsschrift für Kriminologie und Strafrechtsreform 1978, S. 328-337.

Sutherland, Edwin H., Cressey, Donald R. Criminology. 9. Auflage Philadelphia 1974.

Systematischer Kommentar zum Strafgesetzbuch. Von Rudolphi, Hans-Joachim, Horn, Eckhard, Samson, Erich, Günther, Hans-Ludwig, Hoyer, Andreas. Berlin 1994.

Terdenge Franz. Buchbesprechung Arbeitsgemeinschaft für Jugendhilfe. Kinder- und Jugendkriminalität und Öffentlichkeit – Dokumentation. Arbeitsgemeinschaft für Jugendhilfe. Bonn 1978. In: Monatsschrift für Kriminologie und Strafrechtsreform 1980, S. 189-190.

Thomas, Karl. Der Kinderdelinquenz Einhalt gebieten – aber wie? In: ZRP 1999, S. 193-196.

Traulsen, Monika. Prävention bei delinquenten Kindern. In: Monatsschrift für Kriminologie und Strafrechtsreform 1978, S. 386-395.

Traulsen, Monika. Umfang und Entwicklung der Kinderdelinquenz nach der Polizeilichen Kriminalstatistik. In: Monatsschrift für Kriminologie und Strafrechtsreform 1980, S. 47-53.

Traulsen, Monika. Diskussion: Zur Einstiegsfunktion der Kinderdelinquenz. In: Monatsschrift für Kriminologie und Strafrechtsreform 1985, S. 117-120.

Traulsen, Monika. Werden die Täter immer jünger? Zur Altersstruktur der Tatverdächtigen. In: Monatsschrift für Kriminologie und Strafrechtsreform 1997, S. 430-441.

Traulsen, Monika. Zur Delinquenz der 12- und 13jährigen. In: DVJJ-Journal 1997, S. 47-49.

Ullrich, Hans. „Offenbacher Kinderbande“. In: Unsere Jugend 1974, S. 420-421.

Van Swaaningen, René. Critical Criminology. Visions from Europe. London 1997.

Verrel, Torsten. Kinderdelinquenz – ein strafprozessuales Tabu? In: NStZ 2001, S. 284-290.

Wahner-Liesecke, Ingrid. Das Präventions- und Integrationsprogramm des Landes Niedersachsen. In: DVJJ-Journal 2002, S. 173-174.

Walter, Joachim. Jugendvollzug in der Krise? In: DVJJ-Journal 2002, S. 127-139.

Walter, Michael. Kriminalpolitik mit der polizeilichen Kriminalstatistik? Artikulation eines Unbehagens über den derzeitigen Kurs der Deutschen Jugendgerichtsvereinigung. In: DVJJ-Journal, 1996, S. 209-214.

Walter, Michael. Über Kriminalität als Gegenstand öffentlicher Debatten. In: Monatsschrift für Kriminologie und Strafrechtsreform 1998, S. 433-440.

Walter, Michael. Jugendkriminalität. Eine systematische Darstellung. 2. Auflage. Dresden 2001.

Walter, Reinhard, Merschmann, Wilfried, Höhner, Gerhard. Unregistrierte Delinquenz Strafunmündiger und Persönlichkeitsmerkmale im FPI. In: Monatsschrift für Kriminologie und Strafrechtsreform 1975, S. 339-357.

Wehner, B. Die Latenz der Straftaten. Die nicht entdeckte Kriminalität. Wiesbaden 1957.

Weinschenk, Curt. Beginnt die Schuldfähigkeit wirklich erst mit der Vollendung des 14. Lebensjahres? In: Monatsschrift für Kriminologie und Strafrechtsreform 1984, S. 15-25.

Weiß, Rudolf H. Gewalt, Medien und Aggressivität bei Schülern. Göttingen 2000.

Wetzels, Peter, Pfeiffer, Christian. Kindheit und Gewalt: Täter- und Opferper spektiven aus Sicht der Kriminologie. In: Praxis der Kinderpsychologie und –psychiatrie 1997, S. 143-152.

Wiesner, Reinhard, Morsberger, Thomas, Oberloskamp, Helga, Struck, Jutta. SGB VIII. Kinder- und Jugendhilfe. 2. Auflage München 2000.

Williams, K.L., Drake, S. Social Structure. Crime and Criminalization. An Empirical Examination of the Conflict Perspective. In: The Sociological Quaterly 1980, 21, S. 563-575.

Zimmer, Katharina, Westphal, Günther. Kinder im Knast. In: Zeitmagazin 1980, Nr. 26, S. 10-15, 31.

Würzburger Schriften zur Kriminalwissenschaft

Herausgegeben von Klaus Laubenthal

Band 1 Hans-Jochen Schrepfer: Die Anwesenheit des Verteidigers bei der polizeilichen Beschuldigtenvernehmung. 2001.

Band 2 Nadine Hohlfeld: Moderne Kriminalbiologie. Die Entwicklung der Kriminalbiologie vom Determinismus des 19. zu den bio-sozialen Theorien des 20. Jahrhunderts. Eine kritische Darstellung moderner kriminalbiologischer Forschung und ihrer kriminalpolitischen Forderungen. 2002.

Band 3 Robert Frank: Die Bekämpfung der Geldwäsche in den USA. High-Tech-Gewinnaufspürung, drakonische Strafen und radikale Gewinneinziehung. Ist der amerikanische Ansatz ein Vorbild für Deutschland? 2002.

Band 4 Johannes Hofmann: Menschenhandel. Beziehungen zur Organisierten Kriminalität und Versuche der strafrechtlichen Bekämpfung. 2002.

Band 5 Hans Christian Lohmann: Arbeit und Arbeitsentlohnung des Strafgefangenen. 2002.

Band 6 Stefanie Mühlfeld: Mediation im Strafrecht. Unter besonderer Berücksichtigung von Gewalt in Schule und Strafvollzug. 2002.

Band 7 Eric Uftring: Die Auswirkungen von Entscheidungen des Bundesverfassungsgerichtes und des Europäischen Gerichtshofes im intertemporalen Steuerstrafanwendungsrecht. Dargestellt am Beispiel der Vermögensteuer, der Zinsbesteuerung und der Getränkesteuer. 2002.

Band 8 Sebastian Fickert: Die Behandlung von Zufallserkenntnissen im Ermittlungsverfahren. Unter Berücksichtigung der allgemeinen Grundsätze über Verwertungsverbote. 2002.

Band 9 Stefan Laun: Alternative Sanktionen zum Freiheitsentzug und die Reform des Sanktionensystems. 2002.

Band 10 Anette Kaufmann: Möglichkeiten der sanktionsrechtlichen Erfassung von (Sonder-)Pflichtverletzungen im Unternehmen. Unter besonderer Berücksichtigung des Zusammenspiels von § 14 StGB, (§ 9 OWiG), § 130 OWiG und § 30 OWiG. 2003.

Band 11 Martina Seeliger: Entwicklung der Kinderdelinquenz und Folgerungen im Hinblick auf eine Änderung der Strafmündigkeitsgrenze. 2003.

Miguel Angel Cano Paños

Staatsanwaltschaftliche Diversion im deutschen und spanischen Jugendstrafrecht

Eine juristisch-kriminologische Analyse einer speziellen Reaktionsmöglichkeit auf Jugendkriminalität aus rechtsvergleichender Sicht

Frankfurt/M., Berlin, Bern, Bruxelles, New York, Oxford, Wien, 2003.
XVIII, 260 S., zahlr. Abb. und Tab.
Europäische Hochschulschriften: Reihe 2, Rechtswissenschaft.
Bd. 3685 ISBN 3-631-51154-X · br. € 51.50*

Vor dem Hintergrund steigender Kriminalitätsraten im Bereich der Jugend kriminalität und darauf beruhender wachsender Aufmerksamkeit für Fragen der Krimi-nalitätsbekämpfung in ganz Europa hat die Beschäftigung mit dem Konzept der „Diversion" einen eigentümlichen Reiz. In einem gesellschaftlichen Klima, das eher den Ruf nach Härte, Unnachgiebigkeit und Verschärfung staatlicher Reaktionsmöglichkeiten Rechnung trägt, gerät diese Art des Umgehens mit Jugend-kriminalität unter erhöhten Legitimationsdruck. In dieser Arbeit wird diese spezielle Form der Reaktion auf strafbares Verhalten jugendlicher Täter namens „Diversion" nach deutschem und nach spanischem Jugendstrafrecht untersucht. Neben der Analyse der jeweiligen Rechtsvorschriften werden auch empirische Befunde über die praktische Anwendung dieser Vorschriften dargestellt. Der rechtsvergleichende Ansatz macht die Studie zudem zu einem wertvollen Beitrag im Rahmen der zunehmenden Anpassung und Vereinheitlichung der Rechtsordnungen in Europa.

Aus dem Inhalt: Grundzüge des Jugendstrafrechts in Deutschland und in Spanien · Die staatsan-waltschaftliche Diversion im deutschen Jugendstrafrecht · Die staatsanwaltschaftliche Diversion im spanischen Jugendstrafrecht · Anwendungshäufigkeit der staatsanwaltschaftlichen Diversion im deutschen und spanischen Jugendstrafrecht · Abschließender Vergleich zwischen dem deutschen und spanischen Jugendstrafrecht bezüglich der staatsanwaltschaftlichen Diversionstätigkeit

FSC
www.fsc.org
MIX
Papier | Fördert gute Waldnutzung
FSC® C083411

Kolibri 360 GmbH
Ferdinand-Jühlke-Straße 7
99095 Erfurt, Deutschland
produktsicherheit@kolibri360.de

Druck:
CPI Druckdienstleistungen GmbH
im Auftrag der
Kolibri 360 GmbH
Ferdinand-Jühlke-Str. 7
99095 Erfurt